"十四五"卫生高等职业教育专科校院合作"双元"规划教材

供护理、助产及相关专业用

老年护理学

第 2 版

主　编

李　玲　颜晓萍

副主编

李丹丹　罗　珊　成　芳　王红艳　周凡蓉

编　者（按姓名汉语拼音排序）

成　芳（长春医学高等专科学校）　　　苏少丹（河北女子职业技术学院）
韩玉娥（淄博市中心医院）　　　　　　孙水英（山东中医药高等专科学校）
李丹丹（济南市章丘区人民医院）　　　王红艳（四川护理职业学院）
李　玲（淄博职业技术大学）　　　　　颜晓萍（漳州卫生职业学院）
李　娜（唐山职业技术学院）　　　　　郑晓彦（淄博职业技术大学）
卢佳璐（南阳医学高等专科学校）　　　周凡蓉（重庆三峡医药高等专科学校）
罗　珊（唐山职业技术学院）　　　　　周　雪（山西医科大学汾阳学院）
年庆婷（青海卫生职业技术学院）

北京大学医学出版社

LAONIAN HULIXUE

图书在版编目(CIP)数据

老年护理学 / 李玲，颜晓萍主编. -- 2版. -- 北京：北京大学医学出版社，2025.6. -- ISBN 978-7-5659-3365-3

Ⅰ. R473

中国国家版本馆CIP数据核字第2025749ZR9号

老年护理学（第2版）

主　　编：	李　玲　颜晓萍
出版发行：	北京大学医学出版社
地　　址：	（100191）北京市海淀区学院路38号　北京大学医学部院内
电　　话：	发行部 010-82802230；图书邮购 010-82802495
网　　址：	http://www.pumpress.com.cn
E-mail：	booksale@bjmu.edu.cn
印　　刷：	北京溢漾印刷有限公司
经　　销：	新华书店
责任编辑：	毛淑静　责任校对：靳新强　责任印制：李　啸
开　　本：	850 mm×1168 mm　1/16　印张：15.25　字数：440千字
版　　次：	2019年10月第1版　2025年6月第2版　2025年6月第1次印刷
书　　号：	ISBN 978-7-5659-3365-3
定　　价：	39.00元

版权所有，违者必究

（凡属质量问题请与本社发行部联系退换）

第 2 轮修订说明

党和国家高度重视职业教育发展,《国家职业教育改革实施方案》《职业院校教材管理办法》《高等学校课程思政建设指导纲要》《习近平新时代中国特色社会主义思想进课程教材指南》《关于推动现代职业教育高质量发展的意见》《全国护理事业发展规划（2021—2025 年）》等重要文件陆续发布，对卫生健康职业教育、高职专科护理人才培养及教材建设提出了更高的要求。

本套高职专科护理专业教材第 1 轮于 2018 年启动，北京大学医学出版社组织全国具有代表性的骨干院校共同建设。在教育部、国家卫生健康委员会相关机构和职业教育教学指导委员会的指导下，共编写出版教材 28 种，其中入选教育部"十三五"职业教育国家规划教材 11 种（教职成厅函〔2020〕20 号文）、"十四五"职业教育国家规划教材 15 种（教职成厅函〔2023〕19 号文）。

高质量的教材是实施教育改革、提升人才培养质量的重要支撑。为全面贯彻党的教育方针，深入贯彻党的二十大精神，落实立德树人的根本任务，更好地支持新时代卫生健康职业教育事业发展、服务于我国高职专科护理专业人才培养，北京大学医学出版社启动了高职专科护理专业教材第 2 轮修订编写工作。本轮教材共包含 27 种。全套教材均为北京大学医学出版社"十四五"规划教材。

第 2 轮教材修订编写工作"以学生为中心"，对标教育部高职专科护理专业教学标准、护士执业资格考试大纲，以技术技能教育为根本，满足 3 个需要（学科需要、教学需要、行业需要），注重基本理论、基本知识和基本技能，内容以"必需、够用"为度，遵循学生认知规律，注重教学适用性，优化编写体例，深化产教融合，优化数字融合，强化思政融合，围绕"岗课赛证"综合育人机制建设，力争打造一套既满足多数院校教学实际，又适度引领教学，培根铸魂、启智增慧，适应新时代要求的精品高职专科护理专业教材。

本轮教材的修订编写得到了多方面的大力支持，参编院校教学管理部门提出了宝贵建议，职教专家精心指导、把关，临床护理学专家认真编写、审稿。他们为锤炼精品教材、服务教学改革、提高人才培养质量做出了贡献，在此一并表示感谢！

最后，希望广大师生多提宝贵意见，反馈使用信息，以使教材内容日臻完善。让我们共同为新时代高职专科护理教育发展和人才培养做出贡献！

前 言

党的二十大报告提出"加强基础学科、新兴学科、交叉学科建设，加快建设中国特色、世界一流的大学和优势学科"，明确了新兴学科建设的目标和方向。2019年，国家卫生健康委员会等八部门联合发布了《关于建立完善老年健康服务体系的指导意见》，目的是建立完善符合我国国情的老年健康服务体系，满足老年人的健康服务需求。2000年我国进入老龄化社会，老年护理学教学在护理专业教学中的地位日益突出，老年护理学学科建设亟待加强。

本教材以习近平新时代中国特色社会主义思想为指引，立足建设中国特色一流学科，注重"三基""五性"，体现融合创新，促进学生在老年护理基本知识、基本理论、基本技能三个方面夯实基础，从教材顶层设计到选材用材均强调思想性、科学性、先进性、启发性、适用性，将政治素养和"敬佑生命、敢于奉献、尊老、敬老"专业素质培养融会贯通于通篇全程。

本教材内容体现"生命至上""整体护理"理念，以"老年人的健康为中心"，以"健康-衰弱-疾病-临终""生理-心理-社会"双线牵引，构建老年护理学知识体系和编写内容。结合高职专科护理专业特点，融入老年照护职业技能等级标准（1+X证书试点）。教材分为8章，包括绪论、老年人综合健康评估、老年人日常生活护理、老年人心理卫生与社会适应、老年人用药安全与护理、老年人常见疾病护理、老年保健与照护、临终老年人护理。与第1版相比，本版教材增加了对近年来老年护理新概念等前沿知识及其应用的介绍。

本教材在编写形式上坚持简洁明了、深入浅出、形式活泼，在每章开篇设置学习目标，每节内容有典型案例，穿插"知识链接"引导学生通过发散性思维实现知识拓展，帮助学生增强对知识与技能的理解和应用。"思政园地"挖掘和汇集了与学科相关的国家政策、传统文化、社会伦理等方面的内容，以满足学生思想素养进步提升的需求，突显本教材的"中国特色"。

本教材主要适用于高职专科护理专业教学，也可用于临床护理人员的自学参考。

本教材的编写得到了全国高职护理、医学专科学校的专家和参编院校的大力支持和帮助，在此表示诚挚的谢意！由于编者水平有限，书中难免有疏漏和不足，恳请专家、使用本教材的师生和同行给予指正。

编 者

目 录

第一章 绪论 ······ 1
- 第一节 衰老与衰老理论 ······ 1
- 第二节 老年人与人口老龄化 ······ 5
- 第三节 老年护理学概述 ······ 8
- 第四节 老年护理的现状及发展 ······ 10

第二章 老年人综合健康评估 ······ 13
- 第一节 概述 ······ 13
- 第二节 老年人躯体健康的评估 ······ 15
- 第三节 老年人心理健康的评估 ······ 20
- 第四节 老年人社会健康的评估 ······ 31
- 第五节 老年人生活质量的评估 ······ 37

第三章 老年人日常生活护理 ······ 42
- 第一节 老年人日常生活护理概述 ······ 42
- 第二节 老年人睡眠护理 ······ 44
- 第三节 老年人压疮护理 ······ 47
- 第四节 老年人活动护理 ······ 50
- 第五节 老年人饮食护理 ······ 53
- 第六节 老年人排泄问题护理 ······ 56
- 第七节 老年人皮肤清洁及衣着卫生护理 ······ 59
- 第八节 老年人性生活护理 ······ 61

第四章 老年人心理卫生与社会适应 ······ 64
- 第一节 老年人心理社会变化 ······ 64
- 第二节 老年人心理健康 ······ 69
- 第三节 老年人常见心理问题和精神障碍的护理 ······ 71
- 第四节 老年人常见社会问题及护理 ······ 76

第五章 老年人用药安全与护理 ······ 80
- 第一节 老年人药动学及药效学特点 ······ 80
- 第二节 老年人选药常见问题和原则 ······ 83
- 第三节 老年人用药的护理 ······ 84

第六章 老年人常见疾病护理 ·· 89
第一节 老年人疾病及其护理特点 ·· 89
第二节 老年人呼吸系统变化和常见疾病护理 ···························· 91
第三节 老年人循环系统变化和常见疾病护理 ··························· 107
第四节 老年人消化系统变化和常见疾病护理 ··························· 120
第五节 老年人泌尿生殖系统变化和常见疾病护理 ······················· 127
第六节 老年人内分泌系统变化和常见疾病护理 ························· 149
第七节 老年人运动、感官系统变化和常见疾病护理 ···················· 161
第八节 老年人神经系统变化和常见疾病护理 ··························· 175

第七章 老年保健与照护 ··· 196
第一节 老年保健 ·· 196
第二节 老年照护 ·· 201

第八章 临终老年人护理 ··· 207
第一节 老年人的生命教育 ·· 207
第二节 临终关怀 ·· 209
第三节 老年人的临终护理 ·· 212

附录 ·· 221

主要参考文献 ·· 231

中英文专业词汇索引 ··· 232

第一章 绪 论

学习目标

1. 解释衰老、人口老龄化、老年护理学等概念。
2. 叙述老年人的年龄划分标准、老龄化社会判断标准。
3. 简述国内外人口老化的特征、现状及发展趋势。
4. 理解衰老相关理论、老年护理工作目的及目标。

第一节 衰老与衰老理论

一、衰老与衰老的特征

一般来讲，衰老（senescence）是指生物体在成熟期后随时间进展而表现出来的形态和功能不断衰退、恶化直至死亡的过程。根据衰老的丘比特（Cupid）标准，人类个体衰老不是从某个具体时间点开始的，它表现出累积性、渐进性、普遍性、内生性和危害性五大特征。

1. 累积性（cumulative） 衰老不是一朝一夕形成的，是一个漫长的过程，是机体一些轻度或微量变化长期逐步积累的结果。这些变化一旦表现出来，则不可逆转。

2. 渐进性（progressive） 衰老是一个持续渐进且逐步加重的演变过程。生物往往是在不知不觉中出现了衰老的现象，而且同一个物种所表现出来的衰老征象基本相同。

3. 普遍性（universal） 衰老在多细胞生物中普遍存在，是同种生物在大致相同的时间范围内都可表现出来的现象。

4. 内在性（intrinsic） 衰老源于生物本身固有的特性（如遗传），环境因素只能影响衰老的进度——加速衰老或延缓衰老，但不能阻止衰老。

5. 危害性（deleterious） 衰老过程往往对生存不利，使机体功能下降乃至丧失，机体越来越容易感染疾病，最终导致死亡。

二、衰老的理论

（一）中国古代传统衰老理论

1. 《黄帝内经》对衰老的认识　早在2000多年前，《黄帝内经》就有对衰老的精辟论述。其中《灵枢·天年》云："五十岁，肝气始衰，肝叶始薄，胆汁始减，目始不明；六十岁，心气始衰，苦忧悲，血气懈惰，故好卧；七十岁，脾气虚，皮肤枯；八十岁，肺气衰，魄离，故言善误；九十岁，肾气焦，四脏经脉空虚；百岁，五脏皆虚，神气皆去，形骸独居而终矣。"这段文字很客观地说明了人体衰老的自然规律。

《黄帝内经》中关于衰老的机制主要有以下理论。

（1）精气自然衰竭论：《灵枢·天年》提出"肾气"为生命过程的主导因素，衰老的关键在于肾气的盛衰。南怀瑾在《小言〈黄帝内经〉与生命科学》中强调了肾与脑、内分泌系统的关系，现代医学对肾虚与衰老的关系也有深入研究，老年肾虚与机体内分泌系统功能低下、免疫功能降低有密切关系。

（2）阴阳盛衰论：《素问·生气通天论》指出"阴平阳秘，精神乃治；阴阳离决，精气乃绝"，说明阴阳平衡才能维持生命健康长寿，阴阳失衡会影响生命活动而产生疾病和导致衰老。

《灵枢·本神》曰："五脏主藏精者也，不可伤，伤则失守而阴虚，阴虚则无气，无气则死矣。"可见，随着年龄的增长，阴气、阴津耗损，脏腑功能不得濡养而衰退，进一步加重精血津液亏虚。现代医学研究也表明阴虚可影响机体免疫功能、物质代谢、神经系统、肠道菌群-宿主基因共变化，导致衰老。《素问·生气通天论》曰："阳气者若天与日，失其所，则折寿而不彰，故天运当以日光明。""凡阴阳之要，阳密乃固，两者不和，若春无秋，若冬无夏。因而和之，是谓圣度。"认为人的衰老关键在于阳虚，而阴阳两者是互根互用、互相依存的，不可独立存在，任何一方的异常都将影响机体功能，导致或加速衰老。

《素问·宝命全形论》曰："人能应四时者，天地为之父母。"人的生命活动以体内阴阳为依据，体内阴阳又必须与自然界阴阳的变化交替相适应，人如果能适应四时变迁，则自然界的一切都成为他的生命源泉。

（3）气虚血瘀论："血瘀"在《黄帝内经》各篇中多见"血脉凝泣""血凝泣""脉不通"等的表述。《灵枢·痈疽》提出寒邪致瘀的理论："寒邪客于经络之中则血泣，血泣则脉不通。"《灵枢·九宫八风》论述了风邪致瘀："风从西北方来……脉闭则结不通，善暴死。"《灵枢·营卫生会》论述了体虚致瘀："老者之气血衰，其肌肉枯，气道涩"《灵枢·厥病》言："真心痛，手足青至节，心痛甚，旦发夕死，夕发旦死"，描述的是气虚血瘀所致真心痛的典型症状；《灵枢·经脉》言："手少阴气绝则脉不通，脉不通则血不流"，即心气亏耗，无力运行血液，则血脉痹阻。

（4）精气神虚损理论：衰老不仅仅是生理功能的进行性衰退，心理适应能力也逐渐降低。《素问·上古天真论》曰："精神内守，病安从来？是以志闲而少欲，心安而不惧，形劳而不倦，气从以顺，各从其欲，皆得所愿。"《灵枢·本神》曰："心，怵惕思虑则伤神，神伤则恐惧自失。破䐃脱肉，毛悴色夭死于冬。"凡病入脉、髓时，多表现出精神情绪方面的症状。

2. 长生久视理论 《道德经》第五十九章提到"深根固柢，长生久视之道"，其真实含义正如司马迁在《史记》本传中的感叹："辞称微妙难识。"但其"贵生"思想、崇尚生命长久的理念彰明较著。"长生久视"与庄子提倡的"养生主"，开启了道家的养生实践，涌现出葛洪、陶弘景、孙思邈等一大批道家养生的杰出代表。

后来道教提出的"与道合真，霞举成仙"，是中国古人企图突破自然生命的局限，超越生死的思想，正是这种超越精神，激励着无数人去大胆探索生命的奥秘，体悟生命的神奇，为人类认识生命现象、把握生命规律积累了宝贵的经验，并留下了大量的文献记载。历史上道家的养生著作多达两三千种，现存尚有一千二百多种。尽管其成仙的指向是虚幻的，但其勇于探索、勤于实践，而且善于总结的精神又是十分可嘉的！世界上有哪一个民族能像中国人那样执着于生命的超越，千年不断，孜孜不懈地去追寻长生之梦？这是人类文化史上值得深入探讨的课题。

（二）近现代中西方生物学、心理学、社会学理论

1. 衰老的生物学理论（the biological theory of aging） 老年学家 Leonard Hayflick 在 1988 年首次提出该理论。这一理论主要研究年龄增长与重要生命器官功能水平变化之间的关系。其中的代表理论有基因理论、自由基理论、免疫理论、细胞损耗学说等。

（1）基因理论：基因理论是衰老生物学观点的主要理论，其中程序衰老学说认为衰老如同生长、发育、成熟一样，都是由某种遗传程序决定、按时表达出来的生命现象，即这种遗传程序像一个"生物钟"支配着这些生命现象循序展开。关于衰老相关基因的理论很多，但由于受到研究方法的限制，尚缺乏在人类身上对已发现衰老相关基因的整体系统研究，人类衰老相关基因一般是通过研究心血管、阿尔茨海默病等老年性疾病发现的，其中 *FOXO3A* 和 *APOE* 等基因被多项研究证实与人类衰老相关。

（2）自由基理论（free radical theory of aging）：1965 年 D. Harman 提出衰老的自由基理论，该理论的提出基于对衰老和死亡是一个受遗传因素和环境因素共同影响的过程的认识。该理论认为衰老是细胞成分积累性氧化损伤的结果，是由自由基反应引起的，自由基反应参与环境、疾病和遗传控制的衰老过程。与自由基相关的衰老机制研究有衰老的自由基线粒体理论、衰老的细胞分化障碍学说、能量限制延长平均寿命和最高寿限、抗氧化酶基因过表达延长平均寿命和最高寿限、抗氧化剂的抗衰老作用等。

（3）免疫理论：免疫理论由 Walford 于 1961 年提出。该理论认为随着年龄增长，机体免疫系统功能下降，对疾病的抵抗力降低，同时衰老会使机体免疫系统功能减退，对外来异物的辨认与反应能力降低，因此对感染性疾病的抵抗力降低，预防恶性肿瘤能力也随之降低，因此老年人容易发生感染性疾病和恶性肿瘤，从而导致死亡。

（4）细胞损耗学说：细胞损耗学说认为衰老是人体组织细胞长期耗损，因缺乏完善的修复，导致细胞衰老、功能不断下降，最终导致生命死亡。

2. 衰老的心理学理论（the psychological theory of aging） 衰老的心理学理论主要研究老年人的心理行为变化、角色发展、行为控制和自我调节适应能力，关于人类"正常"衰老时心理变化和产生这些变化的机制，老年学家还未提出很完整的理论体系。其代表理论有人格发展理论，成功老龄化的选择、优化、补偿模型，弹性认知理论等。

（1）人格发展理论：Erikson 在 1950 年提出人格发展理论，他把生命分为 8 个时期：婴儿早、晚期，儿童早、晚期，青少年期，青少年后期，多产年代和生命晚期，各期的功能是完成一定的发展任务，以满足下一期的需要。个体如果顺利完成各期的任务，就会在下一时期体验到幸福和成就感；如果未完成某时期的任务，则导致个体的不幸福感，并会出现不被社会认同的行为和心理体验，造成下一时期人格发展的障碍。

Erikson 人格发展理论指出老年个体有三个关键问题：小结以往的成败得失；面对退休、丧偶等新的社会现实做出再适应；再适应的角色、身份和各种关系的改变。这一时期的主要任务是消除理想自我和过去的真实自我之间的鸿沟，以达到他所称的自我整合（self-integrity）的理想。Erikson 将这一时期的人格发展冲突描述为自我完整与失望。

Erikson 的发展理论颇有意义的一面是对过去生活的小结——怀旧（reminiscence），Erikson 指出，怀旧乃是老年人的一项重要活动，他相信，对过去的思考可以达到自我整合的理想，强调了怀旧的重要意义，并将怀旧称为生活回顾。他说，只有老年人才能对完整的生命周期有所体验，当他明确死亡即将到来时，这种体验达到极致，这就是生活回顾过程，在这一过程中，过去的经验逐步回到意识里，并得以再整合和赋予新的意义，以此平静地面对死亡。

（2）成功老龄化的选择、优化、补偿模型（SOC 模型）：德国心理学家 Baltes 在 1990 年提出了经典的成功老龄化模型——选择、优化、补偿模型。成功老龄化是一个良好的心理适应过程，当老年人在面对生理和社会资源逐渐丧失的情况时，可以通过选择、优化、补偿三种方式，发挥个人、家庭和社区资源等保护因素的作用，克服不利因素的影响，从而适应老年期生活。选择（selection）是指由于老年人身体功能衰退和社会资源减少，他们无法在多个领域投入时间和精力，所以他们必须对目标进行选择，他们可以放弃一些次要的目标而关注更为重要的目标，也可以选择新的目标；优化（optimization）是指老年人通过整合和分配有助于实现目标的内、外部资源，使其功能得到更好发挥；补偿（compensation）是指当老年人丧失实现特定目标的资源时，需要使用替代手段来维持一定的功能水平，如通过获取新的内部或外部手段（如借助助听器或眼镜等辅助设备）或激活未使用的技能和资源（如寻求他人的帮助）来替代逐渐失去的资源（如听力或视力）。

人的发展是一个贯穿于个体生命历程、得与失不断相互作用的过程。一方面，随着年龄的增长，个体的身体功能和资源受到损失和威胁的可能性不断增大，因而个体的平衡能力在老年期会受到明显影响；另一方面，老年期也具有潜在的成长和可塑性。这时，老年人需要去衡量得失，通过管理和分配有限的内、外部资源，选择能够实现目标的领域，开发潜在的能力去补偿面临的损失，从而达到最大化收益、最小化损失的效果，即实现成功衰老。

这个模型浓缩了个体毕生发展的目标，提供了不同的成功准则，强调了老年人在面对损失时如何实现个人目标，并且它可以被运用于个体或更大范围（如集体）。

（3）弹性认知理论：弹性认知理论认为每个人都有适应环境改变的认知潜力，人的一生在维持基本认知能力的基础上不断学习新的认知技能；衰老即个体通过生活条件和经验调整或发展个人认知能力的过程；健康的生活方式、接受教育、体验新经历和参加认知功能锻炼可维持认知功能、减缓衰老所致的认知衰退。

（4）毕生发展观：毕生发展观的观点主要是根据成年到老年心理发展的研究提出的，虽然它也是整个发展心理学中的一种理论观点，但对老年心理学有着特殊的意义。

毕生发展观的一个重要观点是，个体在毕生发展的过程中有高度的可塑性，提示个体存在着新的心理功能的潜在能量。吴振云、许淑莲对老年人的"数字符号"作业（一种液态智力）进行10次重复训练，结果发现经过训练的老年人的平均成绩略超过未经训练的年轻人。孙长华、许淑莲等对老年人的词语记忆策略训练（即教给记忆法）进行了研究，结果表明经过训练的老年人平均成绩和未经训练的年轻人相近。这些事实都表明，老年人的心智活动还有潜能，有完善化的可能性。

3. 衰老的社会学理论（the sociological theory of aging） 这一理论主要研究老年人的角色发展、群体行为、社会制度和社会价值对衰老适应的影响。其中隐退、活跃、角色、次文化和连贯性理论均属于这一领域。从20世纪70年代起，衰老的社会学理论得以扩展，将重点研究转向更广泛的社会结构因素及这些因素如何影响老年人的生活质量，从而产生年龄阶层和社会环境适应等各种理论。

（1）隐退理论（disengagement theory）：20世纪50年代中期，芝加哥大学的几位社会科学家提出隐退理论。该理论认为衰老中的个体与社会的互动日渐减少，由此形成相互关系日益松散的解脱过程，个体逐渐退缩直到死亡，同时社会也逐渐撤除对个体的压力，免除其责任与义务。对个体来讲，解脱意味着把自己从工作竞争和不断追求成功的社会压力下释放出来；对社会来讲，老年成员的退位可以让更年轻、更具活力的个体获得重要角色。

隐退理论认为，老年人从社会角色与社会系统中隐退是成功老化必须经历的过程，也是促进社会进步、安定祥和及人类生命代代相传的完善途径；但是这一理论也使社会（包括政府）对老年人的忽视甚至歧视合理化，增加老年人与社会之间的沟通障碍而不利于老年人的精神健康。

（2）活跃理论（activity theory）：Havighurst于1963年提出了活跃理论，这一学说认为，正常或成功的衰老应是尽可能长时间地保持中年时期的价值观和活动，为了补偿因衰老而退出的角色和减少的活动，个体应找到相应的替代机会参与社会活动，贡献自己的所能，而且老年期的基本价值观应与中年期相同。

（3）交换理论（exchange theory）：交换理论由Homans提出，但Simmons（1945）很早就认识到了老年关系中交换的要旨，他认为老年个体维系互惠关系的能力是保持心理健康的关键。后来，Dowd 明确提出了衰老的社会交换理论，老年人的基本问题是日益减少的交换资源，并以此解释晚年生活中日益减少的社会交往。

（4）亚文化理论：Rose 和 Peterson 认为老年人构成一个特殊的亚文化群体，各成员与群体内成员的相互作用较多，而与群体外成员的相互作用很少。亚文化群体的成员有共同的问题、共同的兴趣，他们正式地或非正式地从社会大家庭中被分离出去。

这些理论的弱点是不能广泛应用，因为老年人群是一高度异质性的群体，一些老年人在法律、政治和科学等领域有很大的权威和声望。

（5）连贯理论（continuity theory）：连贯理论由 Neugarten 提出，Bengtson 等对其进一步做了较系统的阐述。社会学家认为个体在生命周期某一特殊阶段的经历是下一阶段角色和功能的基础，生命历程具有从一个时期连续过渡到另一个时期的特征，即社会化具有连贯性。连贯理论认为，在成长进程中，个体将努力保持其多年发展起来的稳定的生活方式，只有根据生活中生物、心理和社会的变化及这些变化与以前行为模式的关系才能理解衰老时的行为方式。

连贯理论认为，在衰老过程中，个体将努力保持在生活中所获得的习惯、爱好和生活方式。然而，退休势必成为问题，退休后事业和职业技能被弃置，工作转为休闲，不再担任重大角色，这些都是个体以前未经历过的，容易引发个体出现心理问题。连贯理论认为，一方面，个体尽可能长时间地保持其喜爱的生活方式；另一方面，个体可以根据变化着的现实，多方向地适应老年变化。保留和放弃何种角色，将根据个体的过去和所选择的生活方式来决定，失去的角色不一定要由新的角色来取代。连贯理论的优点是承认了个体可选择不同的适应方式，但对描述老年群体的一般变化趋势比较困难。

（6）年龄阶层理论（age class theory）：年龄阶层理论用生理年龄作为社会分层变量，这样老年、中年和少年都被看成特殊层次上的群体。这种分层反映了也创造了与年龄有关的在能力、角色、权利和特殊利益方面的差别。如果社会对老年人的经验和才智评价较高时，社会就会允许他们利用这些经验担任相应的角色，这样老年人就会处于受尊敬的地位，反则反之。

（7）社会环境适应理论：该理论阐述了不同的环境背景会塑造出不同人格行为特点的老年人群。老年人为适应生理、心理及社会改变，而产生出老年团体特有的行为特点，由于不同老年团体所处的环境有所不同，因而在不同的老年团体中会表现出自己团体特有的行为模式。

 考点提示

衰老的特点及生命教育。

第二节　老年人与人口老龄化

一、老龄化的相关概念

（一）人的寿命

寿命是指生物的生命活动存在于自然界全过程的时间概念。实际上，人的寿命即指人活了多少年。衡量人的寿命的指标有三种：人类自然寿命、最高寿命、平均预期寿命。

1. **人类自然寿命**（human natural life span）　指在不受外界因素影响的条件下遗传学意义上人类生存的最高年限。科学家按照人性成熟期的 8～10 倍、生长期的 5～7 倍、人类二倍体细胞平均每次分裂周期为 2.4 年等方法计算，人类自然寿命应该是 110～175 岁。

2. **最高寿命**（maximum life span）　指同种生物的一个群体中最后一个或最后一批死亡的

生存时间。由于受到环境、疾病等因素的影响，人类不能尽终天年者大量存在。

3. 平均期望寿命（average life expectancy） 简称平均寿命，是指某一地区或国家总人口的平均生存年限。平均期望寿命和死亡率是同一件事情的两个相反方面，死亡率降低，平均寿命便提高，所以平均寿命也是一个综合反映人口死亡率水平的指标。表1-1所示为中国不同年份部分地区平均预期寿命。

表1-1 中国不同年份部分地区平均预期寿命

年份	地区	平均预期寿命（岁）
1949年前	全国	35左右
1957年	11省市	57.00
1963年	21省市	61.70
1975年	26省市	68.20
1981年	全国	68.00
1985年	全国	68.92
1991年	全国	69.00
1999年	全国	71.00
2010年	全国	74.83
2015年	全国	76.34
2020年	全国	77.93

（二）老年人的年龄划分标准

1955年，世界卫生组织（WHO）规定：在发达国家中，≥65岁者为老年人；在发展中国家中，≥60岁者为老年人。另外规定：44岁以下的为青年人（the young people）；45～59岁的为中年人（the middle-aged）；60～74岁的为年轻老年人（the young old）；75～89岁的为老老年人（the old old）；90岁以上的为非常老的老年人或长寿老年人（the very old）。

我国关于年龄的划分界线自古说法不一。民间多用"三十而立，四十而不惑，五十而知天命，六十花甲，七十古稀，八十为耄，九十为耋"。2018年我国修订的《中华人民共和国老年人权益保障法》第二条规定，老年人的年龄起点标准是60周岁。现阶段我国老年人按时序年龄的划分标准如下：45～59岁为中老年人；60～89岁为老年人；90～99岁为长寿老年人；100岁以上为寿星。

（三）人口老龄化

人口老龄化（aging of population），简称人口老化，是指社会人口年龄结构中老年人口占总人口比例不断上升的发展趋势。影响人口年龄结构变化的两个因素是出生率与死亡率。人口老龄化是人类生命科学的一种发展和进步，意味着出生率和死亡率的下降、平均寿命的延长。

1. 人口老龄化的常用指标

（1）老年人口系数：又称老年人口比例（proportion of aged population），即在某国家或地区的总人口构成中，老年人口数占总人口数的比例，是反映人口老龄化的主要指标。计算公式：老年人口系数=（60岁或65岁以上人口数/总人口数）×100%。

（2）老少比（aged-child ratio）：又称老龄化指数（index of aging），即老年人口数与少年儿童人口数之比，也可反映人口老龄化程度。计算公式：老龄化指数=（60岁或65岁以上人口数/0～14岁人口数）×100%。

（3）长寿水平（longevity level）：又称高龄老年人比，即80岁以上人口数与60岁以上人口数之比。长寿水平的高低，直接反映一个国家（或地区）医疗卫生保健的水平，特别是反映老年保健服务水平的高低。该指数＜5%时属于较低水平，5%～9.9%属于中等水平，≥10%时属于高水平。目前在发达国家中长寿水平平均已达20%～25%。计算公式：长寿水平=（80岁以上人口数/60岁以上人口数）×100%

（4）性别比（sex ratio）：指男性人口数与女性人口数之比，通常用每100名女性人口相对应的男性人口数来表示。计算公式：性别比=（男性人口数/女性人口数）×100%

（5）年龄中位数（median of age）：按年龄自然顺序所排列的总人口构成一个连续的变量数列，而年龄变量数列的中间值即为年龄中位数。如某地区总人口数为40万人，其中30岁以上者为20万人，30岁以下者也为20万人，则30岁即为该地区的年龄中位数。年龄中位数越大，则人口越趋向老年人口类型。目前在多数发达国家中，年龄中位数已达40岁。计算公式：年龄中位数=中位数组的年龄下限值+（人口总数/2-中位数组之前各组人数累计）×组距。

（6）抚养比（dependency ratio）：又称抚养系数，是指总人口中的非劳动年龄人口数与劳动年龄人口数之比，反映全社会中每一百个劳动年龄人口平均负担多少个非劳动年龄人口，是评价人口老龄化所引起的负面影响的指标。在我国，劳动年龄人口通常是指15～59岁的人，非劳动年龄人口包括14岁及14岁以下的少儿人口和60岁及60岁以上的老年人口。根据所分析的人口对象的不同，抚养比可以分为少儿抚养比、老年抚养比和总抚养比，其计算公式分别如下：少儿抚养比=（14岁及14岁以下人口数/15～59岁人口数）×100%；老年抚养比（60岁及60岁以上人口数/15～59岁人口数）×100%；总抚养比（14岁及14岁以下人口数+60岁及60岁以上人口数/15～59岁人口数）×100%。

2. 老龄化社会的划分标准　发达国家65岁及65岁以上人口达到或超过总人口的7%，发展中国家60岁及60岁以上人口达到或超过总人口的10%时，该国家（或地区）即称为老龄化国家（或地区），达到这个标准的社会即称为老龄化社会。

 考点提示

社会人口老龄化标准及评价指标。

二、人口老龄化的现状和特征

（一）人口老龄化的特点和发展趋势

1. 世界人口老龄化的特点和发展趋势　按WHO规定的标准，二十世纪七八十年代，西方发达国家进入老龄化社会；2000年全球进入老龄化社会；预测到2025年，发展中国家全面进入老龄化社会的可能性显著增加。目前从世界范围来看，人口老龄化表现出速度加快、老年人口重心从发达国家向发展中国家转移、人口平均期望寿命不断延长、高龄老年人（80岁以上老年人）增长速度快、女性老年人口比例增大等特点。

2. 中国人口老龄化的特点和发展趋势　中国已于2000年进入老龄化社会，是较早进入老龄化社会的发展中国家之一。中国是世界上老年人口最多的国家，中国人口老龄化不仅是中国自身的问题，而且关系到全球人口老龄化的进程，备受世界关注。

2023年底，中国60岁以上人口达到3亿，老年人口系数达21.1%。据预测，2025年底我国60岁以上人口将达到3.4亿，老年人口系数将达到25%；到2050年将达到4.3亿以上，老年人口系数将达到31%。中国人口老龄化呈现阶段性发展、老龄人口规模大、人口老龄化发展速度快、人口"未富先老"、慢性疾病发病率及失能比例高等特点。

（二）积极健康老龄化

1990年世界卫生组织在哥本哈根世界老龄大会上把"健康老龄化"作为应对人口老龄化的一项发展战略，旨在通过一系列积极措施来推迟人类的生物性老化和社会性老化；1999年世界卫生组织提出了"积极老龄化"的口号，2002年在联合国第二届世界老龄大会上被接受，并将其定义为人到老年时，为了提高生活质量，使健康、参与和保障的机会尽可能发挥最大效益的过程。积极老龄化的目的在于使所有年龄组的人，包括那些体弱者、残疾和需要照料者，延长健康期望寿命和提高生活质量。

习近平总书记指出："把积极老龄观、健康老龄化理念融入经济社会发展全过程，加大制度创新、政策供给、财政投入力度，健全完善老龄工作体系，强化基层力量配备，加快健全社会保障体系、养老服务体系、健康支撑体系。"积极健康老龄化，即持续涵养和发展老年群体的功能，促进个体全生命周期的自由全面发展，已成为全球应对人口老龄化的共识。

 考点提示

积极应对人口老龄化战略。

第三节 老年护理学概述

一、老年护理学及相关概念

1. **老年学（gerontology）** 老年学是一门研究老年及相关问题的学科，是包括自然科学和社会科学的新兴综合性交叉学科，是老年生物学、老年医学、老年社会学、老年心理学、老年护理学的总称。

2. **老年医学（geriatrics）** 老年医学是研究人类衰老的机制、人体老年性变化、老年人卫生保健和老年病防治的科学，是医学中的一个分支，也是老年学的主要组成部分。它包括老年基础医学、老年临床医学、老年康复医学、老年流行病学、老年预防保健医学、老年社会医学等内容。

3. **老年护理学（gerontological nursing）** 老年护理学是研究、诊断和处理老年人对自身现存的和潜在的健康问题的反应的学科。它是护理学的一个分支，与社会科学、自然科学相互渗透。

老年护理学是把关于老化和老年专门的护理学知识及临床普通科护理学知识综合运用于老年护理的专业领域，进而研究老年人群健康问题特殊性的学科。

老年护理学起源于现有的护理理论和社会学、生物学、心理学、健康政策等学科理论。美国护士协会（American Nurses Association，ANA）1987年提出用"老年护理学（gerontological nursing）"概念代替"老年病护理（geriatric nursing）"概念，因为老年护理学涉及的护理范畴更广泛，包括评估老年人的健康和功能状态、制订护理计划、提供有效护理和其他卫生保健服务并评价照顾效果。老年护理学强调保持、恢复和促进健康，预防和控制由急、慢性疾病引起的残疾，发挥老年人的日常生活活动能力，实现老年机体的最佳功能，保持人生的尊严和舒适生活直至死亡。

人口老龄化所带来的庞大的老年医护服务和养老服务需求已经成为全球每个国家所面临的巨大挑战。老年护理学作为护理专科之一，旨在研究及了解老年人的各方面需求，以提供有针对性的护理措施，维持及提升老年人的健康和生活质量。借鉴国外老年护理学几十年的发展历史经验与我国人口老龄化社会结构的改变、医护工作领域的更新和老年政策的改革，老年护理学已经发展为我国老年医护工作领域的一门重要学科。

4. **养老护理学** 养老护理学是研究、评估和处理衰弱、失能、认知障碍老年人现存和潜在健康问题的一门学科，是将疾病预防、保健、治疗、康复等知识与技术最大程度融入老年人日常生活照顾的一门综合实践性学科。

养老护理学作为养老服务领域的一门新兴学科，发源于我国养老护理工作实践，其发展与我国的传统文化、生命理念息息相关，具有鲜明的中国特色。近20年来，谭美青、杨根来、刘则扬、刘晨、屠其雷等我国著名的养老专家一起将现代护理学的理论和技术与国内养老护理实践相结合，开拓性地将养老护理工作范畴划分为以下五部分内容：以老年人日常生活照料为主的"生活护理"，以辅助医疗护理为主的"基础护理"，以维持与改善老年人自理能力、认知能力为主的"康复护理"，以维护老年人心理健康为主的"心理护理"，以及与养老护理岗位相适应的健康教育相关理论与技术。我国养老护理学理论与技术体系已初步形成，有待养老护理工作者开展系列研究与建设，促进中国特色的养老护理学理论与技术发展。

 考点提示

老年护理相关学科的特点。

二、老年护理学研究内容和护理目标

老年护理学研究的重点在于从老年人生理、心理、社会文化以及发展的角度出发，研究自然、社会、文化教育和生理、心理因素对老年人健康的影响，探讨用护理手段或措施解决老年人健康问题，老年护理工作可在老年院、医院、家庭、门诊和社区等机构开展。

1. **老年护理学研究内容** 包括衰老机制和抗衰老研究；自然、社会、文化教育和生理、心理因素对老年人健康影响的研究；老年人的康复护理研究；老年人的社区护理、家庭护理和临终关怀研究；老年人的健康教育研究。

2. **老年护理的目标** 老年人自我照顾能力增强，恶化与衰退延缓，生活质量提高；做好老年人临终关怀。

知识链接

全生命周期护理

全生命周期护理是指从人的出生到死亡，对其整个生命周期内的健康状态进行持续、全面的关注和管理。其核心理念是"预防为主、全程管理、个性化服务、多学科协作"，旨在通过科学、系统的护理手段，提高人们的健康水平，预防和控制疾病，延长寿命。

老年期的护理重点是关注老年人的慢性病管理、心脑血管病预防、糖尿病等疾病控制，提供防癌、防跌倒等护理服务，同时加强人文关怀，为老年人提供心理支持和情感慰藉，提高其生活质量。

三、老年护理人员应具备的素质

1. **职业素质** 老年护理人员需具备责任心、爱心、细心、耐心及良好沟通能力，面对依赖性强、病程长、病情重的老年人，应以人为本，尊重其人格尊严，以足够的责任心、爱心、细心、耐心对待，促进多方沟通配合，在不同情境下为老年人提供全面照顾与护理服务。

2. 业务素质　老年人常常多病共存且器官功能易损，护理人员需全面掌握专业知识，融合相关学科，熟练应用于实践，并精通专科核心技能。这样才能全面考虑，精准解决关键问题，有效满足老年人健康需求。

3. 能力素质　老年人机体代偿功能弱，健康状况多变。护理人员需具备准确敏锐的观察力与判断力、良好的沟通能力，才能及时发现老人的健康问题与细微变化，准确评估其健康状况，从而及早采取护理措施，确保护理质量。

 考点提示

老年护理的目标及任务。

第四节　老年护理的现状及发展

一、国外老年护理的现状及发展

世界各国老年护理发展状况各有特点。1870年，荷兰成立了第一支家居护理组织，以后家居护理在荷兰各地相继建立起来；德国的老年护理始于18世纪；英国1859年开始地段访问护理，19世纪末创建教区护理和家庭护理；日本1963年成立了老年人养护院。老年护理作为一门学科最早出现于美国，美国老年护理的发展对世界各国老年护理的发展起到了积极的推动作用。故以美国为例简要介绍如下。

1900年，老年护理在美国成为独立专业，至20世纪60年代已趋成熟。1961年，美国护理协会成立老年护理专科小组，后升级为老年病护理分会，并确立了老年护理专科委员会，1970年公布职业标准，1975年开始颁发专科证书，同年《老年护理杂志》创刊，服务范围扩展至全体老年人。

1976年，美国护理学会提出发展老年护理学，关注老年人健康问题。至此，老年护理展现出完整的专业化特征。其模式包括社区诊所、附属医院、健康维持教育机构的社区护理中心等，政府提倡老年公寓型集体照顾模式，并建立了老年人院、收容所、护理之家等机构。

此外，美国自20世纪70年代起实施长期护理保险，又称看护护理保险，旨在为身体功能丧失、生活无法自理的老年人入住护理机构或接受家庭护理时提供费用补偿。该保险制度分为社会保险制和商业保险制，前者由政府强制实施，后者由商业保险公司自愿开办，投保人可通过购买护理保险合同自愿参加。

二、国内老年护理的现状及发展

我国老年护理在20世纪70年代末开始缓慢发展，80年代起受到政府关注。90年代，老年护理教育迅速发展，老年护理学成为高校护理专业必修课，相关研究开始起步。21世纪初，部分院校与国外联合开展老年护理专科护士的培训工作。

我国老年护理体系起源于老年病护理，如老年门诊、老年病房及老年病专科医院等。"十二五"期间，针对老年人、慢性病、临终关怀患者的长期医疗护理服务模式逐步开展。《全国护理事业发展规划（2021—2025年）》提出加快发展老年医疗护理，提升基层服务能力，并发展安宁疗护。

在"健康中国战略"背景下，政策扶持、科技助力及较大的市场需求将促进老年护理学科的快速发展，但学科体系不完善、专业人才匮乏等问题仍亟待解决与优化。

> **思政园地**
>
> **传承中华传统生命价值观**
>
> 深入讲述中国古代关于衰老的传统理论与实践，挖掘其中蕴含的深厚文化底蕴，弘扬中华民族和谐共生的传统价值观和尊老敬老的传统美德。通过这些讲述，不仅能够传承中华优秀传统文化，还能进一步坚定我们的文化自信，为构建积极健康的老龄化社会贡献力量。

自 测 题

一、选择题

1. 发达国家对老年人年龄划分标准为
   A. 55岁　　　　　　B. 60岁　　　　　　C. 65岁
   D. 70岁　　　　　　E. 75岁

2. 下列反映人口老龄化的主要指标是
   A. 老年人口系数　　B. 长寿水平　　　　C. 老年人口负担系数
   D. 老龄化指数　　　E. 平均期望寿命

3. 老年护理的目标不包括
   A. 增强自我照顾能力　　　　B. 延缓疾病恶化和功能衰退
   C. 治愈各种老年疾病　　　　D. 提高生活质量
   E. 做好临终关怀

（4~7题共用题干）

中国1953年、1964年、1982年、1990年、2000年、2010年六次人口普查的老年人口系数分别为7.32%、6.08%、7.64%、8.59%、10.27%、13.4%。

4. 按照世界卫生组织建议的老龄化国家的评价标准，中国成为老龄化国家的时间是
   A. 1953年　　　　　B. 1964年　　　　　C. 1982年
   D. 1990年　　　　　E. 2000年

5. 从中国人口老龄化的进程看，中国人口老龄化的特点是
   A. 老龄化速度发展平稳　　　B. 老龄化速度发展缓慢
   C. 老龄化速度与西方国家一致　　D. 老龄化速度发展快
   E. 老龄化速度发展适中

6. 根据衰老的丘比特（Cupid）标准，衰老具有的特征是
   A. 累积性、渐进性、普遍性、危害性　　B. 累积性、渐进性、普遍性、规律性
   C. 规律性、渐进性、普遍性、危害性　　D. 偶然性、累积性、渐进性、普遍性
   E. 偶然性、普遍性、危害性、规律性

7. 衡量人口老龄化最直接、最常用的指标是
   A. 年龄中位数　　　B. 老年人口系数　　C. 老少比
   D. 老年人口负担系数　　E. 人均预期寿命

二、简答题

1. 简述我国人口老龄化的特点。
2. 简述老年护理的目标。

三、案例分析

某新建社区，楼房刚刚交付使用，生活配套设施尚不完善。据物业部门统计，该社区目前已入住 1200 户，其中 18 岁以下居民 1400 人，18～60 岁以下居民 3600 人，60 岁以上居民 600 人，80 岁以上居民占 60 岁以上居民的 20%。

1. 请计算：
（1）该社区的老年人口系数。
（2）80 岁以上的高龄老年人口是多少？
2. 请分析：
（1）该社区是否属于老龄化社区？
（2）为保障老年人安心在此居住，解除老年人家庭成员的后顾之忧，应如何规划未来的生活配套设施建设？

（李 玲 颜晓萍）

第二章 老年人综合健康评估

> **学习目标**
> 1. 概述老年人功能状态评估的内容和常用的评估工具，老年人健康史、躯体健康评估的内容。
> 2. 简述老年人健康综合评估的原则、注意事项、内容和方法。
> 3. 能与医生合作为老年人建立综合健康评估档案。

第一节 概 述

一、老年人健康评估的原则

（一）了解老年人身心健康的特点

护理人员必须了解老年人生理性和病理性改变的特点。生理性改变是指随着年龄的增长，机体必然发生的分子、细胞、器官和全身的各种退行性改变，这些改变是正常的。病理性改变是指由于生物的、物理的或化学的因素导致的老年性疾病引起的改变，这些改变是异常的。这两种变化的过程在多数老年人身上同时存在，互相影响，有时难以区分。护理人员必须认真进行健康评估，确定与年龄相关的正常变化，区别正常老化和现存的或潜在的健康问题，采取适当的措施实施干预。

老年人身心变化不同步，心理发展具有潜能和可塑性，个体差异性大。其心理变化的特点包括：①在智力方面，由于反应速度减慢，在限定的时间内学习新知识、接受新事物的能力较年轻人低。②在记忆方面，由于记忆力下降，老年人以有意记忆为主，无意注意为辅。③在思维方面，个体差异性较大。④在特性或个性方面，易出现孤独、任性，把握不住现状而产生怀旧、焦虑、烦躁。⑤老年人的情感与意志的变化相对稳定。

（二）明确老年人与其他人群实验室检查结果的差异

老年人实验室检查结果的异常有三种可能：①由疾病引起的异常改变。②正常的老年期变化。③受老年人服用的某些药物影响。老年人实验室检查结果标准值（参考值）可通过年龄校正可信区间范围或参照范围的方法确定，但对每个临床病例都应个别看待。护理人员应通过长期观察和反复检查，正确解读老年人实验室检查数据，结合病情变化，确认实验室检查值的异常是生理性老化、还是病理性老化所致。

1. 常规检查

（1）血常规：在老年人中血常规检查值异常较为普遍，一般以红细胞 $< 3.5 \times 10^{12}$/L、血红蛋白 < 110 g/L、红细胞压积 < 0.35 作为老年人贫血的标准，但贫血并非老年期生理性变化，因而需要进行全面系统的评估和检查。白细胞、血小板计数无增龄性变化。白细胞的参考值为 $(3.0 \sim 8.9) \times 10^9$/L。在白细胞分类中，T 细胞减少，B 细胞无增龄性变化。

（2）尿常规：老年人尿蛋白、尿胆原与成年人之间无明显差异。老年人尿沉渣中的白细胞计数＞20个/高倍视野才有病理意义。老年人中段尿培养污染率高，可靠性低。老年男性中段尿培养菌落计数≥10^3/ml、女性中段尿培养菌落计数≥10^4/ml为判断真性菌尿的参考值。

（3）红细胞沉降率：在健康老年人中，红细胞沉降率变化范围很大。一般红细胞沉降率在30～40 mm/h无病理意义，如果红细胞沉降率超过65 mm/h应考虑感染、肿瘤及结缔组织病。

2. 生化与功能检查　老年人生化与功能检查结果中常见的生理性变化见表2-1。

表2-1　老年人生化与功能检查结果中常见的生理性变化

检验内容	成人正常值范围	老年期生理性变化
空腹静脉血糖	3.9～6.1 mmol/L	轻度升高
肌酐清除率	80～100 ml/min	降低
血尿酸	120～240 μmol/L	轻度升高
乳酸脱氢酶（LDH）	50～150 U/L	轻度升高
碱性磷酸酶	20～110 U/L	轻度升高
总蛋白	60～80 g/L	轻度升高
总胆固醇	2.8～6.0 mmol/L	60～70岁达高峰后逐渐降低
低密度脂蛋白	＜3.1 mmol/L	60～70岁达高峰后逐渐降低
高密度脂蛋白	1.1～1.7 mmol/L	60岁稍升高，70岁后降低
三酰甘油（甘油三酯）	0.23～1.24 mmol/L	轻度升高
三碘甲状腺原氨酸（T_3）	1.08～3.08 nmol/L	降低
甲状腺素（T_4）	63.2～157.4 nmol/L	降低
促甲状腺素（TSH）	（2.21±1.1）mU/L	轻度升高或无变化

（三）重视老年人疾病非典型性表现

老年人感受性降低，加之常并发多种疾病，因而发病后往往没有典型的症状和体征，称为非典型性临床表现。例如，老年人患肺炎时常无症状，或仅表现出食欲缺乏、全身无力、脱水，或突然意识障碍，而无呼吸系统的症状；阑尾炎导致肠穿孔的老年人，临床表现可能没有明显的发热体征，或主诉轻微疼痛。由于这种非典型表现的特点，给老年人疾病的观察带来了一定的困难，因此，对老年人要重视客观检查，尤其体温、脉搏、血压及意识的评估极为重要。

二、老年人健康评估的注意事项

在老年人健康评估的过程中，结合其身心变化的特点，护理人员应注意以下事项。

（一）提供适宜的环境

老年人的感觉功能降低，血流缓慢，代谢率及体温调节功能降低，容易受凉感冒，所以体检时应注意调节室内温度，以22～24 ℃为宜。老年人视力和听力下降，评估时应避免对老年人的直接光线照射，环境要尽可能安静、无干扰，注意保护老年人的隐私。

（二）安排充分的时间

老年人由于感觉器官的退化，反应较慢，行动迟缓，思维能力下降，因此，所需评估时间较长；加之老年人往往患有多种慢性疾病，很容易感到疲劳。护理人员应根据老年人的具体情况，分次进行健康评估，让其有充分的时间回忆过去发生的事件，这样既可以避免老年人疲劳，又能获得详尽的健康史。

（三）选择恰当的方法

对老年人进行躯体评估时，应根据评估的要求，选择合适的体位，重点检查易于发生皮损的部位。对有移动障碍的老年人，注意取合适的体位。检查老年人口腔和耳部时，要取下义齿和助听器。有些老年人部分触觉功能消失，需要较强的刺激才能引出，在进行感知觉检查特别是痛觉和温度觉检查时，注意不要损伤老年人。

（四）运用沟通的技巧

老年人听觉、视觉功能逐渐衰退，交谈时会产生不同程度的沟通障碍。为了促进沟通，护理人员应尊重老年人，采用关心、体贴的语气提出问题，语速减慢，语音清晰，选用通俗易懂的语言，适时注意停顿和重复，适当运用耐心倾听、触摸、拉近空间距离等技巧，注意观察非语言性信息，增进与老年人的情感交流，以便收集到完整而准确的资料。为认知障碍的老年人收集资料时，询问要简洁得体，必要时可由其家属或照料者协助提供资料。

三、老年人健康评估的内容

1947年，世界卫生组织将健康定义为"健康不仅是没有疾病和身体缺陷，还要有完整的生理、心理状况和良好的社会适应能力"。这一定义揭示了人类健康的本质，指出了健康所涉及的若干方面，因此，老年人健康评估的内容主要包括躯体健康、心理健康、社会功能及综合反映这三方面功能的生活质量评估。此外，护理人员对老年人进行健康评估时，不仅要处理已经发生的问题，还要预防潜在问题的发生。

考点提示

老年人健康特点。

第二节　老年人躯体健康的评估

老年人躯体健康评估的内容包括健康史、体格检查、实验室检查和功能状态的评估四个方面。在这里，除了关注老年人的生理功能和疾病本身外，还要对其日常生活活动能力即自理程度进行评估。

一、健康史

评估老年人的过去史，手术、外伤史，食物、药物等过敏史，日常生活活动和社会活动能力，目前的健康状况，有无急、慢性疾病，疾病发生的时间，主要的症状有无加重，治疗情况及恢复程度，目前疾病的严重程度，对日常生活活动和社会活动能力的影响。

二、体格检查

一般认为，老年人应1~2年进行一次全面的健康检查。检查时按要求让老年人取坐位或半坐位。常用的方法包括视诊、触诊、叩诊、听诊。

（一）全身状态

1. 生命体征　包括体温、脉搏、呼吸、血压。老年人基础体温较成年人低，70岁以上的患者感染时常无发热的表现，如果午后体温比清晨高1℃以上，应视为发热。测脉搏的时间不应少于30秒，注意脉搏的不规则性。高血压和体位性低血压在老年人中较常见，应在老年人平卧10分钟后测定一次血压，然后直立后1分钟、3分钟、5分钟各测血压一次，如直立时任何一次收缩压比卧位时降低≥20 mmHg或舒张压降低≥10 mmHg，称为体位性低血压。评估呼吸时注意呼吸方式与节律、有无呼吸困难。老年人正常呼吸频率为16～25次/分，在其他临床症状和体征出现之前，老年人呼吸频率＞25次/分，可能是下呼吸道感染、充血性心力衰竭或其他病变的信号。

2. 营养状态　评估老年人每日活动量、饮食状况及有无饮食限制。测量身高、体重。正常人从50岁起身高可缩短，男性平均缩短2.9 cm，女性平均缩短4.9 cm。由于肌肉和脂肪组织减少，80～90岁的老年人体重明显减轻。

3. 智力、意识状态　意识状态主要反映老年人对周围环境的认识和对身体所处状况的识别能力，有助于判断有无颅内病变和代谢性疾病。通过评估老年人的记忆力和定向力，有助于早期认知障碍的诊断。

4. 体位、步态　疾病常可使体位发生改变，如心、肺功能不全的老年患者，可出现强迫坐位。步态的变化对疾病观察有一定意义，如慌张步态见于帕金森病（图2-1），醉酒步态见于小脑病变。

图2-1　慌张步态

（二）皮肤

评估老年人皮肤的颜色、温度、湿度，皮肤的完整性与特殊感觉，有无癌前、癌病变。全面检查长期卧床老年人易于发生破损的部位，观察有无压疮发生。老年人皮肤干燥、皱纹多，缺乏弹性，没有光泽，常伴有皮损。常见的皮损有老年斑（图2-2）、老年疣、老年性白斑等，40岁后常可见浅表的毛细血管扩张。

（三）头面部与颈部

1. 头面部

（1）头发：随着年龄的增长，老年人头发逐渐变白，发丝变细，头发稀疏，伴有脱发。

（2）眼睛及视力：老年人眼窝内的脂肪组织减少，眼球凹陷；上眼睑下垂，下眼睑出现"眼袋"；瞳孔直径缩小，反应变慢；泪腺分泌减少，易出现眼干；角膜周围有类脂性浸润，随着年龄的增长形成类脂质沉积，即出现"老年环"（图2-3）；晶状体柔韧性变差，睫状肌肌力减弱，眼的调节能力逐渐下降，迅速调节远、近视力的功能下降，出现老视；老年人因瞳孔缩小、视网膜视紫质的再生能力减退，使其区分色彩、暗适应的能力有不同程度的衰退和障碍。异常病变可有白内障、斑点退化、眼压增高或青光眼和血管压迹。

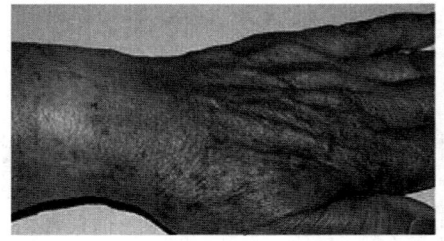

图2-2　老年斑

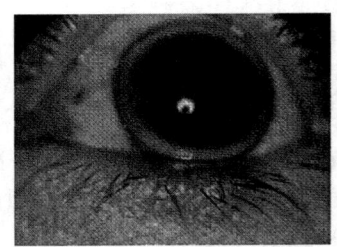

图2-3　角膜老年环

（3）耳：外耳检查可发现老年人的耳郭增大，皮肤干燥，失去弹性，耳垢干燥。老年人的听力随着年龄的增长逐渐减退，对高音量或噪声易产生焦虑，常有耳鸣，特别是在安静的环境下更加明显。检查老年人耳部时，应注意取下助听器，可通过询问、控制音量、手表的滴答声及耳语来检查听力。

（4）鼻腔：老年人鼻黏膜萎缩变薄，并变得干燥。

（5）口腔：由于毛细血管血流减少，老年人口唇失去红色，口腔黏膜及牙龈变得苍白；唾液分泌减少，使口腔黏膜干燥；味蕾的退化和唾液的减少使味觉减退。由于长期的损害、外伤、治疗性调整，老年人多有牙列缺失（图2-4），常有义齿，牙齿颜色发黄、变黑及不透明。评估老年人口腔时，应检查有无出血或肿胀的齿龈、松动和断裂的牙齿、经久不愈的黏膜白斑和癌的体征。

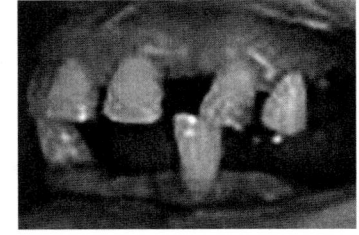

图2-4 牙列缺失

2. 颈部 老年人颈部结构与成年人相似，无明显改变。注意老年人颈部强直的体征，不仅见于脑膜受刺激，而且更常见于认知障碍、脑血管病、颈椎病、颈部肌肉损伤和帕金森病。

（四）胸部

1. 乳房 随着年龄的增长，女性乳房变长且平坦，乳腺组织减少。如发现肿块，要高度疑为恶性肿瘤。男性如有乳房发育，常常由体内激素改变或是药物的副作用导致。

2. 胸、肺部 老年人胸、肺部检查时的视诊、听诊及叩诊过程与成年人相同。老年人尤其是患有慢性支气管炎者，常呈桶状胸改变。由于生理性无效腔增多，肺部叩诊常示过清音。胸部检查可发现的与老化相关的体征有胸腔前后径增大、胸廓横径缩小、胸腔扩张受限和呼吸音强度减弱。

3. 心前区 老年人因驼背或脊柱侧弯引起心脏下移，可使心尖冲动出现在锁骨中线旁，老年人胸廓坚硬，使心尖冲动幅度减小；听诊第一及第二心音减弱，心室顺应性降低，可闻及第四心音；静息时心率变慢；主动脉瓣、二尖瓣的钙化、纤维化，脂肪堆积，导致瓣膜僵硬和关闭不全，听诊时可闻及异常的舒张期杂音，并可传播至颈动脉。

（五）腹部

老年人的肥胖常常掩盖一些腹部体征，消瘦者因腹壁变薄松弛，腹膜炎时也不易产生腹壁紧张，而肠梗阻时则很快出现腹部膨胀。由于肺扩张，膈肌下降导致肋缘下可触及肝。随着年龄的增长，膀胱容量变小，很难触诊到膨胀的膀胱。听诊可闻及肠鸣音减少。

（六）泌尿生殖器

老年女性由于雌激素缺乏使外阴发生变化：阴毛稀疏，呈灰色；阴唇皱褶增多，阴蒂变小；由于纤维化，阴道变窄，阴道壁干燥苍白，皱褶不明显。子宫颈变小，子宫及卵巢缩小。

老年男性外阴改变与激素水平降低相关，表现为阴毛变稀、变灰，阴茎、睾丸变小；双阴囊变得无皱褶和晃动。随着年龄的增长，老年男性前列腺逐渐发生组织增生，增生的组织引起排尿阻力增大，导致下尿道梗阻，出现排尿困难。

（七）脊柱与四肢

老年人肌张力下降，腰脊变平，导致颈部脊柱和头部前倾。椎间盘退行性改变使脊柱后凸（图2-5）。由于关节炎和类似的损害，使得部分关节活动范围受限。评估四肢时，应检查各关节及其活动范围、水肿及动脉搏动情况，注意有无疼痛、畸形、运动障碍。下肢皮肤溃疡、足冷痛、坏疽及脚趾循环不良等常提示下肢动脉供血不足。

（八）神经系统

随着年龄的增长，神经的传导速度变慢，对刺激反应的时间延长。老年人精神活动能力下降，如记忆力减退，易疲劳，注意力不易集中，反应变

图2-5 脊柱后凸

慢，动作不协调，生理睡眠时间缩短。

> **考点提示**
>
> 老年人躯体健康的评估与评价活动。

三、功能状态的评估

老年人功能状态的评估始终都是老年护理工作的重要部分，同时老年人功能状态的评估对维护和促进老年人的自立性也起到重要的指导作用。

（一）功能状态评估的内容

老年人功能状态评估包括日常生活活动（activity of daily living，ADL）能力、认知能力、心理功能和社会能力等方面，其中最基本的是日常生活活动能力。日常生活活动能力是指人们在每天的生活中，为了照顾自己的衣、食、住、行，保持个人卫生整洁和进行独立的社会活动所必需的一系列的基本活动，是人们为了维持生存及适应环境而每天必须反复进行的、最基本的、最具有共性的活动。日常生活活动能力的评估包括基本日常生活活动能力、功能性日常生活活动能力、高级日常生活活动能力三个层次。

1. 基本日常生活活动（basic activity of daily living，BADL）能力　指每个个体每日需执行的衣（穿脱衣、鞋、帽，修饰打扮）、食（进餐）、行（行走、变换体位、上下楼）、个人卫生（洗漱、沐浴、上厕所，控制排尿、排便）等活动。正常人应在毫无帮助情况下独立完成，老年人或因病造成身体功能受限的人，需要依赖他人或辅助器方能完成这些活动。BADL 既是老年人最基本的自理能力，又是老年人自我照顾、从事每天必需的日常生活活动的能力。这一层次的功能受限，将影响老年人基本生活需要的满足。BADL 不仅是评估老年人功能状态的指标，也是评估老年人是否需要补偿服务或评估老年人死亡率的指标。

2. 工具性日常生活活动（instrumental activity of daily living，IADL）能力　指个体单独生活所必需的一些基本能力或要素，即老年人在家中或寓所内进行自我照顾的能力，包括购物、家庭清洁和整理、使用电话、做饭、洗衣、旅游等。这一层次的功能提示老年人是否能独立生活并具备良好的日常生活功能。

3. 高级日常生活活动（advanced activity of daily living，AADL）能力　反映老年人的智能能动性和社会角色功能，包括主动参与社交、娱乐活动、职业活动等。随着老年期生理变化或疾病的困扰，这种能力可能会逐渐丧失。例如，股骨颈骨折使一位经常参加各种社交和娱乐活动的老年人失去了参加这些活动的能力，这将使这位老年人的整体健康受到明显影响。高级日常生活活动能力的缺失，要比基本日常生活活动能力和工具性日常生活活动能力的缺失出现得早，一旦出现，就预示着更严重的功能下降。一旦发现老年人有高级日常生活活动能力的下降，就需要进一步的功能性评估，包括基本日常生活活动能力和工具性日常生活活动能力的评估。

（二）常用的评估工具

在医院、社区、康复中心等开展老年人功能状态评估时，有多种标准化的评估量表可供护理人员使用（表 2-2）。使用最广泛的工具包括 Katz ADL 量表和 Lawton IADL 量表。

表 2-2　评估日常生活活动能力量表

量表	功能
Katz ADL 量表（Katz ADL Scale）	基本自理能力
Barthel 指数（Barthel Index）记分法（附录量表 1）	自理能力和行走能力

续表

量表	功能
Kenny 自护量表（Kenny Self-care Scale）	自理能力和行走能力
IADL 量表（IADL Scale）	烹饪、购物、家务等复杂活动
Lawton IADL 量表（Lawton IADL Scale）	IADL 能力

1. Katz ADL 量表　为 Katz 等设计制定的语义评定量表，可用于测量评价慢性疾病的严重程度及治疗效果，也可用于预测某些疾病的发展（表 2-3）。

表 2-3　Katz ADL 量表

生活能力	项目	分值
进食	进食自理，无需帮助	2
	需要帮助备餐，能自己进食	1
	进食或经静脉给营养时需要帮助	0
更衣（取衣、穿衣、扣扣、系带）	完全独立完成	2
	仅需要帮助系鞋带	1
	取衣、穿衣需要协助	0
沐浴（擦浴、盆浴或淋浴）	独立完成	2
	仅需要部分帮助（如背部）	1
	需要帮助（不能自行沐浴）	0
移动（起床、卧床，从椅子上站立或坐下）	自如（可以使用手杖等辅助器具）	2
	需要帮助	1
	不能起床	0
如厕（如厕排尿、排便自如，便后能自洁及整理衣裤）	无需帮助，或能借助辅助器具进出厕所	2
	需要帮助进出厕所、便后清洁或整理衣裤	1
	不能自行进出厕所完成排泄过程	0
控制排尿、排便	能完全控制	2
	偶尔排尿、排便失控	1
	排尿、排便需要别人帮助，需要用导尿管或尿失禁、大便失禁	0

（1）量表的结构与内容：此量表将 ADL 分为六个方面，即进食、更衣、沐浴、移动、如厕和控制排尿、排便，以决定各项功能完成的独立程度。

（2）评定方法：通过与被测者、护理人员交谈或被测者自填问卷，确定各项评分，计算总分值。

（3）结果解释：总分值的范围是 0～12 分，分值越高，提示被测者的日常生活活动能力越高。

2. Lawton IADL 量表　由美国 Lawton 等制定（表 2-4）。

表 2-4　Lawton IADL 量表

生活能力	项目	分值
你能自己做饭吗	无需帮助	2
	需要一些帮助	1
	完全不能自己做饭	0

续表

生活能力	项目	分值
你能自己做家务或勤杂工作吗	无需帮助	2
	需要一些帮助	1
	完全不能自己做家务	0
你能自己服药吗	无需帮助（能准时服药，剂量准确）	2
	需要一些帮助（别人帮助备药，和（或）提醒服药）	1
	没有帮助完全不能自己服药	0
你能去超过步行距离的地方吗	无需帮助	2
	需要一些帮助	1
	除非做特别安排，否则完全不能旅行	0
你能去购物吗	无需帮助	2
	需要一些帮助	1
	完全不能自己出去购物	0
你能自己理财吗	无需帮助	2
	需要一些帮助	1
	完全不能自己理财	0
你能打电话吗	无需帮助	2
	需要一些帮助	1
	完全不能自己打电话	0

（1）量表的结构与内容：此量表将IADL功能分为7个方面，主要用于评定被测者的工具性日常生活活动能力。

（2）评定方法：通过与被测者、家属或护理人员等知情人的交谈或被测者自填问卷，确定各项评分，计算总分值。

（3）结果解释：总分值的范围是0～14分，分值越高，提示被测者工具性日常生活活动能力越高。

3. Lawton ADL量表　此量表简单易学易用，可广泛应用于居家、社区、养老机构老年人照顾者使用（附录量表2）。

 考点提示

老年人功能状态的评估与评价活动。

第三节　老年人心理健康的评估

一、老年人认知状态的评估

认知（cognition）是人们认识、理解、判断、推理事物的过程，通过行为、语言表现出来，反映了个体的思维能力。认知水平受年龄、教育水平、经验、疾病等因素的影响。对老年人的记忆力、定向力、判断力的评估，有助于及早发现疾病先兆。

（一）认知的评估内容

1. 外观　是否健康、整洁，外表与实际年龄是否相符。

2. 态度　是否合作，还是猜疑、害怕、有顾虑。

3. 活动能力　日常独立活动能力是矫健还是迟钝、缓慢，平时的协调与适应能力及其完成情况是否正常。

4. 沟通　表情及语言、体态是否自然，语言表达能力、文字发音等是否适当。

5. 思维　知觉、判断力、思维内容等是否正常。

6. 记忆力与注意力　短时或长时记忆力、学习新事物的能力及定向能力是否正常。

7. 高级认知功能　如定向能力、计算能力、抽象思维能力是否正常等。

（二）认知的评估方法

1. 观察与会谈法

（1）对健康与疾病的理解与期望的评估：可以推测老年人可能存在或将会出现的行为表现、价值取向。会谈提纲：①您认为怎样才算健康？②平时您是否注意维护自己的健康？③什么情况下您会去看病？④您是否知道自己的疾病是如何发生的？⑤您是否知道怎样才能更好地康复？

（2）思维能力的评估：①让被评估者重复一句话或5~7个连续数字，或请其回忆并说出近期或孩童时代发生的事件，以判断被评估者的记忆力；②观察被评估者是否能理解和按要求执行口令；③观察被评估者执行某件事时的专注程度；④经过几次宣教后请被评估者概括和总结所患疾病的特征等。

（3）语言能力的评估：语言是个体认知水平的重要标志，通过提问，让被评估者陈述病史、重述、阅读、书写、命名等方法检测被评估者语言表达及对文字符号的理解能力，观察和判断被评估者有无语言障碍。语言障碍可分为运动性失语、感受性失语、命名性失语、失写、失读及构音困难。

（4）定向力的评估：定向力包括时间、地点、空间和人物定向力。失去定向力的人不能将自己与时间、地点联系起来。一般首先丧失的定向力是时间定向力，其后是地点、空间定向力，再后是人物定向力。评估时可询问"今天是星期几？""今年是哪一年？""我们现在在哪里？""你家住哪里？"等问题。

2. 评估量表法　在已经确定的认知功能失常的筛选测试中，最普及的测试是简易智力状态检查量表（Mini-Mental State Examination，MMSE）和简易操作智力状态问卷（Short Portable Mental Status Questionnaire，SPMSQ）。

（1）简易智力状态检查量表：由Folsten于1975年编制，主要用于筛查有认知缺失的老年人，适合于社区和人群调查（附录量表3）。①量表结构与内容：该量表有19项（其中有5项包含16小项，共计30个项目），评估范围包括11个方面（表2-5）。②评定方法：评定时，向被测者直接询问，被测者回答或操作正确记"1"，错误记"5"，拒绝或说不会记"9"和"7"。全部答对的总分为30分。③结果解释：简易智力状态检查的主要统计量是所有记"1"的项目（含小项）的总和，即回答或操作准确的项目（含小项）数，称为该检查的总分，范围是0~30。分界值与受教育程度有关，未受教育组（文盲组）17分，教育年限≤6年组20分，教育年限>6年组24分，低于分界值提示有认知功能缺失。

表2-5　简易智力状态检查量表评估的范围

评估范围	项目	评估范围	项目
1. 时间定向	1，2，3，4，5	4. 注意和计算能力	12（分5小项）
2. 地点定向	6，7，8，9，10	5. 短期记忆	13（分3小项）
3. 语言即刻记忆	11（分3小项）	6. 物品命名	14（分2小项）

续表

评估范围	项目	评估范围	项目
7. 重复能力	15	10. 语言表达	18
8. 阅读理解	16	11. 绘图	19
9. 语言理解	17（分3小项）		

（2）简易操作智力状态问卷：由 Pfeiffer 于 1975 年编制，评估内容包括定向、短期记忆、长期记忆和注意力，评估时需要结合被测者的教育背景做出判断，适用于评定老年人认知状态的前后比较。

3. 画时钟 此法也是评估认知功能的有效方法，特别是在视觉空间及建构性方面。要求被测者在纸上画一圆形时钟并填上阿拉伯数字 1 至 12，并指定某一时间点（如 1 点 20 分），并请被测者画上时针与分针，认知障碍老年人所画的时钟会出现多种错误（图 2-6）。如果被测者"三名词复述及记忆"有问题并且画时钟有误时，即可怀疑其有认知障碍。

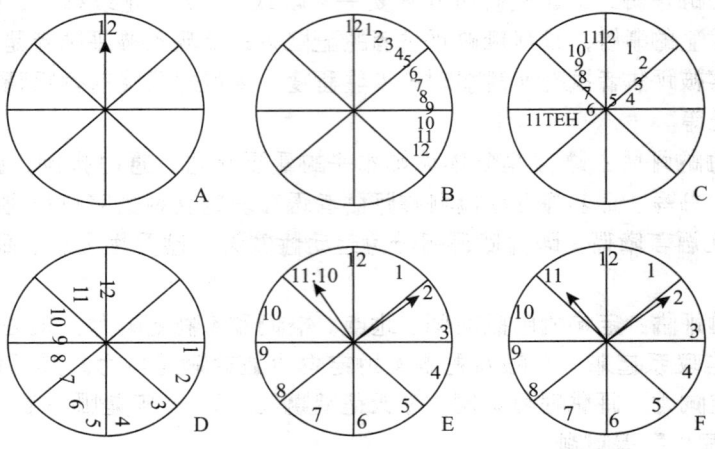

图 2-6 认知障碍老年人所画的时钟

画时钟测试法加上三名词复述及记忆的测试称为迷你认知评估（mini-cognitive assessment），美国老年医学会所出版的 *Geriatrics At Your Fingertips* 建议使用此法。

二、老年人情感状态的评估

情感直接反映人们的需求是否得到满足，是身心健康的重要标志。老年人的情感纷繁复杂，焦虑和抑郁是最常见的也是最需要护理干预的情感状态。

（一）焦虑状态的评估

焦虑（anxiety）是个体感受到威胁时的一种紧张的、不愉快的情绪状态，表现为紧张、不安、急躁、失眠等，但无法说出明确的焦虑对象。常用的评估方法有以下三种。

1. 访谈与观察 询问、观察老年人有无焦虑的症状。
2. 心理测试 使用较多的老年人焦虑评估量表有汉密尔顿焦虑量表（Hamilton Anxiety Scale，HAMA）（表 2-6）、状态 - 特质焦虑问卷（State-Trait Anxiety Inventory，STAI）。

表 2-6 汉密尔顿焦虑量表

项目	内容	分数
1. 焦虑心境	担心、担忧，感到有最坏的事情将要发生，容易激惹	0 1 2 3 4

续表

项目	内容	分数
2. 紧张	紧张感，易疲劳，不能放松，情绪反应明显，易哭，颤抖，感到不安	0 1 2 3 4
3. 害怕	害怕黑暗、陌生人、一人独处、动物、乘车或旅行及人多的场合	0 1 2 3 4
4. 失眠	难以入睡，易醒，多梦、梦魇、夜惊、醒后感疲倦	0 1 2 3 4
5. 认知功能	或称记忆、注意障碍，注意力不能集中，记忆力差	0 1 2 3 4
6. 抑郁心境	丧失兴趣，对以往爱好缺乏快感，忧郁、早醒、昼重夜轻	0 1 2 3 4
7. 肌肉系统症状	肌肉酸痛，抽动，不灵活，牙齿打颤，声音发抖	0 1 2 3 4
8. 感觉系统症状	视物模糊，发冷、发热，软弱无力感，浑身刺痛	0 1 2 3 4
9. 心血管系统症状	心动过速，心悸，胸痛，血管跳动感，昏倒感，脉搏脱漏	0 1 2 3 4
10. 呼吸系统症状	胸闷，窒息感，叹息，呼吸困难	0 1 2 3 4
11. 胃肠道症状	吞咽困难，消化不良，肠动感，腹泻，体重感轻，便秘	0 1 2 3 4
12. 生殖泌尿系统症状	尿意频数，尿急，停经，性冷淡，阳痿	0 1 2 3 4
13. 自主神经系统症状	口干，潮红，苍白，易出汗，起"鸡皮疙瘩"等	0 1 2 3 4
14. 会谈时行为表现	（1）一般表现：紧张、面肌抽动、不宁顿足、手发抖、皱眉、肌张力高、叹息样呼吸、面色苍白 （2）生理表现：吞咽、打呃、安静时心率快、呼吸快（20次/分以上），腱反射亢进，震颤、瞳孔放大、眼睑跳动，易出汗，眼球突出	0 1 2 3 4

（1）汉密尔顿焦虑量表：由 Hamilton 于 1959 年编制，是一个使用广泛的用于评定焦虑严重程度的他评量表。

1）量表的结构与内容：该量表包括 14 个项目，分为精神性和躯体性两大类，各由 7 个项目组成。前者为第 1—6 项和第 14 项；后者为第 7—13 项。

2）评定方法：采用 0～4 分的 5 级评分法。各级评分标准：0= 无症状；1= 轻度；2= 中等，有肯定的症状，但不影响生活和劳动；3= 重度，症状重，需要进行处理或影响生活和劳动；4= 极重度，症状极重，严重影响生活。由经过训练的两名专业人员对被测者进行联合检查，然后各自独立评分。除第 14 项需结合观察外，所有项目根据被测者的口头叙述进行评分。

3）结果解释：总分超过 29 分，提示可能为严重焦虑；超过 21 分，提示有明显焦虑；超过 14 分，提示有肯定的焦虑；超过 7 分，提示可能有焦虑；小于 7 分，提示没有焦虑。

（2）状态 - 特质焦虑问卷：由 Spieberger 等编制的自我评价问卷，能直观地反映被测者的主观感受（附录量表 4）。Cattell 和 Spieberger 提出状态焦虑和特质焦虑的概念，前者描述的是一种不愉快的情感体验，如紧张、恐惧、忧虑和神经质，伴有自主神经系统的功能亢进，一般为短暂性的；后者用来描述相对稳定的、作为一种人格特质且具有个体差异的焦虑倾向。

1）量表的结构与内容：该量表包括 40 个项目，第 1—20 项为状态焦虑量表，第 21—40 项为特质焦虑量表。

2）评定方法：每一项进行 1 至 4 级评分。由被测者根据自己的体验选择最合适的分值，凡正性情绪项目均为反序计分，分别计算状态焦虑量表和特质焦虑量表的累加分，最小值为 20，最大值为 80。

3）结果解释：状态焦虑量表与特质焦虑量表的累加分，反映状态焦虑或特质焦虑的程度，分值越高，说明焦虑程度越严重。

（3）焦虑可视化标尺技术　请被评估者在可视化标尺相应位点上标明其焦虑程度（图2-7）。

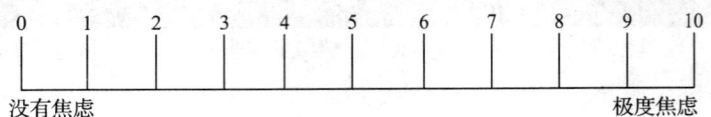

图 2-7　焦虑可视化标尺

（二）抑郁状态的评估

抑郁（depression）是个体失去某种其重视或追求的东西时产生的情绪状态，其特征是情绪低落，甚至出现失眠、悲哀、自责、性欲减退等表现。常用的评估方法有以下三种。

1. 访谈与观察　通过询问、观察，综合判断老年人有无抑郁情绪的存在。
2. 心理测试　在临床上应用简便并被广泛接受的老年人抑郁评估量表是汉密尔顿抑郁量表（Hamilton Depression Scale，HAMD）、老年抑郁量表（Geriatric Depression Scale，GDS），在社区人群健康调查中广泛应用的是流调中心用抑郁量表（the Center for Epidemiological Studies Depression，CES-D）。

（1）汉密尔顿抑郁量表：由 Hamilton 于 1960 年编制，是临床上评定抑郁状态时应用最普遍的量表（表 2-7）。

表 2-7　汉密尔顿抑郁量表

序号	项目	无	轻度	中度	重度	极重度
1	抑郁情绪：0 没有；1 只在问到时才诉述；2 在访谈中自发地表达；3 不用言语也可以从表情、姿势、声音或欲哭中流露出这种情绪；4 自发言语和非语言表情动作几乎完全表现为这种情绪	0	1	2	3	4
2	有罪恶感：0 没有；1 责备自己，感到自己已连累他人；2 认为自己犯了罪，或反复思考以往的过失和错误；3 认为目前的疾病是对自己错误的惩罚，或有罪恶妄想；4 罪恶妄想伴有指责或威胁性幻觉	0	1	2	3	4
3	自杀：0 没有；1 觉得活着没有意义；2 希望自己已经死去，或常想到与死亡有关的事；3 消极观念（自杀念头）；4 有严重自杀行为	0	1	2	3	4
4	入睡困难（初段失眠）：0 没有；1 主诉有入睡困难，上床半小时后仍不能入睡（要注意平时患者入睡的时间）；2 主诉每晚均有入睡困难	0		1	2	
5	睡眠不深（中段失眠）：0 没有；1 睡眠浅，多噩梦；2 半夜（晚 12 点以前）曾醒来（不包括上厕所）	0		1	2	
6	早醒（末段失眠）：0 没有；1 有早醒，比平时早醒 1 小时，但能重新入睡（应排除平时的习惯）；2 早醒后无法重新入睡	0		1	2	
7	工作和兴趣：0 没有；1 提问时才诉述；2 自发地直接或间接表达对活动、工作或学习失去兴趣，如感到没精打采，犹豫不决，不能坚持或需强迫自己去工作或活动；3 活动时间减少或成效下降，住院者每天参加病房劳动或娱乐不满 3 小时；4 因目前的疾病而停止工作，住院者不参加任何活动或者没有他人帮助便不能完成病室日常事务。注意不能凡住院就打 4 分	0	1	2	3	4

续表

序号	项目	无	轻度	中度	重度	极重度
8	阻滞（指思维和言语缓慢，注意力难以集中，主动性减退，最好是专业人士观察）：0没有；1精神检查中发现轻度阻滞；精神检查中发现明显阻滞；3精神检查进行困难；4完全不能回答问题（木僵）	0	1	2	3	4
9	激越（最好是专业人士观察）：0没有；1检查时有些心神不定；2明显心神不定或小动作多；3不能静坐，检查中曾起立；4搓手、咬手指、扯头发、咬嘴唇	0	1	2	3	4
10	精神性焦虑：0没有；1问及时诉述；2自发地表达；3表情和言谈流露出明显忧虑；4明显惊恐	0	1	2	3	4
11	躯体性焦虑（指焦虑的生理症状，包括口干、腹胀、腹泻、打呃、腹绞痛、心悸、头痛、过度换气和叹气，以及尿频和出汗），最好是专业人士观察：0没有；1轻度；2中度，有肯定的上述症状；3重度，上述症状严重，影响生活或需要处理；4严重影响生活和活动	0	1	2	3	4
12	胃肠道症状：0没有；1食欲减退，但不需他人鼓励便自行进食；2进食需他人催促或请求和需要应用泻药或助消化药	0	1	2		
13	全身症状：四肢、背部或颈部沉重感，背痛、头痛、肌肉疼痛，全身乏力或疲倦。0没有；1轻度；2中度；3重度；4极重度	0	1	2	3	4
14	性症状（指性欲减退、月经紊乱等）：0没有；1轻度；2重度；3其他（不能肯定或对被评者不适合）	0	1	2	3	
15	疑病：0没有；1对身体过分关注；2反复考虑健康问题；3有疑病妄想；4伴幻觉的疑病妄想	0	1	2	3	4
16	体重减轻：按病史评定，0没有；1患者主诉可能有体重减轻；2肯定体重减轻。按体重记录评定，1一周内体重减轻超过0.5 kg；2一周内体重减轻超过1 kg	0	1	2		
17	自知力：0知道自己有病，表现为抑郁；1知道自己有病，但归咎于伙食太差、环境问题、工作过忙、病毒感染或需要休息；2完全否认有病	0	1	2		
18	日夜变化（如果症状在早晨或傍晚加重，先指出是哪一种，然后按其变化程度评分，早上变化评早上，晚上变化评晚上）：0早晨傍晚无区别；1早晨轻度加重；2傍晚轻度加重；3早晨严重加重；4傍晚严重加重	0	1	2	3	4
19	人格解体或现实解体（指非真实感或虚无妄想）：0没有；1问及才诉述；2自然诉述；3有虚无妄想；4伴幻觉的虚无妄想	0	1	2	3	4
20	偏执症状：0没有；1有猜疑；2有牵连观念；3有关系妄想或被害妄想；4伴幻觉的关系妄想或被害妄想	0	1	2	3	4
21	强迫症状（指强迫思维和强迫行为）：0没有；1问及时才诉述；2自发诉述	0	1	2	3	4
22	能力减退感（旁人的评价）：0没有；1仅于提问时方引出主观体验；2患者主动表示有能力减退感；3需鼓励、指导和安慰才能完成病室日常事务或个人卫生；4穿衣、梳洗、进食、铺床或个人卫生均需他人协助	0	1	2	3	4

序号	项目	无	轻度	中度	重度	极重度
23	绝望感：0 没有；1 有时怀疑"情况是否会好转"，但解释后能接受；2 持续感到"没有希望"，但解释后能接受；3 对未来感到灰心、悲观和失望，解释后不能解除；4 自动地反复诉述"我的病好不了啦"诸如此类的情况	0	1	2	3	4
24	自卑感：0 没有；1 仅在询问时诉述有自卑感，如"我不如他人"；2 自动地诉述有自卑感；3 患者主动诉述"我一无是处"或"低人一等"，与评 2 分者只是程度上的差别；4 自卑感达妄想的程度，如"我是废物"或类似情况	0	1	2	3	4

1) 量表的结构与内容：汉密尔顿抑郁量表经多次修订，版本有 17、21、24 项三种。表 2-7 为 24 项版本。

2) 评定方法：所有问题均指被测者近几天或近一周的情况。大部分项目采用 0～4 分的 5 级评分法。各级评分标准：0= 无；1= 轻度；2= 中度；3= 重度；4= 极重度。少数项目采用 0～2 分的 3 级评分法，其评分标准：0= 无；1= 轻度至中度；2= 重度。由经过训练的 2 名专业人员对被测者进行联合检查，然后各自独立评分。

3) 结果解释：总分能较好地反映疾病的严重程度，即病情越重，总分越高。按照 Davis J M 的界限划分标准：总分超过 35，可能为严重抑郁；超过 20，可能是轻或中度的抑郁；如小于 8，则无抑郁症状。

（2）老年抑郁量表：由 Brink 等于 1982 年创制，是专用于老年人的抑郁筛查表（附录量表 5）。

1) 量表的结构与内容：该量表共 30 个条目，包含以下症状：情绪低落，活动减少，易激惹，退缩，痛苦的想法，对过去、现在和将来的消极评分。

2) 评定方法：每个条目要求被测者回答"是"或"否"，其中第 1、5、7、9、15、19、21、27、29、30 条用反序计分（回答"否"表示抑郁存在）。每项表示抑郁的回答得 1 分。

3) 结果解释：该表可用于筛查老年抑郁症，但其临界值仍然存在疑问。用于一般筛查目的时建议采用：总分 0～10，正常；11～20，轻度抑郁；21～30，中重度抑郁。

3. 抑郁可视化标尺技术　请被评估者在可视化标尺相应位点上标明其抑郁程度（图 2-8）。

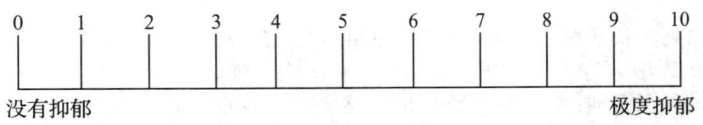

图 2-8　抑郁可视化标尺

三、老年人人格的评估

人格（personality）是个体在适应社会生活的成长过程中，经遗传与环境交互作用形成的稳定而独特的身心结构。

Reichard（1962）按照老年期的适应情况，将老年人人格特征分为五个类型。①成熟型：表现为有智慧，具有十分统一的人格，理解现实，积极参加工作，处处感到满意，宽厚待人。②安乐型，即隐居依赖型：胸无大志，不喜欢工作，满足于现状。③装甲型：属于自我防御较强的类型，对青年持嫉妒心理，不承认老年人的价值，用繁忙活动来回避对老年期的展望和死的问题。④愤怒型：无法承认自己已衰老这一事实，怨恨自己尚未达到人生的目标，把自己的失败归咎于他人并表示出敌意和攻击性。⑤自我谴责型：把自己的不幸全归咎于自己，谴责自己，对一切事物都持悲观态度，孤独压抑，有时甚至走自杀之路。

在以上五种类型中，前三种以各自的形式适应衰老情况，后两种是不适应的，是不幸的状态。常用的评估量表包括明尼苏达多重人格测定（MMPI）和艾森克人格问卷（EPQ）。

（一）明尼苏达多重人格测定

明尼苏达多重人格测定（MMPI）是由明尼苏达大学教授哈撒韦和麦金利制定的。它的编制是采用经验法，主要用于人格的临床评估，对于鉴定正常人格和异常人格有很高的价值。MMPI全部项目分为4个效度量表和10个临床量表，各个量表的名称和意义见表2-8和表2-9。

表2-8 MMPI的效度量表的名称和意义

名称	意义
问卷分数（Q）	表示受试者不能回答的题目总数，>30个题目说明临床量表不可信
说谎分数（L）	分数高表示答案不真实
诈病分数（F）	分数高表示诈病或确实严重偏执
校正分数（K）	分数高表示一种自卫反应

表2-9 MMPI临床量表的名称和意义

名称		意义
疑病（Hs）	高分数表现	（1）受试者有许多叙述不清的慢性身体不适 （2）不愉快、以自我为中心、敌意、需求、同情或诉苦
抑郁（D）	高分数表现	（1）抑郁情绪：胆小、苦恼、过分控制 （2）缺乏自信：自罪、依赖 （3）自感不适：易怒、嗜睡
癔病（Hy）	高分数表现	（1）依赖性神经症：依赖、天真、幼稚、自我陶醉、缺乏自制力 （2）伴躯体症状
病态人格（Pd）	高分数表现	（1）社会行为障碍：冲动、反抗、酗酒、滥用药物 （2）个性上的障碍：虚伪、做作、爱享受、好出风头、判断力差、不成熟、不可信任、敌意、好攻击、爱寻衅，有时则表现为外露、很可爱、善交际 （3）持久的人格障碍
男子气、女子气（Mf）	高分数表现	（1）男性：敏感、爱美、被动、女性化、缺乏对异性的兴趣 （2）女性：男性化、粗鲁、好攻击、自信、缺乏情感、不敏感
	低分数表现	（1）男性：粗鲁、好攻击、好冒险、粗心大意、好实践、兴趣狭窄 （2）女性：被动、屈服、诉苦、敏感、吹毛求疵、理想主义
妄想狂（Pa）	高分数表现	（1）多疑、孤独感、烦恼、过分敏感 （2）精明、警惕、敌意、好争论
精神衰弱（Pt）	高分数表现	（1）紧张、焦虑、不安、恐怖、刻板 （2）反复思考、自责、自罪
精神分裂症（Sc）	高分数表现	（1）异常生活方式：紧张、混乱、退缩、胆小、感觉不充分、心情易变 （2）异常情绪：奇怪思想、判断力差、不寻常的情绪反应 （3）出现古怪的感觉体验、接受现实差，甚至可出现妄想和幻觉
轻躁狂（Ma）	高分数表现	（1）精力过于充沛：外露、好冲动、善交际、无拘无束、轻浮、酗酒、夸张、绝对乐观、打算不现实、过高估价自己、有些造作、性急、易怒 （2）情绪紊乱：行为冲动、反复无常、妄想

续表

名称		意义
社会内向（Si）	高分数表现	（1）内向：胆小、退缩、屈服、过分自我控制、不善交际、懒散 （2）紧张、固执
	低分数表现	（1）外向：爱社交、健谈、冲动、任性、富于表情、不受拘束、好攻击、做作 （2）在社会关系中不真诚

（二）艾森克人格问卷（EPQ）（附录量表6）

艾森克人格问卷（EPQ）是由英国心理学家艾森克等所编制的。其问卷有两种形式，即青少年问卷（81题）和成人问卷（90题）。成人问卷也适用于老年人。每种形式都包含4个量表（表2-10）。由于量表项目少，易于检查，且项目内容也适合我国国情，所以是一个比较好的人格测验方法。

表 2-10 艾森克人格量表的名称和意义

名称	意义
内外向量表（E）	高分数表示外向：易冲动、好冒险、善交际、喜刺激 低分数表示内向：好静、冷淡、善内省、忌刺激、喜欢有秩序的生活方式
神经质量表（N） （情绪稳定性量表）	高分数表现：焦虑、担忧、不乐观、对各种刺激无反应、情绪低沉 低分数表现：情绪稳定
精神质量表（P）	高分数表现：孤独、残忍、不人道、有敌意、有攻击性、感觉迟钝、缺乏同情心、常有麻烦、行为异常、难以适应周围环境
效度量表（L）	测定受试者的人格功能、掩饰程度

四、压力与压力应对评估

压力（stress）是指内外环境中的各种刺激作用于机体时产生的非特异性反应。当刺激达到一定强度和时间，除引起与刺激直接相关的特异性表现外，还伴随着交感神经兴奋等一系列神经内分泌改变而引发的各种症状。任何刺激无论是躯体的还是情绪的，正性的还是负性的，均可促使机体分泌儿茶酚胺。适度的压力是催人上进的动力，而持续、高强度的压力却危害个体健康。

进入老年期后，日常生活中的各种事件，如退休、家庭关系的改变、经济状况的改变、丧偶、慢性疾病的折磨、亲朋好友的去世等，均可给老年人带来压力，如果应对不当，会给老年人的身心健康造成危害。护理人员应全面评估老年人压力的各个环节，及时了解有无压力源的存在，压力源的性质、强度、持续的时间及对老年人的影响，正确评价老年人的应对能力，帮助老年人适应环境变化，有效地减轻压力反应，促进老年人身心健康。

（一）压力源

常见的压力源有外部环境、内部环境和心理社会环境。

1. **外部环境（机体以外）** 包括温度、光、射线、声、空气污染等。
2. **内部环境（机体内部）** 是与机体生理功能有关的因素，如颅内高压、基因问题、感觉功能障碍等。
3. **心理社会环境** 涉及社会环境、工作压力、个人成就、经济收入、人际关系、社会支持、家庭、住房、子女和个人生活，包括正性和负性、可预料和不可预料、可控制和不可控制的生活事件。

（二）压力反应

1. 生理反应　任何刺激持续作用于机体，只要达到一定程度均可引起一组与刺激性质无关的全身非特异性变化。如失眠、焦虑、血压升高，实验室检查可见嗜中性粒细胞增多。生理反应可分为警告反应期、抵抗期和衰竭期三个阶段。临床常见的应激性疾病有应激性溃疡、应激性出血、应激性血糖升高等。

2. 情绪反应　包括恐惧、焦虑、抑郁、过度依赖、失助感、自怜、愤怒等。

3. 认知反应　适度的压力有助于机体保持一定的"唤醒"状态，提高个体的记忆和思维能力，增强认知功能；而持续、高强度的压力则损害认知功能。如长时间的噪声环境可使儿童的注意力分散、记忆力下降、学习能力降低。在压力事件突然出现时，表现为判断力下降、思维迟钝、感知混乱，此外还有定向力失误、自我观念偏差等。

4. 行为反应　个体为消除或暂时消除应激威胁而做出的行动，如逃跑、搏击、重复某一动作等。某些个体还会采取借酒浇愁、吸烟、暴饮暴食等不良行为来对付压力，使自己暂时缓解紧张状态，有人将这种变化称为变相依赖。

（三）压力应对

应对是指个体处于应激环境或遭遇生活事件时为平衡自身状态所做出的认知和行为努力。

1. 应对方式　可分为消极应对方式和积极应对方式。前者包括敌意反应、逃避现实的想法、自责、服镇静剂、隐退、幻想、忍受和优柔寡断。后者包括常理性行动、积极的思考、替代反应和抑制，较多地运用幽默的应对方式。

2. 应对资源　当个体面临压力时，可利用的资源有：健康和精力；积极的信仰；解决问题的能力；社会性技能，如沟通、表达等，可有效促进问题解决，增加社会支持；家庭、社会支持。

3. 有效应对的判断标准　压力所造成的身心反应维持在可控制的限度内；希望和勇气被激发；自我价值感得到维持；社会适应性、人际关系及经济处境改善；生理功能的康复得以促进。机体对压力的适应水平和耐受性提高，为应对有效。

4. 影响应对的因素　压力源通过压力中介变量引起压力反应。压力事件的性质及压力源的数量、强度、持续时间等直接作用于压力中介，通过中介变量的降解或膨胀而产生相应的压力效应，使机体出现维系健康或触发疾病的不同结果。同样的应激源作用于不同的个体身上，引起应激反应的强弱因人而异，这主要与个体的认知评价、应对方式、社会支持及个性有关。如果个体对事物有正确、客观、公正、清楚的认识，有应对压力的能力和经验，能充分调动自己的社会支持资源，采取积极的应对方式，则能够建立起良好的防御机制。有健康人格的人，压力反应轻，即使是重大的刺激，也不会对健康造成较大影响；反之，则会加强压力源作用的强度，引起个体身心疾病。

（四）压力与压力应对的评估方法

1. 压力源的评估

（1）会谈法：会谈提纲包括以下方面。①目前让被评估者感到压力的事情有哪些？②住院带来的压力大小？③目前生活有哪些改变？④改变对个人及家庭的影响有哪些？

（2）评定量表法：包括社会再适应评定量表和住院患者压力评定量表（表2-11）。

表2-11　住院患者压力评定量表

编号	权重	事件	编号	权重	事件
1	13.9	和陌生人同住一室	3	15.9	不得不睡陌生床上
2	15.4	不得不改变饮食习惯	4	16.0	不得不穿病员服

续表

编号	权重	事件	编号	权重	事件
5	16.8	四周有陌生机器	28	26.0	对药物不能耐受
6	16.9	夜里被护士叫醒	29	26.4	听不懂医护人员的话
7	17.0	生活上不得不依赖别人帮助	30	26.4	想到将长期用药
8	17.7	不能在需要时读报、看电视、听收音机	31	26.5	家人没来探视
9	18.1	同室病友探访者太多	32	26.9	不得不手术
10	19.1	四周气味难闻	33	27.1	因住院而不得不离开家
11	19.4	不得不整天睡在床上	34	27.2	毫无预测而突然住院
12	21.2	同室病友病情严重	35	27.3	按呼叫器无人应答
13	21.5	排便、排尿需他人帮助	36	27.4	不能支付医疗费用
14	21.6	同室患者不友好	37	27.6	有问题得不到解答
15	21.7	没有亲友探视	38	28.4	思念家人
16	21.7	病房色彩太鲜艳、太刺眼	39	29.2	靠鼻饲进食
17	22.7	想到外貌会改变	40	31.2	用止痛药无效
18	22.3	节日或家庭纪念日住院	41	31.9	不清楚治疗目的和效果
19	22.4	想到手术或其他治疗可能带来的痛苦	42	32.4	疼痛时未用止痛药
20	22.7	担心配偶疏远	43	34.0	对疾病缺乏认识
21	23.2	只能吃不对胃口的食物	44	34.1	不清楚自己的诊断
22	23.2	不能与家人、朋友联系	45	34.3	想到自己可能再也不能说话
23	23.4	对医生、护士不熟悉	46	34.5	想到自己可能失去听力
24	23.6	因事故住院	47	34.6	想到自己患上严重疾病
25	24.2	不知接受治疗、护理的时间	48	39.2	想到会失去肾或其他器官
26	24.5	担心给医护人员增添负担	49	39.2	想到自己可能得了恶性肿瘤
27	25.9	想到住院后收入会减少	50	40.6	想到自己可能失去视力

该量表既可评估压力源，也可明确其性质及影响力的大小。得分越高，说明患者主观感受承受的压力越大。

2. 压力反应评估　主要从生理、认知、情绪及行为几个方面进行评估（表2-12）。

表2-12　压力反应评估

类别	表现
生理反应	有无疲乏、头痛、气短、失眠、心率增加、血压升高、心律失常、应激性溃疡等
认知反应	有无感知能力下降、记忆力下降、思维混乱、解决问题能力下降等
情绪反应	有无紧张、焦虑、孤独、无助、愤怒、过度依赖等
行为反应	有无暴饮暴食、酗酒、徘徊、咬指甲、自杀或暴力倾向与行为

3. 应对方式的评估

（1）会谈法：会谈提纲包括以下方面。①通常情况下减轻压力的措施。②过去碰到类似情况的应对办法及效果（评估内在的可利用资源）。③对个人应对压力方式是否有需要改进的地方？④评估社会支持（来源、性质、量）。⑤需要护士何种帮助？

（2）评定量表法：通常情感式应对方式主要用于缓解不良情绪，只有问题式应对方式才能有助于问题的解决。Larson 和 Chastain 于 1990 年编制了自我隐瞒量表（表 2-13）。一般认为自我隐瞒有其积极的作用，有助于维持个体积极的自我形象，避免别人反感。

表 2-13　自我隐瞒量表

	很不符合 1	较不符合 2	不清楚 3	较符合 4
1. 我有重要的秘密没有告诉任何人				
2. 如果我把自己的所有秘密讲给我的朋友听，他们就会不那么喜欢我				
3. 我自己的很多事情只有我自己知道				
4. 我自己的一些秘密真的令我感到痛苦				
5. 当一些不好的事发生在我头上时，我一般不会告诉别人				
6. 我经常担心自己会把一些不想告诉别人的事情泄露出去				
7. 无意中透露一些秘密使我感到恼火和后悔				
8. 我有一个很隐秘的秘密，如果别人问起我，我会撒谎				
9. 我的秘密太难为情，无法同别人讲				
10. 我对自己有一些负面的想法，这些我不会同任何人讲				

使用说明：根据自己的实际情况，选择相符的答案，并在右面的栏目打勾，最后综合 10 个项目的分值即得出总分，分值越大表示个体具有越大的自我隐瞒倾向。

考点提示

老年人心理健康的评估与评价活动。

第四节　老年人社会健康的评估

全面认识和衡量老年人的健康水平，除了评估其生理、心理功能外，还要评估其社会状况。社会健康评估应对老年人的社会健康状况和社会功能进行评定，具体包括角色功能、环境、文化、家庭等方面的评估。

一、角色功能评估

对老年人角色功能的评估目的是明确被评估者对角色的感知、对承担的角色是否满意、有无角色适应不良，以便及时采取干预措施，避免角色功能障碍给老年人带来的生理和心理两方面的不良影响。

（一）角色内涵

1. 角色（role）　又称社会角色。该词源于戏剧舞台上的用语，后来被社会心理学家借用来表示对具有某种特定社会职位的个体所规定的标准和期望。角色是社会对个体或群体在特定场合下职能的划分，代表了个体或群体在社会中的地位及社会期望表现出的符合其地位的行为。角色不能单独存在，需要存在于与他人的相互关系中。老年人一生中经历了多重角色的转变，从婴儿到青年人、中年人直到老年人；从学生到工作人员直到退休人员；从儿子或女儿到父母直到祖父母等。适应对其角色功能起着相当重要的作用。

2. 角色功能　指从事正常角色活动的能力，包括正式的工作、社会活动、家务活动等。老年人由于衰老及某些功能的退化而使这种能力下降。个体对老年角色的适应与性别、个性、文化背景、家庭背景、社会地位、经济状况等因素有关。

（二）角色功能评估方法

老年人角色功能的评估可以通过交谈、观察两种方法收集资料。评估的内容如下。

1. 角色的承担

（1）一般角色：了解老年人过去的职业、离退休年份和现在有无工作，有助于防范由退休所带来的不良影响，也可以确定目前的角色是否适应。评估角色的承担情况，可询问："最近一周内做了什么事？""哪些事占去了大部分时间？""对你而言什么事情是重要的，什么事情很困难？"

（2）家庭角色：老年人离开工作岗位后，家庭成了主要的生活场所，并且大部分家庭有了第三代，老年人由父母的地位升到祖父母的位置，增加了老年人的家庭角色，常常承担起照料第三代的任务；老年期又是丧偶的主要阶段，若老伴去世，则要失去一些角色。另外，通过性生活的评估，可以了解老年人的夫妻角色功能，有助于评定老年人社会角色和家庭角色型态。评估时要求护理人员持非评判、尊重事实的态度，询问老年人过去及现在的情况。

（3）社会角色：社会关系型态的评估可提供有关自我概念和社会支持资源的信息。收集老年人每日活动的资料，对其社会关系型态进行评估，如果被评估者对每日活动不能明确表述，提示社会角色的缺失或是不能融合到社会活动中去。不明确的反应也可提示是否有认知或其他精神障碍。

2. 角色的认知　让老年人描述对自己角色的感知和别人对其所承担的角色的期望，老年后对自己生活方式、人际关系方面的影响。同时，还应询问是否认同别人对他的角色期望。

3. 角色的适应　让老年人描述对自己承担的角色是否满意及与自己的角色期望是否相符，观察有无角色适应不良的身心行为反应，如头痛、头晕、疲乏、睡眠障碍、焦虑、抑郁、忽略自己和疾病等。

二、环境评估

老年人的健康与其生存的环境有着密切的联系，如果环境因素的变化超过了老年人机体的调节范围和适应能力，就会引起疾病。通过对环境进行评估，可以更好地去除妨碍生活行为的因素，创造发挥补偿机体缺损的功能的有利因素，促进老年人生活质量的提高。

（一）物理环境评估

物理环境是指一切存在于机体外环境的物理因素的总和。由于社会人口老龄化、"空巢"家庭的日益增多，大量老年人面临着独立居住生活的问题。居住环境是老年人的主要生活场所，是学习、社交、娱乐、休息的地方，评估时应了解其生活环境或社区中的特殊资源，以及其对目前生活环境或社区的特殊要求。其中居家环境安全因素是评估的重点（表2-14），通过家访可以获得这方面的资料。

表 2-14 老年人居家环境安全评估要素

部位	评估要素
一般居室	
• 光线	是否充足？
• 温度	是否适宜？
• 地面	是否平整、干燥、无障碍物？
• 地毯	是否平整、不滑动？
• 家具	放置是否稳固、固定有序？有无阻碍通道？
• 床	高度是否在老年人膝盖下、与其小腿长基本相符？
• 电线	安置如何？是否远离火源、热源？
• 取暖设备	设置是否妥善？
• 电话	紧急电话号码是否放在易见、易取的地方？
厨房	
• 地板	有无防滑措施？
• 燃气	"开""关"的按钮标志是否醒目？
浴室	
• 浴室门	门锁是否内外均可打开？
• 地板	有无防滑措施？
• 便器	高度是否合适？有无设扶手？
• 浴盆	高度是否合适？盆底是否放置防滑胶垫？
楼梯	
• 光线	是否充足？
• 台阶	是否平整无破损？高度是否合适？台阶之间色彩差异是否明显？
• 扶手	有无扶手？

（二）社会环境评估

社会环境包括经济、文化、教育、法律、制度、生活方式、社会关系、社会支持等方面。本节着重于经济、生活方式、社会关系和社会支持的评估。

1. 经济　在社会环境因素中，对老年人的健康及患者角色适应影响最大的是经济。这是由于老年人因退休、固定收入减少、给予经济支持的配偶去世所带来的经济困难，可导致老年人失去家庭、社会地位或生活的独立性。护理人员可通过询问以下问题了解其经济状况：①您的经济来源有哪些？单位退休福利如何？对收入低的老年人，要询问这些收入是否足够支付食品、生活用品和部分医疗费用？②家庭有无经济困难？是否有失业、待业人员？③医疗费用的支付形式是什么？

2. 生活方式　通过交谈或直接观察，评估老年人饮食、睡眠、活动、娱乐等方面的习惯及有无吸烟、酗酒等不良嗜好。若有不良生活方式，应进一步了解其给老年人带来的影响。

3. 社会关系和社会支持　评估老年人是否有支持性的社会关系网络，如家庭关系是否稳定、家庭成员是否相互尊重，家庭成员向老年人提供帮助的能力及对老年人的态度，老年人与邻里、老同事的关系，提供给老年人的护理人员和支持性服务。

三、文化与家庭的评估

（一）文化评估

文化是一个社会及其成员所特有的物质和精神文明的总和，即特定人群为适应社会环境和物质环境而具有的共同的行为和价值模式。文化在一定的社会背景下产生和发展，并被人们自觉、广泛接受，从而形成一定的生活与行为方式，包括思想意识、宗教信仰、道德规范、知识、艺术、信念、习俗、法律等。文化有鲜明的民族性、继承性、获得性、共享性、复合性等特性。文化的核心要素是价值观、信念和信仰，这些要素与健康密切相关，决定着人们对健康、疾病、老化和死亡的看法及信念，是文化评估的主要内容。

1. 文化评估的内容

（1）价值观：是指个体对生活方式与生活目标价值的看法或思想体系，是个体在长期的社会化过程中，通过后天学习逐步形成的。

（2）信仰与信念：信仰是指人们对某种事物或思想的极度尊崇和信服，并以此作为自己的精神寄托和行为准则，如宗教信仰。信念是自己认为可以确信的看法，是个人在自身经历中积累起来的认识原则，是与个性和价值观相联系的一种稳固的生活理想，如健康信念。健康信念不同，个体对健康和疾病的理解不同，继而会影响其健康行为和就医行为。

2. 文化评估的方法

（1）价值观的评估：价值观的评估目的在于了解个体的价值观，能帮助个体认识自己的健康问题，帮助个体决策健康问题的轻重缓急，同时帮助个体在疾病时选择不同的措施及影响个体对疾病预后的看法。但是价值观存在于潜意识中，很难观察和表述，目前尚无现成的评估工具，只能通过会谈获得信息，形成初步的判断。

评估问题：①通常情况下，你认为什么对你最重要？②遇到困难时，你是如何看待的？③有无参加什么组织？④你对你所患疾病有什么看法？⑤你认为你的疾病对你有何影响？

（2）信仰与信念的评估：通过信仰与信念的评估，引出患者对自身健康问题的看法及所处文化对健康的影响。

采用Kleinman的健康信念注解模式，评估问题：①你认为是什么原因引起你的健康问题？②你为什么会发现这个健康问题？③你的健康问题对你有何影响？④你的健康问题严重程度如何？发生时持续时间长还是短？⑤你认为你该接受何种治疗？⑥你希望通过此项治疗达到哪些效果？⑦你的病到底给你带来哪些问题？⑧对这种病你最害怕什么？

对老年人文化的评估应注意的是，老年住院患者容易发生文化休克，应结合观察进行询问；如果老年人独居，应详细询问是否有亲近的朋友、亲属。

（二）家庭评估

家庭是社会的基本构成单位，是基于婚姻、血缘或收养关系而形成的社会共同体。家庭对每一个人都很重要，它是个体生活的主要场所。家庭功能健全与否、家庭关系和谐与否，关系着每个人的身心健康。

1. 家庭的结构　是指家庭成员组成的类型及成员间的相互关系，分为外部结构和内部结构。

家庭的外部结构又称人口结构，即家庭的规模或类型。目前，家庭有多种不同的分类方法，按其规模和人口特征可分为7类（表2-15）。

表2-15　家庭人口结构类型

类型	人口特征
核心家庭	夫妻俩和婚生或领养的子女
主干家庭	核心家庭成员加上夫妻任何一方的直系亲属如祖父母、外祖父母、叔、姑、姨、舅等
单亲家庭	夫妻任一方和婚生或领养的子女
重组家庭	再婚夫妻和前夫或（和）前妻的子女，以及婚生或领养的子女

续表

类型	人口特征
无子女家庭	仅夫妻两人（丁克家庭）
同居家庭	无婚姻关系而长期居住在一起的夫妻和其婚生或领养的子女
老年家庭	仅老年夫妇，其婚生或领养的子女离家（空巢家庭）

家庭的内部结构包括权利结构、角色结构、沟通过程及价值观，可以反映家庭成员之间的相互关系和亲密程度。

（1）权利结构：指家庭中夫妻间、父母与子女间在影响力、控制力和支配权方面的相互关系。家庭权利结构的基本类型如表2-16所示。

表2-16 家庭权利结构的基本类型

类型	人口特征
传统独裁型	由传统习俗继承而来的权威，如父系家庭以父亲为权威人物，夫妇、子女都必须接受这种形态
工具权威型	由养家能力、经济权利决定的成员权威
分享权威型	家庭成员权利均等，以共同参与、彼此协商的方式决策，根据各自的能力和兴趣分享权利，该类家庭称为民主型家庭
感情权威型	由感情生活中起决定作用的一方决定

（2）角色结构：是指家庭对每个处于特定位置的家庭成员所期待的行为和规定的家庭权利和义务，如性别角色、供养角色、家庭统治者角色、安抚者角色等。家庭角色结构受家庭人口结构和价值观的影响。如单亲家庭，父亲除承担自身角色外，还要承担母亲角色；中国传统的家庭观念使职业女性除了承担工作角色外，还要承担持家和照顾孩子的角色。家庭角色的分配不均可能会影响家庭的正常功能，并损害家庭成员的健康。

良好的角色结构应具备以下特征：①每个家庭成员都能认同和适应自己的角色范围。②家庭成员对某一角色的期望一致，并符合社会规范。③角色期待能满足家庭成员的心理需要，符合自我发展的规律。④家庭角色有一定的弹性，能适应角色的变化。

（3）沟通过程：沟通作为信息传递的过程，最能反映家庭成员之间的相互作用与关系。家庭内部沟通良好可以保证家庭和睦和家庭功能正常，否则可出现家庭内部沟通过程障碍，表现出以下特征：①家庭成员自卑。②家庭成员以自我为中心，不能理解他人的需求。③家庭成员在交流时采用间接和掩饰的方式。④家庭内信息的传递是含糊的、不直接的、有矛盾或防御性的。

（4）价值观：指成员对家庭活动的行为准则和生活目标的共同态度和基本信念。它可影响家庭的权利结构、角色结构和沟通形式，并决定家庭成员的行为。

2. 家庭功能　每个人都期待和向往幸福美满的家庭。家可为其成员提供遮风避雨、释放自我的场所，家是其成员心灵的避风港湾。个体的性需求、归属感驱使家庭成员彼此亲近、相互依靠，以获得情感的需要。家庭的经济功能是满足个体衣、食、住、行的物质需要。家庭的养育功能使人类种族得以繁衍生息，代代相传。家庭是其成员社会化的主要载体，是个体学习适应社会的重要场所。此外，家庭还要完成赡养老年人、照顾病者、为其成员提供良好支持的任务。家庭对个体健康的影响表现为能否为家庭成员提供相应的资源，满足个体的身心需要。一般来说，家庭功能越健全，成员的社会适应性越好，健康状况越容易维持。

3. 家庭资源与危机　家庭资源是指家庭为维持其基本功能、应对各种生活事件所需的物质、精神和信息等方面的支持，包括内部资源和外部资源。内部资源包括家庭为其成员提供的经济支持、精神和情感支持、信息支持、健康照顾等。外部资源包括社会支持、文化背景、宗教信仰、工作收入、受教育水平、居住环境及社区内的医疗保健机构等。当面对一个生活事件时，家庭资源丰厚者可及时调适并化解压力，家庭资源缺乏者则容易出现家庭危机。

家庭内主要的压力源包括：①经济收入低下或减少。②家庭成员关系改变或终结，如离婚、分居、丧偶。③家庭成员角色改变，如初为人母、退休、患病。④家庭成员的行为违背家庭期望或损害家庭荣誉，如酗酒、赌博、犯罪。

4. 评估内容　包括家庭人口结构、角色结构、权利结构、沟通过程、家庭价值观、家庭功能、家庭资源等，重点应评估家庭功能。

5. 评估方法

（1）观察法：观察个体家庭居住条件，明确家庭设备、装修，尤其要注意是否方便老弱病残成员的生活、截瘫者有无轮椅、慢性病者有无相应的监测仪器如血糖仪等；观察家庭成员衣着、饮食，家庭气氛，家庭成员间有无敌对或伤害性语言，是否缺乏民主气氛；观察成员间的亲密程度，是否彼此关心照顾，尤其对老幼患者家庭成员的照料等。

（2）会谈法：会谈内容主要包括以下问题。

1）人口结构的评估问题：能否告诉我你结婚多长时间？你们有孩子吗？最大孩子多大？孩子都在家住吗？

2）角色结构的评估问题：评估时注意有无角色冲突、角色负荷不足或过重、角色匹配不当、角色模糊等问题。

3）权利结构的评估问题：家里的大事小事通常谁做主？有麻烦时谁提出意见和解决办法？

4）沟通过程的评估问题：你的家庭和睦、快乐吗？大家有想法或要求能否直截了当地提出？听者是否认真？由于角度不同，家庭成员对家庭沟通过程的评价可能不同。

5）家庭价值观的评估问题：家庭最主要的日常生活规范有哪些？家庭是否将成员的健康看作头等大事？是否主张预防为主、有病及时就医？家庭生活方式如何？如何看待吸烟、酗酒等不良生活行为？家庭成员是否提倡成员间相互支持、关爱，个人利益服从家庭利益？

6）家庭功能的评估问题：你觉得你的家庭收入是否够用？能否满足衣、食、住、行等基本生活需求？你的家和睦、快乐吗？你依恋你的家吗？为什么？你的家庭成员间能否彼此照顾，尤其对患病的成员？

7）家庭资源的评估问题：你觉得你的家庭经济条件如何？能否支付你的住院费用？你的家人是否有时间和精力并乐意照顾你？你的家人文化程度如何？能否提供你所需要的保健知识、就医信息？你家离医院近吗？医疗护理水平如何？能否满足你的就医需求？除了家人你还可以从哪些方面得到帮助，朋友、邻居、同事或单位？

（3）量表评估法：常用的量表有 Procidanao 与 Heller 的家庭支持量表和 APGAR 家庭功能评估表（表 2-17、表 2-18）。

表 2-17　家庭支持量表

家庭支持度	是	否
1. 我的家人给予我所需的精神支持		
2. 遇到棘手的事时，我的家人帮我出主意		
3. 我的家人愿意倾听我的想法		
4. 我愿意倾听家人的想法		
5. 我与我的家人能开诚布公地交谈		
6. 我的家人分享我的爱好与兴趣		

续表

家庭支持度	是	否
7. 我的家人能时时觉察我的需要		
8. 我的家人善于帮助我解决问题		
9. 我与家人感情深厚		

评分方法：是 = 1 分；否 = 0 分。总分越高，支持越多。

表 2-18　APGAR 家庭功能评估表

项目	经常	有时	很少
1. 当我遇到问题时，可以从家人得到满意的帮助 补充说明：			
2. 我很满意家人与我讨论各种事情以及分担问题的方式 补充说明：			
3. 当我希望从事新的活动或发展时，家人都能接受且给予支持 补充说明：			
4. 我很满意家人对我的情绪（喜、怒、哀、乐）表示关心和爱护的方式 补充说明：			
5. 我很满意家人与我共度时光的方式 补充说明：			

1. 量表的结构与内容　APGAR 家庭功能评估表量表包括家庭功能的五个重要部分：适应度 A（adaptation）、合作度 P（partnership）、成长度 G（growth）、情感度 A（affection）和亲密度 R（resolve）。

2. 评定方法　评定时，向被测者直接询问，被测者回答"经常"，记"2 分"；回答"有时"，记"1 分"；回答"很少"，记"0 分"。总分为 10 分。

3. 结果解释　将五个问题的得分相加为总分。总分为 7～10 分，表示家庭功能良好；4～6 分，表示家庭功能中度障碍；0～3 分，表示家庭功能严重障碍。

 考点提示

老年人社会健康评估与评价活动。

第五节　老年人生活质量的评估

人类追求健康的目的不再是单纯为了生命的维持和延续，而是要提高生活的质量，即应保持和提升老年人在生理、心理、社会功能等多方面的完好状态。

一、生活质量的内涵

生活质量作为生理、心理和社会功能的综合指标，可用来评估老年人群的健康水平、临床疗效和疾病预后。

（一）生活质量的概念

生活质量（quality of life，QOL）是在生物、心理、社会医学模式下产生的一种新的健康测量技术。世界卫生组织的定义：生活质量是指不同文化和价值体系中的个体对他们的生存目标、期望、标准及所关心的事情相关的生存状况的感受。中国老年医学会的定义：老年人生活质量是指60岁或65岁以上的老年人群身体、精神、家庭和社会生活满意的程度和老年人对生活的全面评价。

（二）生活质量的特点

生活质量是一个包含生理、心理、社会功能的综合概念，从单一强调个体生活的客观状态发展到同时注意其主观感受。生活质量具有文化依赖性，其评价是根植于个体所处的文化和社会环境中的，既测量个体健康不良状态，又反映个体健康良好的方面。老年人生活质量测量中公认的是躯体健康、心理健康、社会功能、综合评价四个维度。本节重点介绍生活质量的综合评价。

二、生活质量的综合评估

生活质量可以采用生活满意度量表、幸福度量表及生活质量综合问卷进行评估。

（一）生活满意度的评估

生活满意度是指个人对生活总的观点及现在实际情况与希望之间、与他人之间的差距。生活满意度指数是老年研究中的一个重要指标，用来测量老年人心情、兴趣、心理、生理主观完美状态的一致性。常用的量表是生活满意度指数（Life Satisfaction Index，LSI），它从对生活的兴趣、决心和毅力、知足感、自我概念、情绪等方面进行评估，通过20个问题反映个体对生活的满意程度。

（二）主观幸福感的评估

主观幸福感是反映某一社会中个体生活质量的重要心理学参数，包括认知和情感两个基本成分。Kozma于1980年制定的纽芬兰纪念大学幸福度量表（Memorial University of Newfoundland Scale of Happiness，MUNSH），作为老年人精神卫生状况的恒定的间接指标，已经成为老年人精神卫生测定和研究的有效工具之一（附录量表7）。

（三）生活质量的综合评估

生活质量是一个带有个性的和易变的概念，老年人的生活质量不能单纯从躯体、心理、社会功能等方面获得，评估时最好以老年人的体验为基础进行评价，即不仅要评定老年人生活的客观状态，同时还要注意其主观评价。常用的适合老年人生活质量评估的量表有生活质量综合评定问卷-74（Generic Quality of Life Inventory-74）和老年人生活质量评定表（表2-19）。

表2-19　老年人生活质量评定表

项目	得分
身体健康	
1. 疾病症状	
（1）无明显病痛	（3分）
（2）间或有病痛	（2分）
（3）经常有病痛	（1分）
2. 慢性疾病	
（1）无重要慢性病	（3分）
（2）有，但不影响生活	（2分）
（3）有，影响生活功能	（1分）

项目	续表 得分
3. 畸形、残疾	
（1）无	（3分）
（2）有（轻、中度驼背），不影响生活	（2分）
（3）畸形或因病致残，部分丧失生活能力	（1分）
4. 日常生活功能	
（1）能适当劳动、爬山、参加体育运动，生活完全自理	（3分）
（2）做饭、管理钱财、料理家务、上楼、外出坐车等有时需人帮助	（2分）
（3）丧失独立生活能力	（1分）
	本项共计得分：（　　）
心理健康	
5. 情绪、性格	
（1）情绪稳定，性格开朗，生活满足	（3分）
（2）有时易激动、紧张、忧郁	（2分）
（3）经常忧郁、焦虑、压抑、情绪消沉	（1分）
6. 智力	
（1）思维能力、注意力、记忆力都较好	（3分）
（2）智力有些下降，注意力不集中，遇事易忘，但不影响生活	（2分）
（3）智力明显下降，说话无重点，思路不清晰，健忘、呆板	（1分）
7. 生活满意度	
（1）夫妻、子女、生活条件、医疗保健、人际关系等都基本满意	（3分）
（2）某些方面不够满意	（2分）
（3）生活满意度差，到处看不惯，自感孤独苦闷	（1分）
	本项共计得分：（　　）
社会适应	
8. 人际关系	
（1）夫妻、子女、亲戚朋友之间关系融洽	（3分）
（2）某些方面虽有矛盾，仍互相往来，相处尚可	（2分）
（3）家庭矛盾多，亲朋往来少，孤独	（1分）
9. 社会活动	
（1）积极参加社会活动，在社团中任职，关心国家、集体大事	（3分）
（2）经常参加社会活动，有社会交往	（2分）
（3）不参加社会活动，生活孤独	（1分）
	本项共计得分：（　　）

项目	得分
环境适应	
10. 生活方式	
（1）生活方式合理，无烟、酒嗜好	（3分）
（2）生活方式基本合理，已戒烟，酒不过量	（2分）
（3）生活无规律，嗜烟，酗酒	（1分）
11. 环境条件	
（1）居住环境、经济收入、医疗保障较好，社会服务日臻完善	（3分）
（2）居住环境不尽如人意，有基本生活保障	（2分）
（3）住房、经济收入、医疗费用等造成生活困难	（1分）
	本项共计得分：（　　）
	共计得分：（　　）

注：各项评分相加为总分，总评分30~33分为良，22~29分为中，11~21分为差

知识链接

《老年人能力评估规范》简介

《老年人能力评估规范》（GB/T 42195—2022）是2022年12月30日实施的一项中国国家标准，规定了老年人能力评估的指标与评分、组织实施及评估结果。

评估内容包括一级指标4个：自理能力、基础运动能力、精神状态、感知觉与社会参与。二级指标共26个，其中自理能力二级指标包括进食、修饰、洗澡、穿/脱上衣、穿/脱裤子和袜子、小便控制、大便控制、如厕共8个；基础运动能力二级指标包括床上体位转移、床椅转移、平地行走、上下楼梯共4个；精神状态二级指标包括时间定向、空间定向、人物定向、记忆、理解能力、表达能力、攻击行为、抑郁症状、意识水平共9个；感知觉与社会参与二级指标包括视力、听力、执行日常事务、使用交通工具外出、社会交往能力共5个。

自 测 题

一、选择题

1. 评估老年人日常生活自理能力的量表是
   A. SDS　　　　　　B. SAS　　　　　　C. ADL
   D. FAQ　　　　　　E. HAND
2. 用于筛查有认知缺失的老年人的量表是
   A. SPMSQ　　　　　B. IADL　　　　　　C. ADL
   D. FAQ　　　　　　E. MMSE
3. 下列属于工具性日常生活自理量表评估的内容的是
   A. 进食　　　　　　B. 穿衣　　　　　　C. 刷牙
   D. 如厕　　　　　　E. 购物

4. APGAR 家庭功能评估表包括的家庭功能方面有
   A. 适应度 B. 合作度 C. 成长度
   D. 家庭背景 E. 以上均包括
5. 对老年人进行角色功能评估的常用方法是
   A. 封闭式问题 B. 开放式问题 C. 角色评估量表
   D. 生活满意指数 E. 生存质量综合问卷
6. 老年人与成年人无明显差异的检查结果是
   A. 血钾 B. 血脂 C. 血糖
   D. 血压 E. 红细胞沉降率

二、简答题

1. 阐述老年人与其他人群实验结果的差异。
2. 简述老年人进行功能状态评估的内容。
3. 简述老年人健康史的内容。

三、案例分析

患者，男，79 岁，退休工人，丧偶独居 5 年，高血压史 15 年，长期服用抗高血压药。患者今晨起床时出现左侧上下肢活动不灵活症状，急来医院就诊，经检查诊断为脑梗死。治疗数天后，患者好转出院，他儿子想为其请一位保姆。为了合理安排保姆的工作，他儿子来到医院向医务人员求助。作为护理人员，请你给予老年人家属合理的建议。

（李 玲 郑晓彦）

第三章　老年人日常生活护理

学习目标

1. 概述老年人日常生活护理的原则。
2. 简述老年人日常生活常见护理问题及护理措施。
3. 说出老年人日常生活护理健康知识。
4. 列出老年人日常生活中潜在的危险及防护措施。

第一节　老年人日常生活护理概述

一、老年人日常生活护理注意事项

由于老年人生理功能发生退化，使他们的日常生活规律也发生了变化，因此，为了促进和维护老年人的身心健康，护理人员应该做到以下几方面。

（一）主动的关注、照顾与注意调动老年人主动性

老年人由于疾病治疗或卧床不起而无法独立完成日常生活活动时，需要照顾者提供部分协助或完全性照护，由于疾病及衰老的原因，老年人往往会对照顾者产生强烈的依赖心理，甚至有些老年人只是为了得到他人的关注和爱护而要求照顾。因此，对老年人多一些主动的关注、照顾的同时，又要注意调动老年人的主动性。在功能方面，既要注意其丧失的功能，还应该看到其残存的功能；在心理方面，要通过细心的观察和主动的沟通与交流，了解其是否存在过度的依赖思想和其他心理问题，如抑郁、孤独。对老年人的日常生活照顾，包揽一切的做法是有害无益的，应鼓励老年人最大限度地发挥其现有的功能，激发其潜在的功能，使其基本的日常生活能够自理，而不依赖他人。总之，既要满足老年人的生理需要，还要充分调动老年人的主动性，最大限度地发挥其残存功能，尽量让其作为一个独立自主的个体参与家庭和社会生活，满足其精神需要。

（二）注重对老年人安全的保护

1. 疏导危及老年人安全的心理　一般有两种心理状态可能会危及老年人的安全，一是不服老，二是不愿麻烦他人。尤其是个人生活上的小事，愿意自己动手，如有的老年人明知不能独自上厕所，却不用别人帮助，结果难以走回自己的房间；有的老年人想自己倒水，但提起暖瓶后，就没有力量将瓶里的水倒进杯子。对此要多做健康指导，使老年人了解自身的健康状况和能力。另外，要熟悉老年人的生活规律和习惯，及时给予指导和帮助，使其生活自如。

2. 老年人常见的安全问题防护　衰老的生理性和病理性改变所造成的不安全因素，严重地威胁老年人的健康甚至生命。老年人常见的安全问题有跌倒、坠床、交叉感染、噎呛、服错药等。

（1）防跌倒：老年人鞋子的选择应注意防滑，地面应整洁、宽敞、防滑，走廊、洗手间要安装扶手。

（2）防坠床：对意识障碍的老年人床旁应加床挡；睡眠中翻身幅度较大或身材高大的老年人，应在床旁用椅子护挡；如果发现老年人靠近床边缘时，要及时护挡，必要时把老年人推向床中央，以防坠床摔伤。

（3）防交叉感染：老年人免疫功能低下，对疾病的抵抗力弱，应注意预防感染。所以老年人不宜过多会客，必要时可谢绝会客；老年患者之间尽量避免互相走访，尤其患呼吸道感染或发热的老年人更不应串门。

（4）防噎呛：老年人尽可能采取坐位，低头小口进水、进餐，细嚼慢咽，避免松散、溜滑等类型的食物。

（5）防服错药：严格遵循为老年人摆放药物的原则，必要时在全程监护下协助老年人服药。

二、老年人生活环境的调整和安排

老年人的生活环境要与老年人的生理、心理、社会特点相适应，以老年人感觉舒适、便捷为宜，注意尽量去除妨碍生活行为的因素，或调整环境使其能刺激、补偿机体减退或者缺损的功能，促进老年人生活功能的提高。

（一）室内环境

要注意室内温度、湿度、采光、通风等方面，让老年人感受到安全与舒适。老年人的体温调节能力降低，室温应以 22～24 ℃较为适宜；室内合适的湿度则为 50%±10%；老年人视力下降，因此应注意室内采光适当，尤其要注意老年人的暗适应力低下，一定要保持适当的夜间照明，如保证走廊和厕所的灯光，在不妨碍睡眠的情况下可安装地灯等，但老年人对色彩感觉的残留较强，故可将门涂上不同的颜色以帮助其识别不同的房间，也可在墙上用各种颜色画线以指示厨房、厕所等的方位；居室要经常通风以保证室内空气清新，特别是老年人不能去厕所而在室内排便或失禁时，易导致房间内有异味，有些老年人因嗅觉迟钝而对自己的气味多不注意，但这对周围的人会造成不良影响，应注意及时迅速清理排泄物及被污染的衣物，并打开门窗通风，有条件时可适当应用空气清新剂来去除异味。

（二）室内设备

老年人居室内的陈设不要太多，一般有床、柜、桌、椅即可，且家具的转角处应尽量用弧形，以免碰伤老年人。因老年人行动不便，家庭日常生活用品最好不在老年人居室内存放，如屋内家具杂乱，容易磕碰、绊倒老年人，而且也会污染室内空气。

对卧床老年人进行各项护理活动时，选择较高的床较为合适。而对于一些能离床活动的老年人来说，床的高度应便于老年人上下床及活动，其高度应使老年人膝关节成直角坐在床沿时两脚足底全部着地，一般以床褥上面距地面 50 cm 为宜，这也是老年人的座椅应选择的高度。如有能抬高上身的或能调节高度的床则更好。床上方应设有床头灯和呼唤铃，床的两边均应有活动的护栏。

有条件的情况下室内应有冷暖设备。取暖设备的种类应慎重考虑，以防发生事故。电暖炉不易使室内全部温暖，也使老年人不愿活动；由于老年人皮肤感觉减退，使用热水袋易引起烫伤；长时间使用电热毯易引起脱水，应十分注意；冬天有暖气的房间较舒适，但容易造成室内空气干燥，可应用加湿器或放置水培植物以保持一定的湿度，并注意经常通风换气。夏天则应保持室内通风，使用空调时应注意避免冷风直吹在身上及温度不宜太低。

（三）厕所、浴室与厨房

厕所、浴室与厨房是老年人使用频率较高而又容易发生意外的地方，因此其设计一定要注意安全性，并考虑到不同老年人的需要。厕所应设在卧室附近，从卧室至厕所之间的地面不要有台阶，并应设扶手以防跌倒；夜间应有灯以看清便器的位置，对于使用轮椅的老年人还应将厕所改造成适合其需要的样式。老年人身体的平衡感下降，因此浴室周围应设有扶手，地面铺以防滑砖，如使用浴盆，应带有扶手或放置浴板，浴盆底部还应放置橡皮垫，对于不能站立的老年人也可用淋浴椅；沐浴时浴室温度应保持在24～26℃，并设有排风扇以便将蒸汽排出，免得湿度过高而影响老年人的呼吸；洗脸池上方的镜子应向下倾斜以便于老年人自己洗漱。厨房地面也应注意防滑，水池与操作台的高度应适合老年人的身高；煤油炉或煤气炉对嗅觉降低的老年人来说有造成煤气中毒的危险，同时易造成空气污染和火灾，煤气开关应尽可能便于操作，用按钮即可点燃者较好。

第二节　老年人睡眠护理

睡眠是最根本也是最重要的休息方式，通过睡眠可使日间机体的过度消耗得到修复和补充，睡眠也是一种恢复、积累能量的过程。

一、睡眠概述

睡眠是大脑皮质神经细胞疲劳后抑制扩散的一个被动过程，是避免大脑过度疲劳导致衰竭的一种保护性反应。老年人睡眠的质和量均较年轻时有明显的下降。

对老年人而言，休息和睡眠是消除疲劳的重要方式，睡眠是休息的深度状态。老年人的睡眠时间与其他年龄阶段人群相比具有自身的特点。一般认为老年人平均每日睡眠时间60～70岁者为8小时，70岁以上者为9小时，高龄老年人为10～12小时。睡眠的好坏并不全在于量，还在于质。正常睡眠应以精神和体力的恢复为标准，如果睡后疲劳消失、头脑清晰、精力充沛，无论时间的长短都属于正常睡眠。

（一）影响睡眠的危险因素

1. 生理病理因素　多因年老体弱，大脑皮质功能减退，新陈代谢减慢及体力活动减少，影响正常的睡眠过程。许多老年病可以引起失眠，如夜尿增多、心脏疾病、高血压等。

2. 情绪因素　情绪的急剧变化（过分悲伤、激动、高兴）或情绪上的疾病可导致睡眠障碍。如老年抑郁症最易引起以早醒为特征的睡眠障碍。

3. 环境因素　老年人对外界环境的变化比较敏感，喜欢自己习惯的环境，如果改变他们的居所或床饰，可使他们整夜不眠。

4. 生活方式的改变　有些老年人的睡眠障碍实际上是由他们不良的生活方式所引起的。如白天睡得过多可引起夜间失眠；睡前饮用咖啡、浓茶等刺激性饮料，兴奋中枢神经系统而引起失眠；晚餐吃得过饱或白天活动太少等都可造成失眠。

5. 药物因素　如咖啡因、氨茶碱等具有提高中枢神经系统兴奋性的作用，可能导致失眠或睡眠障碍；抗组胺、抗感冒、抗抑郁、镇静催眠等药物也可能对睡眠产生不良影响。

（二）促进睡眠的常用措施

1. 生活规律　按作息时间养成良好的生活习惯，到就寝时便可条件反射地自然进入睡眠状态。

2. 劳逸结合　老年人适当进行体力活动可帮助睡眠。

3. 保持睡前情绪稳定　睡前避免喝浓茶、咖啡等兴奋性饮料，避免看刺激性电影、电视、书或报纸等，使思想平静，以利于睡眠。

4. 合理的饮食时间　人体每日摄取食物的时间应合理，晚餐时间至少在睡前2小时。饮食宜清淡少量，以避免消化器官负担过重，既影响消化，又影响睡眠。

5. **适宜的睡眠环境** 睡眠环境应安静、空气新鲜,温度及湿度适宜,光线强度适合。

6. **睡前温水泡脚** 一方面促进全身的血液循环,使足部血管缓慢扩张,血流增加,从而减少供给头部的血液,使大脑皮质的兴奋性降低,便于抑制过程的扩散,起到催眠作用;另一方面可以保持脚的清洁卫生,减少脚病,减轻下肢水肿,还会使全身感到舒适,睡得安稳

7. **正确的睡眠姿势** 睡眠的姿势应以自然、舒适、放松、不影响睡眠为原则。良好的睡眠姿势应采取右侧卧位,上下肢半屈曲状态,这样不仅可使机体大部分肌肉处于松弛状态,而且有利于心脏排血并减轻负担和促进胃的排空。

8. **舒适的睡眠用品** 选择合适的床,床垫应软硬适中,以基本保持脊柱的正常生理状态。选择适宜的枕头,高度一般以 8～15 cm 为宜,稍低于从肩膀到同侧颈部的距离,枕头过低,头部会下垂,使颈部肌肉紧张,枕头过高,也会使颈部与躯干产生一定角度,既影响睡眠,又易使颈部肌肉劳损;枕头要软硬适中,过硬会使头皮麻木,过软难以保证枕头与身体的平衡;枕芯材料以木棉、棉花为宜。床单和被褥以棉质制作为佳,可减少和避免对皮肤的刺激,有利于促进睡眠。

二、老年睡眠障碍

(一)失眠

失眠是指入睡困难和(或)睡眠的维持发生障碍,导致睡眠时间或睡眠质量不能满足个体的生理需要,并且影响日间的功能。失眠是老年人最常见的一种睡眠障碍,老年人的失眠可原发,但多继发于躯体疾病、精神障碍或为药源性。流行病学调查资料显示,随着年龄的增长,失眠发生率增加,且老年女性较男性更容易出现失眠症状(可能与女性绝经期后雌激素缺乏有关)。

根据病程长短,失眠可分为急性失眠、亚急性失眠和慢性失眠。急性失眠又称短暂性失眠,持续时间小于 1 周,可能与压力体验、生病及睡眠规律改变有关,一般不需要药物治疗,一旦导致失眠的原因解除,症状可消失。亚急性失眠又称短期性失眠,时间持续 1 周～1 个月,这种失眠与压力明显存在相关性,如重大躯体疾病或手术,亲朋好友过世,发生严重的家庭、工作或人际关系问题等。慢性失眠持续时间大于 1 个月,其原因复杂且较难发现,许多慢性失眠是多种因素联合作用的结果,需要经过专门的神经心理和精神等的测试来确定。

治疗老年人失眠,首选解除病因和培养健康的睡眠习惯等非药物治疗手段,必要时采取药物治疗。药物治疗应遵循最小有效剂量、短期治疗(3～5 天)的原则,不主张逐渐加大剂量,同时要注意密切观察。非苯二氮䓬类药物由于清除快,不良反应较少,更适合老年患者。

(二)快速眼动睡眠行为障碍

快速眼动(Rapid Eye Movement,REM)睡眠与做梦相关,但正常情况下,REM 睡眠期肌张力几乎消失,因此梦境中的动作不会表现在现实中。REM 睡眠行为障碍(REM sleep behavior disorder,RBD)是以 REM 睡眠期肌肉迟缓状态消失为特点,并出现与梦的内容有关的复杂运动行为,包括讲话、大笑、喊叫、哭泣、咒骂、伸手、抓握、拍击、踢腿、坐起、跃下床、爬行和奔跑等,并可能对自身和同伴造成伤害。该病多见于老年男性,常伴神经系统变性疾病,特别是帕金森病和阿尔茨海默病。

RBD 的治疗包括:安全的睡眠环境;对患者和同伴进行教育,预防夜间对自身和同伴的不慎伤害;避免使用诱发和加重 RBD 的药物,如抗抑郁药 5-羟色胺选择性再摄取抑制药(SSRI)。药物治疗方面,氯硝西泮、左旋多巴、多巴胺激动药及褪黑素等可用于该病的治疗。

三、老年睡眠障碍的护理

（一）护理评估

1. 睡眠史　观察或询问患者的睡眠质量，睡眠-觉醒周期，睡眠环境，睡眠卫生习惯，疾病及用药，睡眠障碍的性质、严重程度、病程、原因。

2. 睡眠日记　睡眠日记监测是最实用、经济和应用最广泛的睡眠评估方法之一，它通过追踪患者较长时间内的睡眠模式，能够更准确地了解到患者的睡眠情况。

3. 睡眠问卷　睡眠问卷主要用于全面评估睡眠质量、睡眠特征和行为，以及与睡眠相关的症状和态度。目前较常使用量表的有匹兹堡睡眠质量指数量表、斯坦福嗜睡量表及Epworth嗜睡量表等。

4. 体格检查　包括腭垂（悬雍垂）肥大粗长、鼻腔阻塞（如鼻中隔偏曲、鼻甲肥大、鼻息肉等）、舌根后坠、下颌后缩、颞颌关节功能障碍、小颌畸形等引起上呼吸道狭窄、阻塞的病变等。

5. 性格变化　包括急躁、压抑、精神错乱、幻觉、极度敏感、敌视、好动，易发生行为失当、嫉妒、猜疑、焦虑、沮丧、智力和记忆力减退及性功能障碍等，严重者可伴发心血管系统和其他重要生命器官的疾病表现。

6. 辅助检查

（1）多导睡眠图：多导睡眠描记仪（PSG）监测是诊断睡眠呼吸暂停综合征（SAS）最权威的方法，它不仅可判断其严重程度，还可全面定量评估患者的睡眠结构，睡眠中呼吸紊乱、低血氧情况，以及心电、血压的变化，特别是借助食管压力检测，还可与中枢性和混合性睡眠呼吸暂停相鉴别。

（2）上气道计算机体层成像（CT）、磁共振成像（MRI）、纤维支气管镜检查等：主要用于判断下颌形态、上呼吸道阻塞的部位等，可为外科手术提供依据。

（二）常见护理诊断及医护合作问题

1. 睡眠型态紊乱　与失眠、反复出现呼吸暂停、REM睡眠行为障碍等因素有关。
2. 焦虑、抑郁　与长期睡眠不足造成情绪沮丧有关。
3. 潜在并发症　脑卒中、心肌梗死、呼吸衰竭、猝死等。

（三）护理目标

消除病因、改善睡眠、减少并发症，降低死亡率。

（四）护理措施

1. 失眠的护理

（1）睡眠认知行为训练：综合应用认知疗法、行为疗法、放松训练及睡眠健康教育，通过周期性调整卧床时间直至达到适当的睡眠时间。首先，通过教育帮助患者树立信心，减少恐惧，重建睡眠信念；其次，通过睡眠限制与刺激控制疗法建立规律性睡眠-觉醒节律：要求患者只在有睡意时才上床，如果15~20分钟内无法入睡，则起床离开卧室，做些轻松的活动，直到产生睡意才回卧室睡觉，有必要时重复以上活动，同时避免患者白天过多打盹，保证每天在同一时间起床，减少患者花在床上的非睡眠时间，提高睡眠效率，睡眠效率低于80%时，应减少15~20分钟卧床时间，睡眠效率超过90%时则增加15~20分钟卧床时间；最后，还可配合肌肉训练、冥想放松及自我暗示法减少精神和躯体的紧张来促进睡眠。

（2）药物治疗护理：苯二氮䓬类药物能减少睡眠潜伏期和夜间醒来的次数，但老年人用药后易产生副作用；非苯二氮䓬类药物如唑吡坦和佐匹克隆副作用较轻，老年人对其耐受性良好；褪黑素也能适当提高老年人的睡眠质量，且没有明显副作用。老年人在接受药物治疗时应遵循"小剂量、间断给药（2～4次/周）、短期用药（不超过3～4周）、逐渐停药"的原则。

2. 睡眠呼吸暂停综合征的护理

（1）控制原发病：如肺源性心脏病、糖尿病、脑血管疾病。

（2）加强睡眠过程监护：加强对老年人睡眠的观察，以便及时救护。

（3）睡姿训练：仰卧位时，舌根部向后坠缩，易引起呼吸困难，因此睡姿应以侧卧位为主，多取右侧卧位，为经常保持可在背部铺垫物品。

（4）氧疗：吸氧可减少呼吸暂停的次数，提高动脉血氧饱和度。

> **考点提示**
>
> 老年人常见睡眠障碍及其护理。

第三节　老年人压疮护理

案例 3-1

患者，80岁，1个月前因脑梗死导致左侧偏瘫，伴尿失禁、大便失禁。近日来患者感觉骶尾部疼痛。查体：神志清楚，身体瘦弱，骶尾部皮肤呈红紫色并伴有水疱，皮下可触及硬结。

问题与思考：

（1）该患者出现了什么情况？

（2）此种情况属于哪一期？

（3）针对该患者可做出哪些主要护理诊断？

（4）如何护理该患者？

一、压疮概述

压疮（pressure ulcers）是指皮肤或皮下组织由于压力或联合剪切力和（或）摩擦力作用而持续缺血、缺氧、营养不良导致的破损、溃烂和坏死。压疮又称褥疮，易发生在骨质凸出的部位，如骶尾部、坐骨结节、股骨大转子、足根部等，常见于脊髓损伤的截瘫患者和老年卧床患者。调查显示，71%的压疮见于70岁以上的老年人。

（一）危险因素

引起老年人压疮的原因复杂多样，可概括为以下两大类。

1. 外源性因素

（1）力学因素：包括压力、摩擦力和剪切力。其中，持续性垂直压力是引起压疮的首要因素。

（2）潮湿：汗液、尿液、粪便污物、伤口渗液及引流液等的浸渍、刺激导致皮肤表皮保护能力下降，局部皮肤破损、发生压疮。

2. 内源性因素

（1）老年性改变：随着年龄的增长，老年人的皮肤变得松弛干燥、缺乏弹性、出现皱褶，皮下脂肪萎缩变薄，血流缓慢，对压迫的耐受力下降，而易发生压疮。

（2）营养不良：老年人常因吸收摄入不足、低蛋白血症、慢性病、恶性肿瘤等原因出现消瘦、全身营养障碍，造成皮下脂肪减少，肌萎缩，对压迫的缓冲力降低，从而易发生压疮。

(3) 感觉、运动功能减退：老年人常因年龄大，合并瘫痪、老年认知障碍症、意识障碍及关节炎等，出现感觉、运动功能减退，对压迫的感受性和躲避能力降低而易发生压疮。

(4) 其他：尿失禁、大便失禁、骨折固定、使用镇静剂、心理精神障碍等各种原因引起的长期卧床，均可诱发压疮。

（二）分期与表现

压疮一般仅有局部症状和体征，严重者也可因继发感染而出现发热、寒战、食欲缺乏、意识障碍、皮肤黏膜瘀点等全身反应。

1. 分期　常用的压疮分期系统是国际压疮联合会（NPUAP）和欧洲压疮咨询专家组（EPUAP）共同制定的压疮分期系统。根据 NPUAP/EPUAP 的压疮分期系统，压疮可分为以下四期。

(1) Ⅰ期（Stage Ⅰ）：表现为皮肤呈红色、未破溃、有可逆性损伤。当按压部位放手后，皮肤会暂时恢复正常颜色。可出现皮肤暂时性红斑、水肿等症状。

(2) Ⅱ期（Stage Ⅱ）：表现为皮肤损伤加重，部分皮肤表层受损，可能出现浅表破溃、水疱、糜烂、浅表溃疡等症状。此阶段的压疮通常会伴随疼痛和局部皮肤温度升高。

(3) Ⅲ期（Stage Ⅲ）：表现为皮肤损伤进一步扩展，已经累及皮下组织，可能出现坏死组织、溃疡、深度破溃等症状，但尚未伤及骨骼和肌肉。

(4) Ⅳ期（Stage Ⅳ）：表现为皮肤损伤严重，伤及深层组织，包括肌肉、骨骼等，可能出现广泛坏死组织、溃疡、瘘管等症状。此阶段的压疮可能会伴随严重的疼痛和感染。

此外，NPUAP/EPUAP 的压疮分期系统还包括未可分期（unstageable）和可疑深部组织损伤期。未可分期是指无法评估压疮深度的情况，可能是由于坏死组织和渗出物遮盖了压疮底部。可疑深部组织损伤期是指结构深层的组织损伤，通常表现为淤血和可疑压疮，是在皮肤表面未破溃之前形成的肌肉或结构深层的损伤。

2. 老年人压疮的特点

(1) 比较隐匿：老年人由于感觉减退、反应迟钝、认知障碍等原因，常不能早期发现压疮。

(2) 易继发感染：老年人由于机体免疫力下降，压疮局部及其周围组织易继发感染，严重者可并发全身感染而危及生命。

(3) 全身反应不明显：老年人因感觉迟钝、身体虚弱及机体免疫力低下，即使继发全身感染，中毒表现也常不典型、不明显，易贻误治疗时机。

(4) 愈合困难：老年人由于营养不良、皮肤老化、组织修复能力差、合并慢性病等原因，一旦发生压疮，较难愈合。

（三）治疗

1. 控制感染　如果溃疡面伴有感染，应先进行细菌培养。根据感染的严重程度选择局部或全身抗感染治疗。关于杀菌剂的使用颇有争议，一般是在伤口有明显的感染时才可使用，并且需要稀释和短期应用，避免在有健康肉芽生长的创面使用。

2. 清创术　清创术是为了去除坏死组织、分泌物和伤口代谢产生的废物。常用的清创术有机械式、自溶式、化学式和外科手术式清创术。机械式清创术适用于除去黏性分泌物，其缺点在于会破坏脆弱的上皮细胞；自溶式清创术是使用人体自身的酶和水分溶解焦痂和蜕皮，此法对于没有感染的伤口清除分泌物十分有效；化学式清创术采用局部使用酶胶和溶液的方法来溶解坏死组织，对于外科手术难于移除的黄色、柔软的焦痂很有效；如果有感染或要移除大面积的焦痂时应采用外科手术式清创术。

二、护理评估

了解老年人的既往史及现病史；平素的饮食营养状况、活动情况和精神状态；皮肤类型、神经缺陷、控便能力；姿势、体位及其更换的频率和方法；居室的温度、湿度；衣物、床被的面料和质地，床铺的清洁、平整和干燥程度；护理用具的完好程度；家属及照顾者的支持照顾情况等。

询问老年人有无皮肤受损及其特点，如出现的时间、部位，病灶数目，创面大小，外观性状，有无分泌物及分泌物的色、质、量和气味，有无发热、寒战、疼痛、皮下出血点、四肢厥冷、意识障碍等伴随症状。

评估皮肤受损给老年人、家庭和社会造成的心理压力或负担。

三、常见护理诊断及医护合作问题

1. 皮肤完整性受损　与局部组织长期受压、营养不良、愈合困难等有关。
2. 潜在并发症　感染，与局部组织破损坏死、老年人机体抵抗力下降、营养不良等因素有关。

四、护理目标

患者未发生感染，压疮创面逐渐愈合，营养状况有所改善。

五、护理措施

老年人一旦发生压疮，应立即治疗，并进行妥善护理，具体护理措施如下。

1. 去除危险因素　如采取措施解除局部压迫，积极配合治疗原发病。
2. 改善全身营养　良好的营养是压疮愈合的重要条件。应加强老年人的营养，增加优质蛋白质和热量的摄入，纠正负氮平衡，补充富含维生素和微量元素的食物。对于水肿者，应限制水、钠的摄入。
3. 积极防治并发症　若压疮处理不当或不及时，可并发全身感染，引起败血症。护理人员应协助医生及时、正确地处理创面，遵医嘱使用药物；全面提高老年人的机体抵抗力，加强外源性感染的预防，严密观察压疮局部，动态监测生命体征，警惕感染的发生。一旦发生感染，遵医嘱给予敏感抗感染药。

六、压疮的预防

1. 危险评估　评估压疮的高危人群，以及诱发和加重压疮的因素。对有高危险性的老年患者应定期重新评估并根据个体情况制定护理方案。
2. 皮肤护理　对高危老年患者，应每天评估皮肤情况，特别是骨隆突处。有尿失禁、大便失禁的患者应采取中性、无刺激的清洁剂和温水进行污物清洁；在清洁后可使用皮肤保护剂（如氧化锌软膏），并轻轻地擦干皮肤；也可使用吸收贴膜或尿不湿来保持皮肤干燥、避免按摩骨隆突上脆弱的皮肤。在给患者翻身和更换体位时，应采用合适的技术防止皮肤受伤。
3. 营养监测　评估全身营养状况，除去引起营养缺乏的因素。压疮患者宜食富含蛋白质、糖类和维生素的食物。营养不良的老年患者，可食用营养补充剂。另外，患者应适量饮水，防止脱水的发生。
4. 避免局部组织长期受压　定时翻身，一般每2小时给患者翻身一次，每1小时给使用轮椅的患者变换体位一次。翻身时，采用侧身30°斜角翻身，以避免尾骨受压。在骨隆突处垫海绵垫褥、气垫褥等，或在身体空隙处垫软垫等来减轻骨隆突部位皮肤所受到的压力强度。长期卧床的老年患者可选择使用压力减低装置如气床垫、水床垫、泡沫塑料垫等，以减轻压力。

5. **避免摩擦力和剪切力的作用** 协助老年患者翻身、更换床单时，应将患者抬离床面，切忌拖、拉、推。抬高床头时，不要超过30°，并且持续时间越短越好。患者需要取半卧位时，注意防止身体下滑。

6. **健康教育** 对老年患者和照顾者进行综合的健康教育，教育内容应包括压疮的发生、发展和预防的一般知识，评估工具、皮肤自身评估的方法等。指导患者和照顾者学会预防压疮的方法，鼓励他们经常进行皮肤检查，如发现异常，及时告知医护人员。

考点提示

老年人卧位和安全等常见问题的护理。

第四节　老年人活动护理

一、老年人活动能力的评估

尽管活动对老年人健康有益，但是活动不当，会对身体造成危害，有时甚至危及生命。因此，首先应进行老年人活动能力的评估，主要评估：①老年人现存活动能力。②基本的体格检查，包括心血管系统、骨骼系统、神经系统，尤其是老年人的协调情况及步态，并评估对活动产生的影响。③目前用药情况，作为活动后用药的参考。④活动史，包括目前的活动程度、过去的活动习惯、对活动的态度及有关知识等。⑤目前活动耐受力，是否出现间歇性跛行、异常心率、疲惫不堪、呼吸急促等情况，每次给予新的活动内容时，都应评估老年人对该项活动的耐受性。⑥活动前后的情况，如活动前是否做热身运动，活动后是否缓慢停止等。⑦活动目标，如恢复自我照顾能力或增加对活动的耐受性等。⑧活动环境，如活动环境是否便利、安全。

进行现存活动能力测试时，可请老年人完成以下动作："两手摸后脑勺。""捡起这支笔。""从椅子上站起，走几步，转身，坐下。"也可采取亚洲肌少症工作组（Asian Working Group for Sarcopenia，AWGS）发布的2019肌少症诊断及治疗专家共识（AWGS 2019）推荐的评估方法，具体如下。

1. **肌肉力量测量** 采用手持握力器进行测量。受试老年人呈站立位，双手自然下垂，双脚与两肩平齐，并在双手不贴近身体的情况下使用握力器分别测量左右手握力至少2次（先右手后左手），取最大值作为最终结果：男性< 28 kg、女性< 18 kg则为肌力下降。

2. **步速检测** 用秒表记录受试老年人以正常步速走完6 m所需要的时间，并计算步速，每次测量2次，取最快速度：步速每秒< 1.0 m时与许多健康不良结局相关。

3. **五次起-坐测试** "起-坐"动作是人们日常生活中常用的动作，主要反映下肢肌力及平衡能力。

具体测试方法如下：在室内宽敞靠墙的地方，放置一张无扶手有靠背的椅子，座位距地面48 cm左右；测试时受试老年人将双臂环抱在胸前，随后做一次"起立-坐下"动作（不能运用上肢的力量）。如果受试者不能完成此动作，需要重复教患者（老年人没听清或者没听懂）。如果根据患者病情评估其不能完成此试验，则需终止试验。如果患者能够完成此动作，则要求受试者以最快速度做5次连续的"起-坐"动作，记录患者所用时间（图3-1）。

检查注意事项包括：①要求受试者尽快完成连续 5 次起坐；②要求受试者每次起立时必须站直，并尽快完成；③测试用椅子不能有扶手；④受试者不能有用手支撑帮助起立的动作，必要时双臂交叉平举于胸前；⑤从发出开始口令时开始计时，到第五次起立完成时停表记录时间；⑥将记录时间填写在体检表相应位置；⑦注意保护受试者，不要勉强其完成 5 次测试；⑧不能站起者视为不能完成，直接记录为不能完成，不必记录时间。

评价标准参考 AWGS 2019：5 次起-坐 > 12 秒为躯体功能下降。

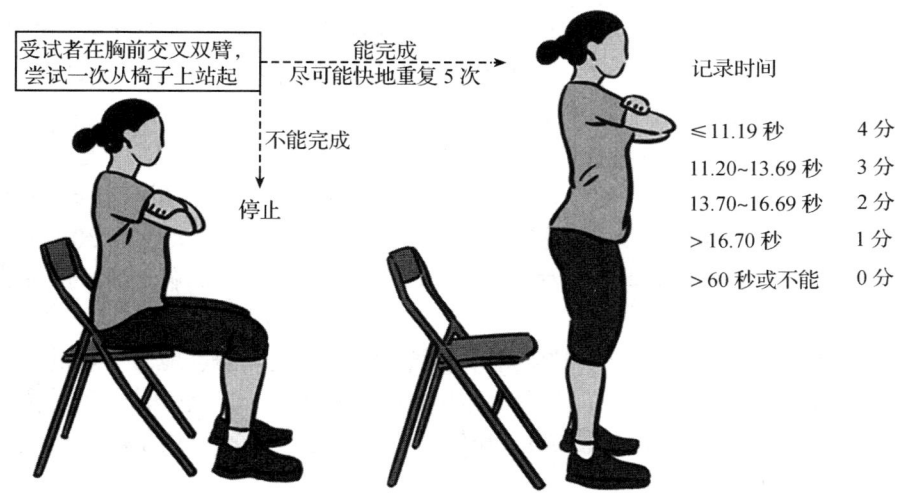

图 3-1　椅子站起测试

二、老年人活动的种类和强度

老年人活动的种类及强度应根据个人的能力及身体状况选择。一般认为，每天活动所消耗的能量如果在 4180 kJ（1000 kcal）以上，可以起到预防某些疾病及强身健体的作用。

1. 老年人的活动种类　可分为四种：日常生活活动、家务活动、职业活动、娱乐活动。对于老年人来说，日常生活活动和家务活动是生活的基本活动，职业活动是属于发展自己潜能的有益活动，娱乐活动则可以促进老年人的身心健康。

比较适合老年人锻炼的项目有散步、慢跑、游泳、跳舞、球类运动、医疗体育、太极拳与气功等。锻炼要求有足够而又安全的活动强度，这对心血管疾病、呼吸系统疾病和其他慢性病患者尤为重要。

2. 老年人的活动强度　应根据个人的能力及身体状态来选择，运动时的最高心率可反映机体的最大摄氧量，而摄氧量又是机体对运动量负荷耐受程度的一个指标，因而可通过心率情况来控制运动量。最简单方便的监测方法是以运动后心率作为衡量标准：运动后最宜心率（次/分）=170-年龄。身体健壮者则可用：运动后最宜心率（次/分）=180-年龄。

观察活动强度是否适合的方法有：①运动后的心率达到最宜心率。②运动结束后在 3 分钟内心率恢复到运动前水平，表明运动量较小，应加大运动量；在 3～5 分钟恢复到运动前水平表明运动适宜；而在 10 分钟以上才能恢复者，则表明活动强度太大，应适当减少。

以上监测方法还要结合自我感觉综合判断。如运动时全身有热感或微微出汗，运动后感到轻松或稍有疲劳，食欲增进，睡眠良好，精神振作，表示强度适当，效果良好；如运动时身体不发热或无出汗，脉搏次数不增或增加不多，则说明应增加活动强度；如果运动后感到很疲乏、头晕、胸闷、气短、心悸、食欲减退、睡眠不良，说明应减低运动强度；如果在运动中出现严重的胸闷、气喘、心绞痛或心率反而减慢、心律失常等应立即停止运动，并及时就医。

三、老年人活动应遵循的原则及常用的健身方法

1. 选择适宜　老年人应根据自身年龄、体质状况、运动基础及场地条件，选择适宜的运动项目及适宜的运动量。

2. 循序渐进　机体对运动有一个适应过程，故运动强度应由小到大，动作要由慢到快，由简单到复杂，不宜做强度过大、速度过快的剧烈运动。

3. 持之以恒　锻炼是一个逐步积累的过程，需要强调运动的规律和强度，只有坚持经常性、系统性锻炼，才能逐渐达到目的。一般要坚持数周、数月甚至数年才能取得效果，并仍需坚持，才能保持和加强效果。

4. 运动时间　老年人运动时间以每天1~2次，每次30分钟左右，一天运动总时间以不超过2小时为宜。运动时间要根据个体的具体情况进行适当安排，最佳运动时间为每天的15：00~17：00，特别是运动量较大的活动。如在饭前锻炼，至少要休息30分钟才能用餐，饭后则至少要休息1.5小时才能锻炼。为了避免锻炼后过度兴奋而影响入睡，应在临睡前2小时左右结束锻炼。

5. 运动场所和气候　老年人运动时应选择空气新鲜、环境幽静、地面平坦的场所。老年人对气候的适应调节能力较差，夏季高温炎热，要避免直接日晒，防止中暑；冬季严寒冰冻，户外活动要防跌倒和感冒，有采暖的地区，早晨空气清洁度差，故不要过早出门运动；遇到气候恶劣或老年人行动不便时，也可在室内进行运动。

6. 老年人运动中的特殊问题

（1）注意防止跌倒：跌倒不仅对老年人的身体带来不良影响，如软组织损伤、骨折、硬膜下血肿，而且还会影响老年人的心理和社会层面，经常跌倒的老年人可能会因对自己的活动能力丧失了信心而尽量减少活动，这样常常导致骨骼肌萎缩，走路更加不稳，更易导致跌倒，从而形成恶性循环。运动前需进行老年人跌倒风险评估。

（2）防止老年人走失：可为老年人制作身份卡片，卡片上面记录老年人的个人信息或家人的联系方式，以及主要病症处理方法等内容；强化老年人的记忆，平时要经常教老年人记住家人的电话或工作单位，或教老年人记住户籍所在地的具体地址，或教老年人记忆住家周围的标志性建筑，如大商场、市场、学校、公园或小区名称等；要掌握老年人的去向，平时多关心老年人，并多给老年人拍一些近期的生活照等。

（3）特别遵循：四四三三活动原则。

四忌：一忌进行负重锻炼，二忌进行屏气锻炼，三忌快速度的运动锻炼，四忌进行争抗和竞赛。

四要：一要因人制宜，量力而行；二要循序渐进；三要持之以恒；四要注意安全，讲究卫生。

三个"半分钟"：醒来后不要马上起床，在床上躺半分钟，坐起来后要坐等半分钟，然后两条腿垂直在床沿再等半分钟。

三个"半小时"：早上起来运动半小时，中午睡半小时，晚上6~7点散步行走半个小时。

7. 老年人常用的健身方法

（1）散步：可根据自身及环境条件，选择空气新鲜、行走安全的地点，适当的时间，以每分钟80~90步，每日步行30~60分钟。步行过程中，应注意使脉搏保持在110~120次/分为宜。

（2）游泳：游泳的姿势不限，但速度不宜过快、时间不宜过长。一般而言，以每日1次或

每周3～4次、每次游程不超过500 m为宜。参加游泳锻炼时应注意：游泳前做好准备活动；水温不宜过低；游泳过程中，若感到不适，如头晕、恶心等，应暂停游泳；患有严重心血管疾病、皮肤病及传染病的老年人不宜参加游泳锻炼。

（3）跳舞：应根据自己身体的状况，选择适当节奏的舞曲。

（4）球类运动：可根据自己的兴趣、身体状况，选择适合的球类运动，如门球、乒乓球、台球、健身球。

（5）太极拳和气功：这两项运动动作缓慢、柔和、协调、动静结合，不仅可以调节老年人的心境，还可以强身健体。

第五节　老年人饮食护理

一、老年人的营养

（一）老年人的营养需求

1. 碳水化合物　老年人的营养需求中，碳水化合物供给的能量应占总热量的55%～65%。随着年龄的增长，老年人体力活动和代谢活动逐步减低，热能的消耗也相应减少。一般来说，60岁以后热能的提供应较年轻时减少20%，70岁以后减少30%，以免过剩的热能导致超重或肥胖，并诱发一些常见的老年病。老年人摄入的糖类以多糖为宜，如谷类、薯类含较丰富的淀粉，在摄入多糖的同时，还可提供维生素、膳食纤维等其他营养素。而过多摄入单、双糖（主要是蔗糖，如砂糖、红糖）能诱发龋齿、心血管疾病与糖尿病。

2. 蛋白质　老年人摄入的蛋白质原则上应该是优质少量。老年人的体内代谢过程以分解代谢为主，需要较为丰富的蛋白质来补充组织蛋白的消耗，但由于其体内的胃胰蛋白酶分泌减少，过多的蛋白质可加重老年人消化系统和肾的负担，因此每天的蛋白质摄入不宜过多，蛋白质供给的能量应占总热量的15%；还应尽量供给优质蛋白，优质蛋白应占摄取蛋白质总量的50%以上，如豆类、鱼类等可以多吃。

3. 脂肪　老年人胆汁酸分泌减少，脂酶活性降低，对脂肪的消化功能下降，且老年人体内脂肪组织随年龄增加而逐渐增加，因此膳食中过多的脂肪不利于心血管系统、消化系统；但是，若进食脂肪过少，又将导致脂肪酸缺乏而发生皮肤疾病，并影响到脂溶性维生素的吸收，因此脂肪的适当摄入也十分重要。总的原则是由脂肪供给的能量应占总热量的20%～30%，并应尽量选用含不饱和脂肪酸较多的植物油，而减少膳食中饱和脂肪酸和胆固醇的摄入，如多吃一些花生油、豆油、菜油、玉米油等，而尽量避免猪油、肥肉、酥油等动物性脂肪。

4. 无机盐　老年人容易发生钙代谢的负平衡，特别是绝经后的女性，由于内分泌功能的衰减，骨质疏松症的发生将进一步增加。应强调适当增加富含钙质的食物的摄入，并增加户外活动以促进钙吸收。由于老年人体内胃酸较少，且消化功能减退，因此应选择容易吸收的钙质，包括奶类及奶制品、豆类及豆制品，以及坚果如核桃、花生等。

此外，铁参与氧的运输与交换，缺乏铁可引起贫血，应注意选择含铁丰富的食物，如瘦肉、动物肝脏、黑木耳、紫菜、菠菜、豆类，而维生素C可促进人体对铁的吸收。老年人往往喜欢偏咸的食物，容易引起钠摄入过多但钾摄入不足，钾的缺乏可使肌力下降而导致人体有倦怠感。

5. 维生素　维生素在维持身体健康、调节生理功能、延缓衰老过程中起着极其重要的作用。富含维生素A、维生素B_1、维生素B_2、维生素C的饮食，可增强机体的抵抗力，特别是B族维生素能增加老年人的食欲。蔬菜和水果可增加维生素的摄入,且对于老年人有较好的通便功能。

6. **膳食纤维** 主要包括淀粉以外的多糖,存在于谷、薯、豆、蔬果类等食物中。这些膳食纤维虽然不被人体所吸收,但在帮助通便、吸附由细菌分解胆酸等而生成的致癌物质、促进胆固醇的代谢、防止心血管疾病、降低餐后血糖和防止热量摄入过多方面起着重要的作用。老年人膳食纤维的摄入量以每天 30 g 为宜。

7. **水分** 人体失水量达 10% 就会影响机体功能,达 20% 即可威胁人的生命。如果水分不足,再加上老年人结肠、直肠的肌肉萎缩,肠道中黏液分泌减少,很容易发生便秘,严重时还可发生电解质失衡、脱水等。但过多饮水也会增加心、肾功能的负担,因此老年人每日饮水量(除去饮食中的水)一般以 1500 ml 左右为宜。饮食中可适当增加汤羹类食品,既能补充营养,又可补充相应的水分。

> **知识链接**
>
> **水 平 衡**
>
> 正常成人每天摄入水的途径有三个:饮水(1200 ml)、食物水(1000 ml)、内生水(300 ml)。一般情况下,内生水是代谢生成的,较为恒定;饮水和食物水受饮水习惯、各类食物数量、活动强度等影响,变化较大。
>
> 正常成人每天排出水的途径有四个:呼吸蒸发(350 ml)、皮肤蒸发(500 ml)、粪便排出(150 ml)、尿量排出(1500 ml)。
>
> 正常情况下,水的摄入与排出保持动态平衡。

(二)老年人的三餐热量比例

老年人代谢率下降,每日需要的热量也在减少,可参照 WHO 的热量建议制订膳食计划(表 3-1),早、中、晚餐的热量分配分别占总热量的 30%、40%、30%。但老年人尤其是在高龄老年阶段,消化、吸收功能下降,糖耐量也有程度不一的减退,提倡少食多餐,可改为一日 5 餐。

表 3-1 世界卫生组织的热量建议

年龄	男性(kJ/d)	女性(kJ/d)
60~64 岁	9957.9	7949.6
65~74 岁	9748.7	7949.6
75 岁以上	8786.4	7573.0

(三)老年人的膳食

老年人的食物加工应细、软、松,烹调宜采取蒸、煮、炖、煨等方式,同时注意色、香、味,使食物既易于消化、吸收,又能促进食欲,同时要综合考虑个人的嗜好和习惯。如果老年人患某些疾病,可根据疾病特点提供治疗饮食。治疗饮食是指在基本饮食的基础上,适当调整食物热量和营养元素,达到辅助治疗和恢复健康的目的(表 3-2)。

表 3-2 治疗饮食

饮食种类	适用范围
高热量饮食	适用于消耗较高的老年人,如结核病、甲状腺功能亢进、高热、大面积烧伤、肝胆疾病、体重下降的老年人
高蛋白饮食	适用于高代谢性疾病如结核病、甲状腺功能亢进、营养不良、烧伤、大手术后、贫血、恶性肿瘤的老年人

续表

饮食种类	适用范围
低蛋白饮食	适用于限制蛋白质摄入的老年人,如急性肾炎、尿毒症、肝性脑病
低胆固醇饮食	适用于高胆固醇血症、高脂血症、冠心病、高血压、动脉硬化等的老年人
低脂肪饮食	适用于肝胆胰疾病、高脂血症、冠心病、动脉硬化、肥胖症及腹泻的老年人
低盐饮食	适用于心脏病、肝硬化腹水、急慢性肾炎、重度高血压,但水肿较轻的老年人
无盐低钠饮食	同低盐饮食,但水肿较重的老年人
少渣饮食	适用于腹泻、肠炎、伤寒、痢疾、消化道手术、食管静脉曲张等的老年人
高纤维素饮食	适用于便秘、肥胖、高脂血症、糖尿病的老年人

二、老年人的进食途径及护理

(一)经口进食

老年人神经反射活动相对下降,吞咽肌群不协调,可出现吞咽障碍。老年人牙齿缺失,咀嚼功能差,唾液分泌减少,不能充分咀嚼,易造成咽下困难、呛咳、哽噎等。呛咳、哽噎等可引起吸入性肺炎或窒息,有认知障碍的老年人不知呼救,常可危及生命。因此,应做好老年人进食的护理,以防进食意外。

1. 进食前准备

(1)环境准备:饭前开窗通风,营造整洁的进餐环境。

(2)老年人准备:①协助老年人洗手,清除口腔异味,排空膀胱,提醒老年人"准备就餐",使其做好精神准备,提高食欲。②根据老年人身体状况,摆放老年人进餐体位,尽量取坐位或半坐位。坐位是最安全的进餐体位,餐桌高度大约与老年人肚脐平齐,方便老年人身体前倾,低头进餐;对上肢有功能障碍、不能自主取用食物的老年人,也尽可能将其手臂平放于餐桌上。③有吞咽功能障碍的老年人,进食前可用大小适宜的小冰块练习均匀吞咽,诱发其吞咽动作。

(3)食物准备:要选择易在口腔内移动,软而易于消化的食物,如蛋羹、菜粥等,不宜给老年人年糕、栗子之类易导致哽噎的食物。吃干食发噎者,进食前准备好水或饮料。进稀食易呛咳者,应把食物加工成糊状。

2. 进食时护理 嘱咐老年人进食时身体前倾、低头,注意力集中。生活能自理的老年人,应鼓励其自己进食,照顾者给予必要的协助。卧床的老年人应使其头部转向一侧,对面部偏瘫的老年人,食勺应从老年人视线下方、从健侧放入,尽量送到舌根部;喂汤时,食勺应从唇边送入,不要从口正中直入,以免呛咳。每勺的食物量不要太多,进食速度不宜过快。

3. 进食后护理 进食后协助老年人进行口腔清洁,指导老年人保持坐位30分钟以上。卧床老年人进食后不要马上翻身、叩背和吸痰,以防止食物反流。

知识链接

肠 内 营 养

肠内营养是经口服或管饲等方法经胃肠道供给机体能量和营养素的支持疗法。肠内营养经导管输入途径有以下几种。

1. 口胃管 导管经口插入胃内。
2. 鼻胃管 导管经鼻腔插入胃内。

3. 胃瘘管　导管经胃造瘘口插入胃内。
4. 鼻肠管　导管经鼻腔插入小肠内。
5. 空肠造瘘管　导管经空肠造瘘管插入空肠内。

（二）鼻饲

鼻饲是指对不能经口进食者，将鼻饲管经鼻腔插入胃内，从管内灌注食物、水分和药物的方法。其目的是保证老年人每日营养和治疗的需求。

1. 鼻饲饮食　常用的鼻饲饮食分为混合奶和要素饮食两种，鼻饲食物的适宜温度为 38～40 ℃。

（1）混合奶：用于鼻饲的流质食物，适用于身体虚弱、消化功能差的老年人，其主要成分包括牛奶、豆浆、鸡蛋、藕粉、米粉、浓肉汤、鸡汤、奶粉、新鲜果汁、菜汁等。其主要特点是营养丰富，易消化、吸收。

（2）要素饮食：一种简练精制的食物，含有人体所需的易于消化的营养成分，适用于患有非感染性严重腹泻、消化吸收不良、慢性消耗性疾病的老年人。其主要成分包含游离氨基酸、单糖、主要脂肪酸、维生素、无机盐和微量元素等，主要特点是无须经过消化过程即可直接被肠道吸收和利用，为人体提供热量及营养。

2. 鼻饲管的护理　由专人负责鼻饲管的安装、调整和管理。

（1）鼻饲管固定：①随时检查鼻饲管固定是否完好，插入的长度是否与标记的长度一致，如发现有管路滑脱，应立即通知负责人。②每次推注食物结束后，冲洗鼻饲管末端和盖帽，盖好盖帽，用纱布包好末端，妥善固定。

（2）喂食前，验证胃管在患者胃内：①推注器连接胃管末端，回抽出胃液。②听诊器在患者上腹部剑突下听诊，用推注器向胃管内快速注入 10 ml 空气，能听到气过水声。③把胃管放入水中，无气泡逸出。

（3）确保胃管通畅：①推注食物前，先推注 20 ml 温开水湿润胃管。②推注食物结束后，再推注 30～50 ml 温开水冲洗胃管，防止食物残留凝结、变质或堵塞胃管。

（4）定期更换胃管：普通胃管每周更换 1 次，硅胶胃管每月更换 1 次。

3. 鼻饲操作方法　抽取鼻饲饮食（每次 30～50 ml），打开鼻饲管盖帽，快速连接推注器，避免进入空气，以每分钟 10～13 ml 的速度缓慢推注。每次分离推注器和胃管末端后立即盖好盖帽，以防止进入空气。每次鼻饲量≤200 ml，推注时间 15～20 分钟，两次鼻饲间隔时间≥2 小时。

4. 进食前后护理　参考经口进食。

考点提示

老年人饮食常见问题的护理。

第六节　老年人排泄问题护理

一、便秘

便秘（constipation）是指排便困难、排便次数减少（每周少于 3 次）且粪便干硬，便后无舒畅感。便秘是老年人的常见症状，约 1/3 的老年人会出现便秘，以功能性便秘多见。生理、心理、社会等多种因素均会影响正常的排便。

（一）危险因素

1. 生理因素　感觉减退和肌力减弱。随着年龄的增长，老年人对一些内脏的感觉有减退的趋势，常未能察觉每天结肠发出的数次蠕动信号，错过了排便的时机；而老年人各部分的肌群包括横膈、腹壁、盆底横纹肌和结肠平滑肌的收缩力均减弱，增加了排便的难度。

2. 饮食因素　过于精细的饮食、热量摄入过少和饮水量不足。

3. 活动减少　久病卧床或活动量过少，可使肠壁肌间神经丛兴奋性低下，肠壁张力减弱，肠内容物通过迟缓，粪便的水分吸收过度。

4. 精神、心理因素　精神抑郁可引起条件反射障碍或高级中枢对副交感神经抑制加强，使分布在肠壁的交感神经作用加强，抑制排便。

5. 社会文化因素　个体在排便需他人协助时，可能会压抑便意，从而形成便秘。

6. 药物因素　服用了易导致便秘的药物如镇痛药、抗抑郁药、抗组胺药、抗精神病药、解痉药、抗惊厥药、抗高血压药、抗帕金森病药、钙剂、利尿药、铁剂等。

7. 疾病因素　结肠、直肠阻塞性疾病，如直肠肿瘤、肠缺血；神经性疾病，如脊髓病变、帕金森病、脑血管意外、认知障碍症；内分泌疾病如甲状腺功能减退。

（二）临床表现

便秘可导致腹部不适，食欲降低及恶心。全身症状有头晕、头痛、乏力、焦虑、坐卧不安等。主要并发症是粪便嵌塞（fecal impaction），这会导致肠梗阻、结肠溃疡、溢出性大便失禁或矛盾性腹泻。

（三）护理评估

询问便秘开始的时间，大便的频率、性状，有无伴随症状，日常饮食、活动情况，同时存在哪些疾病和用药情况；直肠指检以排除直肠、肛门的疾患；结直肠镜或钡剂灌肠，以排除结、直肠病变及肛门狭窄。

（四）常见护理诊断及医护合作问题

1. 便秘　与肠蠕动减少有关；继发于饮食中纤维素过少、水分不足、不能活动或缺乏锻炼、排便感觉降低、排便相关肌力减弱、精神抑郁、缺乏排便时的独处环境等；与药物的副作用有关。

2. 潜在并发症　肛裂、痔和直肠炎等。

（五）护理目标

老年人能描述引起便秘的因素；保证每日饮食中含纤维素食品的量和水分的摄入；坚持每天活动锻炼；注意药物不良反应。

（六）护理措施

1. 调整饮食结构　饮食调整是治疗便秘的基础。①高纤维饮食：膳食纤维本身不被吸收，其能吸附肠腔水分而增加粪便容量，刺激结肠，增强蠕动力。含膳食纤维丰富的食物有麦麸或糙米、蔬菜、含果胶丰富的水果如芒果、香蕉等。②供给足量B族维生素及叶酸：富含B族维生素的食物可促进消化液分泌，维持和促进肠管蠕动，有利于排便，如粗粮、酵母、豆类及其制品；在蔬菜中，菠菜、包心菜内含有大量叶酸，具有良好的通便作用。③增加脂肪供给：可适当增加高脂肪食物，其中植物油能直接润肠，且分解产物脂肪酸有刺激肠蠕动作用；干果的种仁（如核桃仁、松子仁、各种瓜子仁、杏仁、桃仁），含有大量的油脂，具有润滑肠道、通便的作用。便秘患者应忌酒、浓茶、辣椒、咖啡等刺激性饮食。

2. 补充水分　多饮水，建议每天饮水1500 ml以上，使肠道保持足够的水分，有利于粪便排出。

3. 调整行为　改变静止的生活方式，每天有 30～60 分钟活动和锻炼，在促进肠蠕动的同时，也可改善情绪。在固定时间（早晨或饭后）排便，重建良好的排便习惯。卧床或坐轮椅的老年人可通过转动身体、挥动手臂等方式进行锻炼。

4. 满足老年人私人空间需求　房间内居住 2 人以上者，可在床单位间设置屏风或窗帘，便于老年人的排泄等需要。照顾老年人排泄时，只协助其无力完成部分，不要一直在旁守候，以免老年人紧张而影响排便，更不要催促，令老年人精神紧张，不愿麻烦照顾者而憋便，导致便秘或失禁。

5. 腹部按摩　在清晨和晚间解尿后取卧位用双手示指、中指、无名指相叠，沿结肠走向，自右下腹向上到右上腹，横行至左上腹，再向下至左下腹，沿耻骨上回到右下腹进行腹部按摩，以促进肠蠕动。轻重速度以自觉舒适为宜，开始每次 10 圈，以后可逐步增加，在按摩同时可做肛门收缩动作。

6. 开塞露通便　①选择一个舒适的体位，可以是站立、蹲下或卧位（多左侧）。②涂抹少量润滑剂到肛门周围，以减少不适感。③将开塞露喷嘴插入肛门，同时慢慢挤压开塞露的球囊，确保药液能够进入肠道，然后等待几分钟，让药液起作用并刺激肠道。④小心地将药液和粪便排出体外，并用纸巾或湿巾擦拭干净。

7. 人工取便　戴上消毒手套，将润滑剂涂抹一点到中指和示指，然后缓慢插入肛门，寻找粪块并轻轻推动或抓取，帮助排出粪块。

8. 灌肠通便　粪便嵌塞可用生理盐水灌肠，采用边灌边更换卧位法。肛管插入长度约 10 cm，液体量 500 ml。嘱老年人先采取左侧卧位，灌入 100 ml 液体后改为平卧，继续灌入 100 ml，再右侧卧位灌入 200 ml，最后左侧卧位灌入 100 ml。嘱老年人忍受数分钟后再排便，如未排清可再进行一次。

9. 药物治疗　饮食与行为调整无效的慢性便秘可应用药物治疗。

二、大便失禁

大便失禁（fecal incontinence）是指粪便随时呈液态流出，自己不能控制，常同时存在便秘和尿失禁。大便失禁多见于 65 岁以上的老年人，女性多于男性，多产老年妇女发生率最高，老年人常因此而入养老院。这是一种损害自尊的身体功能减退，常造成焦虑、惧怕、尴尬、隐居，严重影响了老年人的活动与社会交往。

（一）危险因素

1. 生理因素　随着年龄的增长，老年人直肠感觉减退，难以辨别其中的气体、液体和粪便；盆底肌的收缩强度、直肠弹性及肛门内外括约肌压力都可能减退。因此，少量的容量扩张就会导致便急和抑制肛门括约肌张力，造成大便失禁。

2. 神经精神因素　中枢神经系统病变，如脑血管意外、老年认知障碍和脊髓病变，可影响排便反射弧的建立，使支配肛门、直肠的神经功能发生障碍。

3. 肛门、直肠因素　手术或外伤造成肛管直肠环和括约肌损伤，肛门直肠脱垂引起肛门松弛和直肠下部感觉减退，均可导致大便失禁。

（二）临床表现

大便失禁可表现为不同程度的排便和排气失控。轻症者对排气和液体性粪便难以控制，其内裤偶尔弄脏；重症者对固体性粪便也无控制能力，表现为频繁地排出粪便。直肠指检时，应注意检查肛门括约肌收缩力、肛门直肠环张力。

（三）辅助检查

1. 直肠镜检　可观察黏膜的颜色，有无溃疡、炎症、出血、肿瘤、狭窄。

2. 肛门测压 可检出肛门压力异常低下和括约肌缺陷者。

3. 排便造影 可检测耻骨直肠肌和盆底肌张力。

4. 肛门部超声 可检测肌厚度，评价肛门内外括约肌的完整性。

（四）护理评估

仔细询问以下内容：①有无便意、每日的排便次数、饮食与排便间的关系。②排便的自控能力。③有无手术、产伤、外伤史，病程及治疗经过。④自我护理的条件。⑤有无排尿异常等。⑥智力、神智、精神状况及家属对老年人的关爱和理解程度。

（五）常见护理诊断及医护合作问题

1. 排便失禁 与粪便嵌顿或慢性便秘引起的直肠过度扩张有关；继发于肛门直肠手术或中枢神经外伤、脊髓受损。

2. 自我形象紊乱 与大便失禁引起的不良气味有关。

3. 皮肤完整性受损 与粪便长期刺激局部皮肤及缺乏自我照料能力有关。

（六）护理目标

每天或每间隔1~2天排出成形的软便；老年人展示出恢复排便自理的意愿和能力；肛周皮肤清洁、健康、无异味。

（七）护理措施

1. 重建良好的排便习惯 在固定时间解便，防止粪便秘结，有粪便嵌顿时手工解除。对固体性大便失禁者，每天餐后用甘油灌肠并鼓励老年人增加活动时间。

2. 调整饮食 对存便能力降低的老年人，应限制富含纤维素的食物的摄入，避免进食产气食物如牛奶、白薯及其他有腹泻作用的食物。

3. 局部护理 每次便后用温水清洁皮肤，涂用膏药，保护皮肤完整无损。

4. 提供家庭护理训练 对在排便问题上能自理的老年人，提供家庭护理的训练。

5. 其他 针灸治疗等。

> **考点提示**
>
> 老年人排泄常见问题的护理。

第七节　老年人皮肤清洁及衣着卫生护理

一、皮肤清洁

老年人皮肤结构的改变包括干燥、粗糙、皱纹、松弛，功能改变包括细胞更新、屏障功能、创伤愈合、免疫应答和体温调节的衰退。老年人皮肤的老化性改变和全身、局部的疾病影响及情绪波动，常会带来皮肤干燥、瘙痒、皲裂、疼痛等问题，给老年人生活带来经常性的痛苦和烦恼。因此，老年人应注意保持皮肤清洁，加强对常见皮肤问题的护理。

（一）沐浴

1. 沐浴的方法 通过沐浴清除污垢和微生物，保持毛孔通畅，使汗腺和皮脂适量分泌，有利于预防皮肤病。合适的水温可促进皮肤的血液循环，改善新陈代谢、延缓老化过程。老年人的皮肤宜用弱酸性的硼酸皂、羊脂香皂。沐浴用的毛巾应柔软，洗时轻擦，以防损伤角质层。清洗时要注意颈部、腋下、腹股沟、会阴等皮肤皱褶处。干燥季节浴后应在皮肤潮湿时涂擦护肤油，以使皮肤保留水分，防止机械性刺激。在冬季，特别是有手足皲裂的老年人可在晚间沐浴后或热水泡手足之后，涂上护手、护脚霜，再穿戴棉质手套、袜子，穿戴一晚上或者一两个小时，可有效改善皲裂状况。冬季每周洗澡1次，夏季多汗，要每天用温水冲洗，但不必每天使用沐浴液，洗澡次数或用沐浴液过多可使皮脂丢失，失去滋润作用，出现皮肤干燥、粗糙，引起瘙痒或皮炎。

2. 沐浴的注意事项

（1）水温：沐浴时水温不宜过高，以37～40℃为宜。45℃以上的水温会让老年人窒息，还可能烫伤皮肤。

（2）通风：选择在高处安装通风装置的浴室沐浴，这种浴室内可形成空气、湿气的环流排放循环，确保室内有足够的氧气。老年人在家中沐浴时，除防止煤气中毒、触电外，还不允许用浴罩之类的封闭物，因为封闭物会影响空气交换，易造成老年人缺氧。

（3）时间：老年人沐浴时间不要太长，一般以10～20分钟为宜。过久泡浴会使老年人出汗过多，易致虚脱。

（4）不宜入浴者以擦身替代：心功能不全、活动性肺结核、肿瘤破溃、化脓性炎症、身体疲乏及有出血倾向的颈肩腰腿痛患者，可以擦身替代沐浴。

（5）浴室综合征的处理　老年人若出现口渴、胸闷、心悸、恶心、目眩、四肢乏力、呼吸急促，甚至晕倒或诱发心脑血管病等一系列情况，就是浴室综合征的表现。尤其在冬季，因室内外温差大，浴室内湿度呈饱和状态，水汽压较大，通风性差，空气混浊，氧含量少，对此老年人较难适应，易发生浴室综合征。如老年人在沐浴时出现上述不适，即应步出浴池休息，并适量饮水，多可缓解。

（二）老年人皮肤常见问题及护理

1. 皮肤瘙痒症　临床上将只有皮肤瘙痒而无原发性皮肤损害者称为瘙痒症。皮肤瘙痒症是临床上常见的皮肤病之一，分全身性和局限性两种，多见于老年人。局限性皮肤瘙痒症发生于身体的某一部位，老年人多见于大腿和小腿部。

（1）危险因素

1）内因：①老年人皮肤退行性变化使皮肤变得干燥。②内脏疾病如肝胆系统疾病造成的肝外胆汁淤积，使血液内的胆酸潴留，可刺激皮内感觉神经末梢；慢性肾衰竭引起的尿素及其他代谢产物的体内蓄积，可刺激皮内感觉神经末梢。③中枢神经系统兴奋，如情绪激动、精神紧张、焦虑、抑郁。这些因素均可引起或加重瘙痒。

2）外因：①季节的变化在老年人的皮肤瘙痒症中起着非常重要的作用，尤其冬季气候干燥，风吹日晒；②药物如砷剂、辛可芬、阿片类、冬眠灵、水杨酸盐、奎宁、利血平等；③感染肠道寄生虫、阴道毛滴虫、念珠菌、粪链球菌、大肠埃希菌等可引起肛门或阴道瘙痒；④食物，如辛辣、刺激的调味品；⑤外用及接触各种化学物品如消毒剂、杀虫剂、染料，皮肤直接接触化纤、毛料衣服等可引起局部皮肤发痒。

（2）临床表现　瘙痒是老年人的常见主诉，可使老年人寝食不安，身体上可见抓痕及皮损，如未得到及时处理会使皮肤发生继发感染。

（3）护理评估　询问瘙痒的部位、发作的频率和程度、洗澡的频率、水温、沐浴液（皂）的性质（偏酸或偏碱）、润肤剂使用情况、用药史、有否全身或局部的相关性疾病；全面的体格检查有助于明确瘙痒原因是全身性疾病还是皮肤老化性改变等；对原因不明的瘙痒，除全身体格检查外，还要进行血常规、尿常规、尿糖、肝功能、血清胆红素、尿素、血糖、肝脾B超等检查。肛门、外阴局限性瘙痒则要进行真菌、细菌、寄生虫学检查。

（4）常见护理诊断及医护合作问题

1）舒适的改变：瘙痒，与皮肤的清洁、保养不得当，接触各类化学物品、化纤毛料衣服，干燥气候，服用某些药物、麻醉剂，进食刺激性食品，局部真菌、寄生虫感染有关，或与全身的相关性疾病、情绪激动、精神紧张、焦虑、抑郁有关。

2）焦虑：与顽固瘙痒有关。

（5）护理目标：患者瘙痒不适减轻，焦虑、紧张情绪改善，睡眠质量改善。

（6）护理措施

1）洗澡要讲究：遵循上述沐浴的注意事项。

2）使用护肤用品：如护肤膏、护肤霜、护肤油。

3）饮食习惯要有利于健康：老年人平日营养要充分，膳食调配要适当，饮食宜清淡，多吃新鲜的黄绿色蔬菜。

4）生活要规律：老年人必须注意生活规律，睡眠充足，保持排便通畅。

2. 烫伤　老年人感觉迟钝，对冷热感觉不灵敏，沐浴、热敷、使用热水袋时，应严格掌握温度及时间，以防烫伤。对于老年人在家里自己使用的设备，如烤灯、电动按摩器，家属或护理人员要耐心讲解使用方法，直到老年人熟练掌握为止。

二、衣着卫生

合适的装扮有助于增进老年人社交时的自信心，服装款式与颜色的选择应符合老年人的个性，穿着以舒适、端庄、合体为原则。服装要便于穿脱、活动；上装和裤腰的拉链上应留有指环，便于老年人拉动；衣服纽扣不宜过小，以方便系扣；前开襟式上装更便于老年人穿脱；鼓励但不强求老年人穿色彩明快的服装。

内衣应选用质地柔软、光滑、吸湿性能强、透气性好的纯棉、麻、丝织品，适当宽松，以减少对皮肤的摩擦，也有利于皮肤代谢物的排出，预防皮肤疾病；内衣裤、袜子勤换洗，洗净后内面向外翻出晾晒，充分利用紫外线的直射和风吹的杀菌、干燥作用，出汗后及时更换；冬衣、鞋的质地应松、软、轻，保暖性能好，袜子宜选择棉质的松口袜，既舒适又不会引起局部瘙痒。

考点提示

老年人皮肤清洁常见问题的护理。

第八节　老年人性生活护理

老年人的性功能是随着年龄的增长而逐渐退化的，保持一定的性行为可刺激性腺分泌激素，活跃内分泌系统，提高体内激素水平，更能促进健康，减缓衰老过程。

一、影响老年人性生活的因素

1. 心理因素　男性本身感到老之将至，应该停止性生活，对禁欲认为是合理的。女性自认为过了生育期，且已经停经，子孙绕膝，而与老伴分居。这些因素均可影响老年人的性需求。

2. 性功能衰老性改变　老年男性的性唤醒变慢，射精量减少，勃起硬度减弱，同时挺而不坚或勃起时间短。老年女性多数变化在闭经期阶段，阴道液量明显减少，导致性生活期间出现疼痛不适。

3. 药物及饮酒的影响　抗精神病药、抗高血压药、镇静药、抗抑郁药等及过度饮酒通常可影响性功能。

4. 社会文化与环境的影响　老年人与第三代同住一间卧室，使得老年人不便表达对配偶的亲密感情和行为。还有一些养老院的居室布置如同旅馆，老年夫妻只能住入放置单人床的房间等。

5. 疾病因素　高血压、糖尿病、甲状腺功能减退、前列腺炎、老年性阴道炎等可影响性功能。抑郁能引起性功能障碍，而性功能障碍能加重抑郁。

二、老年人性生活常见问题护理

（一）护理评估

了解男性的性欲减退和勃起功能障碍，女性的性欲障碍、性交痛及阴道痉挛；了解血管疾病的体征，如股动脉搏动情况；检查球海绵体肌反射，以了解支配阴茎周围神经情况；进行肝肾功能、血糖、血脂及激素水平测定等。

（二）常见护理诊断及医护合作问题

1. 性生活形态改变　与性功能的衰老性改变、慢性器质性疾病、社会文化、环境的影响、药物的副作用等有关。
2. 自信心衰退　与性功能的衰老性改变有关。

（三）护理目标

老年人能针对不同的原因，采取相应的方法来改善生理功能；老年人自信心增强；家属的观念改变。

（四）护理措施

1. 延缓性功能的衰老性改变的措施　保持心情愉快，规律运动，保持体能，禁烟少酒；吃新鲜食品，多食蔬菜水果，定量的牛奶、酸奶、豆浆、燕麦，少量的芝麻和人参。
2. 夫妻同床而居、加强沟通　老年人越老越需要爱，夫妻同床共枕有利于肌肤相亲，能使双方得到心理和生理的满足，还有利于传递贴心话，进行感情交流，增强相互依恋和白头偕老的幸福感。
3. 子女的关心　子女应多关心、理解老年人，为老年人的夫妻生活提供基本的条件。
4. 防止心理衰老　现代科学对心、身、脑关系的研究证明，心理衰老是加速生理衰老的重要因素之一。防止心理衰老首先要讲究精神养生和用脑卫生，要勤于用脑，达到学而忘老，求知养性；其次要增加主动性活动和社会交往，注意自我的个性改造，及时发现和消除精神障碍，避免产生衰老感、无用感、无助感、无望感、孤独感等。

自　测　题

一、选择题

1. 老年人适宜的居室温度应为
   A. 18～20 ℃　　　　　B. 20～22 ℃　　　　　C. 22～24 ℃
   D. 24～26 ℃　　　　　E. 26～28 ℃
2. 老年人最安全的进餐体位是
   A. 站位　　　　　　　B. 坐位　　　　　　　C. 侧卧位
   D. 仰卧位　　　　　　E. 俯卧位
3. 老年人每次鼻饲的食物量较为合适的是
   A. 100 ml　　　　　　B. 150 ml　　　　　　C. 200 ml
   D. 250 ml　　　　　　E. 300 ml

4. 患者，男，62岁，运动后的最佳心率是
   A. 108次/分　　B. 120次/分　　C. 130次/分
   D. 140次/分　　E. 90次/分

（5~7题共用题干）

患者，女，62岁。主诉：20多年前开始在咳嗽、打喷嚏、奔跑时尿液不自主地溢出，并随着健康状况的好坏而时轻时重。生育史：育有一子一女，女儿为产钳助产。

5. 根据上述资料，该患者尿失禁的危险因素有
   A. 奔跑、子宫脱垂
   B. 打喷嚏、子宫脱垂
   C. 慢性咳嗽、子宫脱垂
   D. 雌激素水平下降、盆底肌肉松弛
   E. 尿路感染、子宫脱垂、雌激素水平下降
6. 考虑该患者尿失禁的原因是
   A. 急迫性尿失禁　　B. 压力性尿失禁　　C. 反射性尿失禁
   D. 暂时性尿失禁　　E. 混合性尿失禁
7. 建议首先采用的治疗方法是
   A. 雌激素与α受体阻断药联用，加上盆底肌训练
   B. 雌激素与α受体阻断药联用，加手术治疗子宫脱垂
   C. 雌激素与α受体阻断药联用，加强营养，改善健康状况
   D. 加强营养，改善健康状况，加上盆底肌训练
   E. 雌激素替代治疗

二、简答题

1. 试述老年人便秘的主要原因及护理措施。
2. 简述老年人压疮的特点及预防措施。

三、案例分析

患者，男，66岁，1年前退休，因不能适应退休生活，有失落感近半年，常感头痛，失眠，有时血压偏高，曾到各大医院检查，怀疑有脑血管硬化，患者常为之着急、忧愁、焦虑不安，整天默默无语、暗自流泪，怕自己瘫痪，连累家人。

请回答：

（1）为改善该患者的身体及心理状况，请给出其居家日常生活的合理化建议。
（2）请给出该患者外出活动的合理化建议。

（李丹丹　孙水英）

第四章数字资源

第四章 老年人心理卫生与社会适应

学习目标

1. 概述老年人心理特点、老年人常见心理问题及护理措施。
2. 简述维护老年人心理健康的原则。
3. 说出老年人心理健康的判断标准及维护措施。
4. 能与老年人进行有效的沟通。

所谓心理，是指人脑对客观事物的主观反映。老年人身体各器官组织出现明显的退行性变化，社会、家庭角色也发生变化，心理方面会发生相应改变。老年人的心理状况，不仅反映并且影响着老年人的生理及其所处的社会环境，还与许多老年疾病有着密切关系。

第一节 老年人心理社会变化

案例4-1

李女士，60岁，丧偶多年，有一子一女，子女都在外地工作。李女士于半年前退休，近2个月感觉身体不适，胸闷、食欲缺乏、失眠。李女士认为自己生了重病，因此情绪低落，经常伤心流泪，去医院检查没有发现明显异常。

问题与思考：
李女士的身体变化可能是什么原因引起的？

一、感知觉的变化

感知觉是论述所有心理活动的出发点，老年人的心理变化也是从感知觉的渐变开始的。老年期感知觉变化的一般特征：各感觉系统出现普遍的退行性变化，对外界刺激的反应敏锐度下降，感知时间延长。

1. 视觉　老年人由于眼眶脂肪被吸收，致使眼压降低，眼球缩小和内陷，且随年龄增长而日趋明显。老年人眼睑皮肤松弛，弹性减弱，皱纹增多，眼轮匝肌和上睑提肌萎缩，易形成眼睑内翻或外翻，少数老年人上眼睑下垂可遮盖眼球的大部分，严重影响视野。

老年人年龄越大，角膜表面细胞数越少，细胞变得扁平以维持其覆盖面。人在50岁后，近角膜缘的基质层常出现脂肪沉着，而形成一个白色的"老年环"，其发生率在50岁为25%，60～69岁为54%，70岁以上为75%。随年龄增长，角膜缘毛细血管硬化、闭塞，使角膜营养缺乏，同时鳞状细胞微绒毛减少，泪液和杯状细胞的黏液分泌均减少，导致角膜透明度降低而使视力减退。

随着年龄的增长，玻璃体液化范围不断扩大，玻璃体易从视网膜上分离，因而增加了视网膜剥脱的可能性。视网膜细胞也与脑细胞一样随年龄增长而减少。光线对视网膜损伤的日积月累，使视杆细胞和视锥细胞随年龄增长而减少。老年人视网膜血管变窄、硬化甚至闭塞，色素上皮层细胞及其胞内的黑色素减少，老年性黄斑变性，视网膜变薄，使视力显著衰退。视神经的老化受血管硬化等老年性改变的影响较为明显，主要表现在视神经纤维束间结缔组织常随年龄增长而逐渐增生，视神经传导功能减弱。老年人视野随年龄增长而逐渐缩小，视野的缩小与视网膜周边变性、变薄、色素沉着、脉络膜萎缩、瞳孔缩小、上睑下垂和眼球内陷等紧密相关。老年人晶状体逐渐变黄，吸收短波长光较多，长波长（红、绿）光较少，因而红、绿光易到达视网膜，红绿混合成为黄色；又因老年人瞳孔变小，光线只能通过厚度最大、黄色、最深的晶状体中心部位，故使老年人视物发黄。60岁以上老年人，由于视网膜上的细胞减少，致使老年人对红、绿颜色的分辨力减弱，暗适应时间延长，对比敏感度降低。

2. 听觉　老年人由于耳蜗的毛细胞随年龄增长而减少，鼓膜变薄，听神经功能减弱，致使听力逐渐减退。在60岁以上老年人中，听力减退者占27.4%，男性发生率高于女性。大多数60岁以上老年人均丧失了频率为4000 Hz（指音叉振动次数）以上的高频音的有效听力，而对频率为250~1000 Hz的声音，通常90岁尚可听到。老年人鉴别语音能力降低，听觉反应时间延长，因而老年人听力下降，常需使用助听器，且容易产生耳鸣、幻听。

3. 味觉、嗅觉　老年人舌黏膜上的舌乳头逐渐消失，舌表面光滑，味蕾明显减少，60岁以上的老年人约有50%的味蕾萎缩，故老年人味阈升高，出现味觉障碍，对咸、甜、苦、酸的敏感程度减退，影响食欲，使饮食习惯发生改变。

人类嗅觉十分敏感，能辨别2000~4000种不同物质的气味。人的嗅觉在20~50岁时最敏感；50岁以后，嗅黏膜逐渐萎缩，嗅觉较迟钝；60岁以后约失去20%的嗅觉；70岁以后嗅觉急剧衰退；80岁以后，仅22%的老年人有正常的嗅觉。老年人的嗅觉能力下降，其原因是多方面的，可能与嗅觉中枢神经的变化有关。

4. 皮肤感觉　皮肤是保持身体正常生理活动的第一道防线，从面积和含量而论，皮肤是人体最大的器官。老年人皮肤因皮脂腺分泌减少而无泽易裂、易瘙痒；由于表面粗糙、松弛、弹性降低而出现皱纹；下眼睑肿胀，形成眼袋；皮肤毛细血管减少、变性、脆性增加而易出血（老年性紫癜）。随着年龄的增长，老年人皮肤神经末梢的密度显著减少，致使皮肤调温功能下降，感觉迟钝，脂褐素沉积形成老年斑。

二、记忆的变化

记忆是指人们将感知过、思考过、体验过、操作过的事物的印象保持在头脑中，以后又在一定的条件下以再认、再现的方式表现出来或者回忆起来的心理过程。老年人的记忆主要有以下几个特点。

1. 短时记忆与长时记忆　随着年龄的增长，老年人记忆力下降，记忆速度变慢。瞬时记忆（即保持1~2秒的记忆）随年老而减退，短时记忆（即保持1分钟以内的记忆）变化较小，老年人记忆衰退的主要是长时记忆（即所记内容在头脑中保持超过1分钟直至终生的记忆）衰退。

2. 意义记忆与机械记忆　老年人的意义识记（即在理解基础上的记忆）保持较好，而机械识记（即靠死记硬背的记忆）减退较快。例如，老年人对于地名、人名、数字等属于机械识记的内容记忆效果不佳。

3. 再认活动与再现活动　老年人的再认活动（即当所记对象再次出现时能够认出来的记忆）保持较好，而再现活动（即让所记对象在头脑中呈现出来的记忆）则明显减退。

4. 远事记忆与近事记忆　老年人的远事记忆（即对数年前或数十年前发生的事的记忆）良

好，近事记忆（即对最近几年或几个月发生事的记忆）的保持效果较差，表现为丢三落四。

5. 有意记忆与无意记忆　老年人的有意记忆（即事先有明确识记目的并经过努力、运用一定的方法进行的记忆）处于主导地位，无意记忆（即事先没有明确识记目的的记忆）能力下降。

记忆与人的生理因素、健康、精神状况、记忆的训练、社会环境都有关系，因而，老年人记忆减退存在个体差异，出现有早有晚，速度有快有慢，程度有轻有重。老年人应加强自我保健，坚持适当的脑力锻炼和记忆训练，以减缓记忆的衰退。

三、智力的变化

智力是大脑的功能，是由人们认识和改造客观事物的各种能力有机组合而成的，主要包括注意、观察、想象、思维、实际操作和环境适应等能力。

人出生时的大脑细胞有140亿个左右，随年龄增长，人的脑细胞不断死亡。进入老年期后，人脑功能逐渐衰退，但由于生存着的其他脑细胞的代偿作用，大脑的活动功能仍能维持，保持正常的智力。

老年人的智力并非人们所以为的那样会全面退化，只是在某些方面有所衰减。霍恩（Horn）和卡特尔（Cattell）将智力分为晶态智力（crystallized intelligence）和液态智力（fluid intelligence）两种。晶态智力主要是后天获得的，它与知识、文化、经验积累和领悟能力有关，如知识、理解力，由于老年人阅历广、经验多，这种智力易保持，有的甚至还有所提高，只在80岁以后才有明显减退；液态智力主要与大脑、神经系统、感觉和运动器官的生理结构和功能有关，如记忆、注意、思维敏捷性和反应速度，这种智力减退得较早，下降更为明显，一般在50岁以后就开始下降，60岁以后减退明显。以上两种智力的变化并不是平行的，也就不能笼统地说智力随年龄增长而减退。

老年人的智力与多方面因素相关，包括生理健康、文化和社会等方面，因而老年人的智力还具有很大的可塑性。

四、思维的变化

思维是人的中枢神经系统在对感知觉的信息进行分析、综合、比较、抽象、概括以后，对客观事物所进行的间接的、概括的反映过程。老年人的思维衰退出现较晚，尤其是与自己熟悉的专业相关的思维能力在年老时仍能保持，因多年生活的磨炼和经验而显得比青年人运用得更好。但是，老年人由于在感知和记忆方面的减退，在概念、逻辑推理和解决问题方面的能力有所衰退，尤其是思维的敏捷度、灵活性、流畅性、变通性及创造性比中青年期差。思维的衰退对老年人的表达能力影响很大，如对语言的理解速度减慢，讲话逐渐变缓、不流畅，常词不达意。

五、人格

人格是指个体在适应社会生活的成长过程中，经遗传与环境交互作用形成的稳定而独特的身心结构，即人的特性或个性，包括性格、兴趣、爱好、倾向性、价值观、才能和特长等。老年人的人格是其中年期人格的连续，时代不同，生活的环境不同，人格不同，人格变化的速度也不同。年老过程中绝大多数的人格特征是稳定的，即使有变化，也是缓慢的和微弱的，如对健康和经济的过分关注与担心所产生的不安与焦虑，保守、孤独、任性、把握不住现状而产生的怀旧和发牢骚等。

随着年龄的增长，老年人的价值观、信念改变较少，因而常给人一种保守的印象；老年人由于脑生理功能衰退，表现出心理能量的减少，在生活中表现出一种被动、退缩和迟缓的印象，这不是消极的，而是一种主动的自我保护，老年人学会了将有限的生活能量用在最有效的生存活动上，这是一种适应性变化；老年人由于生理功能减退和慢性病发病率高，使其常体验到躯体不适，因而容易产生抑郁感和孤独感。

六、情绪与情感

情绪与情感是个体对客观事物的主观体验。情感是一种复杂的心理功能，与人的需要密切相关。一般来说，能满足人的需求或符合人的愿望的事物，会引起高兴、愉快、喜欢、热爱等正性情绪，对人的健康是有利的；反之则易引起抑郁、焦虑、厌恶、愤怒、悲哀等负性情绪，易促发疾病或导致病情恶化。人到老年，情绪往往变得不太稳定，比较容易动感情，在感情上也容易被人同化，以致伤心落泪，遇到困难或挫折时，也不容易镇静，常会产生莫名其妙的焦虑、恐惧。老年人情绪情感的变化主要取决于其所处的生活环境状况、需要满足的需求及文化素养，与青年人相比，老年人的情绪情感有以下特点。

1. **更善于控制自己的情绪**　老年人比青年人和中年人更遵循某些规范以控制自己的情绪，尤其表现在控制自己的喜悦、悲伤、愤怒和厌恶情绪方面。

2. **情绪体验比较强烈而持久**　就情绪体验而言，由于老年期中枢神经系统有过度活动的倾向和较高的唤醒水平，老年人的情绪呈现出内在、强烈而持久的特点，尤其是对消极情绪的体验强度并不随年龄的增长而减弱。老年人由于比较理性，往往通过认知调节来减弱自己的情绪反应，但老年人对于负性应激事件所引发的情绪体验要比青年人和中年人持久得多。

3. **有些老年人容易产生消极情绪**　由于个性、环境条件等多种因素的影响，有些老年人容易产生消极情绪。老年人常见的消极情绪有以下几种。

（1）自我意识强：常以自我为中心，要求被重视、受尊重；思维方式刻板、固执，偏爱以往习惯，难以接受新事物，社会适应能力减退。

（2）依赖性增强：过度依赖别人的照顾，时常以种种不适引起别人的关注，甚至行为表现幼稚，导致生活能力退化。

（3）猜疑、嫉妒：对周围人不信任感增强，计较别人的言谈举止，严重者会认为别人居心叵测。60岁以上的老年人，因固执刻板，个性执拗，其心理特点已从对外界事物的关心转向自己的躯体，并且主观感觉加强，所以常会出现猜疑症状。

（4）焦虑、抑郁：随着逐渐衰老，精神情感变化日益明显，易出现焦虑、抑郁情绪，常伴有自责，遇事缺少进取态度。

（5）性格内向、怪癖：因退休而社会交往减少，不愿与外界联系，常待在家里，有的甚至心胸狭窄，十分吝啬。

（6）情绪多变：由于脑的调节功能减退，因而自我控制情绪的能力差，情感脆弱，情绪易波动，表现为容易大怒，失去自我控制。

（7）担心死亡：由于亲友、配偶逐渐去世，慢慢感到孤独空虚，年龄越大，担心死亡的情绪就越强烈。

4. **绝大多数老年人有积极的情绪体验**　对老年人生活满意度调查表明：从总体看，各年龄阶段的老年人对生活很满意或满意的占绝大多数。老年人的积极情绪体验表现为轻松感、自由感、满足感和成功感。

5. **老年人关切自身健康状况的情绪活动增强**　随着年龄增长，健康状况日益下降，老年人变得更加关注自己的身体，对于疾病较为重视，尤其是老年女性，怀疑自己患病和有失眠现象的表现显著多于男性。

七、角色

角色指社会对处于某种特定社会位置的个体所规定的行为模式和行为期待。老年人随着年龄的增长，一生中经历了多重角色的变化，其对角色的适应存在着角色的变更问题。老年期角色变更的特点主要表现为以下三个方面。

（1）社会角色的变更：老年人社会角色变更主要指社会政治、经济地位的变化所带来的角色改变。随着职业角色的退出，老年人的社交活动减少，工作同事、业务伙伴等社交关系逐渐疏远，社交圈主要集中在家庭和少数朋友之间。

（2）家庭角色的变更：家庭是社会的基本构成单位，是建立在婚姻、血缘、收养关系基础上的社会共同体。①家庭及情感角色的转变：双亲离世和孙辈降临给老年人带来家庭及情感角色的转变。②从主体角色变为依赖角色：老年人在离退休前是家庭的主体角色，离退休后逐渐从主体角色演变为依赖角色。随着年龄增长，特别是随着自理能力的下降，老年人对儿女或照顾者的依赖程度会越来越高。③从配偶角色变为单身角色：人到老年期，失去配偶的可能性日益增大。一旦配偶丧失，剩下的老年人即进入单身角色。

（3）角色期望的变更：角色期望指一个人对自己角色所规定的行为和性质的认识理解和希望。现代社会的老年人与以往不同，他们不仅要承认角色变更的事实，还要改变对老年角色的看法。他们应承认、放弃一些老年期的角色，更重要的是接受和理解当代社会对老年人角色的要求和期望，同时还应积极塑造当代老年人的典型角色。如现代老年人倾向于独立，能发挥社会作用，可以为老年人的社会和家庭角色变更后的角色替代找到更符合人类要求的条件。这种角色期望的变更具有重要的行为医学和社会医学意义。

八、文化

文化是指一个社会及其成员所特有的物质和精神财富的总和，即特定人群为适应社会环境和物质环境而形成的共同的行为和价值模式。一般所说的文化则为精神文化，包括思想意识、宗教信仰、文学艺术、道德规范、习俗、知识等。文化是在一定的社会背景下产生和发展，并被人们自觉地、广泛地接受，在某一领域中大多数社会成员所必须遵循的社会规范。任何个体都可能在发展和演变的过程中形成各自不同的文化，这些文化对个体的健康也会产生积极或消极的影响。所以了解老年人的文化对指导其健康生活有重要的意义。

九、环境

环境是指人类生存的环绕区域，是人类赖以生存、发展的社会与物质条件的综合体。人类的健康离不开生存的环境，环境对健康产生直接的影响。居住环境是老年人的生活场所，是老年人学习、社交、娱乐、购物、休息的地方，其居住地及周围的空气、水、食物、气候，卫生设施及社区配套建设的完善，以及邻里关系都影响着老年人的健康。

健康老龄化是 21 世纪老年人保健的重点内容，它是指在老龄化社会中，大多数老年人都能保持较好的心身健康，并拥有较好的智力、心理、社会和经济功能与状态。正确认识老年人的心理社会变化，可有效地保持和促进老年人的身心健康水平，是应对人口老龄化问题的重要途径之一。

第二节 老年人心理健康

案例 4-2

李阿姨，60岁，3年前被诊断为冠心病，从那以后她就特别怕吵闹。因为怕孙子吵，她让儿子一家搬出去住；住在楼上的人稍微发出点响动，她马上就感到自己的心脏受不了，于是坚持让家人换房，住到了顶层。这下可苦了她的老伴，每天在没有电梯的6层楼里爬上爬下。从李阿姨的情况看，她可能因为受躯体疾病的影响，出现了心理障碍。

问题与思考：

应如何对李阿姨进行心理调适？

一、老年人心理健康

1. 心理健康的定义　第三届国际心理卫生大会对心理健康定义如下："所谓心理健康，是指在身体、智能及情感上与他人的心理健康不相矛盾的范围内，将个人心境发展成最佳状态。"

2. 老年人心理健康的标准　综合国内外心理学专家对老年人心理健康标准的研究，结合我国老年人的实际情况，老年人心理健康的标准基本可以从以下五个方面进行界定。

（1）有正常的感觉和知觉，有正常的思维，有良好的记忆：在判断事物时，基本准确，不发生错觉；在回忆往事时，记忆清晰，不发生大的遗忘；在分析问题时，条理清楚，不出现逻辑混乱；在回答问题时，能对答自如，不答非所问；在平时生活中，有比较丰富的想象力，并善于用想象力为自己设计一个愉快的奋斗目标。

（2）有健全的人格，情绪稳定，意志坚强：积极的情绪多于消极的情绪，能够正确评价自己和外界的事物，能够控制自己的行为，办事较少盲目性和冲动性。意志坚强，能经得起外界事物的强烈刺激，在悲痛时能找到发泄的方法，而不至于被悲痛所压倒；在欢乐时能有节制地欢欣鼓舞，而不是得意忘形和过分激动；遇到困难时，能沉着地运用自己的意志和经验去加以克服，而不是一味地唉声叹气或怨天尤人。

（3）有良好的人际关系：乐于帮助他人，也乐于接受他人的帮助。在家中，与老伴、子女、儿媳、女婿等都能保持情感上的融洽，能得到家人发自内心的理解和尊重；在外面，与过去的朋友和现在结识的朋友都能保持良好的关系。对人不求全责备，不过分要求他人，对他人不是敌视的态度，而从来都是以与人为善的态度出现。无论在正式群体内，还是在非正式群体内，都有集体荣誉感和社会责任感。

（4）能正确认知社会，与大多数人的心理活动相一致：对社会的看法、对改革的态度、对国内外形势的分析、对社会道德伦理的认识等，都能与社会上大多数人的态度基本保持一致。如果不是这样，那就是不接纳社会，与时代前进的步伐不能同向同步。

（5）能保持正常的行为：能坚持正常的生活、工作、学习、娱乐等活动。其一切行为符合自己在各种场合的身份和角色。

以上这五个方面只是界定老年人心理健康的基本标准。国内外学者都不约而同地认为最重要的一条是"基本正常"，即说话办事、认识问题、逻辑思维、人际交往等都在正常状态之中，只要不偏离"正常"的轨道，其心理健康就是达标的。

二、维护和促进老年人心理健康的原则

1. 适应原则　心理健康强调人与环境能动地协调适应。环境包括自然环境和社会环境，环境中随时都有打破人与环境协调平衡的各种刺激，尤其是社会环境中的人际关系对心理健康有重要意义。人对环境的适应、协调，不仅仅是简单地顺应、妥协，更主要的是积极、能动地对环境进行改造以适应个体的需要，或改造自身以适应环境的变化。因而，人需要积极主动地调节环境和自身，减少环境中的不良刺激，协调人际关系，发挥自己的潜能，以维护和促进心理健康。

2. 整体原则　每个个体都是一个身心统一的整体。身心两方面是相互影响的，因此，积极的体育锻炼、卫生保健和良好的生活方式可增强体质和生理功能，有助于促进心理健康。

3. 系统原则　人是一个开放系统，无时无刻不与自然、社会文化、人际关系相互影响、相互作用。如生活在家庭或群体之中的个体会影响家庭或群体，同时也受到家庭或群体的影响。个体心理健康的维护需要个体积极发挥主观能动性，也依赖于家庭或群体的心理健康水平，创建良好的家庭或群体心理卫生氛围对促进个体的心理健康也很重要。所以，只有从自然、社会文化、人际关系等多方面、多角度、多层次考虑和解决问题，才能达到系统内外环境的协调与平衡。

4. 发展原则　人和环境都在不断变化和发展，人在不同年龄阶段、不同时期、不同身心状况下和不同或变化的环境中，其心理健康状况不是静止不变的，而是动态发展的，所以，要以发展的观点动态地把握和促进心理健康。

三、老年人沟通常用技巧

老年人因生理上听力和视力的减退，接收信息的能力较差，对老年人与护理人员之间的交流会产生影响。因此，应注意应用语言和非语言沟通技巧。

1. 语言沟通　语言沟通包括口头沟通及书面沟通。

（1）口头沟通：口头沟通是老年人抒发情感和维持社会互动的较好途径。为了增进与老年人的沟通效果，护理人员应注意：①安排适宜的沟通环境，减少干扰。②有效控制自我情绪反应，态度诚恳自然，以适宜的称谓称呼老年人。③提供充分的时间与耐心，老年人未完成表达时，避免给出片面或匆促的回复。当老年人表达出不恰当或不正确的信息与意见时，千万不可直接辩驳或当场使其困窘，不要坚持把沟通信息传达清楚方才罢休。④说话简短得体，多主动倾听并且鼓励老年人畅所欲言。注意说话的音调和速度，既要考虑到老年人听力下降、反应较慢等因素，又要避免因提高音量被误认为生气或烦躁而诱发老年人不悦与反感。⑤沟通过程中，多运用非语言沟通技巧回答老年人，如点头、微笑表示认同或支持。

（2）书面沟通：随着年龄的增长，老年人性格会变得比较内向与退缩，加上听力减退、记忆力下降，会影响沟通的效果。结合书写的方式进行沟通较能克服老年人的记忆减退，起到提醒的作用，也可增加老年人的安全感和对健康教育的遵从性。使用书写方式时要注意：①使用与背景色对比度大的大体字。②对重要名词，可以使用语言加以辅助说明。③尽可能使用非专业术语的一般用词。④可运用简明的图表、图片来解释必要的过程。⑤写明健康注意事项或维持行为。⑥运用核对标签（如用小卡片）列出每日健康流程该做的事，并且贴于常见的地方。

2. 非语言沟通　非语言沟通对于因逐渐认知障碍而越来越无法表达和理解谈话内容的老年人非常重要。要想了解和分享老年人的感觉、需求与思想，就要加强与老年人的非语言沟通。

（1）面部表情：面部表情是经常用来表达感受的一种非语言行为。护理人员可以从老年人的面部表情中得到许多信息，如疼痛的老年人会愁眉苦脸，内心害怕的老年人看起来显得畏

缩；同样，老年人也可以通过观察护理人员脸上的表情而获得一些信息，并与自己的病情联系起来。因此，面对老年人时，必须控制有关惊慌、紧张、厌恶及害怕接触的表情，以避免老年人以为自己的病情恶化。要多展露微笑，护理人员的微笑是美的象征，是爱心的体现，对老年人的精神安慰可能胜过药物作用，要在微笑中为老年人营造一种愉悦的、安全的、可信赖的气氛。

（2）触摸：人在伤心、生病时特别需要关爱、温暖的触摸，尤其是老年人更需要触摸。触摸寓意着护理人员对老年人的关爱，而被触摸的老年人可以感受到自身存在的价值和被照顾的温暖。触摸要轻柔，体现出热情与关爱，但触摸时应尊重老年人的尊严与社会文化背景，注意观察老年人对触摸的反应。接触不当也可产生消极效应，因此，要审时度势地进行触摸。

（3）倾听：要善于倾听老年人讲话。在倾听过程中，要注意力集中；保持双方眼睛在同一水平线并注意眼神的接触，以利于平等交流与沟通；要使用能表达信息的举动，如点头、微笑。用心倾听不仅能表达对老年人的关心，还可表达对话题的兴趣，从而可以鼓励老年人继续说下去。

 考点提示

与老年人沟通的技巧。

第三节　老年人常见心理问题和精神障碍的护理

一、老年人常见心理问题及护理

案例 4-3

76岁的张奶奶，最近1年好像变了个人。根据儿女描述，她现在不爱运动，动作缓慢、僵硬，很简单的家务劳动需很长时间才能完成，也不爱主动讲话，每次都以简短低弱的言语答复家人，并且面部表情变化少，有时双眼凝视，对外界动向常常无动于衷，只有在提及她故去的老伴时，她才眼含泪花，讲起许多事情自己都做不了，想不起怎么做，头脑一片空白。

问题与思考：
1. 张奶奶出现了什么问题？
2. 如何对张奶奶进行评估和护理？

（一）自卑（inferiority）

自卑即自我评价偏低，就是自己瞧不起自己，它是一种消极的情感体验。当人的自尊需要得不到满足，又不能恰如其分、实事求是地分析、评价自己时，就容易产生自卑心理。

1. **原因**　老年人产生自卑的原因有：①衰老引起的生活能力下降；②疾病引起的部分或全部生活自理能力和适应环境的能力的丧失；③离退休后，角色转换障碍；④家庭矛盾。

2. **表现**　一个人形成自卑心理后，往往从怀疑自己的能力到不能表现自己的能力，从而怯于与人交往到孤独地自我封闭，本来经过努力可以达到的目标，也会认为"我不行"而放弃追求。他们看不到人生的光华和希望，领略不到生活的乐趣，也不敢去憧憬美好的明天。

3. **防护**　应为老年人创造良好、健康的社会心理环境，尊老敬老；鼓励老年人参与社会，做力所能及的事情，挖掘潜能，得到一些自我实现，增加生活的价值感和自尊；对生活完全不能自理的老年人，应注意保护，在不影响健康的前提下，尊重他们原来的生活习惯，使老年人对尊重的需要得到满足。

（二）孤独（loneliness）

孤独是一种被疏远、被抛弃和不被他人接纳的情绪体验。孤独感在老年人中常见。我国上海的一项调查发现，60~70岁的人中有孤独感的占1/3左右，80岁以上者占60%左右。美国医学家詹姆斯等对老年人进行长达14年的调查研究后得出结论：独居、隐居者得病的机会为正常人的1.6倍，死亡的可能性是爱交往者的2倍。他对7000名美国居民做了长达9年的调查研究发现，在排除其他原因的情况下，那些孤独老年人的死亡率和恶性肿瘤发病率比正常人高2倍。因此，解除老年人孤独感是个不容忽视的社会问题。

1. 原因　导致老年人孤独的可能原因有：①离退休后远离社会生活；②无子女或因子女独立成家后成为空巢家庭；③体弱多病，行动不便，降低了与亲朋来往的频率；④性格孤僻；⑤丧偶。

2. 表现　①孤独寂寞、社会活动减少会使老年人产生伤感、抑郁情绪；②精神萎靡不振、常偷偷哭泣、顾影自怜；③在体弱多病、行动不便时，上述消极感会加重，久之会导致身体免疫功能降低；④孤独也会使老年人选择更多的不良生活方式，如吸烟、酗酒、不爱活动，不良的生活方式与心脑血管疾病、糖尿病等慢性疾病的发生和发展密切相关；⑤有的老年人会因孤独而转化为抑郁症，有自杀倾向。

3. 防护　老年人要摆脱孤独，需子女、社会和自身共同努力。首先，子女需真诚关心父母，尤其是空巢老年人，同城子女应与父母保持近距离，异地子女应常回家或通过电话交流，对于丧偶老年人，子女应支持其求偶需求。其次，社会应关注老年人，为仍有工作能力和学习要求的老年人提供机会，医院应热情接诊，丰富患者的业余生活。最后，老年人也应积极融入社会，参加有益的活动，扩大社交范围，实现老有所为，或参加老年大学学习，培养兴趣，增强幸福感。

（三）抑郁

抑郁是个体失去某种其重视或追求的东西时产生的态度体验，是一种常见的情绪反应。抑郁与焦虑一样，是一种极其复杂、正常人也经常以温和方式体验到的情绪状态；只是作为病理性情绪，抑郁症状持续的时间较长，并可使心理功能下降或社会功能受损。抑郁程度和持续时间不一，当抑郁持续2周以上，表现符合美国精神病协会制定的《精神疾病诊断与统计手册》第五版（DSM-Ⅴ）的诊断标准则为抑郁症。

抑郁高发年龄大部分在50~60岁。抑郁症是老年期最常见的功能性精神障碍之一，抑郁情绪在老年人中更常见。老年人的自杀通常与抑郁有关。

1. 原因　导致老年人抑郁的可能原因主要有：①增龄引起的生理、心理功能退化；②慢性疾病如高血压、冠心病、糖尿病及恶性肿瘤等与躯体功能障碍和因病致残导致自理能力下降或丧失；③较多的应激事件，如离退休、丧偶、经济窘迫、家庭关系不和；④孤独；⑤消极的认知应对方式等。

2. 表现　抑郁症状主要包括情绪低落、思维迟缓和行为活动减少三个主要方面。老年人抑郁的表现特点有：大多数以躯体症状作为主要表现形式，心境低落表现不太明显，称为隐匿性抑郁；或以疑病症状较突出，可出现"假性认知障碍"等；严重抑郁症老年人的自杀行为很常见，也较坚决，如疏于防范，自杀成功率也较高。

3. 防护　老年抑郁防护原则是减轻症状，减少复发，提升生活质量，降低医疗成本和死亡率。老年抑郁的防护关键在于：

（1）早发现、早诊断、早治疗，制定防复发方案。

（2）加强心理治疗与社会支持，引导患者正确对待疾病与生活，增强社会适应能力。

（3）预防危险因素如孤独和与社会隔绝，鼓励子女同住、社交活动，改善人际关系，鼓励适度劳动和培养兴趣，避免住宅频繁搬迁，丧偶老年人再婚也有助于预防抑郁。

（4）加强社区干预，通过技能训练和人际交流训练提高老年人的独立生活能力；家庭干预则侧重心理教育与生存技能训练。通过社区和家庭干预，共同构建支持网络，帮助患者重拾社交能力。

 考点提示

老年人抑郁的护理。

（四）焦虑

焦虑是指一种缺乏明显客观原因的内心不安或无根据的恐惧，是人们遇到某些事情（如挑战、困难或危险）时出现的一种正常的情绪反应。几乎人人都有过焦虑的体验，适度的焦虑有益于个体更好地适应变化，有利于个体通过自我调节保持身心平衡等；但持久、过度的焦虑则会严重影响个体的身心健康。

1. 原因　造成老年人焦虑的可能原因有：①体弱多病，行动不便，力不从心；②疑病性神经症；③各种应激事件，如离退休、丧偶、丧子、经济窘迫、家庭关系不和、搬迁、社会治安及日常生活常规被打乱；④某些疾病如抑郁症、认知障碍、甲状腺功能亢进、低血糖、体位性低血压等，以及某些药物如咖啡因、麻黄碱、抗胆碱药、β受体阻断药、糖皮质激素类药均可引起焦虑反应。

2. 表现　焦虑包括指向未来的害怕不安和痛苦的内心体验、精神运动性不安及自主神经功能失调三个方面的症状，分为急性焦虑和慢性焦虑两类。

急性焦虑主要表现为急性惊恐发作（panic disorder）。老年人发作时会有突然感到不明原因的惊慌、紧张不安、心烦意乱、坐卧不安、失眠，或激动、哭泣，常伴有潮热、大汗、口渴、心悸、气短、脉搏加快、血压升高、尿频、尿急等躯体症状，严重时，可以出现阵发性气喘、胸闷，甚至有濒死感，并产生妄想和幻觉。急性焦虑发作一般持续几分钟到几小时，之后症状缓解或消失。

慢性焦虑表现为持续性精神紧张。慢性焦虑老年人表现为经常提心吊胆，有不安的预感，平时比较敏感，处于高度的警觉状态，容易激怒，生活中稍有不如意就心烦意乱，易与他人发生冲突，注意力不集中，健忘等。

持久、过度的焦虑可严重损害老年人的身心健康，加速衰老，增加失控感，损害自信心，并可诱发高血压、冠心病；急性焦虑发作可导致脑卒中、心肌梗死、青光眼、高压性头痛、失明及跌伤等意外发生。

3. 防护

（1）积极防护老年人的过度焦虑，可用汉密尔顿焦虑量表和焦虑状态特质问卷对老年人的焦虑程度进行评定；指导和帮助老年人及其家属分析焦虑的原因和表现，正确对待离退休问题，帮助解决家庭经济困难；积极治疗原发疾病，尽量避免使用或慎用可引起焦虑症状的药物；指导老年人保持良好的心态，学会自我疏导和自我放松，建立规律的活动与睡眠习惯；帮助老年人的子女学会谦让和尊重老年人，理解老年人的焦虑心理，鼓励和倾听老年人的内心宣泄，真正从身心上去关心、体贴老年人。

（2）重度焦虑应遵医嘱应用抗焦虑药物如地西泮、氯氮䓬进行治疗。

考点提示

老年人焦虑的护理。

二、老年人常见精神障碍及护理

案例 4-4

患者，男，65 岁，某大学退休教授，平日情绪低落，有较强烈的失落感、孤独感、无用感，不愿主动与他人交往，懒于做事。患者退休半年后丧偶，开始独居，其子女因出国一直不在身边，他时常想念孩子们。患者半年前体检发现患高血压，有头痛、头晕、心悸、气短等症状，经常失眠，遵医嘱服药，因无人照顾他更加担心自己的身体，产生死亡恐惧心理，经常借酒消愁，很担忧目前的生活，经检测后诊断为老年焦虑症。因患者所在社区保障服务不够完善，不能满足老年人的需求。

问题与思考：
（1）根据老年人的心理特点，分析该患者有哪些心理需求。
（2）该患者的心理需求和现实生活存在哪些矛盾？

（一）老年焦虑症

1. 临床表现　焦虑和烦恼，自主神经功能兴奋，运动性不安，过分警觉和惊恐发作。
2. 护理措施

（1）就医环境：诊疗环境应设施安全，采光明亮，空气流通，整洁舒适，唤起患者对生活的热爱。

（2）生活护理：帮助患者处理日常卫生，包括洗脸、刷牙、漱口、梳头、整理床铺、更衣、大小便等。因为焦躁不安使患者食欲缺乏，导致焦虑患者常出现胃肠道方面的问题。应向患者宣传摄取营养的重要意义，并给予营养丰富的饮食。可以组织患者集体进食，也可采取少量多餐的方法。如果患者坚持不进食或者进食少，或者体重持续减轻，就必须采取必要的措施。

（3）安全护理：老年焦虑症患者常会情绪极度偏激而出现自杀行为，因此安全防护对保护患者生命十分必要。密切观察患者的情绪变化及异常言行，患者有无流露厌世的想法和收藏危险物品，在夜间、凌晨、午休、饭前和交接班等病房护理人员较少时，在走廊尽头、厕所、洗漱室、暗角处等地方都应定时巡视和仔细观察。采取措施保证患者有足够的睡眠并及时记录睡眠时间，解决患者夜间入睡难、易早醒等问题。发特殊药品时，应仔细检查患者口腔，严防其藏药或者蓄积后吞服；测体温时，严防患者咬吞体温计。

（4）心理护理：一方面，密切观察患者病情，主动找患者谈心，取得患者的信任，从而劝导患者面对现实，激发患者对生活的向往，学习新的适应方法。另一方面，充分调动患者家庭成员的积极性，使患者在生活上得到关心、体贴，解决患者实际问题，使其从心理上树立信心，明确自己在社会、家庭及家人心目中的地位。根据患者的临床表现，协助医生给予患者个别心理治疗，以利患者早日康复。

考点提示

老年焦虑症的护理。

（二）老年抑郁症

1. 临床表现　情绪低落、兴趣缺乏，自责、自罪、自我评价低；思维迟缓和妄想症状，甚至产生厌世想法和自杀观念；意志消沉，严重者可表现为不语不动、不吃不喝；入睡困难、早醒或睡眠不深和噩梦；食欲减退，多伴有体重下降；记忆减退，存在比较明显的认知障碍；重度抑郁发作者，常自感极度忧伤、悲观、绝望，内心十分痛苦。

2. 护理措施

（1）心理护理：减轻心理压力。帮助患者正确认识生存的价值，阻断患者的负性思考，提高其心理素质，增强应对心理压力的能力；建立有效的护患沟通，鼓励其抒发内心感受，并耐心倾听，注意运用非语言沟通。

（2）日常生活护理：改善睡眠状态；加强营养，增进食欲；督促、协助老年人完成自理。

（3）安全护理：严格执行护理巡视制度，尤其对于有自杀企图者；评估自杀的原因和可能的自杀方式；提供安全的环境；成立自杀者监护小组，给予企图自杀者重新生活下去的动力。

（4）注意观察药效和不良反应：使用抗抑郁症的药物时，要严格掌握适应证和禁忌证。

（5）健康指导：介绍有关抑郁症的知识；指导家庭应对技巧；进行日常生活指导。

（三）老年疑病症

疑病症就是以怀疑自己患病为主要特征的一种神经性的人格障碍。老年疑病症如果不能得到及时缓解和治疗，在心理上就有可能从怀疑自己有病发展为对疾病的恐惧，甚至是对死亡的恐惧，这对老年人的身心健康将会产生更加不利的影响。老年人要对此提高警惕，及时对自己的心理做出正确的调整。

1. 原因

（1）认识能力下降。

（2）敏感多疑。

（3）环境的刺激。

2. 表现　老年疑病症的临床表现有如下几大特点：①患者长时间地相信自己体内某个部分或某几个部分有病，求医时对病情的诉说不厌其详，甚至喋喋不休，从病因、首发症状、部位、就医经过，均一一介绍，深怕自己说漏一些信息，唯恐医生疏忽大意。②患者对自身变化特别敏感和警觉，哪怕是一些微不足道的细小变化，也显得特别关注，并且会不自觉地加以夸大和曲解，形成患有严重疾病的证据。③患者常常感到烦恼、忧虑甚至恐慌，其严重程度与实际情况极不相符，他们对自己的病症极为焦虑，别人劝得越多，疑病就越重。④即便客观的身体检查结果证实患者没有病变，患者仍然不能相信，医生的再三解释和保证不能使其消除疑虑，甚至患者会认为医生有故意欺骗和隐瞒行为。

3. 护理措施

（1）心理调节：老年患者需认识到疑病症的本质，学会自我调节情绪，保持乐观、开朗的心态。家人和医护人员应给予患者足够的关心和支持，耐心倾听患者的疑虑和担忧，避免简单地否定其症状，通过积极的回应和支持，帮助患者逐渐解开内心的疑虑和恐惧。

（2）建立健康的生活方式：老年患者应保持适当的运动，如散步、太极拳等，以增强体质和免疫力。同时，注意饮食调节，保持营养均衡，避免过度担心饮食对健康的影响。此外，保证充足的睡眠和规律的作息时间，有助于改善睡眠质量，缓解焦虑情绪。

（3）提供科学的信息和指导：医护人员应向老年患者提供准确、全面的健康信息，帮助他们理解衰老过程中正常的生理变化，理性看待偶尔的身体不适。同时，鼓励患者参与适度的社交活动，培养兴趣爱好，以转移对疾病的过度关注。

（4）心理咨询或心理治疗：在医生的指导下，可适当使用抗焦虑药以缓解症状。

考点提示

老年抑郁症的护理。

第四节 老年人常见社会问题及护理

一、老年人常见社会问题

(一) 离退休综合征

离退休综合征是一种不良的心理状态，主要表现为焦虑、抑郁等症状，是由于老年人在离退休以后，一时难以适应社会角色、地位及生活方式的突然改变而出现的一系列心理反应。

产生离退休综合征的原因主要有：不敢正视离退休这个事实；没有做好充分的心理准备；不适应离退休后清闲的生活方式；离退休前后社会角色反差较大等。

离退休综合征的主要表现包括：焦虑、不适、恐惧，失眠、多梦，抑郁、情绪低落、沮丧、萎靡不振；头痛、头晕、失眠、胸闷、腹痛、乏力、全身不适等现有的躯体疾病无法解释的症状。

(二) 空巢综合征

空巢综合征是指无子女或子女成人后相继离开家庭的中老年人独守空屋，因孤独、寂寞而表现出的一组症状。

引起空巢综合征的原因主要有：人们的家庭观念淡薄、工作调动、人口流动，年轻人追求自己的自由、与老年人生活方式不同等，这些因素都造成年轻人不能与不愿与父母住在一起；部分老年人有"养儿防老"的传统思想，对子女有过强的依赖性；老年人晚年盼望的理想落空，孤独、空虚、寂寞，久之诱发多种疾病。

空巢综合征的主要表现为：

(1) 精神空虚，无所事事，可出现情绪不稳、烦躁不安、消沉抑郁等。

(2) 孤独、悲观、社会交往少。

(3) 躯体化症状，如睡眠障碍、头痛、乏力、食欲缺乏、消化不良、心悸、气短、心律失常。

(三) 虐待老年人

虐待老年人是指在本应充满信任的关系中发生的对老年人的一次或多次不恰当的并给老年人带来伤害或造成不幸的行为。

1. 虐待老年人的表现

(1) 躯体虐待：通过躯体迫害或用药物限制被害者。

(2) 心理或精神虐待：施加精神伤害。

(3) 经济或物质虐待：非法或不合理地剥夺或挪用老年人的财物。

(4) 性虐待：在老年人不情愿的情况下强迫进行某种形式的性接触。

(5) 漠视：拒绝或未能履行赡养义务，包括或不包括故意对老年人施加躯体或精神迫害的尝试。

2. 虐待老年人主要的原因

(1) 照顾者压力：在老年人的精神或身体患病的情况下，如果照顾者缺乏必要的知识、技能和心理准备，面临着巨大的压力，在特定情境下，压力可能转化为虐待行为予以释放。

（2）老年人的特点：患有老年认知障碍症、有攻击性行为、令人讨厌的性格及依赖性强的老年人遭受虐待的危险性增加。同时这一人群也常发生自我疏忽的现象。

（3）施虐者的特点：虐待老年人者多有精神问题、药物滥用和酗酒等个人行为问题。

（4）居住安排：拥挤的居住条件、缺乏私人空间与家庭内部冲突密切相关。老年人与施暴者同居住，受虐待的危险性更大。

（5）对老年人有依赖：施暴者需要老年人为他们提供经济帮助，如果失去老年人的支持可能会诱发紧张和敌对的家庭关系。

（6）社会孤立：许多老年人由于躯体残疾或精神疾病而受到孤立，失去朋友和亲人，进行社会交流的机会少，这可增加老年人受虐待的危险性。

二、老年人常见社会问题护理措施

1. 加强老年人自身的心理保健

（1）指导老年人树立积极的健康观，乐观对待生死，正确评价自身健康，避免过度关注疾病。对行动不便者，细心照料并鼓励其多参与户外活动，加强沟通疏导，消除疑病心理，促进身心康复良性循环。

（2）做好老年保健护理：为减少和延缓疾病，需对老年人进行健康教育，提高防病治病能力，如控制饮食盐分、戒烟限酒、定期体检、早发现早治疗。同时，耐心倾听老年人对心情与病情的描述，增强其信赖感和安全感，帮助其提高社会适应力和心理抗病力。

（3）教育老年人充分认识老有所学的必要性：老年人应丰富精神生活，勤用脑、多学习，多参加文化活动，如阅读、学习书法等活动，既可开阔眼界又能减少孤独感。

（4）教育老年人正确认识离退休问题：对于离退休，老年人应将其视为自然过程，充分理解新老交替规律，积极适应新角色，参与公益活动，排遣消极情绪，寻找新的乐趣。

（5）指导老年人安排好家庭生活：家庭是老年人晚年生活的重要场所，需和睦温馨，子女应尊老养老，减少老年人独居比例。赡养不仅要保障老年人的物质需求，更要注重给予其精神关怀，常回家看望交流，满足老年人的精神需求，让老年人生活在温馨环境中，增进心理健康。

（6）培养良好生活习惯：良好生活习惯对老年人心理健康极为关键，古人云："饮食有节，起居有常，不妄作劳。"这是很有道理的。良好生活习惯包括健康饮食、规律起居、戒烟限酒。另外，适当修饰外貌、广交朋友、接触自然美景与音乐艺术、保持居室优雅整洁等都能提振精神，克服消极心理。

2. 加强社会老年心理卫生服务

（1）进一步树立和发扬尊老敬老的社会风气：我国是一个古老而文明的国家，早已形成了赡养老年人和尊敬老年人的社会美德，这种尊老、敬老的社会风尚也形成了我国老年人心理健康的社会心理环境。

（2）充分发挥社会支持系统的作用：老年期是许多危机和应激因素集中在一起的时期。因此，社会各界都应对老年人给予关心、安慰、同情和支持，为老年人建立起广泛的社会支持系统网，形成尊老、敬老的社会风气，为老年人提供良好的社会环境和心理环境，为"健康老龄化"的实现奠定基础。

总之，老年人的健康不单指身体状况的良好、日历年龄的延长，也包括心理年龄、社会年龄的延长。相信随着社区护理和家庭护理的逐步发展，为老年人提供的护理服务将会更为全面和完善。

自 测 题

一、选择题

1. 老年抑郁症发作时最危险的病理意向活动是
   A. 自杀企图和行为　　B. 情感低落　　C. 思维障碍
   D. 意志活动减退　　E. 躯体或生物学症状
2. 老年抑郁症患者自杀发生的最危险时段是
   A. 饭后　　B. 中午　　C. 晚上
   D. 凌晨　　E. 傍晚
3. 根据老年人的记忆特点，其衰退明显的记忆是
   A. 远期记忆　　B. 近期记忆　　C. 形象记忆
   D. 数字广度记忆　　E. 机械记忆
4. 老年人记忆力较好的情况是
   A. 听过或看过一段时间的事物　　B. 曾感知过而不在眼前的事物
   C. 生疏事物的内容　　D. 与过去有关的事物
   E. 需要死记硬背的内容
5. 关于与老年人的非语言沟通，应予以纠正的情况是
   A. 最易接受的触摸部位是手　　B. 应事先让其知道触摸者的存在
   C. 切忌突然从暗侧或背后触摸老人　　D. 循序渐进地进行治疗性触摸
   E. 对老年人的触摸是单向的

（6～7题共用题干）

张奶奶，68岁，自从3年前女儿一家搬至外地后，原本性格开朗的张奶奶就开始变得闷闷不乐，持续出现情绪低落的表现，整日寡言少语，有时独自一人潸然泪下，连平日最喜欢的太极剑也不喜欢练了，与周围邻居也很少交流，经常感到绝望、无助、无用，伴厌食、失眠症状。

6. 张奶奶存在的主要护理问题是
   A. 离退休综合征　　B. 脑衰弱综合征　　C. 空巢综合征
   D. 高楼住宅综合征　　E. 疑病症
7. 下列指导措施中不正确的是
   A. 指导家人多与老年人联系
   B. 鼓励老年人参加日常生活活动
   C. 经鼻饲补充营养物质
   D. 加强对老年人的看护，尤其是夜间
   E. 当老年人出现早醒的情况时给予安抚，延长其睡眠时间

二、简答题

1. 简述老年人心理健康的标准。
2. 简述维护与促进老年人心理健康的原则。

三、案例分析

患者,女,70岁,丧偶2年,独居,听力下降,儿子在外地工作,常年通过信件与儿子联系。

请回答:

(1)该患者的儿子在写信时应该注意什么?

(2)为维护老人的心理健康,她儿子还应该做些什么?

（李　玲　韩玉娥）

第五章 老年人用药安全与护理

> **学习目标**
> 1. 说出老年人用药的原则。
> 2. 叙述老年人用药常见的不良反应。
> 3. 认识老年人易发生不良反应的常见药物。
> 4. 能够对老年人进行正确的用药指导。

用药在维持老年人健康中起着重要的作用。有统计显示，多数 65 岁以上的老年人至少服用一种药物，75 岁以上服用药物的老年人所占的比例更多。药物对人体产生防治疾病的作用，但也会产生不良反应。对于护理人员来说，理解衰老及衰老对药物在体内的作用过程的影响是十分重要的。本章将解释衰老和药物的作用关系，并对老年人的用药安全提供指导。

第一节　老年人药动学及药效学特点

药物代谢动力学（pharmacokinetics）简称药动学，主要是定量研究药物在生物体内吸收、分布、代谢和排泄的规律，并运用数学原理和方法阐述血药浓度随时间变化的动态规律的一门学科。

药物效应动力学（pharmacodynamics）简称药效学，主要研究药物对机体的作用、作用规律及作用机制，其内容包括药物与作用靶位之间相互作用所引起的生物化学、生理学和形态学变化，以及药物作用的全过程和分子机制。

老年人机体各系统的功能逐渐减退，其对药动学和药效学的影响是当前药学研究的重要课题。

一、老年人药动学的特点

1. **药物的吸收**　药物从用药部位进入血液循环的过程称为吸收。绝大多数的药物口服后通过简单扩散的方式吸收。老年人胃肠活动减退，胃酸分泌减少，胃肠血流量下降，会影响药物的吸收。

（1）胃酸缺乏，使药物在胃中的吸收减少：老年人胃黏膜萎缩、胃酸缺乏的发生率明显增加。胃酸直接影响着药物的离子化程度，解离型药物不易被吸收，未解离型药物则易被吸收。如阿司匹林在正常胃酸中非解离型的比例大，当胃酸缺乏时其离子化程度增加，在胃中的吸收减少；地西泮必须在胃酸中水解后形成甲基安定才能起作用，胃酸分泌减少时其生物利用度必然会受到影响；地高辛、巴比妥类药物因老年人胃液 pH 升高，吸收速率降低，造成起效减慢。

（2）胃排空减慢，影响药物在小肠吸收：小肠是大多数药物的吸收部位，老年人多有胃平滑肌萎缩，胃排空减慢，延长药物到达小肠的时间，延缓药物的吸收，特别是使肠溶制剂的吸收受到影响。

（3）胃肠黏膜改变，影响药物的吸收：老年人胃肠黏膜的结构、功能和血流量随增龄而发生的改变也会影响药物的吸收。如老年人小肠绒毛变厚、变钝，黏膜的吸收面积减少，血流量较正常成人减少40%~50%，这些改变使老年人胃肠道的药物吸收明显低于青年人。

2. **药物的分布** 药物的分布是指药物进入血液循环后向组织器官或体液转运的过程。影响药物在体内分布的因素主要有：机体的组成成分、药物与血浆蛋白的结合能力、药物与组织的结合能力等。随着年龄的增长，人体的脂肪组织相对增加，总体液与非脂肪组织减少，血浆蛋白含量改变（清蛋白降低、球蛋白升高），这些改变对老年人的药物分布产生影响。

（1）水量减少，使水溶性药物分布容积减小：随着年龄的增长，老年人体液总量较年轻人明显下降，细胞内液也相应减少，水溶性药物如地高辛、哌替啶等分布容积减小，血药高峰浓度增加，容易发生药物中毒。

（2）脂肪增加，使脂溶性药物分布容积增大：老年人体内非脂肪组织减少，脂肪的含量则相对增加，使地西泮、利多卡因等脂溶性药物分布容积增大，半衰期延长，作用持久，因此，给老年人使用此类药物时应适当延长给药间隔时间。

（3）血浆蛋白结合率改变，影响药物的分布容积：老年人血清清蛋白随增龄而下降，其结合药物的量相应减少，血液中药物的游离型成分增多，血药浓度增加，药物的不良反应增强。此外，老年人往往由于同时患有多种疾病而应用多种药物，这些药物在体内竞争性地与清蛋白结合，结合力较强的药物其血药浓度较低，反之则血药浓度较高。如水杨酸类药与甲苯磺丁脲合用时易导致低血糖，胺碘酮与地高辛合用时易导致地高辛出现毒性反应。因此，当老年人应用多种药物时应注意药物间的相互作用。

3. **药物的代谢** 药物的代谢是指药物在体内发生的化学变化，又称生物转化。肝是药物代谢的重要器官，由于老年人肝血流量减少、功能性肝细胞减少、肝合成蛋白质的能力和药物代谢酶活性降低，导致对主要经肝代谢灭活的药物的代谢能力减退，因此老年人用此类药物时要注意减量，用药间隔时间也应延长。

4. **药物的排泄** 药物的排泄是指药物在人体内经吸收、分布、代谢后，最后以药物原型或代谢物的形式通过排泄器官或分泌器官排出体外的过程。肾是药物排泄的重要器官，随着年龄的增加，老年人的肾血流量减少，肾小球滤过及肾小管分泌、重吸收能力降低，肾功能减退，造成肾排泄药物减少，药物消除延缓，半衰期延长，影响药物在体内的浓度和消除时间。因此，老年人用药极易出现毒性反应，在使用经肾排泄的药物时应注意减量。

 考点提示

老年人药动学的特点。

二、老年人药效学的特点

1. **对作用于中枢神经系统的药物敏感性增高** 老年人大脑重量减轻，血流量减少，高级神经功能亦衰退。因此，对作用于中枢神经系统的药物特别敏感，包括镇静催眠药、抗精神病药、抗抑郁药、镇痛药等，特别是在老年人缺氧、发热时更为明显。例如，在地西泮血药浓度相似的情况下，老年人易出现精神运动障碍的不良反应，而年轻人则没有。所以，如果老年人出现精神障碍，要首先排除作用于中枢神经系统的药物的影响。

2. **对抗凝血药的敏感性增高** 老年人对肝素等口服抗凝血药非常敏感，一般治疗剂量即可引起永久的凝血障碍，并有自发性内出血的危险。例如，70岁的老年人应用华法林的量应为40~60岁患者的30%；相似血药浓度的华法林，老年人维生素K依赖性凝血因子的合成抑制作用更强。老年人对抗凝血药更敏感的原因可能有：①肝合成凝血因子的能力下降。②饮食中维生素 K 含量不足或维生素 K 的胃肠道吸收障碍，引起维生素 K 相对缺乏。③血管的病理变化，包括血管壁变性、弹性纤维减少、血管弹性减小而使凝血反应发生障碍。

3. **对利尿药、抗高血压药的敏感性增高** 老年人心血管系统功能与维持水、电解质平衡的内环境稳定能力下降，一方面使利尿药与抗高血压药的药理作用增强，另一方面使许多药物如吩噻嗪类药、β 受体阻断药、血管扩张药、左旋多巴、三环类抗抑郁药、苯二氮䓬类药与利尿药引起体位性低血压，其发生率与严重程度均较青壮年居高。

4. **对 β 受体激动药与阻断药的敏感性降低** 老年人心脏对 β 受体的敏感性降低，对 β 受体阻断药与激动药的反应均减弱。例如，休息状态下，使 65 岁患者每分钟心率增加 25 次所需要的异丙肾上腺素静脉滴注剂量为 25 岁所需剂量的 5 倍；老年人动脉内灌注异丙肾上腺素增加前臂血流的作用也较年轻人弱。老年人对 β 受体敏感性降低的原因可能与信号转导能力的降低有关，而与 β 受体的密度和亲和力没有明显的关系。

三、老年人常见的药物不良反应及其特点

老年人的药动学和药效学方面的改变，使老年人更容易发生药物不良反应。

1. **体位性低血压** 随着年龄的增长，老年人的动脉逐渐硬化，血管运动中枢的调节功能减退，使颈动脉窦、主动脉弓压力感受器对血压变化不敏感，不能及时调节血压，即使没有药物的影响，也会因体位突然改变而产生头晕，当使用吩噻嗪类抗高血压药、三环类抗抑郁药、利尿药、血管扩张药、左旋多巴时尤易发生体位性低血压，因此老年人应审慎用药。

2. **精神神经症状** 包括头晕、意识模糊、谵妄、焦虑及注意力不集中等。其原因为老年人脑细胞减少，脑血流量下降和脑代谢活动减弱，故对作用于中枢神经系统的药物敏感性增高。在此情况下，很多药物可引起老年患者精神错乱、定向障碍、认知障碍等症状，如洋地黄和某些抗高血压药药可引起抑郁症。

3. **耳毒性** 老年人由于内耳毛细胞数目减少，听力有不同程度的减退，易受药物影响而产生前庭神经损害症状和听力下降。已知氨基糖苷类抗生素对第八对脑神经的损害最为严重，多见于年老体弱者。前庭神经损害的主要症状为眩晕、耳聋。若内耳柯蒂器上的毛细胞一旦被药物侵害坏死就难以再生，可产生永久性耳聋。临床研究表明，氨基糖苷类抗生素耳毒性与剂量和疗程有一定关系，故目前临床上链霉素的常用量由每天 1 g 减至 0.75 g，其疗效不减，而毒性明显下降。用药时除考虑年龄与肾功能情况外，还应严格控制同类药物之间或与其他影响内耳功能的药物（如水杨酸类、保太松、氯喹、奎宁、氮芥、普萘洛尔、依他尼酸、呋塞米）的合用。

4. **尿潴留** 老年人常因精神抑郁服用三环类抗抑郁药，因震颤麻痹使用中枢抗胆碱药，这两类药均有抑制副交感神经的作用，对伴有前列腺肥大及膀胱颈纤维性变的老年患者易致尿潴留。

老年人用药尤其需要注意药物的相互作用。联合用药时，各药间常有的相互作用一方面可使药效降低或失效，另一方面可增强药物作用或增加药物毒性，特别是后者，有时会带来严重的甚至致命的后果。临床上药物相互作用引起的不良反应有高血压危象、心律失常、严重的低血压、出血、呼吸麻痹和肾损害等，这些后果对衰老机体危害更大。

 考点提示

老年人药效学特点。

第二节　老年人选药常见问题和原则

一、老年人选药常见问题

1. **药物治疗的复杂性**　老年人常常患有多种疾病如高血压、糖尿病、心脏病，需要同时使用多种药物治疗，选药时需要考虑这些药物之间的相互作用及可能引起的不良反应。

2. **老年人的药物敏感性**　老年人的肝、肾功能通常有所下降，对药物的代谢和排泄能力也会减弱，因此他们对药物的反应和耐受性可能会有所不同，需要根据老年人的身体状况和功能状态调整药物剂量。

3. **隐性药物风险**　老年人可能同时使用多个医生开具的药物，而这些医生可能不了解所有药物的使用情况，这种情况下需要注意可能存在的潜在药物相互作用和不良反应。

4. **注意老年人的生活方式**　老年人通常有特定的生活方式和饮食习惯，需要考虑到这些因素，尽量选择适应老年人生活方式的药物。

二、老年人选药原则

1. **受益原则**　老年人的疾病诊断较为困难，因而医生要严格区分是生理性改变还是病理性改变引起的症状，明确诊断，权衡选用药物治疗的利弊，确定是否应该用药物治疗，考虑用药治疗的目的和时间，做到对症下药。

对于老年人心律失常，如果无器质性心脏病又无血流动力学障碍，则发生心源性猝死的可能性很小，而长期使用抗心律失常药可能发生药源性心律失常，增加死亡率，故此类患者应尽可能不用或少用抗心律失常药。

2. **5种药物原则**　老年人同时用药不能超5种。据统计，同时使用5种及5种以下药物的不良反应发生率为4%，6～10种为10%，11～15种为25%，16～20种为54%。老年人因多病共存，常采用多种药物治疗，这不仅加重了患者的经济负担，降低了用药依从性，而且易导致药物不良反应的发生。同时使用2种药物的潜在药物相互作用发生率为6%，5种药物为50%，8种药物增至100%，虽然并非所有药物的相互作用都能导致不良反应，但这种潜在的危险性无疑是增加的。当用药超过5种时，就应考虑是否都是必用药，以及依从性和不良反应等问题。

首先，目前许多老年病（如钙化性心脏瓣膜病）无相应的药物治疗或药物治疗无效，如此时仍坚持用药，则药物不良反应对老年人的危害大于疾病本身，故这类疾病应避免药物治疗。其次，要具体分析老年人现阶段的病情变化，明确治疗目标，抓住主要矛盾，选择主要药物进行治疗。凡是疗效不确切、耐受性差、未按医嘱服用的药物都可考虑停止使用，以减少用药数目。如果病情危重需要使用多种药物时，在病情稳定后仍应遵守5种药物原则。再次，尽量选择"一箭双雕"的药物，如应用β受体阻断药或钙通道阻滞药治疗高血压和心绞痛，使用α受体阻断药治疗高血压和前列腺增生，以此减少用药数目。另外，要重视非药物疗法，这仍然是有效的基础治疗手段。如早期糖尿病可采用饮食疗法，轻型高血压可通过限钠、运动、减肥等治疗，老年人便秘可多吃粗纤维食物、加强腹肌锻炼等，这些措施可能使病情得到控制而无须用药。

3. **小剂量原则**　老年人除维生素、微量元素和消化酶类等药物可以用成年人剂量外，其他所有药物都应低于成年人剂量。因为老年人的肝肾功能减退、清蛋白水平降低、脂肪组织增加，应用成年人剂量可出现较高的血药浓度，使药物效应和不良反应增加。因此，老年人用药应采用小剂量原则,不要完全按药厂提供的剂量使用。另外,老年人因衰老、病理损害程度不同、平时用药多少不一,个体差异会特别突出,尤其是高龄老年人。目前还没有相关的规律可循,为稳妥起见,老年人只能采用小剂量原则,这是改善老年人开始和维持治疗的重要策略,尤其是对于肝素、华法林、阿米替林、地高辛、庆大霉素等药物。

值得注意的是,老年人也并非都始终如一地小剂量用药,可以是开始时用小剂量,也可以是维持治疗时用小剂量,这主要与药物类型有关。对于需要使用首次负荷量的药物(如利多卡因、胺碘酮),为了确保迅速起效,老年人首次可用成年人剂量的下限,小剂量原则主要体现在维持治疗上;而对于其他大多数药物来说,小剂量原则主要体现在开始用药阶段,即开始用药从小剂量(成年人剂量的1/5~1/4)开始,缓慢增量,以获得更大疗效和更小不良反应为准则,探索每位老年患者的最佳剂量。同时,药品生产厂家也应尽快生产相应的低剂量制剂,以满足老年人用药的需求。

4. 择时原则　　择时原则是根据时间生物学和时间药理学的原理,选择最合适的用药时间进行治疗,以最大限度发挥药物作用,尽可能降低不良反应。

因为许多疾病的发作、加重与缓解具有昼夜节律的变化,如变异型心绞痛、脑血栓、哮喘常在夜间出现,急性心肌梗死和脑出血的发病高峰在上午;药动力学也有昼夜节律的变化,如白天肠道功能相对亢进,因此白天用药比夜间吸收快、血药浓度高;药效学也有昼夜节律变化,如胰岛素的降糖作用强度上午大于下午。所以,进行择时治疗时,主要根据疾病的发作、药动学和药效学的昼夜节律变化来确定最佳用药时间。

举例来说,抗心绞痛药的有效时间应能覆盖心绞痛发作的高峰时段。变异型心绞痛多在0点到6点发作,因此主张睡前用长效钙通道阻滞药,也可在睡前或半夜用短效钙通道阻滞药,但要注意与次晨用药的间隔时间;而稳定型心绞痛多在上午6点到12点发作,应在晚上用长效硝酸酯类药、β受体阻断药及钙通道阻滞药。

5. 暂停用药原则　　对患者所用药物仔细回顾与评价,检查有无潜在的感染或代谢改变。当怀疑有不良反应时,要在监护下停药一段时间。在老年人用药期间应注意密切观察,一旦发生任何新的症状,包括躯体、认识或情感方面的症状,都应考虑不良反应或病情进展,这两种情况的处理截然不同,前者应停药,后者应加药。在服药的老年人出现新症状时,停药受益明显多于加药受益,所以暂停用药原则作为现代老年病学中最简单有效的干预措施,值得高度重视。

 考点提示

老年人选药原则。

第三节　老年人用药的护理

老年人的认知和生理功能减退、多病共存、多重用药等往往会影响老年人的安全和有效用药,故做好老年人用药的护理是护理人员重要的一项护理任务。

一、全面评估老年人用药情况

1. 用药史　　全面评估老年人的用药史,建立完整的用药记录,包括既往所用药物、药物的过敏史、引起不良反应的药物,以及老年人对药物的了解情况。

2. 各系统衰老情况　　认真评估老年人各脏器的功能情况,如肝、肾功能的生化指标。

3. 服药能力和作息时间　包括视力、听力、理解力、记忆力、吞药能力、获取药物的能力、发现不良反应的能力和作息时间。

4. 心理社会状况　了解老年人的文化程度、饮食习惯、经济状况，对当前治疗方案和护理计划的了解、认识程度和满意度，家庭的支持情况，对药物有无依赖、期望、恐惧等心理。

二、密切观察和预防药物不良反应

老年人药物不良反应发生率高，护理人员要密切观察和预防药物不良反应，提高老年人的用药安全。

1. 一般用药观察

（1）用药从小剂量开始：老年人用药剂量一般从成年人用药剂量的1/4开始，逐渐增大到1/3、1/2、3/4，同时要注意个体差异，护理过程中要求进行连续性观察，一旦发生不良反应，应及时协助医生处理。

（2）选用便于老年人服用的药物剂型：对吞咽困难的患者不宜选用片剂、胶囊剂，宜选用液体剂型，如冲剂、口服液，必要时也可选用注射给药。胃肠功能不稳定的老年人不宜使用缓释剂，因为胃肠功能的改变会影响缓释药物的吸收。

（3）规定适宜的服药时间和服药间隔：根据老年人的服药能力、生活习惯，老年人选用的给药方式应尽可能简单，当口服给药与注射给药疗效相似时，则采用口服给药。如果许多食物和药物同时服用，会导致彼此产生相互作用而影响药物的吸收，如含钠离子和碳酸钙的抗酸药不可与牛奶或其他富含维生素D的食物一起服用，以免刺激胃液过度分泌或造成血钙或血磷过高。此外，如果给药间隔时间长，可能达不到治疗效果，而频繁给药又容易引起药物中毒，因此，在安排服药时间和服药间隔时，既要注意老年人的作息时间，又要保证有效的血药浓度。

2. 密切观察药物不良反应　要注意观察老年人用药后可能出现的不良反应，一旦发生要及时处理。如对服用抗高血压药的老年患者，要注意提醒其在直立、起床时动作应缓慢，避免发生体位性低血压。

3. 注意观察药物的矛盾反应　老年人在用药后容易出现药物的矛盾反应，即用药后出现与用药治疗效果相反的特殊不良反应。如用硝苯地平治疗心绞痛反而出现心绞痛，甚至诱发心律失常，所以用药后要注意观察，一旦出现不良反应要及时停药、就诊，根据医嘱改服其他药物，保留余药。

4. 其他预防药物不良反应的措施　由于老年人用药依从性差，当药物未能取得预期疗效时，更要仔细询问患者是否按医嘱服药。对长期服用某一种药物的老年人，要特别注意检测其血药浓度。对老年人所用的药物要进行认真记录并注意保存。

 考点提示

老年人用药评估与观察。

三、提高老年人服药依从性

1. 加强用药护理

（1）住院的老年人：对住院的老年人，护理人员要严格执行给药操作规程，按时将早晨空腹服、食前服、食时服、食后服、睡前服的药物分别送到患者床前，并照顾其服下。

（2）出院带药的老年人：对出院带药的老年人，护理人员要通过口头和书面的形式，向老年人介绍药物名称、作用、用量、用药时间和不良反应。用字体较大的标签注明用药的剂量和时间，以便老年人记忆。此外，社区护理人员应定期到老年人家中清点其剩余药片的数目，也有助于提高老年人的服药依从性。

（3）空巢、独居的老年人：对空巢、独居的老年人，需加强社区护理干预。可将老年人每天需要服用的药物放置在专用的塑料盒内，盒子有四个小格，每个小格标明服药的时间，并将药物放置在醒目的位置，促使老年患者养成按时服药的习惯。

（4）精神异常或不配合治疗的老年人（包括认知障碍老年人）：对精神异常或不配合治疗的老年人，护理人员需协助和督促老年人用药，并确定其是否将药物服下。老年人若在家中，应要求老年人家属配合做好协助督促工作。可通过电话追踪，确定老年人的服药情况。

（5）吞咽困难和神志不清的老年人：对吞咽困难和神志不清的老年人，一般通过鼻饲管给药。对神志清楚但有吞咽障碍的老年人，可将药物加工制作成糊状物后再给予。

（6）外用药物：对于外用药物，护理人员要详细说明用药方法，在药盒外贴红色标签，注明外用药不可口服，并告知家属。

2. 开展护理教育　护理人员可借助宣传媒介，采取专题讲座、小组讨论、宣传材料、个别指导等综合性教育方法，通过门诊教育、住院教育和社区教育三个紧密相扣的环节，全程推进健康教育计划的实施，反复促进老年人循序渐进学习疾病相关知识，提高老年人的自我管理能力，促进其服药依从性。

3. 建立合作性护患关系　护理人员要鼓励老年人参与护理方案与护理计划的制订，请老年人谈谈对病情的看法和感受，让老年人知道每种药物在治疗方案中的作用和轻重关系，倾听老年人的治疗意愿，注意老年人是否非常关注费用。与老年人建立合作性护患关系，使老年人对治疗充满信心，形成良好的治疗意向，可促进老年人的服药依从性。

4. 行为的护理措施

（1）行为监测：可指导老年人记服药日记、病情自我观察记录等。

（2）刺激与控制：将老年人的服药行为与日常生活习惯联系起来，如设置闹钟来提醒服药时间。

（3）强化行为：当老年人服药依从性好时给予肯定，依从性差时当即给予批评。

5. 帮助老年人保管药品　帮助老年人定期整理药柜，保留常用药和正在服用的药物，弃除过期变质的药物。

四、加强老年人用药的健康指导

1. 加强老年人用药的解释工作　护理人员要用老年人能够接受的方式，向其解释药物的种类、名称、服用方法、剂量、作用、不良反应和使用期限等，必要时，以书面的形式，在药袋上用醒目的颜色标明用药的注意事项。此外，要反复强调正确服药的方法和意义。

2. 鼓励老年人首选非药物性措施　指导老年人如果能以其他方法缓解症状的，暂时不要用药，如失眠、便秘和疼痛，应先采用非药物性措施解决问题，将药物中毒的危险性降至最低。

3. 指导老年人不随意购买及服用药物　一般健康老年人不需要服用滋补药、保健药、抗衰老药和维生素，只要注意调节好日常饮食，注意营养，科学安排生活，保持平衡的心态，就可达到健康长寿的目的。对体弱多病的老年人，要在医生的指导下，辨证施治，适当服用滋补药物。

4. 加强家属的安全用药知识教育　对老年人进行健康指导的同时，还要重视对其家属进行安全用药知识的教育，使他们学会正确协助和督促老年人用药，防止发生用药不当造成的意外。

考点提示

老年人用药护理措施。

自 测 题

一、选择题

1. 老年人合理用药的原则是
   A. 选择多种药物同时服用，以快速缓解症状
   B. 自行更改药物剂量以达到最佳效果
   C. 根据个体差异调整药物剂量
   D. 当症状缓解后可自行停药
   E. 出现皮疹时可继续服用

2. 一般不适合老年人使用的药物是
   A. 利尿药 B. 镇静药 C. 抗生素
   D. 抗高血压药 E. 降血糖药

3. 老年人用药过程中，应定期复查的项目包括
   A. 血糖、血压、肝功能、肾功能等 B. 血脂、电解质、心电图等
   C. 血常规、尿常规、甲状腺功能等 D. 骨密度、视力、听力等
   E. 血糖、血脂、血压

4. 在老年人用药时，应最大限度避免药物的不良反应，以下措施不正确的是
   A. 注意对药物过敏的情况 B. 合理选择药物剂型
   C. 严格遵守药物使用剂量和用药时间 D. 随意停药或增加剂量
   E. 应与饮食搭配

5. 下列服药方法正确的是
   A. 补铁剂最好用茶水送服 B. 枸橼酸铋钾可用牛奶送服
   C. 磺胺类药服用时需大量喝水 D. 氨茶碱缓释片可掰碎服用
   E. 心绞痛发作时口服硝酸甘油

6. 有关老年人的用药原则，错误的是
   A. 小剂量原则 B. 从小递增原则 C. 剂量个体化原则
   D. 长期用药原则 E. 用药方案简单明了

7. 老年人在用药期间，一旦出现新的症状，最简单有效的干预措施是
   A. 增加药物剂量 B. 减少药物剂量 C. 暂停用药
   D. 密切观察新症状 E. 调整用药时间

二、简答题

1. 如何指导老年人养成良好的用药行为习惯？
2. 简述老年人的用药原则。

三、案例分析

王先生，64岁，离休干部，1年前被诊断为糖尿病，医生建议其采取饮食控制和运动治疗，而王先生自认为身体状况很好，对疾病重视程度不够，故血糖控制一直不佳。3个月后，医生给予王先生格列齐特药物治疗，但王先生仍时常忘记服药。目前王先生空腹血糖＞9.8 mmol/L。

请回答：

（1）王先生目前用药方面的最主要护理问题是什么？

（2）针对王先生的问题应采取的哪些护理措施？

（李 娜 李丹丹）

第六章　老年人常见疾病护理

> **学习目标**
> 1. 简述老年人常见疾病的护理特点。
> 2. 列出老年人常见疾病的护理问题及护理措施。
> 3. 能宣讲老年人常见疾病的健康教育相关知识。

第一节　老年人疾病及其护理特点

一、老年人发病的特点

衰老是老年人患病率增加的主要原因。随着年龄的增长，人体各组织器官发生形态、结构、功能的一系列退行性变化，身体抵抗力逐步降低，活动能力及协同功能下降，就会相继出现一些疾病，这些疾病统称为老年病。其中，到老年期才发生的疾病，称为老年人特有疾病，如老年骨关节炎、认知障碍、帕金森病、骨质疏松症；从40岁左右开始发病，一直延续到老年期的疾病，称为非老年人特有疾病，如慢性阻塞性肺部疾病、高血压、冠心病、脑卒中。据统计，我国老年人发病率较高的前五位疾病依次是高血压、冠心病、脑血管病、恶性肿瘤、糖尿病；死亡率较高的前四位疾病分别是恶性肿瘤、脑血管病、心血管病和感染，另外，老年人慢性疾病也是导致老年人失能的首要因素。

生物、心理、社会等各种损伤因子的累积也是老年期发病率增高的原因。

二、老年人疾病的特点

1. **症状体征不典型**　老年人神经末梢敏感性降低，往往疾病已经较为严重，却无明显的自觉症状。据统计，有35%～80%的老年人发生心肌梗死时无疼痛反应，常呈无痛性急性心肌梗死；49%的老年人患腹膜炎时无明显疼痛反应，严重感染时也仅仅出现低热，甚至不发热。

2. **多种疾病同时并存**　老年人全身各系统存在不同程度的老化，防御功能和代偿功能降低，容易同时患多种疾病，约70%的老年人同时患有2种或2种以上疾病；由于多个系统之间相互影响，各种症状的出现及损伤的累积效应也随着年龄的增大而逐渐增加，使病情错综复杂。

3. **病程长且并发症多**　老年人免疫力低，抗病与修复能力差，致使其病程长、恢复慢，且容易出现意识障碍、水电解质紊乱、运动障碍、多器官功能衰竭、出血倾向等多种并发症，从而易导致病情危重。

4. **变化快且预后不良**　老年人疾病进展缓慢，病程较长，易反复发作，对身体各器官损害较重、致残率高；当疾病发展到一定阶段后，易受到各种诱因激化，导致病情恶化。

5. **伴发各种心理反应**　老年人患病后，在发病的不同时期会出现各种心理问题，发病初期老年人往往以焦虑为主要表现，当病情有波动时老年人主要表现为恐惧，如果疾病长期未愈老年人则又会表现出抑郁绝望等心理反应，这些反应严重影响老年人疾病的康复。

6. **药物的不良反应多** 由于衰老使机体的肝、肾功能减退，药物在体内代谢和排泄速度迟缓，老年人对药物的敏感性和耐受性差，故老年人用药常会引起药物的不良反应。

三、老年人疾病护理特点

老年人由于视力、听力下降，记忆力减退，语言表达能力降低，思维迟缓，因而病史采集较困难；老年人因记忆力减退、行动不便、无人照顾，致使其对医嘱的执行能力下降而易发生药物不良反应；另外，与一般成人护理不同的是，除了要做好疾病护理外，还要做好老年人生活、心理等方面的护理，尤其要保证老年人的安全。

（一）病情评估的全面性

由于生理功能的衰退、感知功能的缺损及认知功能的改变，老年人接受信息和沟通的能力均会有不同程度的下降。因此，护士对老年人进行评估时，要注意正确应用沟通技巧，通过观察、量表筛查、辅助检查等手段，获取全面客观的资料，准确判断老年人的健康状况和功能状态，为老年人疾病的诊断、治疗及护理提供准确、可靠的依据。

（二）疾病护理的特殊性

1. **注重整体护理** 由于老年人在生理、心理、社会适应等方面与其他人群有不同之处，尤其是老年人多种疾病共存，疾病之间彼此交错影响，因此，护理人员必须树立整体护理的理念，研究多种因素对老年人健康的影响，为老年人提供多层次、全方位的护理。

2. **高度的责任心** 老年人机体对疾病反应不敏感，容易掩盖疾病症状，病情发展迅速；老年人不善于表达自己的感受，容易延误病情。这就要求护理人员既要有较高的专科护理技术，更要有强烈的责任心，尽量减轻老年人的痛苦，避免并发症的发生。

3. **提高自护能力** 针对老年人的功能衰退与生活需求，要以健康指导为干预手段，指导老年人增强自护能力，以维持其生活自理能力，增强信心，保持自尊。

（三）心理护理的必要性

老年人患病后常伴有各种心理变化，常感到孤独无助、焦虑紧张，有较强的康复求生欲强，希望得到及时诊断、良好的治疗和护理。在护理工作中，要善于观察、倾听，了解老年人的心理需要，对老年人提出的问题要耐心解释，技术操作时动作轻柔，尽量减少老年人的疼痛和紧张情绪；在生活上，要给予老年人充分照顾，让老年人感受到温暖，保持愉悦的心境。

（四）安全护理的普遍性

在临床护理中应做到预见性护理，这对保证老年人安全、减少并发症是非常重要的。例如，高血压和糖尿病是心脑血管疾病的重要原因，控制高血压和糖尿病是预防心脑血管疾病的重要措施。护士要对每位老年人做到心中有数，提高警觉性和责任感，严密观察，提前识别潜在风险，采取有效措施，并为医生提供准确可靠的疾病信息。

（五）用药安全的重要性

老年人器官衰退，代谢功能降低，对药物治疗反应各异，易出现不良反应。因此，在为老年人执行药物治疗方案时，护士应熟悉药理知识，按所用药物的作用机制、用法、不良反应、禁忌证及注意事项等设计科学用药护理程序，确保老年人用药安全。

（六）康复护理的科学性

护理工作除了对缺损功能进行护理外，还应注意对老年人残存功能的护理，鼓励老年人最大限度地发挥残存功能，减轻老年人依赖心理，维持基本的生活自理能力。

（李 玲 韩玉娥）

第二节 老年人呼吸系统变化和常见疾病护理

呼吸系统的主要功能是进行气体交换，维持人体正常的生理活动。但是在老年人群中，随着年龄的增长，呼吸系统的组织结构及呼吸功能均发生不同程度的退行性改变，使得老年人不能很好地维持健康，且更容易发生呼吸系统疾病，如老年肺炎、慢性阻塞性肺疾病等。护理人员了解老年人呼吸系统的衰老特点，熟悉老年人呼吸系统常见疾病的临床表现及护理要点，对维护及促进老年人的健康、提高老年人的整体生活水平意义重大。

一、老年人呼吸系统的解剖生理变化

呼吸系统由上呼吸道（包括鼻、咽、喉）和下呼吸道（气管、支气管和肺组织）组成。老年人呼吸系统的变化主要包括各器官和组织在形态和功能方面出现衰老表现、肺功能明显减低及免疫系统平衡失调。

（一）呼吸系统的解剖学变化

1. 鼻　老年人鼻黏膜变薄，嗅觉功能减退，腺体萎缩、分泌功能减退，从而削弱了鼻腔对吸入气体的加温、湿化、清洁和过滤作用，导致其防御功能下降。老年人的鼻腔不能对吸入的气体进行"加工"，干冷或含尘粒的空气直接进入呼吸道，导致老年人易患呼吸道感染，甚至导致下呼吸道黏膜炎症。

2. 咽　老年人咽黏膜和淋巴组织萎缩，特别是腭扁桃体明显萎缩，不能充分发挥其防止下呼吸道感染的第一道防线作用，使老年人患下呼吸道感染的机会明显增加。老年人咽部黏膜、肌肉发生退行性改变或出现神经通路障碍时，可出现吞咽功能失调，在进食流食时易发生呛咳，甚至将食物误吸入气管，造成窒息或其他呼吸道疾病。

3. 喉　老年人喉部黏膜变薄，上皮角化，固有膜浅层水肿，甲状软骨钙化，防御反射变得迟钝，易患吸入性肺炎；喉部肌肉和弹性组织萎缩，声带弹性下降，发音洪亮度减弱。

4. 气管、支气管　老年人气管、支气管黏膜上皮萎缩、增生、鳞状上皮化生，纤毛倒伏和运动减弱，使呼吸道排出分泌物及异物的能力降低，容易发生支气管炎症；杯状细胞数目增多、分泌亢进，而清除能力下降，引起黏液滞留，可致支气管管腔狭窄，气道阻力增加；同时，细支气管壁弹性减退及其周围组织弹性牵引力减弱，导致呼吸时阻力增高，进而使肺残气量增多，影响分泌物的排出。所以，老年人容易发生肺部感染，而感染又可加重肺功能障碍，甚至导致呼吸衰竭。

5. 肺　老年人肺组织萎缩，肺泡壁弹性纤维减少、弹性下降，所以肺组织回缩的速度及程度下降，导致呼气末肺残气量增多，肺活量及最大通气量减少。老年人肺因通气不足，以及肺组织终末细小支气管和肺泡塌陷，容易出现肺不张；肺泡壁变薄而发生断裂、肺泡相互融合，肺泡腔扩大、残气量增多，形成老年性肺气肿；肺隔中毛细血管的数量和管内血流量减少，肺小动脉硬化，使得肺组织循环血流灌注减少，引起肺动脉高压；肺组织血流灌注减少，通气/血流比例增加，气血交换能力下降，动脉血氧分压下降，形成"老年肺"。

6. 胸廓及呼吸肌　老年人肋骨和脊柱退行性改变及骨质疏松，使得胸椎后突和胸骨前突，胸廓前后径增大、横径变小，形成桶状胸；肋软骨钙化、肋胸关节及关节周围韧带硬化，使得胸廓弹性降低，限制胸廓的活动，顺应性明显下降，导致肺通气和呼吸容量下降；膈肌本身退行性变、腹腔内脂肪增加，吸气时膈肌下降幅度受到限制，容易发生呼吸疲劳，且呼吸肌纤维数量减少，肌肉萎缩，肌力下降，呼吸效率降低，即使健康的老年人在体力活动后也易出现胸闷、气短。这些改变也可能造成咳嗽、排痰动作减弱，痰液不易咳出，使得老年人容易发生呼

吸道阻塞和感染。

（二）呼吸功能的变化

1. 肺通气功能减退

（1）肺活量（VC）：指一次用力深吸气后所能呼出的最大气量，是评价静态肺通气功能的最重要指标。老年人肺活量呈进行性减退的趋势，可能与下列因素有关：①胸壁硬度增加；②肺的弹性回缩能力下降；③呼吸肌肌力减退。有人认为肺活量从 30 岁以后平均每年下降 20～40 ml，70～80 岁的老年人肺活量只有年轻人的 40% 左右。

（2）最大通气量（MVV）：指单位时间内做最大、最深呼吸时，呼出或吸入的气量。它反映了最大通气能力和通气的储备能力，是评价肺通气功能的一项重要指标。老年人由于呼吸肌收缩力减弱、收缩速度减慢和关节僵硬等因素，使最大通气量随着年龄增加而减少，60 岁时降至原来水平的 50%。

（3）残气量（RV）：指用力呼气后肺内残留的气量。肺组织的弹性随着年龄的增加而减小，残气量随着年龄的增加而增大，从 30 岁到 90 岁几乎增加 100%。

2. 肺换气功能减退

（1）动脉血氧分压（PaO_2）和二氧化碳分压（$PaCO_2$）：随着年龄的增长，二氧化碳在肺内的弥散几乎没有改变，而氧气在肺内的弥散逐渐降低。所以，老年人动脉血氧分压下降，在应急状态下，容易出现缺氧症状。

（2）呼吸膜厚度和有效呼吸面积：老年肺气肿可使肺泡管至肺泡壁的距离增大，肺泡内气体均匀混合的时间延长；老年人呼吸膜的最大有效面积减少，影响肺的换气功能。

（3）肺通气／血流比值（V/Q）：老年人心输出量的减少使肺内血流量分布不均，肺通气量的减少使肺内通气分布不均，导致 V/Q 失调，肺氧弥散量降低，使肺的换气功能下降。

3. 呼吸调节功能下降　呼吸调节的目的是为机体提供氧气、排出二氧化碳和稳定内环境的酸碱度。由于衰老使中枢及外周感受器的反应性减弱，呼吸肌协调性减退，所以老年人肺组织内生理性无效腔增大，对缺氧或酸碱平衡的调节能力也明显下降。同时，老年人肺毛细血管数量减少，肺小血管内膜纤维化、玻璃样变性等，肺动脉扩张能力减弱，造成运动后肺动脉压力明显增高，引起运动时耗氧量增加，易于疲劳。

4. 呼吸道屏障减弱　老年人支气管黏膜纤毛功能和保护性咳嗽反射减弱，咳嗽无力，气管分泌物不易排出，易患上呼吸道感染、气管炎、肺炎等呼吸道感染性疾病。老年人一旦患有呼吸道疾病则恢复缓慢而使肺功能下降。

5. 免疫功能下降　随着年龄的增长，胸腺萎缩、出现老龄性退化，是老年人免疫衰退的最重要特征。老年人 T 细胞增殖能力下降，外周血中 T 细胞的数量仅为青年人的 70%～75%，且其发生功能异常；B 细胞成熟过程明显减慢，产生抗体的能力及免疫应答反应随增龄而降低。中性粒细胞趋化能力下降、黏附能力增高，补体活性含量下降。老年人呼吸道分泌 IgA 下降，病原体更容易侵入呼吸道黏膜，而其对病原体的抵抗力下降，容易出现呼吸道的感染。

总之，由于老年人呼吸系统解剖学上的退行性改变，特别是呼吸储备能力的下降及对呼吸道分泌物清除能力的降低，使老年人发生呼吸道感染及慢性肺疾病的危险性明显增加。

二、老年肺炎

案例 6-1

患者，男，72 岁，丧偶，退休后一直独居。患者吸烟史 40 年，每天 1 包，平时喜欢吃辣椒和油炸食物，患有"老年慢性支气管炎"，经常咳嗽，咳少量白色泡沫状黏液痰，最近几天出现咳嗽、咳痰加重，胸闷，呼吸急促，意识模糊。体温：37.8℃，右肩胛下区听诊可闻及小水泡音。血白细胞：4.3×10^9/L，中性粒细胞比率：0.50。胸部X线检查提示：右肺渗出性病灶。

问题与思考：

（1）应如何为该患者进行健康评估？

（2）该患者主要存在哪些护理诊断及问题？

（3）根据上述资料制订一份护理计划。

老年肺炎（senile pneumonia）是指老年人肺实质的急性炎症，包括终末气道、肺泡和肺间质的炎症。老年肺炎可由病原体（细菌、病毒、真菌、寄生虫等）、理化因素（食物、液体或分泌物的吸入等）、免疫损伤和变态反应等因素所致，是老年人的常见病、多发病，也是住院老年人、高龄老年人及长期卧床老年人最常见的并发症，在老年人直接死亡原因中占重要地位。老年肺炎的发病原因较为复杂，呼吸系统退行性改变、口咽部定植细菌增加、防御和免疫功能低下及各系统和器官的功能下降等是老年肺炎发病率高、病死率高的重要原因。

老年肺炎多为支气管肺炎，少数为大叶性肺炎，一年四季均可发病，但以冬季最多见，其严重程度随年龄增长而加重。该病具有病因复杂、发病隐匿、症状及体征不典型、容易误诊或漏诊、并发症多等特点，一旦发病，病情进展较快，尤其是重症肺炎链球菌肺炎的老年患者，其病死率是年轻人的3～5倍。

> **知识链接**
>
> **警惕老年肺炎**
>
> 临床上需注意有下列征象者，应警惕老年肺炎的可能。
>
> （1）不能用其他原因解释的精神萎靡、呼吸急促、心动过速、恶心、呕吐等；
>
> （2）不能用其他原因解释的心功能不全、血压下降、呼吸衰竭等；
>
> （3）慢性肺部疾病患者不能用其他原因解释的症状及体征加重；
>
> （4）既往健康者出现呼吸道症状、咳脓性痰、肺部湿啰音等；
>
> （5）不能用其他原因解释的发热、白细胞增高等。

（一）护理评估

1. 健康史及相关因素

（1）健康史

1）了解老年患者既往身体状况：有无上呼吸道感染、慢性阻塞性肺疾病（COPD）、脑血管疾病、慢性心力衰竭、肾衰竭、糖尿病、营养不良等基础疾病。

2）了解老年患者目前主要症状：有无咳嗽及咳嗽的程度；有无咳痰及痰液的特点（如性质、颜色、量）；症状加剧或缓解的有关因素或规律性；有无其他伴随症状，如食欲减退、恶心、呕吐、腹痛、腹胀、腹泻、体温过高或过低、呼吸改变、神志异常、尿量减少等。

（2）病因

1）感染：50%以上的老年肺炎是由细菌感染引起的。近年来，金黄色葡萄球菌感染有增多趋势，其次是肺炎链球菌感染，常致严重肺炎，其他还有肺炎克雷伯菌感染等。老年人基础疾病多、免疫功能低下，真菌性肺炎的发病率也明显增高；呼吸道病毒特别是流感病毒感染在老年肺炎中起重要作用，并可继发严重细菌感染。混合感染（细菌加病毒、细菌加真菌等）是老年肺炎的另一个特点，可以占到老年肺炎的30%左右。

2）呼吸器官老化：呼吸道纤毛运动减弱、咳嗽反射及排痰能力下降、黏膜抵抗病原体的能力降低等，增加了肺部感染的危险性。

3）基础疾病：慢性阻塞性肺疾病、心脑血管疾病、糖尿病、营养不良、低蛋白血症等长期并存，免疫系统衰退，使老年人免疫功能低下，容易继发肺炎。

4）吞咽障碍：老年人行动障碍或长期卧床及吞咽动作不协调，易引起误吸而致肺部感染。

5）医源性因素：长期住院，经常应用抗生素、糖皮质激素、细胞毒药物和免疫抑制药等，以及胸腹部手术者留置鼻胃管、气管插管或气管切开等，增加了老年人病原体感染的危险性。

2. 老年肺炎的类型

（1）根据老年肺炎发生的机制，可将其分为以下几种类型。

1）坠积性肺炎：发生于长期卧床或久病体弱的患者。由于胸廓、膈肌运动受限，咳嗽反射减弱，使支气管分泌物随重力流向肺底，细菌生长繁殖而引起肺炎。

2）吸入性肺炎：部分老年人由于意识障碍、食管运动障碍、假性球麻痹和咽部防护机制受损，将口咽部分泌物、食物及胃液误吸入支气管而导致肺炎。

3）阻塞性肺炎：老年人由于急性呼吸道感染、黏液分泌物阻塞支气管、远端肺组织空气吸收后产生肺不张和黏液中细菌生长繁殖而引起感染。

（2）按患病环境和宿主状态不同，可将老年肺炎分为以下几种。

1）社区获得性肺炎：又称院外肺炎，是指在医院外罹患的感染性肺实质炎症，包括有明确潜伏期的病原体感染而在入院后平均潜伏期内发病的肺炎。传播途径为吸入飞沫、空气或血源传播。目前，社区获得性肺炎致病菌中的肺炎链球菌比例虽在下降，但仍为最主要的病原体；非典型病原体所占比例在增加；耐药菌普遍。

2）医院获得性肺炎：又称院内肺炎，是指患者入院时不存在、也不处于感染潜伏期，而于入院48小时后发生的，也包括出院后48小时内发生的，由细菌、真菌、支原体、病毒或原虫等病原体引起的各种类型的肺实质炎症。其中，呼吸机相关肺炎最为多见，治疗和预防较困难。误吸口咽部定植菌是其最主要的发病机制。在老年护理院和慢性病护理院生活的人群中肺炎易感性也高。

3. 身体状况

（1）临床表现：老年肺炎症状多不典型，漏诊、误诊率较高。老年肺炎的不典型表现可归纳为以下四个方面。

1）首发表现：老年肺炎起病隐匿，约1/3患者以非呼吸道症状为首发表现。常见的非呼吸道症状有：①食欲缺乏、恶心、呕吐、腹痛、腹胀、腹泻等消化道症状；②心悸、胸闷、气短、心律失常等心血管系统症状；③精神萎靡、表情淡漠、烦躁不安、嗜睡、意识障碍等神经精神症状；④原有疾病恶化的表现；⑤高龄老年人常出现典型的老年病五联征（尿失禁、精神恍惚、不想活动、跌倒、丧失生活能力等）的其中之一或几项表现；⑥有个别老年患者突发难以解释的败血症、尿失禁、大便失禁、休克或呼吸衰竭等。

2）呼吸系统表现：①症状不典型，仅有35%左右的老年患者出现咳嗽、咳痰、胸痛等症状，多数患者容易出现呼吸加快、心动过速或胸闷等缺氧症状；部分患者咳嗽轻微，咳痰少，为白色或黄色黏痰，偶见血痰或铁锈色痰，常伴气急和发绀。②体征不明显，极少出现典型肺炎的语颤增强、支气管呼吸音等肺实变体征，部分患者肺局部可闻及湿啰音、干啰音或喘息性呼吸音，呼吸音减弱或消失，但易与并存的慢性支气管炎、心力衰竭等疾病相混淆。典型肺炎与非典型肺炎的鉴别见表 6-1。

3）全身表现：①老年肺炎患者很少出现高热、寒战等症状，多数患者呈轻或中度发热，体温多在 37～38 ℃，也有患者不出现发热；②部分患者病情进展较快，尤其在多种慢性病的基础上，一旦罹患肺炎，容易出现多种并发症，如呼吸衰竭、心力衰竭、肺性脑病、水电解质紊乱、休克、弥散性血管内凝血（DIC）等。

4）预后：老年人免疫功能降低，抵抗力差，病程长，肺部炎症病灶吸收慢，多需 4～6 周才能完全吸收，若治疗不及时或治疗措施不力，可形成慢性肺脓肿或机化性肺炎，影响预后。

表 6-1　典型肺炎和非典型肺炎的鉴别

主要鉴别点	典型肺炎	非典型肺炎
主要临床表现	起病急，常有发热、咳嗽、脓痰，有时伴有胸痛	起病隐匿，多为阵发性刺激性干咳
肺外表现	不常见	常见
X 线表现	早期可见肺纹理增粗；病情进展表现为大片炎症浸润阴影或实变影，有时可见支气管充气征，伴有少量胸腔积液	不典型，肺部可见多种形态的浸润影，节段性分布，以肺下野多见，从肺门附近向外伸展，可有少量胸腔积液
致病微生物	常见细菌	非典型病原体，如支原体、衣原体、军团菌、肺炎克雷伯菌等
治疗药物	青霉素类、头孢菌素类、大环内酯类、喹诺酮类有效	大环内酯类、喹诺酮类有效；β- 内酰胺类、氨基糖苷类无效

（2）并发症

1）水、电解质紊乱及酸碱平衡失调：老年肺炎患者常因摄入不足、呕吐、腹泻等原因，容易发生失水、电解质紊乱（低钾、低钠、低氯、低钙等）和酸碱平衡失调。严重失水时，痰液变黏稠而难于咳出，通气障碍加重，易引起意识障碍。

2）心律失常、心力衰竭：与心肌缺血、细菌毒素、电解质紊乱及原有心脏病有关。

3）呼吸衰竭：老年人患肺炎时易发生低氧血症，若合并慢性阻塞性肺疾病时，可出现高碳酸血症，使病情急剧恶化。

4）感染性休克：老年人患肺炎时，由于老年人机体免疫力低下和病原体毒力较强，可发生感染性休克，常与革兰氏阴性杆菌感染和失水导致有效血容量不足有关。

5）消化道大出血：常是应激性溃疡或弥散性血管内凝血的征象，重症、衰竭的老年肺炎患者可合并消化道大出血。

6）低蛋白血症：主要与蛋白质摄入和吸收减少及分解大于合成有关。老年人牙齿脱落、咀嚼功能低下致消化能力下降，药物、感染、缺氧、心力衰竭使胃肠道淤血等因素导致蛋白质摄入和吸收减少；老化加之呼吸困难使呼吸肌及全身消耗增加，导致蛋白分解代谢增强。

4. 心理和社会支持状况　应评估患者及家属对疾病的发生、病程、预后及健康保健知识的了解情况；老年肺炎大多急性发作，使患者感觉不适，甚至影响睡眠，严重影响患者的生活，应评估患者的精神状态，是否有焦虑、恐惧、抑郁等不良反应；同时还应评估患者来自家属的关心和支持度，患者的经济状况、文化教育背景、医疗费用支付情况等。

5. 辅助检查

（1）血常规：老年肺炎患者白细胞增高不显著。约50%患者白细胞计数在正常范围，但可表现为核左移或中性粒细胞内出现中毒颗粒。约50%患者有贫血，80%患者红细胞沉降率增加。

（2）细菌学检查：痰培养不仅能明确病因，而且是选择抗感染药的主要依据。老年患者排痰能力减弱或有意识障碍，导致难以获得痰标本。除痰培养外，尚需做痰直接涂片检查，若鳞状上皮细胞＜10个/低倍镜，白细胞＞25个/低倍镜，则痰培养结果可信度较高。

（3）胸部X线检查：X线检查对老年肺炎的诊断非常重要，X线表现呈多样性，缺乏特异性。绝大多数表现为支气管肺炎改变，可见中下肺纹理增多、紊乱，沿肺纹理分布小斑片状模糊影，密度不均，而典型的大叶性肺炎少见。老年人由于合并肺气肿，病灶呈斑片状、网状、条索状阴影者居多。吸入性肺炎病变多位于上叶后段或下叶背段，以右肺多见，容易化脓、坏死、形成空洞，且常并发脓胸。病初、严重脱水患者X线检查结果可以为阴性，通常在纠正脱水后出现肺部浸润灶。另有10%~20%患者X线检查结果完全正常。

（4）血气分析及肺功能测定：通过血气分析可以判断病情的轻重，监测血气变化可以判断病情的转归。并发呼吸衰竭者有PaO_2减低和（或）$PaCO_2$升高。

（5）血生化检查：包括检测电解质、尿素氮、肌酐、肝功能、血糖等。

（二）常见护理诊断及医护合作问题

1. 清理呼吸道无效　与肺部感染，痰液多、黏稠，咳痰无力有关。
2. 气体交换受损　与肺部炎症有关。
3. 活动无耐力　与频繁咳嗽、营养摄入不足、呼吸困难、疲乏有关。
4. 睡眠型态紊乱　与夜间频繁咳嗽、焦虑、恐惧有关。
5. 潜在并发症　水和电解质紊乱、酸碱平衡失调、消化道出血、呼吸衰竭、心力衰竭、感染性休克。

知识链接

老年肺炎重症监护指征

老年肺炎患者如发生以下情况，应收入呼吸重症监护病房（RICU）治疗：

（1）极度衰弱，无力咳痰，需气管插管者；
（2）严重呼吸衰竭，需机械通气者；
（3）合并严重心律失常、心力衰竭、急性肺水肿或感染性休克；
（4）严重意识障碍或昏迷；
（5）合并消化道大出血；
（6）肾衰竭或多脏器功能衰竭。

总之，当老年肺炎患者出现严重的并发症和中毒症状时，需要严密监护和加强治疗，适时收入RICU。

（三）护理目标

呼吸困难的程度减轻、缺氧状况改善，PaO_2、$PaCO_2$及pH改善；学会呼吸技巧、有效咳嗽、有效排痰，呼吸平稳；适当活动，感觉舒适，虚弱或疲劳感消失；学会促进睡眠的方法，睡眠安稳，能保证睡眠时间；及早发现和处理各种并发症，减轻其危害。

（四）护理措施

1. 一般护理

（1）生活护理

1）环境：室内定时通风换气，保证空气新鲜，并注意保暖。保证室内温、湿度适宜：温度 18～22 ℃，湿度 50%～60%。

2）休息与体位：嘱患者注意卧床休息，降低体能消耗，尤其是发热患者应减少活动，避免劳累；协助老年患者取舒适卧位如半卧位，患侧或头高位，危重患者头偏向一侧，以减少咽部刺激，防止误吸；如患者出现呼吸困难，可协助患者取端坐卧位，以利于呼吸。

3）口腔护理：协助老年患者做好口腔护理，保持口腔清洁、湿润；鼓励患者经常用生理盐水漱口，防止继发感染。

4）皮肤护理：对长期卧床的老年患者，注意做好皮肤护理，观察皮肤的颜色、温度等血液循环情况，保证皮肤清洁、干燥，预防压疮。

（2）饮食护理

1）为老年患者提供清淡易消化的高热量、高蛋白、富含维生素的流质饮食，少食多餐；嘱患者戒烟酒，避免产生过度咳嗽。

2）注意出入量平衡，鼓励患者多饮水，以利湿化痰液，及时排痰。

3）指导老年患者或家属掌握正确的进食或喂食的方法，进食或鼻饲均采取坐位或半卧位；食欲差或不能进食者，遵医嘱给予鼻饲或静脉补充营养物质。

2. 病情观察及护理

（1）生命体征：注意观察老年患者有无心率加快、脉搏细速、血压下降、脉压变小、体温不升或高热、呼吸困难等，尤其注意呼吸情况，如呼吸的频率、节律、深度等，必要时进行心电监护。注意体温的监测，由于老年人基础代谢率低，加之各脏器功能减退，病后体温变化可能不明显，需高度重视。

（2）精神和意识状态：观察老年患者有无精神萎靡、表情淡漠、烦躁不安、神志模糊等。

（3）咳嗽、咳痰情况：观察患者咳嗽的程度，是否存在咳嗽无力、咳痰不爽等情况；注意痰液的量、颜色、气味及性质的变化。

（4）出入量：准确、及时记录 24 小时液体出入量，维持水、电解质及酸碱平衡。

（5）并发症：注意观察呼吸衰竭、心律失常、肺脓肿等并发症的表现，如患者出现意识障碍，呼吸频率＞30 次/分，PaO_2＜60 mmHg，血压＜90/60 mmHg，尿量＜20 ml/h 等，提示病情严重，应及时通知医生并协助处理。

（6）休克征象：观察老年患者是否出现休克早期症状，如烦躁不安、反应迟钝、面色苍白、发绀、四肢湿冷、血压下降、脉搏快而弱、尿量减少等，一旦发现异常应立即报告并配合医生进行抢救。

（7）实验室检查：留标本做细菌培养和药物敏感试验，观察血常规、血气分析等指标的改变。

3. 对症护理

（1）辅助治疗护理：老年肺炎的早期诊断和合理的抗感染治疗，并辅以综合性支持治疗是提高治愈率的关键。治疗原则包括控制感染、促进排痰、纠正缺氧、防止误吸、重视并发症和基础病的处理。

1）药物治疗护理：合理使用抗感染药物是治疗老年肺炎的关键，应早期、足量、联合、规范用药。抗感染药物的选择必须根据患者的病情，注意个体差异及药物代谢的特点，高龄老年人遵循"早期足量，强效广谱，安全低毒"原则，采取"降阶梯式"治疗方案，迅速控制感染，即起始治疗使用最佳广谱和发生耐药性较少的抗感染药物，或强有力的联合用药；在检出致病菌者，可参考药物敏感试验选择适当的抗感染药物治疗。老年人肺炎吸收缓慢，常在2～8周吸收，病程长者可达12周，故疗程宜适当延长，兼顾抗厌氧菌、抗真菌治疗，并采取增强患者免疫力的措施。

2）支持治疗护理：由于患者年龄较大，体质较差，病情复杂，常合并器官功能障碍，因此对症、支持治疗尤其重要，包括吸氧、化痰排痰、止咳平喘、维持水电解质平衡、纠正酸碱紊乱、保护脏器功能等。对有重症感染者可给予静脉输注免疫球蛋白。

3）并发症的处理：包括水电解质紊乱及酸碱平衡失调、心力衰竭、呼吸衰竭、感染性休克、多器官功能衰竭监测与护理。水、电解质紊乱明显影响预后，应该常规监测电解质以维持内环境平衡，特别是应及时监测及纠正低钠血症及低钾血症，有助于重症肺炎的抢救；心力衰竭是肺炎死亡的主要原因之一，老年人心衰的基本治疗原则为吸氧，适当限钠，应用强心药、利尿药、血管扩张药、茶碱类药物、镇静类药物等治疗；呼吸衰竭的预防包括积极治疗基础疾病和诱发因素，给予化痰、排痰、吸痰，应用支气管扩张剂，保持呼吸道通畅，建立人工气道，改善缺氧，纠正CO_2潴留及酸碱平衡失调和电解质紊乱，如仍不能改善，可考虑机械通气；感染性休克的处理包括尽快建立两条静脉通路，遵医嘱应用抗感染药物控制感染、补充血容量、纠正酸中毒并合理选用血管活性药物等。

知识链接

特殊病原体感染肺炎

1. 肺炎克雷伯菌肺炎　常继发于慢性或严重的基础疾病，或长期使用广谱抗感染药物、免疫抑制药、激素治疗，使免疫功能受损。

临床特点：①多咳砖红色胶冻样痰，全身中毒症状重，可发生感染中毒性休克。②易并发呼吸衰竭，与伴有慢性阻塞性肺疾病有关。③病程长，平均为18～40天，少数达2～3个月，与未及时用有效抗菌药，使细菌产生耐药性有关。④病死率高，与老年人免疫功能衰退、容易导致多脏器功能衰竭有关。

2. 军团菌肺炎　军团菌肺炎是以肺炎为主要表现的全身性疾病，偶可呈小范围的暴发流行。军团菌是一种革兰氏阴性需氧杆菌。其病原菌广泛存在于水源、空气、空调冷却水和土壤中，可经供水系统、空调或雾化吸入等引起机会感染。年老体弱者、有基础疾病者易患本病。

临床特点：①临床表现复杂，患者症状无特异性表现。②首发症状常是肺外表现，严重者可有多脏器受累，最常见肝损害。③胸部X线检查结果改变滞后于临床症状表现，无特异性。

3. 非典型肺炎　2003年出现的非典型肺炎（severe acute respiratory syndrome，简称SARS）严重威胁了全球的公共卫生安全，自2004年到现在，全球未再有新的SARS病例报道；2019年12月以来，全球又再次遭遇了新型冠状病毒感染引起的急性呼吸道传染病疫情，2020年2月11日，世界卫生组织将新型冠状病毒感染肺炎命名为2019冠状病毒病（COVID-19）。

（2）对症护理

1）纠正缺氧：遵医嘱给予合理氧疗是缓解呼吸困难最有效的方法。应严格控制氧气的流量与浓度，要求既能改善缺氧症状，又不出现不良反应。对急性期患者，一般采用鼻导管或面罩给予低流量、持续吸氧，保证患者的动脉血氧分压大于8.0 kPa（60 mmHg），血氧饱和度大于90%；如果患者存在低氧血症或高碳酸血症，通常使用低流量（1～2 L/min）、低浓度（30%）、持续鼻导管或面罩给氧，因此时呼吸运动主要靠缺氧对血管化学感受器的刺激得以维持，若高浓度给氧，缺氧完全纠正反而呼吸抑制，加重高碳酸血症而使病情恶化。在护理过程中注意无菌操作，每日对氧气的湿化瓶与鼻导管进行清洁、消毒，防止医源性感染。

2）促进排痰：经常协助老年患者更换体位，对长期卧床、久病体弱、排痰无力者定时翻身、叩背，每1～2小时一次，鼓励并指导患者进行有效咳嗽，鼓励患者深呼吸并有效排痰，必要时给予吸痰，以保证呼吸道通畅；保证室内空气湿化，及时补充水分以有利于排痰；对痰液黏稠而不易排出者，遵医嘱给予湿化呼吸道、雾化吸入或祛痰药治疗；对痰量较多，排痰困难的患者，可行机械吸痰；对昏迷患者，可经鼻导管吸痰或行气管切开以利痰液吸出，严格无菌操作；慎用镇静药、镇咳药，以避免影响咳嗽反射。

3）降温护理：高热时可采用乙醇溶液擦浴、使用冰袋或冰帽等措施物理降温，以逐渐降温为宜，防止虚脱，并鼓励老年患者多饮水。不宜大剂量用阿司匹林或其他解热药；患者出汗时，应及时协助患者擦汗、更换衣服，保持皮肤清洁、干燥，预防压疮，避免受凉。

4）严格控制输液速度：老年患者心肺功能较差，且自动调节储备能力降低，如果输液过快或过多，容易因心功能不全、急性肺水肿等危及生命。所以在补液过程中，应准确调整输液速度，并仔细观察患者的心率及有无肺水肿的发生，嘱患者及家属切不可擅自调节输液速度。

4. 用药护理

（1）抗感染药：严格遵医嘱使用抗感染药，观察治疗效果和不良反应，尤其是长期应用抗感染药须注意二重感染的发生；在使用头孢菌素类药物时，告诫患者用药前后1周不能饮酒，以免发生意外；老年人应用抗感染药易发生菌群失调、假膜性肠炎、二重感染等，应及时防治。注意纠正水、电解质紊乱及酸碱平衡失调，以提高治愈率，降低死亡率。

（2）教会老年人气雾剂的正确使用和保管：避免强效镇咳药、麻醉性镇痛药、大剂量镇静药的应用，以避免呼吸中枢、咳嗽中枢的抑制。

（3）洋地黄类药物：①观察药物的治疗作用，如心肌收缩力加强、呼吸困难减轻、尿量增多、水肿消退。②观察药物的不良反应，如用药后恶心、呕吐、色视（以黄视较多）、室性期前收缩呈二联律、房室传导阻滞。③定期测定血药浓度。

5. 心理护理

（1）老年肺炎引发的健康问题，给老年人的生活带来了许多不便，特别是患者在重度呼吸困难时常有明显的焦虑与恐惧，这种心理反应不仅使呼吸困难的感觉阈降低，还会使耗氧量增加、二氧化碳产生增多而加重呼吸困难。因此，护理人员应给予心理上的支持，增强患者的信心。

（2）护理人员在与患者交流时应耐心倾听患者的诉求，并要格外注意语言的表达，理解患者的需要，及时提供支持与帮助；同时对患者做好心理疏导，给予安慰与鼓励，消除患者因疾病、不适、治疗等带来的烦躁、焦虑及恐惧情绪，促进疾病痊愈。

（3）鼓励家属多关心、劝慰老年患者，给予精神支持，稳定患者情绪；同时帮助患者及家属了解疾病的相关知识及预防措施，与其共同制订活动及康复计划，增强其战胜疾病的信心。

（五）健康教育

1. 生活指导　注意休息，生活规律，劳逸结合；避免受凉、淋雨、过度疲劳、吸烟、饮酒等诱发因素；保持室内空气新鲜，阳光充足，温、湿度适宜；适当参加体育锻炼，增强抵抗力。

2. 预防指导　了解肺炎的病因、诱因和预防措施；年老体弱、长期卧床的患者应经常变换体位，有效排痰，保持呼吸道通畅；预防上呼吸道感染，积极治疗原发病，可接种肺炎疫苗，并定期随访。

3. 饮食指导　合理营养，饮食多样，补充足量的优质蛋白、维生素、微量元素。

4. 用药指导　遵医嘱按时服药，知晓药物的作用、用法、疗程、不良反应，能进行自我监测。

5. 加强锻炼　加强耐寒锻炼，改善环境。

（六）护理评价

判断老年人呼吸功能等各项指标改善、学会呼吸技巧、有效咳嗽、有效排痰、呼吸平稳等护理目标是否达成，并及时调整措施。

三、老年慢性阻塞性肺疾病

案例 6-2

患者，男，63 岁，慢性咳嗽、咳痰病史 20 余年。近 2 个月患者咳喘发作，心悸、气短，不能平卧，尿量减少，双下肢出现水肿，经服氨茶碱及利尿药治疗后效果不佳，遂来就诊并入院治疗。患者既往无传染病及过敏病史，25 岁开始抽烟，每日 10 余支。查体：体温 37 ℃，脉搏 110 次/分，呼吸 26 次/分，血压 120/90 mmHg，发育正常，营养中等，唇颊发绀，半坐体位，神志清楚，合作；颈静脉怒张，气管居中，胸廓呈桶状，肺部叩诊过清音，两肺散在中、小水泡音夹有哮鸣音，心尖冲动弥散，未触及震颤，叩诊心界轻度向两侧扩大，肝颈静脉回流征阳性，无移动性浊音，双下肢Ⅱ度凹陷性水肿。

问题与思考：

（1）请列出该患者存在的主要护理问题。

（2）如何对该患者进行护理？

慢性阻塞性肺疾病（chronic obstructive pulmonary disease，COPD）是一组以气流受限为特征的肺部疾病。COPD 虽然气流受限不完全可逆，呈进行性发展，但是可以预防和治疗的。COPD 与慢性支气管炎和慢性阻塞性肺气肿有密切相关性，当慢性支气管炎和慢性阻塞性肺气肿患者肺功能检查出现气流受限并且不完全可逆时，则可诊断为 COPD。

COPD 是老年人的常见病、多发病，呈进行性发展。COPD 主要累及肺部，但也可以引起肺外各器官的损害，后期常并发肺源性心脏病、肺性脑病、酸碱失衡及电解质紊乱、自发性气胸等，患病率和病死率均居高不下。1992 年在我国北部和中部地区，对 102 230 名农村成人进行调查发现，COPD 的患病率为 3%。近年来对我国 7 个地区 20 245 名成年人进行调查，结果显示 COPD 的患病率占 40 岁以上人群的 8.2%。COPD 因肺功能进行性减退，严重影响患者的劳动能力和生活质量，并且可造成巨大的社会和经济负担。

慢性支气管炎（chronic bronchitis）简称慢支，是指气管、支气管黏膜及周围组织的慢性非特异性炎症；临床上主要以慢性反复发作的咳嗽、咳痰或伴有喘息为其病变特征；每年发病持续 3 个月，连续 2 年或 2 年以上；排除具有咳嗽、咳痰、喘息症状的其他疾病（如肺结核、肺尘埃沉着症、肺脓肿、心脏病、支气管扩张、支气管哮喘、慢性鼻咽炎、食管反流综合征）。

慢性支气管炎在老年人群中的患病率可达 15% 左右，是一种严重危害健康的常见病。以 50~60 岁组人群患病率最高，男性显著高于女性。临床上慢性支气管炎可分为单纯型慢性支气管炎和喘息型慢性支气管炎两型。单纯型慢性支气管炎主要表现为咳嗽、咳痰；喘息型慢性支气管炎除咳嗽、咳痰外尚有喘息症状，并伴有哮鸣音。慢性支气管炎发病初期症状轻微，如吸烟、接触有害气体、气候变化或受冷感冒后，则引起急性发作或加重，在夏季气候转暖时可自然缓解。随着病情缓慢进展，最终可并发阻塞性肺气肿及肺源性心脏病。

慢性阻塞性肺气肿（chronic obstructive emphysema）是由慢性支气管炎或其他原因引起慢

性小气道阻塞，致使终末细支气管远端（呼吸细支气管、肺泡管、肺泡囊和肺泡）弹性减退，肺组织持续性过度充气、膨胀和肺容积增大，或同时伴有肺泡壁破坏而无明显纤维化的一种病理状态。临床上慢性阻塞性肺气肿多为慢性支气管炎的常见并发症，一般起病隐匿，缓慢进展，常有多年咳嗽、咳痰史，主要表现为劳力性呼吸困难。如果患者有慢性支气管炎病史并出现逐渐加重的呼吸困难表现，体检显示肺气肿体征，胸部X线检查有肺气肿征象，呼吸功能发生改变，一般可明确诊断。

慢性支气管炎和慢性阻塞性肺气肿均会随着病情的进展而出现气流受限不完全可逆，进而成为慢性阻塞性肺疾病。

（一）护理评估

1. 健康史及相关因素

（1）健康史：询问老年患者有无与慢性阻塞性肺疾病相关的内、外因素，如吸烟、环境污染、反复呼吸道感染；评估发病情况与季节气候的关系、症状特点、持续时间、治疗及用药情况；询问患者近期发病有无诱因、发作情况、活动能力及饮食、睡眠情况。

（2）病因：慢性阻塞性肺疾病病因复杂，是内、外因素互相作用的结果。

1）内因：主要是老年人机体的老化。①呼吸系统退行性改变：气管和肺组织的老化，导致纤毛运动及咳嗽反射减弱，气道清除分泌物或异物的能力下降，增加了呼吸道感染的机会。②呼吸道防御能力下降：老年人机体免疫系统退化，呼吸道防御能力减弱，易发生感染。老年人细胞免疫功能下降、肾上腺皮质功能减退、溶菌酶活性降低，从而容易造成呼吸道的反复感染。③其他：年老体弱、营养不良、耐寒能力下降、自主神经功能失调也与COPD的发生有关。寒冷空气可刺激腺体增加黏液分泌，使黏膜血管收缩，局部血循环障碍，从而易导致继发感染。

2）外因：包括吸烟、感染及环境因素。①吸烟：吸烟是COPD的主要危险因素。吸烟者慢性支气管炎的患病率比不吸烟者高2～8倍，烟龄越长，吸烟量越大者，COPD患病率越高。烟草中含焦油、尼古丁和氢氰酸等有害化学物质，因此吸烟可损伤气道上皮细胞和纤毛运动，促使支气管黏液腺和杯状细胞增生肥大，黏液分泌增多，使气道净化能力下降；还可使氧自由基产生增多，诱导中性粒细胞释放蛋白酶，破坏肺弹力纤维，诱发肺气肿形成。②感染：病毒、细菌、支原体等引起的呼吸道感染是COPD发生与发展的一个重要因素。病毒感染常见流感病毒、鼻病毒、腺病毒和呼吸道合胞病毒感染。细菌感染常继发于病毒感染，常见病原体为肺炎链球菌、流感嗜血杆菌、卡他莫拉菌和葡萄球菌等。这些感染因素同样造成气管、支气管黏膜的损伤和慢性炎症。反复呼吸道感染使疾病不断进展，急性加重期变得频繁。③环境因素：长期吸入污染空气、有害气体、职业性粉尘、浓度过大的化学物等，也是COPD发病的重要原因之一。大气中的有害气体如二氧化硫、二氧化氮、氯气等可损伤气道黏膜上皮，使纤毛清除功能下降，黏液分泌增加，为细菌感染增加条件。接触职业粉尘及化学物质，如烟雾、变应原、工业废气及室内空气污染等，浓度过高或时间过长时，均可能产生与吸烟类似的COPD。

（3）发病机制

1）蛋白酶-抗蛋白酶失衡：蛋白酶对组织有损伤、破坏作用。吸入有害气体、有害物质可以导致蛋白酶产生增多或活性增强，而抗蛋白酶产生减少或灭活加快；同时氧化应激、吸烟等危险因素也可以降低抗蛋白酶的活性。蛋白酶增多或活性增强、抗蛋白酶的活性降低或抗蛋白酶不足均可导致肺组织结构破坏而产生肺气肿。

2）氧化应激：有许多研究表明COPD患者的氧化应激增加。氧化物可导致细胞功能障碍或细胞死亡，还可以破坏细胞外基质，引起蛋白酶-抗蛋白酶失衡；氧化物还可促进炎症反应，参与多种炎症因子的转录，如IL-8、TNF-α、诱导型一氧化氮合酶和环氧化物诱导酶等。

3）炎症机制：气道、肺实质及肺血管的慢性炎症是COPD的特征性改变，中性粒细胞、巨噬细胞、T细胞等炎症细胞均参与了COPD发病过程。中性粒细胞的活化和聚集是COPD炎症过程的一个重要环节，通过释放中性粒细胞弹性蛋白酶、中性粒细胞组织蛋白酶G、中性粒细胞蛋白酶3和基质金属蛋白酶引起慢性黏液高分泌状态并破坏肺实质。

（4）组织病理：COPD的病理改变主要表现为慢性支气管炎及肺气肿的病理变化。

1）慢性支气管炎的病理变化：各级支气管壁均有多种炎症细胞浸润，以中性粒细胞、淋巴细胞为主。急性发作期可见到大量中性粒细胞，严重者为化脓性炎症。支气管黏膜上皮细胞变性、坏死，溃疡形成。纤毛倒伏、变短、不齐、粘连，部分脱落。缓解期黏膜上皮修复、增生、鳞状上皮化生和肉芽肿形成。杯状细胞增生、肥大，分泌亢进，腔内分泌物潴留。支气管腺体增生肥大，基底膜机化纤维组织增生导致管腔狭窄。炎症导致气管壁的损伤-修复过程反复发生，进而引起气管结构重塑、胶原含量增加及瘢痕形成。这些病理改变是COPD气流受限的主要病理基础之一。

2）肺气肿的病理变化：肺组织过度膨胀，弹性减退。细支气管壁有炎症细胞浸润，管壁黏液腺及杯状细胞增生、肥大，纤毛上皮破损、纤毛减少。有的管腔纤细狭窄或扭曲扩张，管腔内有痰液存留。按累及肺小叶的部位，可将阻塞性肺气肿的病理变化分为三种类型。①小叶中央型：较为多见，是由于终末细支气管或一级呼吸性细支气管炎症导致管腔狭窄，其远端的二级呼吸性细支气管呈囊状扩张，其特点是囊状扩张的呼吸性细支气管位于二级小叶的中央区。②全小叶型：呼吸性细支气管狭窄引起的所属终末肺组织即肺泡管、肺泡囊及肺泡的扩张，其特点是气肿囊腔较小，遍布于肺小叶内。③混合型：多在小叶中央型基础上并发小叶周边区肺组织膨胀。小叶中央型和全小叶型肺气肿示意图如图6-1所示。

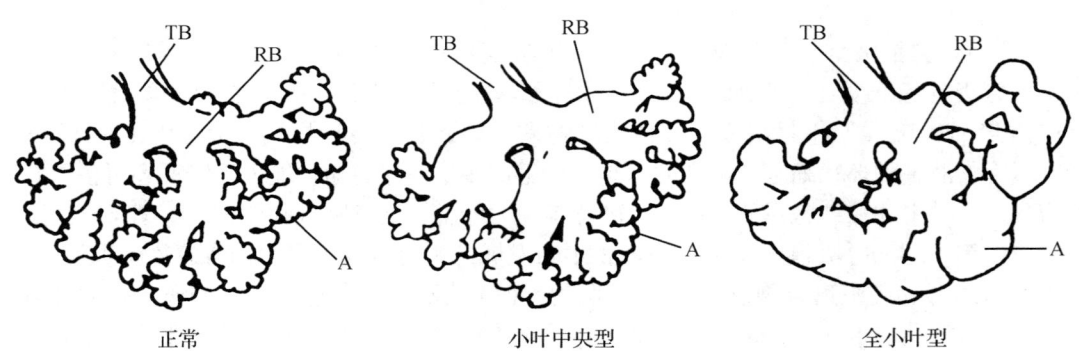

图6-1　小叶中央型和全小叶型肺气肿示意图
TB：终末细支气管；RB：呼吸性细支气管；A：肺泡

（5）病理生理：在COPD早期，一般反映大气道功能的检查如第一秒用力呼气量（FEV_1）、最大通气量、最大呼气中期流速多为正常，但有些患者小气道（直径小于2 mm的气道）功能已发生异常。随着病情加重，气道狭窄，阻力增加，常规通气功能检查可有不同程度的异常。缓解期大多恢复正常。随着疾病的发展，气道阻力增加、气流受限进展为不可逆性。

慢性支气管炎并发肺气肿时，随着严重程度的进展可发生一系列病理生理改变。早期病变局限于细小气道，仅闭合容积增大，反映肺组织弹性阻力及小气道阻力的动态肺顺应性降低。病变累及大气道时，肺通气功能障碍，最大通气量降低。随着病情的发展，肺组织弹性日益减退，肺泡持续扩大，回缩障碍，则残气量及残气量占肺总量的百分比（残总气量百分比）增加。肺气肿加重导致大量肺泡周围的毛细血管受膨胀肺泡的挤压而退化，致使肺毛细血管大量减少，肺泡间的血流量减少，此时肺泡虽有通气，但肺泡壁无血液灌流，导致生理无效腔气量增大；也有部分肺区虽有血液灌流，但肺泡通气不良，不能参与气体交换。因此，肺泡及毛细血管大量丧失，弥散面积减少，产生通气/血流比值失调，导致换气功能发生障碍。通气和换气功能障碍可引起组织缺氧和二氧化碳潴留，导致不同程度的低氧血症和高碳酸血症，最终出现呼吸衰竭。

2. 身体状况

（1）症状：COPD起病缓慢、病程较长，一般继发于慢性支气管炎，主要有以下症状。

1）慢性咳嗽：疾病初期咳嗽呈间歇性，一般以晨间咳嗽为主，随病程发展出现整日咳嗽甚至终身不愈。常晨间咳嗽明显，夜间有阵咳或排痰。少数患者无咳嗽但有明显气流受限。

2）咳痰：痰量以清晨较多，是由夜间睡眠后支气管分泌物增加而在起床后引起刺激性排痰所致。排出的痰液一般为白色黏液或浆液性泡沫痰，偶可带血丝。急性发作期痰量增多，可有脓性痰。

3）气短和呼吸困难：是COPD的标志性症状。慢性支气管炎并发肺气肿时，在原有咳嗽、咳痰等症状的基础上可出现逐渐加重的呼吸困难。早期患者在体力劳动或上楼等活动时出现气短；随着病情进展，在轻度活动时，甚至静息状态下也感气短或呼吸困难。急性发作时，支气管分泌物增多，进一步加重通气功能障碍，气短、呼吸困难等症状加剧，严重者可出现呼吸衰竭的表现，如发绀、头痛、嗜睡、精神恍惚。

4）喘息和胸闷：部分患者特别是重度患者常有喘息和胸闷，于劳累后或急性发作时症状加重。

5）其他症状：晚期患者常有食欲减退、营养失调、体重下降等，合并感染时可有血痰或咯血。部分患者会出现较重的心理、精神问题。

（2）体征：COPD早期体征可无异常，随疾病进展出现以下体征。

1）视诊：胸廓前后径增大，肋间隙增宽，剑突下胸骨下角增宽，称为桶状胸。部分患者呼吸运动减弱，呼吸变浅，频率增快，严重者可有缩唇呼吸等。出现低氧血症者可有皮肤及黏膜发绀；并发右心衰竭者可出现下肢水肿、肝大等。

2）触诊：双侧语音震颤减弱或消失。

3）叩诊：肺部过清音，心浊音界缩小或不易叩出，肺下界和肝浊音界下降。

4）听诊：两肺呼吸音减弱，呼气延长；心音遥远；并发感染时，肺部可闻及湿啰音和（或）干啰音。

（3）分级：根据COPD患者的气流受限、临床表现及FEV_1/FVC和FEV_1的值，将COPD患者的严重程度分为5级（表6-2）。

表6-2 慢性阻塞性肺疾病的严重程度分级

分级	分级标准
0级（高危人群）	有罹患COPD的危险因素，肺功能在正常范围，仅有慢性咳嗽、咳痰症状
Ⅰ级（轻度）	轻度气流受限，$FEV_1/FVC<70\%$，$FEV_1\geq80\%$预计值，有或无慢性咳嗽、咳痰症状
Ⅱ级（中度）	气流受限加重，$FEV_1/FVC<70\%$，50%预计值$\leq FEV_1<80\%$预计值，有或无慢性咳嗽、咳痰症状
Ⅲ级（重度）	症状加重，伴有典型的活动后气短，$FEV_1/FVC<70\%$，30%预计值$\leq FEV_1<50\%$预计值，反复加重会影响患者的生活质量，必须及时处理
Ⅳ级（极重度）	严重气流受限，多伴有呼吸衰竭或右心衰竭的临床征象，$FEV_1/FVC<70\%$，$FEV_1<30\%$预计值，患者的生活质量明显受到影响，急性加重时可危及生命

（4）其他：老年COPD患者还有以下特点。

1）呼吸困难更为突出：老年人气道阻力增加，呼吸功能为失代偿，轻度活动甚至安静时也有胸闷、喘息。

2）症状、体征不典型：老年人机体反应差，急性发作时体温可能正常；白细胞增加不明显；咳嗽、咳痰、气短不显著，仅表现为厌食、胸闷、少尿等；体格检查可有精神萎靡、颜面发绀、呼吸音减弱或干湿啰音等。

3）并发症多且重：老年人气道防御及免疫功能减退，体质差，常会发生反复感染，且易并发肺源性心脏病、肺性脑病、酸碱失衡、电解质紊乱、休克、弥散性血管内凝血等。

（5）常见并发症

1）肺源性心脏病：是COPD最常见的并发症。心肺功能代偿期主要是基础肺部疾病的表现，心肺功能失代偿期主要表现为呼吸衰竭和心力衰竭。

2）肺性脑病：是由于呼吸功能不全，导致严重缺氧及二氧化碳潴留而引起的以精神神经症状为主的一组临床综合征。表现为呼吸困难加重，发绀明显，甚至出现头痛、兴奋、烦躁、嗜睡、昏迷及抽搐等。体检可见皮肤发绀、球结膜充血、水肿，严重时颅内压升高。二氧化碳潴留时可因周围血管扩张而出现皮肤潮红、多汗。

3. 心理和社会支持状况　评估患者及家属对疾病相关知识的了解程度。由于COPD病程长，症状重，严重影响患者日常生活，患者易产生不良心理及负性情绪。应评估患者的生活自理能力及有无焦虑及抑郁情绪。评估患者家属对患者的照顾支持情况及家庭经济状况。

4. 辅助检查

（1）肺功能检查：是诊断COPD的金标准，也是判断气流受限的主要客观方法。定期检查肺功能有助于早期发现肺气肿和肺源性心脏病并正确判断病情。常有FEV_1占预计值百分比和FEV_1占用力肺活量比值下降、最大通气量（MVV）减少、残气量（RV）增加、残总气量比值增加等。

（2）影像学检查：早期COPD时胸部X线及CT检查结果可无变化；合并感染时有肺纹理增粗紊乱；发展到肺源性心脏病时可有右下肺动脉干扩张，肺动脉段凸出，右心室扩大。

（3）实验室检查：长期缺氧可出现红细胞及血红蛋白增加；并发感染时白细胞总数及中性粒细胞可增高；通过痰细菌培养可鉴定致病菌。

（4）血气分析：病情进展可出现低氧血症及高碳酸血症、酸碱平衡失调，当动脉血氧分压（PaO_2）< 60 mmHg和（或）二氧化碳分压（$PaCO_2$）> 50 mmHg时提示呼吸衰竭。对晚期COPD患者进行此项检查有重要意义，可指导临床治疗。

（二）常见护理诊断及医护合作问题

1. 气体交换受损　与通气不足、分泌物多且清理不畅及呼吸肌疲劳有关。
2. 清理呼吸道无效　与呼吸道分泌物多且黏稠、咳痰无力有关。
3. 活动无耐力　与呼吸困难、心肺功能下降有关。
4. 营养失调　低于机体需要量，与咳嗽、呼吸困难、体循环瘀血引起的食欲减退、消化功能下降有关。
5. 焦虑　与病程长、疗效差、自理缺陷、担心预后和经济压力有关。
6. 潜在并发症　与肺源性心脏病、肺性脑病、休克、电解质紊乱、弥散性血管内凝血有关。

（三）护理目标

患者呼吸困难减轻，缺氧状况改善；咳嗽减轻，痰液变稀，能有效排痰；活动耐力提高；营养状况改善；情绪稳定；遵医嘱合理用药，无并发症发生。

(四)护理措施

1. 一般护理

(1)病情观察:观察痰量、痰的性状及是否有呼吸困难;观察有无心悸、胸闷、水肿及少尿;定期监测动脉血气、电解质和酸碱平衡情况;密切观察患者的生命体征,有无精神神经症状(如有无头痛、嗜睡、表情淡漠、烦躁不安、昼睡夜醒)等,如有异常及时报告医生并协助处理。

(2)环境:病室阳光充足、空气新鲜,室内通风每日2次,每次15~30分钟,但避免患者受到直接吹风,以免受凉。室温保持18~22℃。空气干燥会降低气管纤毛运动的功能,使痰液更黏稠不易咳出,室内相对湿度在55%~60%为宜。

(3)体位:根据呼吸困难程度协助患者取适当体位,如高枕卧位、半坐卧位、端坐位,以增强肺通气量,减轻呼吸困难,并注意保护受压部位的皮肤。危重患者头侧向一边,以防止吸入性肺炎。

(4)基础护理:做好口腔护理,防止应用大量抗菌药后出现口腔真菌感染;加强生活照顾,如协助患者上下床、进食、如厕。

(5)休息与活动:心肺功能代偿期患者应适当活动,如步行、慢跑、打太极拳,以改善呼吸功能,增强体质,活动应以不加重症状为度。心肺功能失代偿期患者应卧床休息,保证充分睡眠,降低机体耗氧量,促进心肺功能恢复。

(6)备好抢救用物:如氧气、呼吸器、气管切开包、吸痰器及抢救车等。

2. 氧疗护理

(1)呼吸困难伴低氧血症的患者,遵医嘱给予氧疗。一般采用鼻导管低流量、低浓度持续给氧,其流量为1~2 L/min,浓度为25%~29%,以提高氧分压。

(2)严密观察患者的神志、面色、咳嗽和排痰能力、发绀程度、呼吸幅度和节律,注意是否有呼吸抑制发生。定期进行血气分析,以便更好地调节氧流量和浓度。在吸氧过程中若呼吸频率正常、心率减慢、尿量增多、神志清醒、皮肤转暖,提示组织缺氧改善,氧疗有效。

3. 保持呼吸道通畅

(1)根据病情协助患者取适当体位、定时翻身。

(2)指导患者有效咳嗽,采取正确的排痰方法,如拍背、雾化吸入、应用祛痰药,对于痰多黏稠不易咳出者可每天给予超声雾化吸入,同时指导患者饮水。

(3)对于痰量较多又无力咳嗽或昏迷的患者,可采用吸痰法将痰液排出;吸痰动作要轻柔,负压不宜过大,以免过度刺激迷走神经而发生心律失常或心搏骤停等意外。边吸边旋转向上提导管,尽量将痰液抽吸干净。每次吸痰时间不宜超过15秒,以免加重缺氧。

(4)病情允许可采用体位引流。

4. 用药护理 按医嘱正确、及时给药,并注意患者心肺功能改善情况。注意观察药物疗效及不良反应,长期应用抗菌药的患者,注意避免菌群失调的发生。避免用强烈镇咳药,以免抑制呼吸。指导老年人正确使用雾化吸入器。

5. 心理护理 关心体贴患者,针对患者病情、家庭状况、外界因素、精神状态等问题进行分析,给予具体指导,与患者及家属共同制订康复计划,为患者排忧解难,使患者保持良好的心境,消除焦虑情绪,积极配合治疗,树立战胜疾病的信心和勇气。

(五)健康教育

1. 向患者讲解疾病相关知识及预防措施 因COPD患者多体弱、抵抗力低,易患上呼吸道感染,引起COPD急性发作,使病情恶化。因此,COPD患者一年四季,特别是冬季和早春,要注意避免受凉,加强防寒保暖措施;在冬春季节呼吸道传染病流行时,不要到人多拥挤的公共场所去，减少感染机会；室内要保持一定温、湿度，这样有利于保持呼吸道通畅；一旦发生上呼吸道感染，应尽快请医生治疗，控制或消除感染。

2. 改善生活方式　指导患者改变不良生活方式，做到生活规律、注意休息、劳逸结合，保证睡眠；避免生活中烟雾、油烟、粉尘刺激；戒烟、戒酒，对有烟酒嗜好者，要和患者一起制订切实可行的戒烟、戒酒计划。

3. 呼吸功能锻炼　指导患者进行腹式呼吸、缩唇呼吸。

（1）腹式呼吸：患者可先取仰卧位，熟悉后可取坐位或站立位。患者一手放上腹部，另一手放胸部。用鼻吸气，吸气时胸腹部放松，让腹部自然隆起；用口呼气，呼气时轻轻收腹。呼吸时，使腹部活动，而保持胸部不动。要尽量做到深吸慢呼，吸气与呼气时间比为1∶2或1∶3，每分钟7～8次，每天锻炼2次，每次10～20分钟。

（2）缩唇呼吸：其方法与腹式呼吸大致相同，也是用鼻吸气，用口呼气。但在呼气时，要使口唇收拢（呈鱼口状），使气体通过缩窄的口唇缓缓呼出。

腹式呼吸可增强膈肌的肌力和活动度，从而增加肺泡通气量，改善通气功能，缓解症状；而缩唇呼吸主要通过腹式呼吸并在呼气时使口唇收拢，以减慢呼气，延缓小气道陷闭，以达到提高肺活量和呼吸功能的目的。

4. 饮食指导

（1）向老年人及家属说明摄取足够营养的重要性。

（2）设计科学合理的食谱，给予患者高营养、丰富维生素的清淡易消化食物。指导患者勿食产气性食物，避免油腻、辛辣刺激生冷的食物；多食水果、蔬菜，保持排便通畅；适当饮水。

（3）嘱患者注意口腔护理，以增强食欲；提倡少食多餐，以减轻心肺负担。

5. 家庭氧疗指导　指导患者及家属使用氧疗装置的方法及注意事项，同时让患者了解坚持氧疗的意义。

知识链接

长期家庭氧疗

大规模研究证实，每天12～24小时长期氧疗对COPD患者的存活率有显著改善，氧疗时间越长，此种改善越显著。此外，患者生活质量、运动耐受力及肺源性心脏病症状也都有明显改善。

长期家庭氧疗的指征包括：①动脉血氧分压（PaO_2）≤55 mmHg或血氧饱和度（SaO_2）≤88%，伴有或不伴高碳酸血症；②PaO_2为55～60 mmHg或SaO_2<89%且伴有肺动脉高压、心力衰竭、水肿或红细胞增多症。长期氧疗一般都是使用低流量经鼻管给予氧气，流量为每分钟0.5～2 L，使用时患者PaO_2能维持在60～65 mmHg，或SaO_2在90%以上。每天使用氧疗的时间建议至少14小时（包括睡眠时间），可能的话尽量24小时使用。

（六）护理评价

在预防、治疗和护理干预工作过程中，判断老年患者呼吸困难减轻、缺氧状况改善、活动耐力有所提高、能保持良好的情绪状态、能最大限度地保持社交能力和日常生活自理能力、生活质量有所提高等目标是否达成，并及时反馈以调整护理措施。

考点提示

老年肺炎、慢性阻塞性肺疾病的护理评估与护理措施。

（李　玲　年庆婷）

第三节　老年人循环系统变化和常见疾病护理

一、老年人循环系统的解剖生理变化

（一）心脏

老年人心脏体积及重量略有增加。包绕在心脏外面的结缔组织增多，束缚了心脏的收缩与舒张；心内膜肥厚，瓣膜纤维化、钙化、柔韧性降低，影响瓣膜的正常开放与关闭，影响血流动力学变化，造成心功能不全；心肌间结缔组织增加，心包膜下脂肪沉着，室壁肌肉老化，导致心脏顺应性差，进而影响心功能。

老年人心脏传导系统也发生退行性改变，窦房结起搏细胞数目减少，致窦房结自律功能降低，窦房结、房室结、房室束（又称希氏束）及左右束支传导细胞减少，心脏搏动间隔时间延长，活动时使心肌收缩力下降，心输出量减少，影响各脏器的血流灌注，特别是脑、肾、冠状动脉的灌注不足会导致出现相应的临床症状。

（二）血管

老年人的动脉壁僵硬，韧性降低；血管壁弹性纤维减少，胶原纤维增多，血管内膜增厚；脏器血流灌注减少，出现脏器缺血性甚至坏死性病变，如冠心病、脑血管疾病；毛细血管总数减少，弹性降低，脆性和通透性增加，代谢率下降，致使机体出现供氧不足等微循环改变。

（三）心功能

1. **心肌收缩力**　随着年龄的增长，由于心肌的收缩力和顺应性降低，加之动脉管壁硬化，弹性减弱，使外围阻力增加，心输出量下降，全身血液供应量减少。据统计，65岁老年人的心输出量较25岁年轻人平均减少30%~40%，以后仍随年龄增加而每年减少1%。冠状动脉血流量也明显减少，以60岁老年人和年轻人相比较，最大冠状动脉血流量约减少35%。老年人心脏的耗氧量也明显增加，如年轻人的动脉搏动本身消耗心脏动力的8%，而老年人则高达17%，因此老年人更易发生心肌缺氧。老年人心脏功能减退，心脏的生理储备明显减少，心脏代偿功能逐渐下降，因此，在一般情况下，老年人的心脏尚可保持正常的功能，但一旦遇到失血、输液过多或过快、心动过速、发热等突然增加心脏负荷的时候，就容易出现心功能代偿失调。左心室射血期随增龄而缩短，而射血前期则随之延长，说明老年人心脏泵血功能低下。

通过对心电图的观察，可以发现70岁以上的老年人心电图常出现：①心电轴逐渐左偏。②房室传导时间延长。③缺血性ST段下移。④T波倒置。⑤右束支传导阻滞。⑥期前收缩等。

2. **心率及心律**　老年人的静息心率随增龄变化不大，但运动后恢复到静息时心率的时间延长。心脏的神经调节能力进行性下降，使老年人心功能降低和不稳定性增加，容易出现心律失常。老年人窦房结内自律细胞数量减少，常有心率明显减慢，有时出现窦性停搏；发生病态窦房结综合征时，还可出现心房颤动、慢快综合征、逸搏和逸搏心律等；传导系统的变性和纤维化可发生房室传导阻滞，室内传导阻滞。老年人发生感染、高热、过劳、失血、电解质紊乱时，更易发生心律失常。心律失常可直接影响血流动力学，使心输出量减少，血压发生波动，

心功能失代偿，甚至心力衰竭。

3. 血压　老年人高血压的早期，外周小动脉痉挛，动脉壁由于缺氧呈透明样变性。小动脉压力继续增高，则动脉内膜发生纤维组织和弹性纤维增生，管腔变窄，呈动脉硬化表现，导致外周血管阻力增加，加重心脏的后负荷，引起左心室肥厚，并使老年人出现以收缩压升高为主的高血压特征。此时，因脉压增大，压力感受器敏感性下降，容易出现体位性低血压，增加老年人跌倒和受伤的危险。在此基础上血压持续上升，进一步发展成各靶器官的继发性改变，即心、脑、肾受累。血压升高使左心室的后负荷增加，心肌肥厚与扩大，进而出现心力衰竭，产生高血压心脏病；冠状动脉狭窄造成心肌缺血，从而产生冠心病的一系列心脏改变。

二、高血压

案例 6-3

患者，男，61岁，活动后呼吸困难5年，伴下肢水肿1个月。5年前，患者在登山时突感心悸、气短、胸闷，休息约1小时后稍有缓解。从那时以后患者自觉体力日渐下降，稍微活动即感气短、胸闷，夜间时有憋醒，无心前区痛，曾在当地诊断为"心律失常"，服药疗效不好。1个月前患者感冒后咳嗽，咳白色黏痰，气短明显，不能平卧，尿少，颜面及两下肢水肿，腹胀加重而来院。患者既往20余年前发现高血压170/100 mmHg，未经任何治疗；8年前有阵发心悸、气短发作；无结核、肝炎病史；无长期咳嗽、咳痰史；吸烟40年，不饮酒。

问题与思考：
（1）为明确患者的情况，还需进一步询问患者哪些情况？采取哪些辅助检查？
（2）目前患者主要存在哪些护理诊断及问题？护士可采取哪些护理措施？

高血压（hypertension）是一种常见的以体循环动脉血压升高为主要临床表现的综合征。老年人高血压是指患者年龄在60岁以上，血压持续或非同日3次以上超过高血压的诊断标准。老年人高血压是除了血压升高外，还伴有心、脑、肾和视网膜等组织器官病变的全身性疾病，是老年人最常见的一种心血管疾病。老年人高血压具有患病率高、致残率高、死亡率高、知晓率低、治疗率低、控制率低（三高、三低）的特点。高血压是多种心脑血管疾病的重要病因和危险因素，长期高血压会影响心、脑、肾等重要脏器的结构与功能，最终可导致这些器官的功能衰竭，严重影响老年人的健康长寿。我国高血压的定义和分类见表6-3。

表6-3　我国高血压的定义和分类

血压分级	收缩压（mmHg）	舒张压（mmHg）
理想血压	< 120	< 80
正常血压	< 130	< 85
正常高值	130～139	85～89
1级高血压（轻度）	140～159	90～99
亚组：临界高血压	140～149	90～94
2级高血压（中度）	160～179	100～109
3级高血压（重度）	≥ 180	≥ 110
单纯收缩期高血压	≥ 140	< 90
亚组：临界高血压	140～149	< 90

注：当收缩压和舒张压分属于不同级别时，以较高的分级为准

(一)护理评估

1. 健康史及相关因素

（1）健康史：详细询问老年人平时的血压水平，是否服药，服用的药物名称、种类及效果，是否能坚持服药。评估老年人有无头痛，头痛程度、持续时间、缓解方式，是否伴有头晕、耳鸣、烦躁、心悸、乏力、恶心等症状；有无心前区不适、一过性失语、肢体麻木、瘫痪、晕厥、视物模糊、下肢水肿、夜尿增多等。了解老年人平时的运动、饮食习惯，生活节奏，吸烟、饮酒史，家族中是否有高血压、糖尿病、冠心病及高脂血症患者等。

（2）病因：高血压的发病机制尚未完全阐明，目前认为是在各种复杂因素的影响下，使血压调节功能失调而产生的。一般认为遗传因素约占40%，环境因素约占60%。

1）遗传因素：原发性高血压有家族聚集倾向，双亲均患高血压的子女，以后发生高血压的比例增高。

2）钠盐摄入过多：流行病学和临床观察均显示钠盐摄入量与高血压的发生和血压水平呈正相关。另外，有人认为饮食中低钙、低钾、高蛋白质和饱和脂肪酸比值较高也可能属于升压因素。饮酒也与血压水平线性相关。

3）精神刺激：人在长期精神紧张、压力、焦虑或长期环境噪声、视觉刺激下也可引起高血压。

4）其他因素：肥胖是血压升高的重要危险因素。老年女性常在绝经期后，由于内分泌失调而导致高血压。此外，阻塞性睡眠呼吸暂停综合征也可能与高血压的发生有关。

（3）病理生理：老年人高血压的早期外周小动脉痉挛，动脉壁玻璃样变性，大动脉粥样硬化，主动脉及其分支的血管弹性减弱，心脏收缩时泵入主动脉的血液得不到缓冲，使收缩期血压升高，因动脉回缩的作用减弱，心脏舒张压显得相对变低。故老年人单纯收缩期高血压多见，收缩压随年龄而增高，舒张压则降低或稳定不变。单纯收缩期高血压对心脏功能影响较大，且易发生脑血管意外。老年人由于血压波动大，尤其是应用血管扩张药和利尿药时，要注意体位性低血压的发生。

小动脉压力持续增高会引起动脉硬化，进而会导致各靶器官的继发性损害，即心、脑、肾受累。

（1）心脏：患者左心室后负荷过重，引起心肌肥厚与扩大，最终导致心力衰竭，产生高血压心脏病；高血压还可促使冠状动脉粥样硬化的形成及发展，并使心肌耗氧量增加；冠状动脉狭窄造成心肌缺血，产生冠心病的心绞痛、心肌梗死甚至猝死。

（2）脑：脑小动脉硬化，血管痉挛或血栓形成，痉挛处远端血管壁可发生营养性坏死而形成微小动脉瘤，微小动脉瘤破裂可致脑出血。急剧的小动脉痉挛和缺血，通透性增高可致脑水肿。

（3）肾：长期高血压可引起肾小动脉硬化，65岁以上的患者几乎都有中度以上的肾细动脉硬化，可出现等渗尿、蛋白尿，晚期出现肾衰竭。

（4）严重高血压可使主动脉夹层形成并破裂而致命。

2. 身体状况

（1）临床表现：老年人高血压通常起病缓慢而隐匿，约50%以上的患者是在体格检查时被发现的，少数患者则是在发生心、脑、肾等并发症后才被发现的，临床表现以单纯收缩期高血压多见。

1）一般症状：早期症状不明显，部分表现为头痛、头晕、头胀、耳鸣、疲劳、眼花、四肢麻木、失眠、烦闷、气短等；也可出现视物模糊等较重症状，但并不一定与血压水平相关；血压昼夜波动幅度较大；易发生体位性低血压。

2）体征：听诊可闻及主动脉瓣区第二心音亢进、主动脉瓣区收缩期杂音或收缩中晚期喀喇音，长期持续高血压可有左心室肥厚并可闻及第四心音。

（2）并发症：老年人高血压并发症多且严重，病残率较高，常并发冠心病、心绞痛、心肌梗死、脑血管意外、肾功能不全等，可危及生命或致残。

1）高血压危象：表现为头痛、烦躁、眩晕、恶心、呕吐、心悸、胸闷、气急、视物模糊等严重症状，以及伴有动脉痉挛累及的靶器官缺血症状。高血压危象多由紧张、劳累、突然停服抗高血压药等引起血压急剧升高导致。

2）高血压脑病：血压极度升高突破了脑血流自动调节范围，可发生高血压脑病，以脑病的症状与体征为特点，表现为严重头痛、恶心、呕吐，以及不同程度的意识障碍、惊厥。

3）脑血管病：包括脑出血、脑血栓形成、腔隙性脑梗死、短暂性脑缺血发作。

4）心力衰竭：左心室后负荷长期增高可致心室肥厚、扩大，最终导致心力衰竭。

5）慢性肾衰竭：长期持久血压升高可致进行性肾小球硬化，并加速肾动脉粥样硬化发生，可出现蛋白尿、肾损害，晚期出现肾衰竭。

6）主动脉夹层：严重高血压可促使主动脉夹层形成，血液渗入主动脉壁中层形成血肿，并沿着主动脉壁延伸剥离。主动脉夹层为严重的血管急症，常可致死。

（3）辅助检查

1）生化检查：血常规、尿常规、肾功能、血糖、血脂分析、血尿酸等检查可判定高血压对靶器官损害情况。

2）心电图检查：可见左心室肥大、劳损。

3）X线检查：可见主动脉弓迂曲延长，左心室增大，出现心力衰竭时肺野可有相应改变。

4）眼底检查：有助于了解高血压的严重程度。目前采用Keith-Wagener眼底分级法，其分别标准如下：Ⅰ级，视网膜动脉变细、反光增强；Ⅱ级，视网膜动脉狭窄、动静脉交叉压迫；Ⅲ级，上述血管病变有眼底出血、棉絮状渗出；Ⅳ级，上述基础上出现视神经盘水肿。

5）动态血压监测：有助于判断高血压的严重程度，了解血压变异性和血压昼夜节律，指导降压治疗和评价抗高血压药疗效。

6）超声心动图检查：可了解心室壁厚度、心腔大小、心脏舒张收缩功能、瓣膜情况等。

3. 治疗原则　治疗老年人高血压的主要目的是最大限度地降低心血管疾病的发病和死亡危险。患者的血压波动较大、症状少而并发症多且严重，所以应积极治疗。老年人高血压的治疗包括非药物治疗和药物治疗两个方面。

（1）非药物治疗：减轻体重，限制钠盐摄入，补充钙和钾盐，调整饮食结构，减少食物中饱和脂肪酸的含量和脂肪总量，戒烟、限酒，制订并执行锻炼计划，减少精神压力，保持心理平衡等。

（2）药物治疗：凡高血压2级或2级以上老年人、高血压合并糖尿病或者已有心、脑、肾之一靶器官损害和并发症的老年人、血压持续升高6个月以上非药物治疗手段仍不能有效控制血压者，必须使用抗高血压药治疗。用药时要严格掌握适应证及药物的不良反应，剂量宜小，降血压宜平稳，避免血压发生大的波动，防止脑血管意外及体位性低血压等并发症的发生。

1）抗高血压药种类与作用特点：目前常用的抗高血压药可归纳为五类，即利尿药、β受体阻断药、钙通道阻滞药、血管紧张素转换酶抑制药（ACEI）及血管紧张素Ⅱ受体阻断药（ARB）。利尿药适用于轻、中度高血压者，使用时注意监测电解质改变；β受体阻断药主要用于轻、中度高血压尤其是心率较快的患者，使用时注意观察心率、血糖、血脂及有无心力衰竭的发生；钙通道阻滞药为治疗单纯收缩期高血压的有效药物，使用时注意有无心率加快、下肢水肿和体位性低血压的发生；血管紧张素转换酶抑制药主要用于合并糖尿病或心功能不全、肾损害有蛋白尿的患者,使用时注意有无体位性低血压、白细胞减少、高血钾和干咳症状,应定期复查肝肾功能、白细胞及血清电解质。

2)抗高血压药应用方案:抗高血压药和治疗方案选择应个体化。药物治疗应从小剂量开始,逐渐增加剂量,达到满意血压水平所需药物的种类与剂量后进行长期降压治疗。联合用药治疗可以增强药物疗效,减少不良反应。目前比较合理的联合治疗方案有:利尿药与β受体阻断药;利尿药与ACEI或ARB;二氢吡啶类钙通道阻滞药与β受体阻断药;钙通道阻滞药与ACEI或ARB。3种抗高血压药合理的联合治疗方案除有禁忌证外必须包含利尿药。

4. 心理和社会支持状况　了解老年人的个性、职业及人际关系中是否有引起血压波动的应激因素;评估老年患者是否遵循了高血压患者的生活方式,是否知晓自我保健知识;评估其亲属所具备的相应知识情况及理解支持度。

(二)常见护理诊断及医护合作问题

1. 疼痛　头痛,与血压升高有关。
2. 有受伤的危险　与血压高致头晕、视物模糊、意识改变或发生体位性低血压有关。
3. 知识缺乏　与缺乏疾病预防、自我保健知识和高血压用药知识有关。
4. 潜在并发症　高血压危象、高血压脑病等。

(三)护理目标

患者主诉疼痛次数减少、程度减轻;避免受伤,预防体位性低血压;能说出与高血压预防、自我保健、用药有关的知识;能够及时发现和处理高血压重症。

(四)护理措施

1. 一般护理

(1)休息与活动:指导患者制定有规律的作息时间,保证每日有充足的睡眠。鼓励患者坚持适量运动如慢跑、散步、气功、打太极拳、健身操、以走楼梯代替坐电梯等,可加强血液循环,改善心脏功能,但要禁止较重的体力活动。患者服用抗高血压药期间,在起床或改变体位时,动作宜缓慢,如有突发眩晕、头昏,则应赶快卧床,待感觉舒适后才缓缓起床,以免发生体位性低血压,造成跌伤、撞伤。

(2)饮食护理:老年人的饮食应当清淡,以低盐、低脂、易消化饮食为宜。①限制钠盐摄入,每天钠盐摄入量应低于6 g。②保证充足的钾、钙摄入,多食新鲜蔬菜、水果、豆类、谷类食物,油菜、芹菜、蘑菇、木耳、虾皮、紫菜等食物含钙量较高,橘子、香蕉等含钾较多。③适量补充鱼类、蛋类等富含蛋白质的食物。④增加粗纤维食物摄入,预防便秘,因用力排便可使收缩压上升,甚至造成血管破裂。⑤戒烟限酒,控制体重。

2. 病情观察及护理

(1)定时监测血压:每天定时监测血压、并做好记录。患者有头晕、眼花、耳鸣、视物模糊等症状时应嘱其立即卧床休息,抬高下肢以增加回心血量。患者上厕所或外出时有人陪伴,若头晕严重,应协助患者在床上排尿、排便。密切观察并及时预防高血压并发症的发生。

(2)用药护理:①向患者强调长期药物治疗的重要性,用抗高血压药使血压降至理想水平后,应继续服用维持量,以保持血压相对稳定,对无症状者更应强调长期用药的重要性。②告知患者药物的名称、剂量、用法、作用及不良反应,并提供书面材料;出现不良反应时应及时和医师取得联系。③嘱患者必须遵医嘱服药、调整用药,不能擅自停药,不可根据自觉症状来增减药物、忘记服药或在下次吃药时补服;血压控制满意后,可逐渐减少剂量,防止血压波动和突然升高。

3. 心理护理　指导患者学会自我心理调节,养成规律的生活习惯,保持乐观的情绪,培养良好的性格。老年人可因疾病、丧偶、子女工作、生活变动、社会角色及家庭角色的改变、经济状况的变化等因素而产生过度压力,护理人员应协助老年人找出生活中的压力来源,探讨缓解压力的方法,帮助老年人建立"顺应自然、防病防忧、随遇而安、老有所乐"的生活态度。

(五)健康教育

1. 疾病知识　让患者了解自己的病情,包括高血压、危险因素及同时存在的情况,了解控制血压的重要性和终身治疗的必要性;掌握高血压的治疗、护理及预防知识,学会自我监测血压;每次就诊携带记录,作为医生调整药量或选择用药的依据。

2. 用药指导　指导患者正确用药,控制血压在正常或接近正常水平。教会患者掌握常用药的名称、剂量、用法及不良反应,严格按医嘱用药,不可擅自突然停药。

3. 饮食指导　指导患者调节饮食结构,以低盐、低脂饮食为主,强调少食多餐,避免过饱,特别是晚餐过饱易诱发脑卒中。

4. 生活方式　戒烟限酒,劳逸结合;适当进行身体锻炼,如散步、慢跑、游泳、太极拳、气功,这些运动有助于改善心血管的功能;保证充足的休息和睡眠。

5. 调整心态　保持精神愉快,性格乐观、开朗,避免情绪激动,以免诱发血压增高;家属应给予老年人充分的理解、宽容和安慰。

6. 定期复诊　根据老年人的总危险分层及血压水平决定复诊时间。危险分层属低危或中危者,可安排老年人每1~3个月随诊1次;若为高危者,则应至少每1个月随诊1次。

(六)护理评价

判断老年人头痛等高血压症状减轻或消失,避免跌倒受伤、体位性低血压、高血压危象等并发症,建立起良好的生活习惯等护理目标是否达成,并及时调整护理措施。

三、冠心病

案例6-4

患者,男,65岁,持续心前区疼痛4小时。4小时前患者午饭后突感心前区痛,伴左肩臂酸胀,自含硝酸甘油1片未见好转,伴憋气、乏力、出汗,排尿、排便正常。患者既往高血压病史6年,最高血压160/100 mmHg,未规律治疗;糖尿病病史5年,一直口服降血糖药治疗;无药物过敏史;吸烟10年,每日20支左右,不饮酒。

问题与思考:

(1)为明确患者的情况,还需进一步询问患者哪些情况?采取哪些辅助检查?

(2)目前患者主要存在哪些护理诊断及医护合作问题?护士可采取哪些护理措施?

冠状动脉粥样硬化性心脏病(coronary atherosclerotic heart disease)简称冠心病,是指因冠状动脉粥样硬化使管腔狭窄或阻塞,导致心肌缺血、缺氧而引起的心脏病,又称缺血性心脏病。

老年冠心病临床表现特点有:①起病隐匿,症状轻,多变,病程长。②并发症如心律失常、心功能不全发生率高。③伴发病较多,多存在器官功能退行性病变,如心脏瓣膜退行性改变、心功能减退等。④病变累及多支血管,常有陈旧性心肌梗死。⑤可表现为慢性稳定型心绞痛,也可以急性冠脉综合征(包括不稳定性型绞痛、急性心肌梗死及冠心病猝死)为首发症状。

冠心病的临床分型有:①隐匿型冠心病;②心绞痛型冠心病;③心肌梗死型冠心病;④心律失常及心力衰竭型冠心病;⑤猝死型冠心病。临床上以心绞痛和急性心肌梗死较为常见。

心 绞 痛

心绞痛（angina pectoris）是由冠状动脉供血不足，心肌暂时缺血与缺氧所引起的以心前区疼痛为主要表现的临床综合征。其特点为发作性心前区压榨性疼痛，可放射到左肩、左上肢。劳累或情绪激动、饱食、受凉及吸烟、心动过速等可诱发心绞痛，持续约数分钟；休息或含服硝酸甘油后可迅速缓解。

（一）护理评估

1. 健康史及相关因素

（1）健康史：了解患者有无高血压、糖尿病、脑血管病、高脂血症及心绞痛发作史，吸烟史及每天吸烟量，是否有冠心病、高血压的家族史，有无摄入高热量、高胆固醇、动物类脂肪食物的饮食习惯，有无锻炼身体的习惯，每天是否有充足的休息和睡眠、睡眠质量如何。

（2）病因：心绞痛的病因尚未完全明确，主要易患因素是高龄、高血压、高脂血症、吸烟、糖尿病、糖耐量异常、肥胖、好强性格、遗传、生活方式等。老年女性冠心病的增多还与雌激素水平下降有关。

（3）病理生理：心肌供氧量决定因素为冠状动脉血流量、心肌从血液摄取氧的能力。在正常情况下，冠状循环储备很大，当剧烈活动时，冠状动脉扩张，血流量可增加到休息时的6～7倍，达到供求平衡。稳定型心绞痛的病因是冠状动脉狭窄或部分分支闭塞时，其扩张性减弱，血流量减少。若心肌的血供减少尚能应付平时的需要，则休息时无症状，一旦心脏负荷突然增加使心肌耗氧量增加时，冠状动脉的供血不能相应增加，即可引起心绞痛。不稳定型心绞痛主要病因在于冠状动脉内不稳定的粥样斑块继发的病理改变使局部的心肌血流量明显下降，如斑块内出血、斑块纤维帽出现裂隙、表面有血小板聚集和（或）刺激冠状动脉痉挛，导致缺血性心绞痛。

老年人的心绞痛从解剖上来看有两种情况：一种是冠状动脉有狭窄，且至少有一主支狭窄，其狭窄程度达横切面的75%以上时才会发生心绞痛；另一种情况是冠状动脉的主要分支无狭窄，是由于冠状动脉痉挛、冠状循环的小动脉病变、血红蛋白和氧的离解异常、交感神经兴奋性增强、儿茶酚胺分泌过多或心肌代谢异常而引起心肌缺血缺氧。

2. 身体状况

（1）临床表现

1）发作性胸痛：老年人心绞痛的临床表现及疼痛部位多不典型，可仅表现为劳动后气急、心悸而无明显胸痛，或感觉为心前区不适、胸闷，偶有左侧咽痛、牙痛、上腹痛或反复发作的左肩疼痛而误诊。因此，老年人如发生上述症状，且伴出汗和不能解释的呼吸困难、脉搏突然改变，应考虑到发生心绞痛的可能。

2）体征：平时一般无异常体征，绞痛发作时常有面色苍白、出冷汗、心率增快、血压升高，心尖部听诊出现第四心音奔马律，可有暂时性心尖部收缩期杂音（乳头肌缺血致功能失调，引起二尖瓣关闭不全所致）。

（2）辅助检查

1）心电图检查：心电图检查是发现心肌缺血、诊断心绞痛最常用的检查方法。约有50%老年心绞痛患者静息心电图为正常，发作时常出现ST段降低，有时出现T波倒置。变异型心绞痛则为有关导联的ST段暂时抬高，发作缓解后恢复。可通过动态心电图连续监测记录24小时，从中发现ST-T改变和各种心律失常出现的时间，并将其与和老年人的活动与症状相对照；也可做心脏负荷试验，增加其心脏负担，以激发心肌缺血。

2）胸部X线检查：一般无异常发现，少数患者有心影增大和肺淤血。

3）放射性核素检查：能显示心肌缺血区域和缺血程度，也能显示心肌坏死区和范围大小。

4）冠状动脉造影：可发现冠状动脉狭窄的部位和估计其狭窄程度。管腔狭窄75%以上出现心肌缺血表现。

3. 治疗原则：改善冠状动脉的供血和减轻心肌的耗氧量。

（1）休息：心绞痛发作时应立即休息，一般在患者停止活动后症状即可消除。

（2）药物治疗：①发作时首选硝酸酯类药。如硝酸甘油片，舌下含服，即刻发挥疗效，持续约30 min；硝酸异山梨酯5～10 mg，舌下含服或喷雾吸入。②缓解期可选用作用持久的抗心绞痛药，常用药物有长效硝酸酯类药、β受体阻断药如普萘洛尔、钙通道阻滞药如硝苯地平、抗血小板凝集药如阿司匹林及羟甲基戊二酰辅酶A（HMG-CoA）还原酶抑制药等，可单独、交替应用或联合应用。

（3）经皮冠状动脉腔内成形术及支架植入术。

（4）外科治疗：可行冠状动脉旁路移植术、冠状动脉腔内旋切术和冠状动脉腔内激光成形术。

4. 心理和社会支持状况：由于心绞痛常反复发作，影响日常生活，患者容易产生焦虑、恐惧心理，表现为消极被动，减少社会活动，改变家庭和社会角色。须评估患者存在的心理问题和家庭及社会支持情况。

（二）常见护理诊断及医护合作问题

1. 疼痛　胸痛，与心肌缺血、缺氧有关。
2. 活动无耐力　与心肌氧的供需失调有关。
3. 知识缺乏　缺乏控制诱发因素及预防心绞痛发作的知识。
4. 潜在并发症　心肌梗死。

（三）护理目标

主诉疼痛次数减少，程度减轻；主诉活动耐力增加，活动时呼吸困难和疲劳感减轻，能进行日常活动，能掌握活动量的限制；老年人能运用有效的方法缓解疼痛；无并发症发生。

（四）护理措施

1. 一般护理

（1）休息与活动：心绞痛发作时立即停止活动，就地休息，解开衣领，采取舒适的体位。一般患者停止活动后症状可缓解，缓解期的稳定型心绞痛者一般不需卧床休息，可调整日常生活，避免过度紧张，参加适当的体力劳动和体育锻炼，活动量以不诱发心绞痛为度。避免竞赛性运动和屏气用力动作，以免诱发心绞痛。

（2）饮食护理：指导患者进食高维生素、低热量、低动物脂肪、低胆固醇、适量蛋白质、易消化的清淡食物，少量多餐，避免过饱及刺激性食物与饮料；禁烟酒；多吃蔬菜、水果，保持排便通畅。

2. 病情观察及护理　应密切观察疼痛的部位、性质、范围、放射性、持续时间、诱因及缓解方式，以利于及时正确地判断、处理，在有条件的情况下应进行心电监护，无条件时，对心绞痛发作者应定期检测心电图，观察其改变。

3. 心理护理　帮助患者减轻精神压力，逐渐改变急躁易怒的性格，保持平和的心态。可采取放松技术、与他人交流的方式缓解压力，克服紧张、焦虑、恐惧情绪，避免各种诱发因素。

（五）健康教育

1. 改变生活方式　合理安排生活，急性发作期应就地休息，缓解期注意劳逸结合；适当参加室外活动，气候变化时，注意保暖防寒，严冬不宜进行体育锻炼；注意饮食保健，戒烟酒；肥胖者控制体重。

2. 避免诱因　避免体力劳动、情绪激动、饱餐、寒冷、吸烟、心动过速等。

3. 自我监测　学会心绞痛发作时的缓解方法；如服用硝酸甘油后症状不缓解，或心绞痛发作比以往频繁、程度加重、疼痛时间延长，应立即到医院就诊。

4. 用药指导　正确使用心绞痛发作期及预防心绞痛的药物，随身携带硝酸甘油以应急，注意有效期，及时更换到期药物，监测药物不良反应；了解中国传统中医药对心绞痛的康复效果。

5. 定期随访。

（六）护理评价

判断患者疼痛减少、疼痛程度减轻、活动耐力增加、运用有效的方法缓解疼痛、无并发症发生等护理目标是否达成，并及时调整护理措施。

急性心肌梗死

急性心肌梗死（acute myocardial infarction）是指在冠状动脉狭窄的基础上，冠状动脉急性闭塞引起血流中断，致心肌发生急性缺血性坏死。急性心肌梗死是冠心病的严重表现，也是导致冠心病老年人死亡的主要原因。老年人急性心肌梗死的发生率明显高于中青年，老年人的心肌梗死多无先兆表现，症状不典型，并发症多，变化快，死亡率高；严重者易出现心律失常、心源性休克、心力衰竭，甚至发生心源性猝死。因此，老年人心肌梗死应及早发现，以便及早处理，减少病死率。

（一）护理评估

1. 健康史及相关因素

（1）健康史：同心绞痛的健康史询问。询问本次发病特点与目前病情：评估老年人此次发病有无明显的诱因，胸痛发作的特征，尤其是起病的时间、疼痛剧烈程度、是否进行性加重，有无恶心、上腹部疼痛、反复呕吐、乏力、头晕、呼吸困难等伴随症状，是否有心律失常、休克、心力衰竭的表现。

知识链接

心绞痛与急性心肌梗死的鉴别和诊断要点

鉴别诊断条目	心绞痛	急性心肌梗死
疼痛		
1. 部位	胸骨上、中段之后	相同，可在较低位置或上腹部
2. 性质	压榨性或窒息性	相似，但程度更剧烈
3. 诱因	劳累、激动、受寒、饱食等	不常有
4. 时限	短，1～5分钟或15分钟以内	长，数小时或1～2天
5. 频率	频繁发作	不频繁
6. 硝酸甘油疗效	显著缓解	作用较差或无效
气喘或肺水肿	极少	可有
血压	升高或无显著改变	可降低，甚至发生休克
心包摩擦音	无	可有
坏死物质吸收的表现		
1. 发热	无	常有

续表

鉴别诊断条目	心绞痛	急性心肌梗死
2. 血白细胞增加（嗜酸性粒细胞减少）	无	常有
3. 血红细胞沉降率增快	无	常有
4. 血清心肌坏死标志物	无	有
心电图变化	无变化或暂时性 ST 段和 T 波变化	有特征性和动态性变化

（2）病因：基本病因是冠状动脉粥样硬化（偶为栓塞、炎症、先天性畸形和痉挛）造成血管管腔狭窄和心肌供血不足。促使心肌梗死发生的常见诱因有情绪激动、体力活动、饱餐、用力排便和应激（如休克、脱水、外科手术）等。

（3）病理生理：心肌梗死时主要出现心室泵血功能障碍导致的血流动力学变化，严重程度和持续时间取决于梗死的部位和程度，表现为心肌收缩力减弱、心肌收缩不协调，心输出量下降，出现血压下降、心律失常，严重者出现心力衰竭和心源性休克。

2. 身体状况

（1）临床表现

1）症状：老年人心肌梗死发作时疼痛症状不典型，仅觉心前区隐痛、胸闷、气短；约有1/3 的老年人无明显的胸痛，首发休克和心力衰竭，突然发生阵发性呼吸困难，伴有神志不清、昏厥或血压急剧下降；也有的老年人心肌梗死表现为上腹部疼痛、恶心、反复呕吐而酷似急性胃炎；或表现为下颌、颈部、肩部等疼痛，被误为骨关节痛。感染发热是老年人尤其是高龄老年人最常见的诱因，主要是上呼吸道感染和肺炎，少数是胃肠道和泌尿系统感染。

2）体征：患者心脏浊音界可轻至中度增大，心率增快或减慢，心尖区第一心音减弱，或出现奔马律；少数患者在发病后出现心包摩擦音；发生二尖瓣乳头肌功能失调者，心尖区可出现粗糙的收缩期杂音；除急性心肌梗死早期血压可增高外，几乎都有血压下降，可有心律失常、休克、心力衰竭相关体征。

（2）并发症

1）心律失常：老年人心肌梗死时心律失常发生概率高，见于 75%～95% 的患者，室性心律失常多见，心室颤动是急性心肌梗死的主要死因。

2）心力衰竭：主要是急性左心衰竭，发生率 32%～48%，出现咳嗽、发绀、严重者发生肺水肿。

3）心源性休克：老年人可为首发表现，为心肌广泛坏死、心输出量急剧下降所致。

4）心室壁瘤：主要见于左心室，发生率 5%～20%，常有附壁血栓。心电图示 ST 段持续抬高。X 线、超声心动图、放射性核素心血池扫描及左心室造影，均能显示出心缘有局部突出，动态观察时反常搏动。

5）心脏破裂：少见，常在起病后 1 周内出现，多为游离壁破裂，造成急性心包填塞，迅速死亡；偶有室间隔破裂。

6）栓塞：起病后 1～2 周出现，发生率 1%～6%，为左心室附壁血栓所致的脑栓塞、肾栓塞、脾栓塞及下肢动脉栓塞。下肢血栓栓子脱落可产生肺动脉栓塞。

（3）辅助检查

1）心电图检查：特征性改变是 ST 段抬高。ST 段抬高性急性心肌梗死心电图表现特点：①在面向透壁心肌坏死区的导联 ST 段明显抬高呈弓背向上型，宽而深的病理性 Q 波，T 波倒置。②在背向心肌坏死区的导联则出现相反的改变，即 T 波增高，ST 段压低和 T 波直立并增高。非 ST 段抬高的心肌梗死心电图特点：①无病理性 Q 波，有普遍性 ST 段压低，背向坏死区导联 ST 段抬高，或有对称性 T 波倒置。②无病理性 Q 波，也无 ST 段变化，仅有 T 波倒置变化。心肌梗死时心电图动态性改变见表 6-4；心肌梗死的定位诊断见表 6-5。

表 6-4　心肌梗死时心电图动态性改变

分期	ST 段	T 波	Q 波
早期	急性损伤性抬高	高尖	尚未形成
急性期	显著升高或呈单向曲线	倒置	坏死性
近期	恢复或基本恢复至基线	倒置呈冠状	仍存在
慢性期	基本正常或正常	倒置变浅或正常	变小、消失

2）放射性核素检查：可显示心肌梗死的部位与范围，观察左心室壁的运动和左心室的射血分数。

3）超声心动图检查：可了解心室各壁的运动情况，评估左心室梗死面积，测量左心功能，诊断室壁瘤和乳头肌功能不全，为临床治疗及判断预后提供重要依据。

4）冠状动脉造影：是迄今为止诊断冠心病最可靠的方法。

5）血液检查：起病 24～48 小时后白细胞计数增高，中性粒细胞增多，嗜酸性粒细胞减少或消失，红细胞沉降率增快，C 反应蛋白增高，这些异常情况可持续 1～3 周。

6）血清心肌坏死标志物增高：肌钙蛋白、血清心肌酶谱检查等具有诊断价值。天冬氨酸转氨酶（AST）、肌酸激酶（CK）、肌酸激酶同工酶（CK-MB）是传统的诊断急性心肌梗死的血清标志物，可出现假阳性。肌红蛋白在急性心肌梗死后出现最早，但骨骼肌损伤可影响其特异性，如早期检测结果阳性，应再测定其他心肌坏死特异性标志物予以证实。

表 6-5　心肌梗死的定位诊断

定位	I	II	III	aVR	aVL	aVF	V1	V2	V3	V4	V5	V6
下壁	−	+	+	−	−	+	−	−	−	−	−	−
广泛前壁	−	−	−	−	−	−	±	+	+	+	+	+
前间壁	−	−	−	−	−	−	+	+	+	−	−	−
前壁	−	−	−	−	−	−	−	−	+	+	±	−
侧壁	+	−	−	−	+	−	−	−	−	−	+	+

3. 治疗原则　尽早血液再灌注（到达医院后 30 分钟内开始溶栓或开始介入治疗）以挽救濒死的心肌，防止梗死面积扩大，缩小心肌缺血的范围，保护和维持心功能；及时处理严重心律失常和各种并发症，防止猝死；强调入院前就地处理，并尽量缩短老年人就诊、各种检查、处置、转运等的时间。

（1）一般治疗

1）休息：老年人未行再灌注治疗前，应绝对卧床休息，减少不良刺激。

2）吸氧：因大流量吸氧会引起血管收缩，反而使心肌缺血，故应保持小流量间断或持续性吸氧 2～3 天。

3）监测：急性期应住在冠心病监护室，进行心电、血压、呼吸监测 3～5 天，必要时进行血流动力学监测。

（2）药物治疗

1）解除疼痛：应尽早解除疼痛，常用药物有哌替啶、吗啡、硝酸甘油或硝酸异山梨酯。

2）溶栓疗法：起病6小时内没有溶栓禁忌证时，可使用纤溶酶原激活药溶解冠状动脉内的血栓，常用药物有尿激酶、链激酶。溶栓治疗的主要危险是出血，故在溶栓过程中应密切监测出血时间、凝血时间、血小板，观察出血的各种表现。

3）消除心律失常：心律失常是引起病情加重及死亡的重要原因。特别要警惕室性期前收缩演变为室性心动过速或心室颤动的可能，发生心室颤动时，尽快采用非同步直流电除颤。

4）控制休克：有条件者应在血流动力学监测下，进行补充血容量、应用血管扩张药和纠正酸中毒等抗休克处理。

5）治疗心力衰竭：除严格休息、镇痛或吸氧外，可选用利尿药，其作用安全有效。出现急性肺水肿者，可选用硝普钠或酚妥拉明减轻心脏后负荷，这对伴有高血压者尤为适用。心肌梗死发生后24小时内不宜用洋地黄制剂。

6）抗凝血疗法：多用在溶栓治疗后，对防止梗死面积扩大及再梗死有积极疗效。常用药物有肝素、阿司匹林或氯吡格雷。有出血倾向、新近手术、血压过高及严重肝肾功能不全者禁用，老年人慎用。

知识链接

溶 栓 治 疗

1. 老年人溶栓治疗的适应证　持续性胸痛≥30分钟，含服硝酸甘油症状不缓解者；起病时间≤6小时；年龄≤70岁。

2. 溶栓禁忌证　有出血倾向或出血史；血压过高；活动性溃疡；严重肝肾功能不全；近期创伤或外科大手术等。

3. 溶栓治疗成功指征　心电图抬高的ST段于2小时内回降≥50%；胸痛2小时内基本消失；2小时内出现再灌注性心律失常；血清CK-MB峰值在发病14小时内出现。

7）挽救濒死心肌：发病的早期即应用β受体阻断药可防止心肌梗死范围的扩大，改善预后；钙通道阻滞药地尔硫䓬也有类似效果；血管紧张素转换酶抑制药卡托普利有助于改善恢复期心肌的重构，降低心力衰竭的发生率。

（3）手术治疗：冠状动脉介入治疗可获得更好的治疗效果。

4. 心理和社会支持状况　急性心肌梗死时胸痛程度异常剧烈，患者可有濒死感，或在进行紧急介入治疗时可产生恐惧心理；由于心肌梗死使老年患者活动耐力和自理能力下降，生活需要照顾，入院后住冠心病监护病房需面对一系列检查和治疗，患者表现为消极被动、无力，减少了以往的休闲或社会活动，改变了家庭和社会角色；加上对预后的担心、对生活的顾虑等，患者易产生焦虑；家庭也可能面临知识缺乏、经济压力等而应对无效。故须评估患者存在的心理问题和家庭及社会支持状况。

（二）常见护理诊断及医护合作问题

1. 疼痛　与心肌缺血、缺氧有关。
2. 活动无耐力　与心肌氧的供需失调有关。
3. 焦虑和恐惧　与疼痛、担心预后有关。
4. 有便秘的危险　与进食少、活动少、不习惯床上排便有关。
5. 知识缺乏　缺乏控制诱发因素及预防性用药的知识。
6. 潜在并发症　心律失常、心力衰竭、心源性休克。

（三）护理目标

老年人主诉疼痛程度减轻或消失；活动耐力增强，活动后无不适反应；焦虑与恐惧心理减轻；能描述预防便秘的措施，不发生便秘；能说出诱发因素及预防性用药的知识；能自觉避免诱发因素，不发生并发症。

（四）护理措施

1. 一般护理

（1）加强生活护理：第一周应给予流质或半流质饮食，不宜过饱，少量多餐，以清淡易消化、低钠、低脂、不导致胀气的食物为宜；第二周为半流质饮食；第三周可吃软饭；1个月后恢复普通饮食。保持排便通畅，避免排便用力，便秘者可给予缓泻药。

（2）休息与环境：卧床休息2周，保持环境安静，减少探视，防止不良刺激，解除思想负担。病情稳定无并发症者，2~3周后可坐起，4~6周后可逐渐下床活动。最初几日间断或持续通过鼻管面罩给氧。

（3）观察和监护：临床上疑为心肌梗死先兆或急性心肌梗死者，应密切观察病情变化。在急性心肌梗死发病后24~48小时内尤其要密切观察血压、心率、呼吸、神志、疼痛及全身情况，并应进行心电图监测；必要时还需监测肺毛细血管楔压和中心静脉压。

2. 用药护理

（1）按时按量服药：叮嘱患者不可随意停药、改变药量。注意观察患者用药后的反应，静脉滴注硝酸甘油时监测心率和血压变化。

（2）溶栓治疗护理：协助做好溶栓前的检查，准确迅速地配制和输入溶栓药物。观察用药后的反应，一旦出现皮肤、黏膜及内脏出血立即处理。

3. 心理护理　消除患者紧张情绪，减少心肌氧耗量，引导老年患者保持情绪轻松、乐观，改变原来易激动的性格，正确应对生活中的紧张性刺激因素，避免过度兴奋与激动。给予患者心理支持，向患者解释病情、治疗和护理计划，增强患者的治疗信心。在疾病好转期与恢复期了解患者的职业、经济现状、家庭关系，并与家属沟通信息，共同安慰、疏导患者，增强患者对预后的信心。

（五）健康教育

1. 保持精神愉快　指导患者保持性格乐观、开朗，避免激怒、焦虑和过度紧张，学会自我控制，不做力不从心的事。

2. 合理调节饮食　如低盐、低脂、低热量、高纤维素饮食，保证摄入足够的蛋白质和维生素，防止肥胖或消瘦。

3. 避免各种诱发因素　避免紧张、劳累、过饱、情绪激动、便秘、感染等。

4. 注意劳逸结合　当病程进入康复期后，指导患者进行康复锻炼，锻炼过程中应注意观察有无胸痛、呼吸困难等，一旦出现应停止活动，并及时就诊。

5. 建立支持系统　教会家属心绞痛或心肌梗死发作时的救护方法。指导家属协助改变老年患者的不良生活方式，给患者创造一个良好的身心休养环境。

6. 按医嘱服药　嘱患者随身携带冠心病保健盒，熟悉常用药使用方法及不良反应的知识，并注意药物的有效期，定时更换新的有效期内的药物。

7. 定期复查　告知老年患者及家人坚持定期复查的重要性及定期复查的内容，如心电图、血糖、血脂检查及血压监测。

（六）护理评价

判断老年人疼痛症状消失、能自觉避免诱发因素等护理目标是否达成，并及时调整护理措施。

考点提示

老年人高血压、冠状动脉粥样硬化性心脏病的护理评估与护理措施。

（李 玲 罗 珊）

第四节 老年人消化系统变化和常见疾病护理

一、老年人消化系统的解剖生理变化

（一）口腔

1. 牙齿 随着年龄的增长，牙釉质和牙本质受长期磨损等因素的影响而变薄，使牙本质内的神经末梢外露，对冷、热、酸等刺激的敏感性增加而出现酸痛；牙髓腔缩小、牙髓钙化，加之牙龈萎缩，导致牙齿松动、脱落，食物残渣易残留，使龋齿发生率增加；同时牙周膜变薄，牙龈退缩，牙根暴露，易患牙周病，出现牙齿部分或全部脱落。

2. 唾液腺 老年人唾液腺萎缩、唾液分泌量减少，影响口腔的自洁和消化功能；同时唾液中淀粉酶减少，影响对淀粉类食物的消化；口腔黏膜萎缩、角化，容易出现口干、说话不畅。这些因素易导致口腔感染和损伤。

3. 味蕾 老年人味蕾逐步萎缩，数量减少，功能也在减退（主要是甜、酸、咸、苦觉）。其中，女性的退化比男性出现得早。

（二）食管

老年人上段食管括约肌的压力随年龄增长而降低，致使吞咽功能下降；食管肌肉萎缩，收缩力减弱，食管体部蠕动反应变慢，食物通过时间延长；部分老年人食管下端括约肌松弛不完全和食管扩张能力减退，这是引起胃食管反流的重要机制，同时也增加了误吸的发生风险。

（三）胃肠道

1. 胃

（1）胃黏膜：由于老年人胃壁血管硬化，胃黏膜供血不足，导致胃黏膜萎缩变薄，黏液分泌减少，黏膜屏障作用减弱，易发生胃黏膜损伤。

（2）胃液分泌：多数老年人腺体萎缩，胃酸及胃蛋白酶分泌减少，影响蛋白质消化。有人认为，老年人胃酸减少或缺乏是由幽门螺杆菌感染引起的，而非生理性老化，在未感染幽门螺杆菌的老年人体内胃酸不减少。胃酸的减少或缺乏具有重要临床意义，60岁下降到正常水平的40%~60%，一些依赖胃酸才能吸收的物质，如铁和钙，在胃酸缺乏时吸收减少，导致营养不良、缺铁性贫血等；同时对随食物进入胃内的细菌杀灭作用也减退，引起细菌过生长综合征。

（3）胃排空时间：老年人胃壁肌肉萎缩，胃蠕动缓慢，可使食物排空延缓，也可影响药物的生物利用度。

2. 肠

（1）小肠：老年人小肠黏膜萎缩、血供减少，有效吸收面积减小；小肠液分泌减少，肠蠕动减慢；部分老年人由于胃酸减少或缺失，导致小肠细菌过度生长。因此，老年人易发生各种类型的消化、吸收不良，表现为腹痛、腹胀、腹泻及营养不良。

（2）大肠：老年人大肠黏膜和肌肉萎缩，使肠蠕动减慢，黏液分泌减少，肠内容物通过结肠时间延长，粪便中水分重吸收增加，易形成便秘。

（四）肝

老年人肝的体积明显缩小，重量减轻，肝细胞数量减少并有不同程度的变性，肝细胞再生功能减弱，纤维组织增生，肝细胞酶的活性减弱，同时肝血流量减少。因此，老年人肝功能减退，合成清蛋白的功能下降，血清清蛋白减少；肝的解毒功能减弱，易发生药物性肝损伤；肝的代偿功能差，肝细胞损伤后恢复较慢。

（五）胆

老年人胆囊及胆管黏膜萎缩，肌层变厚、弹力纤维减少，胶原纤维增加，故老年人胆囊充盈迟缓，胆汁的分泌、排泄功能减弱，胆汁中无机盐减少，胆固醇含量增加，胆汁黏稠，易发生胆囊炎、胆石症。

（六）胰

老年人胰腺萎缩，重量减轻，胰管扩张或狭窄，胰酶和碳酸氢盐的分泌水平降低，影响脂肪的消化吸收，易发生脂肪泻；胰岛β细胞变性，胰岛素分泌减少，糖耐量减低，发生胰岛素依赖型糖尿病的危险性增加。

二、口腔干燥症

案例6-5

患者，女，68岁，近2年来经常感觉口腔干燥、异物感、灼烧感，伴有吞咽困难、味觉减退、嘴唇干裂、咽喉灼痛等，夜间加重。经检查发现舌乳头萎缩，口腔黏膜发红，按口腔干燥症治疗有效，但经常复发。

问题与思考：
（1）口腔干燥症有哪些危害？
（2）对于该患者，应该采取哪些护理措施？护士如何对该患者进行健康教育？
（3）老年人为什么容易患口腔干燥症？如何预防？

口腔干燥症（xerostomia）是指唾液分泌减少引起的口腔干燥状态或感觉，是老年人常见的口腔症状，可由多种疾病或接受医疗服务时因医源性损害而诱发。据报道，65岁以上的老年人有25%～60%患有口腔干燥症。老年人口腔干燥症的主要表现是口腔干燥、异物感、灼烧感，严重时出现嘴唇干裂、咽喉灼痛等，甚至影响语言、吞咽、义齿的佩戴。老年人口腔干燥症并非一种独立的疾病，而是一种多因素疾病，常伴有其他病症，如干眼症、皮肤干燥、糖尿病、内分泌失调、贫血。

（一）护理评估

1. 病因及发病机制

（1）唾液腺疾病：主要是唾液腺感染性疾病，包括急、慢性化脓性腮腺炎和化脓性颌下腺炎等。当唾液腺发生急性炎症时，导管上皮肿胀，管腔狭窄，细菌、脓细胞及脱落的上皮细胞形成黏液栓子，堵塞部分腺管，导致唾液分泌减少；尤其是当炎症由急性转为慢性时，结缔组织纤维化，腺体组织破坏，逐渐被增殖的脂肪及结缔组织替代，进一步导致唾液分泌的减少。

（2）头颈部肿瘤放疗：唾液腺组织放射敏感性高，易受损伤且损伤不可逆。有研究显示，当放射剂量超过65 Gy时，唾液腺组织无法恢复正常，经照射过的唾液腺组织发生纤维化甚至萎缩，导致唾液分泌减少及一系列口腔并发症。

（3）唾液腺增龄性变化：口腔干燥症多见于老年人群，可能与唾液腺的增龄性变化有关。随着年龄是增长，腺泡部分萎缩，导管部分增生、阻塞，间质纤维性改变等，唾液流量及成分发生明显改变，尤其是小唾液腺分泌的黏蛋白成分减少，使唾液分泌量减少且唾液黏稠。

（4）系统疾病：研究提示与口腔干燥症密切相关的系统疾病有以下几种。①内分泌系统疾病：如糖尿病、妇女更年期综合征，由于体内激素水平的变化使体液和电解质平衡紊乱，出现脱水而致口腔干燥。同时内分泌紊乱反馈至大脑皮质下中枢引起功能紊乱与自主神经功能失调也是导致口干的机制之一。②血液系统疾病：如缺铁性贫血及恶性贫血，由体内微量元素缺乏所致，常表现为舌乳头萎缩、舌苔剥脱、舌背光滑、舌部烧灼感，可伴有口干及唾液分泌减少。③呼吸系统疾病：如鼻炎、鼻窦炎、鼻中隔偏曲患者，常因鼻腔通气不良而张口呼吸，致使口腔内水分蒸发而出现口干。哮喘患者因呼吸加快、加深，从呼吸道蒸发水分过多而口干。各种原因的睡眠呼吸障碍者，因为夜间张口呼吸而在清晨起床后感到口干。另外，研究发现高血压、抑郁症及自身免疫病等也与口腔干燥症的发生有关。

2. 健康史　老年人的年龄、性别、一般身体状况、日常口腔清洁的方法及家族中有无口腔干燥症的发生；有无牙龈出血、牙痛、口腔内炎症及溃疡，有无佩戴义齿等；有无糖尿病、贫血、鼻炎等病史；有无吸烟、饮酒等不良嗜好及其文化程度。

3. 身体状况　询问老年人的口腔情况，干燥严重程度；唾液腺功能低下者有无典型的干性食物吞咽困难，吞咽时需要喝水症状；进食和说话时有无口腔和唇部干燥；近期内有无突然龋齿增多、口腔内真菌感染等。通过口腔检查以了解唾液腺的状况。对主要唾液腺开口进行触诊以判断其开放程度，若腺口有脓液提示急、慢性涎腺炎，应取标本做细菌培养及药物敏感试验；严重者检查口唇和口腔黏膜干燥、溃疡、红斑或皱襞情况。主要辅助检查如下。

（1）逆行涎管造影：以明确有无炎症或阻塞性病变。

（2）CT和MRI检查：主要唾液腺的CT和MRI检查可帮助检出炎性疾病、阻塞和肿瘤。

（3）怀疑干燥综合征时，进行小唾液腺活检和泪腺功能检查。

4. 心理和社会支持状况　口腔干燥的老年人常因牙齿疼痛、口臭等，而羞于走近他人、与人日常交流沟通，长时间会导致老年人出现孤独感和自卑心理等负性情绪，从而影响生活质量。

（二）护理诊断

1. 营养失调　低于机体需要量，与唾液分泌减少所致的龋齿、牙列缺失、吞咽困难等导致的饮食摄入量不足有关。

2. 有感染的危险　与唾液分泌减少所致口腔自洁能力下降、口腔黏膜溃疡有关。

3. 社会交往障碍　与口臭而产生孤独感和自卑感等有关。

（三）护理目标

老年人能够获得足够的营养，体重维持在一定基础水平；老年人的口腔能够保持清洁、湿润；老年人的口腔黏膜能够保持健康完整；老年人能够树立信心，维持正常社会交往。

（四）护理措施

1. 促进唾液分泌措施　对服用药物如某些镇静药、抗高血压药、M受体阻断药、利尿药及具有温补作用的中药等所致唾液减少引起的口腔并发症，应减少药物剂量或更换其他药物。如唾液腺尚保留部分分泌功能，可咀嚼无糖型口香糖、含青橄榄或无糖的糖果以刺激唾液分泌。患干燥综合征的老年人，应多食用可滋阴、清热、生津的食物，饮食以少食多餐为宜，忌辛辣、香燥、温热食品，严禁吸烟。鼓励老年人多饮水，可使用人工唾液湿润口腔，备用唇膏，保持口唇湿润。同时适当使用加湿措施，维持环境湿度。

2. 保持口腔清洁　早晚正确刷牙、餐后漱口，晚上临睡前的刷牙尤为重要，养成餐后使用牙线的习惯；尤其是口腔溃疡者，可经常用金银花、白菊花或乌梅甘草汤等代茶泡服或漱口腔。

3. 重视对牙齿、牙龈的保健　养成每日扣齿、按摩牙龈的习惯，以促进局部血液循环，增强牙周组织的功能和抵抗力，保持牙齿的稳固。每年做1~2次牙科检查，及时治疗口腔疾病，修复缺损牙列，做1~2次清洗牙齿治疗，促进牙龈的健康。少食甜食，睡前不吃糖果糕点。义齿与基牙间易引起牙菌斑附着，故餐后及夜间在清洁口腔的同时，要取出义齿刷洗。

4. 心理护理　加强与老年人的交往与沟通，教会其改善口腔干燥和口臭等不适的方法，积极面对与消除其孤独感和自卑感等心理问题，使老年人能树立与人正常交往的信心。

（五）健康教育

1. 食物选择　多食用滋阴、清热、生津食物，如西瓜、甜橙、梨、鲜藕、丝瓜、芹菜、红梗菜、黄花菜、枸杞头、淡菜、甲鱼；忌食辛辣、香燥、温热食物，如酒、茶、咖啡、油炸食物、羊肉、狗肉、姜、葱、蒜、辣椒、胡椒、花椒、茴香。

2. 正确刷牙

（1）刷牙齿的外侧面和内侧面时，从牙龈往牙冠方向旋转牙刷，使牙刷毛束的尖端朝向牙龈，即刷上牙时朝上，刷下牙时朝下，牙刷毛与牙面成45°角。

（2）刷牙的咬合面时，将刷毛放在咬合面上，前后来回刷。

（3）顺牙缝刷洗，刷牙不要遗漏舌面，温水刷牙，每次刷牙时间应达到5分钟。

3. 牙具的选择和保管　选用磨头软毛牙刷，每1~3个月更换一次。刷牙毕即清洗牙刷，刷头向上，置于通风处晾干，以减少细菌的滋生；轮换选用不同品牌牙膏，以免细菌产生耐药性。

4. 牙齿保健　每日晨起或入睡前上下牙齿轻轻对叩数十下，能促进牙体和牙周组织血液循环。用坚实的手法压口唇角、中心顶部及底部以按摩牙龈，每日2~3次，每次2~3分钟。

5. 义齿保护　佩戴义齿前应充分清洁口腔，佩戴时应动作轻柔，避免牙周组织受损；睡前摘下义齿清洁，置于冷开水中，不可使用热水或乙醇溶液，以免导致义齿的变形或老化；每年定期复查1次，平日不吃生硬和黏性食物，以防义齿损坏。

（六）护理评价

判断老年人是否能够积极配合实施各项护理措施，口腔卫生等相关的生理、心理、社会健康等目标是否实现，生活质量是否有所提高，健康牙齿保健及生活习惯是否养成等，并及时调整护理措施。

三、老年胃食管反流病

案例6-6

患者，男，65岁，2年来经常咽部发痒，声音嘶哑，阵发性干咳，以夜间为明显，同时伴胸骨后烧灼感。经检查发现咽部及一侧声带充血、水肿，按胃食管反流病治疗有效。

问题与思考：

（1）什么是胃食管反流？

（2）目前该患者主要存在哪些护理诊断及医护合作问题？

（3）护士应该采取哪些护理措施？

胃食管反流病（gastroesophageal reflux disease，GERD）是指胃、十二指肠内容物通过松弛的食管下括约肌反流入食管下端，引起食管黏膜充血、水肿、糜烂，继而溃疡及溃疡愈合瘢痕形成为主要病变的一类疾病。主要症状有胃食管反流、胸骨后烧灼感、胸痛、吞咽困难、呕吐等，也可引起咽、喉、气管等食管以外的组织损害，如咳嗽、气短、夜间阵发性呛咳或发生吸入性肺炎。有部分患者有反流症状，但镜下无食管黏膜炎性病变。

（一）护理评估

1. 病因与发病机制　胃食管反流病（GERD）的发生与抗反流防御机制的减弱和反流物对食管黏膜攻击作用有关。正常情况下，食管有防御胃酸及十二指肠内容物侵袭的功能，包括食管、胃结合部正常解剖结构构成的抗反流屏障和食管对反流物的抵御作用，即食管廓清功能及食管黏膜组织抵抗力。随着年龄增长，食管抗反流机制的破坏和反流内容物对食管黏膜的损伤是老年人胃食管反流病发病率升高的重要机制。胃食管反流病的常见病因如下。

（1）消化性疾病：膈肌、韧带的松弛导致老年人发生食管裂孔疝的可能性增高，食管裂孔疝导致胃酸压力性反流增多；各种非器质性病变如非溃疡性消化不良、肠易激综合征常有食管异常运动；幽门梗阻可导致一过性食管下括约肌松弛；胃泌素瘤、十二指肠溃疡伴有胃酸分泌过多。这些均可引起胃食管反流病。

（2）全身性疾病：伴有糖尿病的老年人可并发神经病变，导致胃肠自主神经受累；进行性系统硬化症可使食管平滑肌受累。这些均可引起食管、胃肠道蠕动减弱，导致胃食管反流病的发生。

（3）其他：吸烟、饮用浓茶和某些饮料可降低食管下括约肌的压力；高脂肪饮食可延长胃排空时间，使反流物质的量增加；钙通道阻滞药、茶碱类药、抗胆碱药等药物可松弛食管下括约肌。以上均与胃食管反流病的发生有关。

2. 健康史　胃食管反流病以60~70岁人群多见。应详细询问老年人的年龄、性别、一般身体状况；询问饮食习惯、饮食结构及目前用药等情况；询问诱发和缓解因素，如有无吸烟、饮酒、饮浓茶及食用高脂肪膳食等；询问既往是否患有食管裂孔症、幽门梗阻、十二指肠溃疡、胃泌素瘤、糖尿病等与胃食管反流病有关的疾病。

3. 身体状况

（1）主要临床症状：胃食管反流病可有反酸、胃灼热、咽下疼痛、咽下困难、胸骨后疼痛等食管症状，还有食管外症状和并发症。

1）反酸和胃灼热：反酸和胃灼热是胃食管反流病最常见、最典型的症状。胃内容物在无恶心和不用力的情况下涌入口腔统称为反胃；反流物中偶含少量食物，多呈酸性或带苦味，此时称为反酸；反酸常伴有胃灼热，胃灼热是指胸骨后烧灼感或不适，常由胸骨下段向上伸延，常在餐后1小时出现，尤其在饱餐后、屈曲、平卧、弯腰或用力屏气时加重。

2）咽下疼痛与咽下困难：胃食管反流病患者出现炎症或并发食管溃疡时，可出现咽下疼痛，多在摄入酸性或过烫食物时发生。部分患者有咽下困难，呈间歇性，常发生在开始进餐时，呈胸骨后阻塞感。少部分患者发生食管狭窄时则呈持续性咽下困难，进行性加重。

3）胸骨后疼痛：常有位于胸骨后的烧灼样不适或疼痛，严重时可为剧烈刺痛，可向剑突下、肩胛区、颈部、耳部及臂部放散，酷似心绞痛，其发作常与进食、体力活动、体位等有关。

4）食管外症状：重症反流性食管炎因反流物吸入，可导致慢性咽炎、声带炎、嘶哑、哮喘发作或吸入性肺炎。

5）并发症：主要有食管出血、狭窄、巴雷特（Barrett）食管等。有反流性食管炎者，因食管黏膜炎症、糜烂或溃疡所致，可有呕血和（或）黑便，食管黏膜不断少量出血可致轻度缺铁性贫血，溃疡偶可引起大量出血；长期反复的胃食管反流可导致食管炎，使纤维组织增生，食管壁的顺应性丧失而形成食管狭窄，狭窄通常出现在食管的远段，长度为2~4 cm或更长，狭窄出现后，一般不再有明显的胃灼热；巴雷特食管是食管腺癌的主要癌前病变，是指在食管黏膜修复过程中，鳞状上皮被柱状上皮所取代。

（2）辅助检查

1）24 小时食管 pH 测定：可了解食管内的 pH 情况，确定胃食管反流的程度。一般认为，正常食管内 pH 为 5.5～7.0，当 pH＜4 时提示有酸反流。

2）内镜与活组织检查：是发现反流性食管炎最准确的方法，能直接察见黏膜病变，可判定反流性食管炎的严重程度和有无并发症。

3）食管吞钡 X 线检查：是了解有无胃食管反流的简易方法。患者平卧或抬高床脚进行吞钡 X 线检查，食管炎患者可见食管下段黏膜粗乱、不光滑、龛影、狭窄等。

4）其他：食管滴酸试验、食管测压检查等。

4. 心理和社会支持状况　反酸、胃灼热及疼痛等症状使老年人感觉不适，甚至会对进餐产生恐惧心理，严重者可影响睡眠，产生焦虑、抑郁，社会适应下降，影响老年人的日常工作和社会生活。

（二）常见护理诊断及医护合作问题

1. 慢性疼痛　与胃内容物反流入食管引起食管黏膜受刺激及损伤有关。
2. 营养失调　低于机体需要量，与老年人咽下困难，进食减少有关。
3. 知识缺乏　缺乏疾病相关知识。
4. 有孤独的风险　与进餐不适引起的情绪变化及社会适应性下降等有关。
5. 潜在并发症　食管出血、狭窄等，与反流引起食管炎加重有关。

（三）护理目标

老年人咽下困难症状缓解，疼痛减轻或消失；能说出缓解疼痛的方法，没有出现并发症或出现并发症后能够及时被发现和处理；进食量增加，体重增加；能说出胃食管反流病发病的相关因素，改变生活方式及不良习惯，积极配合药物治疗；心情愉悦，能够积极参加社会活动。

（四）护理措施

指导老年人改变生活方式、正确服用治疗药物，必要时接受手术治疗。通过减少胃食管反流、改善食管括约肌的抗反流功能，达到食管炎症愈合、减少复发和防止并发症的目的。

1. 生活护理

（1）休息与活动

1）睡眠时避免右侧卧位，为减少卧位导致的胃液反流，可将头端的床位抬高 20 cm 或在背部垫枕头，以患者感觉舒适为度，借助重力作用，增强食管的廓清能力，加快胃的排空。简单的抬高床头卧位易出现身体下滑，最好是后背和床尾均抬高（图 6-2）。

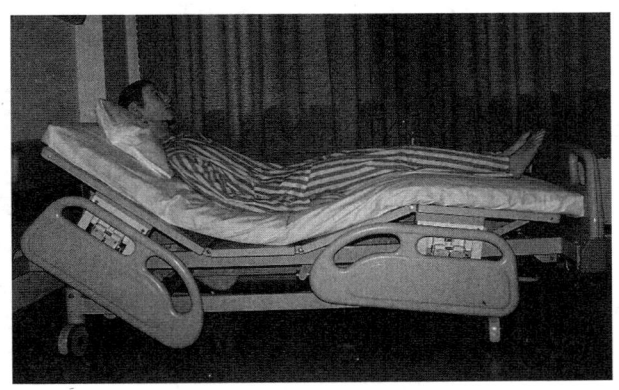

图 6-2　后背和床尾均抬高的卧位

2）指导老年人养成餐后散步或餐后采取直立位的生活习惯，避免弯腰及低头下垂动作。

3）由于腹压增加可导致食管下括约肌功能不全加重，所以应采取减少腹内压力增高的措施，如穿着宽松内衣、减肥、减少便秘。

（2）饮食护理

1）养成少食多餐、细嚼慢咽的进食习惯。

2）餐后先保持坐位，30分钟后方可平卧。

3）食物的选择应易于消化，营养搭配合理，晚餐避免饮酒、浓茶、咖啡等。高酸性食物可导致食管黏膜损伤，应限制橙汁、西红柿汁等食物的摄入；高脂饮食能促进缩胆囊素和促胃液素分泌增多，降低食管下括约肌的张力，故应减少脂肪的摄入。

2. 用药护理　治疗胃食管反流病的常用药物有：促胃肠动力药（如西沙必利、多潘立酮）；抑酸药（如奥美拉唑）和黏膜保护药（如硫糖铝、蒙脱石散）。治疗中避免应用降低食管下括约肌张力的药物及影响胃排空延迟的药物，如硝酸甘油制剂或钙通道阻滞药。在用药过程中注意观察药物的疗效及不良反应，并提醒老年人饮水至少150 ml，服药后保持直立位30分钟以上，以预防因服药导致的食管炎及其并发症。

3. 围术期护理　对于需要手术治疗的老年人：①做好术前准备及心理护理，术前进行有效咳痰和腹式深呼吸练习，术前1周遵医嘱给予抗菌药口服，术前1日经鼻胃管进行食管和胃冲洗；②手术中及手术后严密监测生命体征；③术后做好持续胃肠减压护理，保持胃肠减压管的通畅。

4. 病情观察　在食管组织受损害之前通过钡餐或内镜检查可无异常发现，应细致询问患者有无胃灼热、胃反流典型症状，以及喉头异物感、癔症球、反酸、胸痛、阵发性咳嗽、哮喘等。应与医生密切配合，正确应用和分析各项辅助检查，以期做到早期发现、早期治疗。

5. 心理护理　向老年人普及胃食管反流病的相关知识，告知并指导老年人避免反流和胸痛的诱发因素，以缓解其由于对疾病知识缺乏带来的焦虑、恐惧的心理；也可指导老年人采用听音乐、看电视、下棋等转移注意力的方法缓解疼痛带来的焦虑；同时还应关心体贴老年人，鼓励其说出自身感受，耐心回答老年人的提问，减轻老年人的疑虑，使其以良好的心态接受治疗，主动参与到治疗护理中来。

（五）健康教育

告知老年人胃食管反流病的病因、主要临床表现、诱发因素及治疗护理要点等相关知识，使老年人明确自身疾病状态；指导老年人主动参与治疗和护理过程，自觉养成良好的生活习惯；在用药方面给予老年人正确指导，同时对食管裂孔疝、便秘等给予及早治疗。

（六）护理评价

判断老年人是否能够积极配合实施各项护理措施，疼痛、呼吸困难等症状是否减轻或缓解，体重等生理指标、饮食等日常生活是否正常，是否建立良好的生活习惯以有效预防病情复发。若目标未达成，应及时调整护理措施。

 考点提示

老年口腔干燥症的护理评估与护理措施。

知识链接

《中国老年人膳食指南（2022）》简介

《中国老年人膳食指南（2022）》的发布，为中国老年人提供了科学的膳食指导，有助于预防老年人出现蛋白质、微量营养素摄入不足等问题，提高老年人的生活质量。作为健康中国战略的重要组成部分，这一指南的推广和实施将对中国老年人的健康产生深远的影响。

1. 一般老年人膳食指南

（1）食物品种丰富，动物性食物充足，常吃大豆制品。

（2）鼓励共同进餐，保持良好食欲，享受食物美味。

（3）积极户外活动，延缓肌肉衰减，保持适宜体重。

（4）定期健康体检，测评营养状况，预防营养缺乏。

2. 高龄老年人膳食指南

（1）食物多样，鼓励多种方式进食。

（2）选择质地细软，能量和营养素密度高的食物。

（3）多吃鱼禽肉蛋奶和豆，适量蔬菜配水果。

（4）关注体重丢失，定期营养筛查评估，预防营养不良。

（5）适时合理补充营养，提高生活质量。

（6）坚持健身与益智活动，促进身心健康。

（成　芳）

第五节　老年人泌尿生殖系统变化和常见疾病护理

一、老年人泌尿生殖系统的解剖生理变化

（一）泌尿系统

泌尿系统主要由肾、输尿管、膀胱和尿道组成。其主要功能是泌尿，通过泌尿排出体内代谢产物和多余的水分，调节水、电解质及酸碱平衡。老年人泌尿系统的各个器官发生退行性变化而萎缩，使泌尿系统的各项功能也逐渐衰退。

1. 肾

（1）结构改变

1）肾的体积：50岁以后肾体积逐渐缩小，重量减轻，到80岁时，肾的体积约减少1/4。

2）肾小球数量：老年人随着年龄的增长，肾小球逐渐纤维化或玻璃样变性，基底膜增厚，肾小球毛细血管变形、萎缩，甚至完全闭塞，使肾小球数量减少，到80岁时其数量约减少1/2。

3）肾小管：随着肾小球的硬化、萎缩，肾小管也出现萎缩。近曲小管上皮细胞减少，远曲小管局限性扩张，形成囊肿。肾间质纤维化随增龄逐渐加重，尤其是60岁以后，髓质和乳头区纤维化更为明显。间质纤维化导致肾小管梗阻，肾椎体萎缩。

4）肾血管：老年人肾动脉及其各分支出现不同程度的硬化，肾小动脉管壁纤维增生并发生玻璃样变性，内膜增厚，血管弹性减退，管腔狭窄，到80岁时硬化的肾小球高达30%左右，致使肾小球的血流量减少，滤过功能受到明显影响。

（2）功能改变：随着年龄的增长，老年人肾血流量逐渐减少，同时肾小球的数量减少及肾小管的增龄性变化，导致老年人的肾功能逐渐减退。

1）肾小球的滤过率降低：中老年人在50岁以后，其肾小球的滤过率大约每年下降10%，到80岁时肾小球滤过率大约只有青壮年时期的1/2。所以老年人如果出现导致有效循环血量减少的疾病（如低血压、休克、呕吐、腹泻、大量利尿、心力衰竭），都可能使肾功能进一步下降而发生急性肾衰竭。某些疾病或药物（如消化道出血、肾上腺皮质激素）可增加蛋白质的分解，而老年人的肾又不能及时排出这些分解产物，使老年人容易出现氮质血症，尤其是某些具有肾毒性的药物更容易引起老年人肾的损害，故老年人用药时应予注意。

2）肾小管的浓缩和稀释功能下降：健康人40岁时尿比重为1.030，到80岁时为1.022，浓缩功能减退可使老年人机体内的水分大量丢失，尿比重降低。尿液的浓缩-稀释功能减退可导致昼夜排尿规律紊乱、夜尿增多、尿液渗透压下降等。

3）肾功能减退影响肾对水、电解质和酸碱平衡的调节功能，使老年人容易出现水、电解质和酸碱平衡的紊乱。老年人在机体缺钠时，由于保钠能力下降，容易发生低钠血症；而在钠负荷加重时，由于排钠能力下降，又可导致水钠潴留。

4）肾内分泌功能减退：老年人前列腺素分泌减少，导致血管收缩，血压升高；血浆肾素活性降低或肾素分泌减少，醛固酮减少，使水钠失衡，影响肾血流量；促红细胞生成素减少，导致红细胞生成与成熟障碍，可引起肾性贫血。

总之，老年人肾萎缩，肾功能减退，导致老年人肾对机体代谢废物的排泄速度减慢，尤其是对药物的排泄速度明显下降，容易发生药物蓄积性中毒。另外，老年人肾对药物和某些化学制剂的毒性作用也变得敏感，在应激状态下容易发生肾衰竭。

2. 输尿管　老年人输尿管肌层变薄，支配肌肉的神经细胞减少，输尿管张力减退，收缩功能下降，使尿液输送至膀胱的流速减慢，易产生尿液反流而引起肾盂肾炎。

3. 膀胱　膀胱是储存尿液的主要器官，老年人膀胱发生老化改变，主要表现为膀胱肌肉萎缩，肌层变薄，并伴有纤维结缔组织的增生，导致膀胱收缩无力；同时老年人的膀胱容量减少，从青年时期的600 ml减至65岁的300 ml，残余尿量从无增至100 ml，导致膀胱既不能充满又不能排空，所以老年人容易出现尿频、夜尿增多、尿液外渗或尿失禁等临床症状，进而容易引起尿路感染的发生。

老年人膀胱的组织学改变是膀胱多层移行上皮之间出现散在的未分化的单层上皮细胞。60岁以后，单层立方上皮细胞数量迅速增加，使老年人膀胱的表皮下组织易于接触尿中的致癌物质，这是老年人膀胱癌发病率高的原因之一。另外，老年人饮水量减少，尿液中的代谢产物易在膀胱内积聚而形成结石，结石在膀胱内受尿液的冲击而滚动，长期刺激膀胱内壁，容易诱发膀胱癌。

4. 尿道　老年人尿道肌肉萎缩，并发生纤维化而变硬；尿道括约肌萎缩、松弛，尿流速度减慢，排尿无力、不畅，可导致残余尿量增加，容易出现尿失禁。老年女性雌激素减少，尿道黏膜萎缩，松弛的尿道黏膜常发生脱垂甚至形成憩室。

（二）生殖系统

1. 男性

（1）前列腺：前列腺是男性最大的附属性腺，通常在40～60岁时出现退行性变化，多表现在前列腺外区，出现平滑肌萎缩，结缔组织增生；在60岁以后前列腺逐步出现均匀萎缩，前列腺液分泌量减少。老年男性由于性激素减少，使前列腺中纤维组织增生明显，造成前列腺增生、体积变大，多表现为良性前列腺增生，增生的前列腺可以压迫尿道，形成尿路梗阻，引起排尿困难、尿潴留，影响膀胱的排空甚至影响肾功能。

（2）睾丸：老年男性在60岁以后，睾丸的体积明显变小，到70岁时睾丸大小仅约为青春期时的50%。虽然睾丸组织内仍可见到精子形成，但睾丸萎缩变性，生精上皮减少，精曲小管变窄，精原细胞的数量及精子数量减少。老年男性睾丸周围结缔组织增生，供血量减少，睾酮分泌降低，血清睾酮水平降低，导致性功能减退、阳痿等。老年男性雄激素分泌明显下降。所以，老年男性也可出现更年期综合征，表现为前列腺增生、消瘦、疲乏、情绪变化和乳腺发育等。

2. 女性

（1）子宫：老年女性子宫体积缩小，重量减轻；宫颈退化，子宫内膜萎缩，腺体分泌减少；子宫韧带松弛，易发生子宫脱垂。

（2）阴道：老年女性由于雌激素分泌减少，阴道萎缩、变薄；渗出液减少引起阴道干燥；阴道分泌物减少，乳酸菌减少，上皮细胞糖原减少，阴道pH上升，由酸性变为中性或碱性，导致局部抵抗力下降，阴道感染率升高，易患老年性阴道炎。

（3）卵巢：老年女性卵巢发生纤维化，逐渐萎缩，滤泡消失，体积缩小，重量减轻，从成年期的9～10 g，降至60～70岁时的约4 g。在50岁左右于绝经后期，卵巢功能开始衰退，血中雌激素水平日趋下降，雄激素逐渐占主导地位，老年女性可出现若干男性化体征。

随着卵巢的老化，卵泡发育不良，黄体功能不全，老年女性出现无排卵月经至停经。雌激素水平下降，除导致性功能减退外，还可出现围绝经期综合征，以及骨质疏松、动脉粥样硬化、脂质代谢异常等。

二、老年尿失禁

案例6-7

患者，女，62岁，自从生了孩子之后就增加了一个难以言说的困扰，偶尔在咳嗽、打喷嚏甚至大笑时尿液不自主地流出，她开始也没在意，可是随着年龄的增长，这种情况越来越严重了，有时候在快走或者跑步时就会不自主地排尿，每当感冒咳嗽时就更严重了。她最怕的就是外出，要时刻小心翼翼，有时候跟家人或者朋友出去玩不敢喝水，后来公共活动都不敢参加了，自己因此感到非常苦恼。

问题与思考：

（1）该患者的尿失禁属于哪种类型？

（2）请列出该患者存在的主要护理问题。

（3）护士应如何对该患者进行健康指导？

尿失禁（urinary incontinence）是指排尿不受或失去意识控制，尿液不自主地流出。尿失禁虽然发生隐匿，患者也常常讳疾忌医，但它却是一个相当常见而且给患者带来较严重身心困扰的健康问题。尿失禁可发生在各年龄组，但其发病率和患病率随年龄的增长而增高，它最常见于老年人群，且女性发病率高于男性。

尿失禁是中、老年男性良性和恶性前列腺增生的常见症候，但在中、老年女性人群中尤其常见。约50%以上的中、老年女性都有过尿失禁的经历，这种情况常与分娩有关。在相对健康的60岁以上社区居民中，1/3的老年女性和接近1/5的老年男性都有一定程度的尿失禁。约有10%的老年人常有尿失禁（至少每周1次），或需要使用保护性衬垫。住院的老年人群中约40%的患者有尿失禁，长期居住养老院的老年人发病率则高达70%～80%。

尿失禁对大多数老年人的生命无直接影响，但会使人感到不适，可造成皮肤糜烂，引起皮肤病，导致反复尿路感染，还可因急于如厕而摔倒等；另外身体异味往往引起老年人的社交障碍，令人困窘，因而使老年人抑郁寡欢、与世隔绝，故有人称其为"社交癌"，是老年人产生抑郁、孤僻的原因之一。

（一）护理评估

1. 健康史及相关因素

（1）健康史

1）现病史：询问老年患者是否有尿频、尿急、滴尿、溢尿现象及其严重程度和诱因，如咳嗽、搬重物、屏气、打喷嚏或大笑时有尿液滴出情况；评估患者每天失禁的次数、每次失禁漏尿的量。了解患者每天排尿的次数、每次排尿量，是否有异常排尿症状如尿痛、血尿、排尿不畅等；了解患者的心理状态及亲朋好友对其的关心程度。

2）既往史：评估患者尿失禁发生及持续的时间，有无尿意及流出的尿量；评估患者是否有泌尿系系统感染、尿道狭窄、前列腺增生、盆底肌肉松弛、膀胱或尿道括约肌张力减退、膀胱肿瘤等疾病；询问老年患者有无脑外伤、脑动脉硬化、脑卒中、冠心病、糖尿病、高血压等疾病，以及是否伴有意识障碍；对老年女性患者还要追问既往分娩史、有无阴道手术史等。

3）用药史：询问患者的服药情况，是否用过某些镇静药、利尿药等药物，了解是否有饮酒的习惯及饮酒的量。

4）其他：评估患者的居住环境，厕所（卫生间）是否靠近卧室，照明条件是否合理；询问使用何种排尿器具，是否方便老年人的使用，以及如厕的私密程度等。

（2）病因及分类：临床上可将尿失禁分为急性尿失禁和慢性尿失禁两类。

1）急性尿失禁：又称"真性尿失禁"，常见于急性泌尿系系统感染、尿路结石、尿路结核或肿瘤，是由老年人膀胱排空能力减退及排便后清洁不当或导尿管放置不当所致。感染、结石、结核及肿瘤等因素的刺激，可导致膀胱逼尿肌高度敏感而过度收缩，尿道括约肌过度松弛，以致尿液不能控制而从膀胱流出。

其他引起急性尿失禁的原因如急性意识障碍、阴道感染、心理异常及粪便嵌塞或使用某些镇静药、利尿药等，病因祛除后尿失禁可消失。

2）慢性尿失禁：是由多种原因导致的膀胱功能障碍而出现持久性尿失禁，可分为以下三种类型。①压力性尿失禁：又称"应激性尿失禁"，是当腹压增加时（如咳嗽、打喷嚏、开怀大笑、上楼梯或跑步等）有尿液不自主地流出，与老年人组织松弛及膀胱尿道括约肌张力减低有关。老年女性症状更明显，主要是由于尿道平滑肌及尿道周围横纹肌等盆底肌肉松弛和神经末梢的损害，引起老年人尿道闭合功能损害；或者老年女性由于外伤，如难产或长期便秘导致的坐骨结节韧带有不同程度的撕伤，引起盆底肌肉松弛，也可导致压力性尿失禁；医源性因素如经阴道子宫切除术、盆腔内较大创伤性手术等损害膀胱颈及尿道支托组织和尿道组织，可使尿道闭合功能减退；另外，肥胖、雌激素缺乏等因素，均使老年女性发生压力性尿失禁的概率增加。②急迫性尿失禁：又称窘迫性尿失禁，是指当有强烈尿意时不能由意志控制而尿液经尿道流出，是老年人最常见也是最令人困窘的问题。患者有强烈的尿意，并迫不及待地排出大量尿液，尿失禁往往突然发生，几乎没有或完全没有先兆，常伴有严重的尿频、尿急症状。急迫性尿失禁的发生原因有神经源性因素和非神经源性因素，前者是由于膀胱逼尿肌反射亢进（如认知障碍、脑血管疾病、帕金森病），后者多见于膀胱逼尿肌不稳定（包括膀胱炎症、间质性膀胱炎、尿道梗阻等）。③充溢性尿失禁：又称"溢出性尿失禁"或"假性尿失禁"，是由于膀胱过度充盈，在膀胱逼尿肌没有收缩的情况下尿液不自主地溢出。充溢性尿失禁好发于男性，一般与前列腺增生导致的尿道梗阻有关，其次是与尿道狭窄、糖尿病性神经病变、神经损伤及部分药物等有关。由于尿道梗阻和膀胱收缩无力等导致慢性尿潴留后，膀胱在极度充盈的情况下，膀胱内压力超过正常尿道括约肌的阻力，从而造成尿液从尿道溢出。当尿液增加使膀胱内压超过最大尿道压时，即使少量尿液也可不自主地溢出。长期升高的膀胱内压可造成上尿路梗阻，导致肾盂（肾内的空腔部分）积水，并且压迫肾实质组织，损害肾功能。充溢性尿失禁临床常见病因有前列腺增生、前列腺癌、神经源性膀胱、糖尿病和神经精神症等疾病。

总之，在老年人群中尿失禁的发生率较高，其发病原因较为复杂，常见的尿失禁可逆性病因如表6-6所列，可归纳如下：谵妄（delirium），活动受限、尿潴留（restricted mobility, retention），感染、炎症、嵌顿（infection, inflammation, impaction），多尿和药物（polyuria, pharmaceuticals），简称"DRIP"。

表6-6 尿失禁可逆性病因

下尿路病因	药物副作用	尿液生成增多	难以（不愿）如厕
尿路感染	利尿药	代谢性血糖增高	谵妄
萎缩性尿道炎	抗胆碱药	代谢性血钙增高	慢性病（影响活动）
前列腺切除术后	α受体激动药	饮水过多	外伤或行动受限
产后	影响神经系统药	容量负荷过重	精神性因素
老年性阴道炎	麻醉药	静脉功能障碍及水肿	
粪便嵌塞		充血性心力衰竭	

知识链接

女性压力性尿失禁分型

根据压力性尿失禁的产生机制，女性压力性尿失禁可分为不同类型，一般分为0型、Ⅰ型、ⅡA型、ⅡB型、Ⅲ型五种类型。正确的分型有助于选择理想的手术术式或以期得到更好的疗效。

（3）发生机制：控制排尿需下尿路功能的有效运作，要有适度灵活、敏捷的感知和调控意愿，且不存在环境和医源性障碍。就下尿路而言，尿失禁的发生机制有：①膀胱活动亢进，未能贮存尿液，或尿道阻力减低。②膀胱由于解剖或生理性梗阻或不能充分收缩而不能排空。③以上因素的联合作用。

女性可因雌激素作用减低和尿道周围及骨盆肌肉力量的削弱而使尿道阻力下降。男性的尿道阻力增加和尿流速率减低，则与前列腺增大有关。这些因素都会使膀胱变得活动亢进，并受非意愿性逼尿肌收缩的影响（男性尤甚）。与此同时，很多老年人还可因膀胱收缩障碍而发生逼尿肌活动亢进的情况。此外，老年人肾小管浓缩功能的下降和血管升压素（又称抗利尿激素）的正常昼夜节律丧失，也使老年人容易发生夜尿增多和尿失禁。

2. 身体状况 尿失禁可突然发生。老年人突发尿失禁常与急性内科疾病有关，或由一种或多种可逆性因素所致。不同类型的尿失禁常伴有相应的临床症状。

（1）急性尿失禁：常有尿路感染、结石或结核等疾病的相关症状，如尿频、尿痛、尿液浑浊或血尿、腰痛或肾区叩痛，甚至出现会阴部不适及尿道烧灼感，部分患者可出现不典型的全身症状，如发热、头痛、恶心、呕吐、食欲缺乏。

（2）压力性尿失禁：诱发因素有咳嗽、打喷嚏、大笑或屏气用力等，老年女性患者常有肥胖、分娩损伤、妇科脏器脱垂等症（图6-3）。根据临床特点可将压力性尿失禁分为三度。①轻度：一般活动情况下无尿失禁，夜间无尿失禁，只有在腹压骤然增加时偶尔发生尿失禁，不需

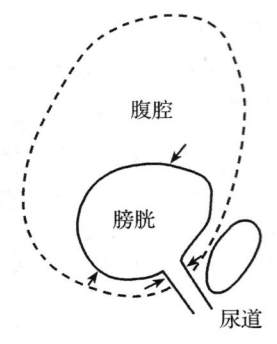 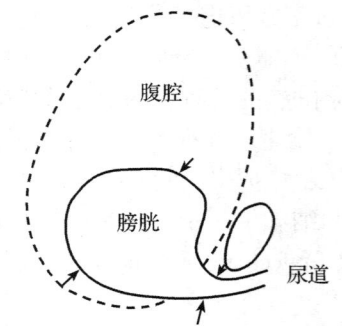

①正常盆底组织可对抗腹压增加　　②盆底支持不足，腹压增加诱发尿失禁

图 6-3　压力性尿失禁

携带尿布者。②中度：立起活动时，有频繁的尿失禁，需携带尿布生活者。③重度：起立活动或卧位体位变化时即有尿失禁，严重影响生活及社交活动者。

（3）急迫性尿失禁：常伴有膀胱活动亢进的其他症状，如白天尿频（2小时排尿一次或更频繁）、夜尿增多（正常睡眠时间内2小时排尿一次或更频繁）。根据发病原因的不同，老年患者可出现相应疾病的临床表现，如头晕、肢体麻木或乏力等脑血管症状，或记忆力减退、定向障碍等认知障碍症状。

（4）充溢性尿失禁：在各种尿失禁中，以充溢性尿失禁对老年患者机体的危害性最大。患者有明显下腹胀痛、坐卧不安，有尿意但排不出来，但有时尿液从尿道溢出。充溢性尿失禁出现的原因是邻近前列腺的膀胱有尿液排出受阻，必须用更大的力量才能将尿液通过变窄的尿道排出，因此，膀胱壁的逼尿肌代偿性增厚。触摸下腹部的膀胱区域，会感觉张力升高或坠胀感。长期升高的膀胱内压可造成肾功能下降，导致患者出现肾功能不全的表现，如心悸、恶心、呕吐等症状。

充溢性尿失禁多见于前列腺增生，患者开始出现尿频、尿急，尤其夜尿增多的症状。随着前列腺继续增生，尿道变得更加狭窄，进而出现排尿困难、排尿不尽感等尿路梗阻的症状。

以上几种基本类型的尿失禁常同时存在，相当一部分老年女性既有急迫性尿失禁又有压力性尿失禁，常称"混合型尿失禁"。尿失禁给老年患者无论从生活上还是心理上均造成了很大的影响。由于影响个人卫生，尿失禁常导致老年患者出现皮肤病变，如皮炎、湿疹、溃疡、疼痛、感染等症状；同时也导致患者的机体出现一系列并发症，如压疮、尿路感染、败血症、跌倒甚至骨折等。

3. 心理和社会支持状况

（1）心理方面：尿失禁对老年患者的心理影响较大，既给患者带来很大的痛苦和不便，又严重影响了患者的生活质量。尿失禁可造成皮肤压疮、反复尿路感染等症，影响患者的睡眠；老年患者行动迟缓，活动能力减弱，患病后自尊心易受到伤害，容易出现对别人不信任、固执，严重者有情绪低落、抑郁或焦虑等心理问题，甚至出现绝望感。

（2）社会方面：由于尿失禁对老年患者身体造成的影响，使患者害怕漏尿或身体有异味而远离人群，或不敢与他人进行沟通与交流，易造成人际关系和家庭关系的紧张，甚至使老年患者产生自卑、苦恼、羞耻或孤独感。部分老年患者因此而"隐居"，或长期待在家中，严重影响了患者的室外活动和社会交往，不利于患者的身心健康。同时，由于用于治疗和护理的费用增加，使老年患者及家庭的经济负担加重，生活质量下降。

4. 辅助检查

（1）直肠指检：了解肛门括约肌张力、球海绵体肌反射、前列腺大小和质地、有无粪便嵌顿等情况。

（2）女性外生殖器检查：了解有无阴道前后壁膨出、子宫下垂、萎缩性阴道炎等。

（3）尿道压力测试：在老年人膀胱充盈情况下，于站立位时咳嗽或举重物，观察是否有漏尿情况，用于确定是否有压力性尿失禁。

（4）尿常规、尿培养：了解有无泌尿系统感染，若尿中白细胞增多，即白细胞计数＞5/HP，提示存在尿路感染；尿细菌定量培养呈阳性即可确诊。

（5）排尿后残余尿量测定：几乎是所有尿失禁患者都应做的，因为充溢性尿失禁并无特征性表现，单由体检是难以发现显著尿潴留（即排尿后残余尿＞200 ml）的。

（6）尿流动力学检查：测知排尿量、尿流时间、尿流速度，借以了解膀胱、尿道的排尿功能，以及排尿功能障碍性疾病的病理生理变化。

（二）常见护理诊断及医护合作问题

1. 急迫性尿失禁　与盆底肌群功能减弱、雌激素水平下降等有关。
2. 压力性尿失禁　与膀胱充盈、腹压增高有关。
3. 有皮肤完整性受损的危险　与尿液长期刺激局部皮肤有关。
4. 社交障碍　与异味引起的窘迫、尿频、不适有关。
5. 潜在并发症　尿路感染、压疮等。
6. 知识缺乏　缺乏与尿失禁病因和防护相关的知识。
7. 焦虑　与尿失禁有关。

（三）护理目标

老年患者自信心增强，能主动配合治疗和护理；正确使用外引流和护垫，不发生会阴部皮肤损伤、尿路感染；合理饮食和活动，并坚持功能锻炼；尿失禁得到改善和控制；定期参与社交活动；焦虑情绪减轻或消失；没有出现并发症。

（四）护理措施

1. 日常生活护理

（1）改善环境：为老年患者提供舒适、整洁、安全的环境，注意调整环境设置，便于患者活动。卫生间应靠近老年患者的卧室，过道保持通畅，调整马桶座高度、厕所内增加扶手椅，必要时便器放在床边或患者便于取用的地方。帮助穿、脱衣裤困难的患者，指导老年患者尽量穿简单易脱的衣裤，如宽松柔软的对襟上衣和休闲裤。

（2）皮肤护理：指导老年患者保持会阴部皮肤的干燥、清洁，尿湿的衣裤和被褥要及时更换，并用温水清洗会阴部，必要时局部涂凡士林或鞣酸软膏，以防局部皮肤因尿液刺激造成糜烂、破溃。生活不能自理的老年患者，可使用一次性尿垫，每日2次用温水清洗会阴部，并保持会阴部干燥。长期尿失禁的老年患者应实施无菌留置导尿术，避免尿液浸渍皮肤。

（3）饮食护理：指导老年患者选择清淡易消化的高蛋白、高维生素饮食，多食含纤维素丰富的食物，防止因便秘而引起的腹压增高；避免摄入对膀胱有刺激的食物，如巧克力、咖啡。为了预防尿路感染和结石的形成，应指导老年患者适量饮水，并向老年患者说明尿液对排尿反射刺激的必要性，老年尿失禁患者不要过分限制饮水，一般每天摄入2000～2500 ml的水分。但是睡前需要限制饮水，一般于晚上7时后应减少饮水量，以减少夜间尿量。注意睡前避免摄入有利尿作用的浓茶、咖啡等，以免因夜尿增多而影响老年患者的睡眠质量。

2. 病情观察及护理

（1）观察老年患者会阴部、肛周局部有无红肿、破溃现象。由于尿液频繁刺激皮肤，常导致皮疹、皮炎的发生，如不及时处理可导致老年患者出现一系列的并发症，如压疮、泌尿系统的感染等。因此，需密切观察患者的皮肤情况及生命体征的变化，尤其注意有无泌尿系感染的征象，如发热、尿频、尿痛等症状。

（2）注意观察老年患者原发疾病的情况，尤其注意有无病情进展及伴随症状的变化。观察患者排尿情况，并测量残余尿量；记录排尿日记，内容包括尿急时间、尿急或尿痛程度（强、中、弱）、实际排尿时间、排尿量、漏尿量（高、中、少）、发生原因、摄入液体量等，以便能及时分析病情变化。

3. 对症护理

（1）一般治疗护理

1）应用成人尿布或尿垫：这是处理尿失禁最常用的方法，也是最简便的方法，但常导致患者的卫生状况较差，还可能掩盖某一可矫治病因或潜在的严重病史，也加重了体质虚弱的老年患者的依赖性。所以这些物品一般只能作为比较特异性干预的辅助用品。

2）矫治可逆性因素：鼓励老年患者接受基础性检查项目，以便及时发现导致尿失禁的可逆性因素，并给予相应的处理。例如：①尿路感染者，辅助给予抗感染药物治疗。②盆腔术后者，给予行为干预。③慢性疾病如糖尿病、心力衰竭、前列腺增生者，鼓励其进行内科治疗，控制发病因素。④某些药物副作用导致者，可遵医嘱停用或改用其他药物，也可减量或调整用法。⑤避免其他诱发因素，如减少不必要的卧床、避免饮用浓茶或咖啡等、低盐饮食、预防便秘、规律排尿或改变环境等。有些患者的尿失禁在对这些因素进行矫治后即可消失。

3）行为暗示治疗护理：鼓励、引导老年患者转变态度，积极采取各种措施改善尿失禁的症状，常用的方法有说服教育、自我监护（做排尿日志）、调整饮水量、行为干预及排尿锻炼等。对长期住院和居家的某些活动及认知障碍患者，及时提醒排尿（或其他形式的系统性排尿辅助设施）为处理白天尿失禁的良策，其效果较好。

（2）药物治疗护理：可与行为暗示治疗护理相结合。

1）压力性尿失禁：α受体激动药有提高尿道周围平滑肌的收缩力的性能，这类药物可与雌激素合用，但单用雌激素无效。针对下尿路症状，局部应用雌激素似较口服雌激素效果更好。外科治疗压力性尿失禁极为有效，疗效可持续1～5年。内因性括约肌收缩无力时，在尿道周围注射胶原可能有帮助（尿道动力亢进时则无效）。

2）急（迫）性尿失禁：膀胱弛缓剂常因抗胆碱作用（特别是口干）而使其应用受限，托特罗定是最新获准面市的膀胱弛缓剂，副作用可能比其他抗胆碱药少。

3）慢性尿潴留和充溢性尿失禁：α受体阻断药可使前列腺增大者的排尿刺激性症状包括尿频、尿急等减轻；但由于膀胱过度充盈而使膀胱活动功能低下者，药物治疗一般无效。

（3）功能锻炼

1）有规律地定时排尿：鼓励老年患者有规律地定时排尿，为其设计排尿时间表。开始可每隔半小时到1小时排尿一次，以后可逐渐延长间隔时间，直至每隔2～3小时排尿一次，促进正常排尿功能恢复。在非规定排尿时间内，让老年人尽可能憋住尿液，到预定时刻再排尿。排尿时可用手掌轻柔地自膀胱底部持续向后、向下压迫（Crede手法），使膀胱尿液被动排出。

2）进行排尿训练：让老年患者每次排尿时，做排尿与终止尿流交替进行的练习，告诉老年人每次排尿时都应练习数次。

3）盆底肌练习：指导老年患者进行骨盆底部肌肉的训练，即凯格尔运动，以提高控制排尿的能力。首先体会锻炼的正确部位。仰卧于床上，将一个手指轻轻插入阴道，此时尽量将身体放松，然后再主动收缩肌肉以夹紧手指。在收缩肌肉时吸气，能够感到盆底肌对手指的包裹力量；当放松盆底肌肉时呼气，并反复重复几次。

整套的盆底肌练习包括以下两个阶段。

第一阶段：站立，双手交叉置于肩上，两足尖内扣，两足成90°，足跟内侧与腋窝同宽，用力夹紧盆底肌，保持5秒，然后放松。重复此动作20次以上。简易的盆底肌运动可在有空时进行，以收缩5秒、放松5秒的规律，在步行、乘车、办公时都可进行。

第二阶段：每天进行有效的自我训练。①平躺、双膝弯曲。②收缩臀部的肌群向上提肛。③紧闭尿道、阴道及肛门，此感觉如尿急但无法如厕需做憋尿的动作。④保持骨盆底肌群收缩5秒，然后缓慢放松，5~10秒后，重复收缩。注意在运动的全过程中照常呼吸，保持身体其他部位放松。可以用手触摸腹部，如果腹部有紧缩的现象，则提示运动的肌群错误。

知识链接

凯格尔运动

凯格尔运动又称会阴收缩运动，原是一种为了治疗和训练产后尿失禁和大便失禁的手段。它以洛杉矶医生阿诺德·凯格尔的名字命名，因为他在20世纪40年代推广了这项运动。凯格尔运动的目的是加强盆腔底部肌肉（或称耻尾肌）的张力。这些肌肉从耻骨后方向前方伸展，并包围阴道口和直肠。加强训练耻尾肌可以促进尿道和肛门括约肌的功能，防止尿失禁和大便失禁。

进行凯格尔运动时的注意事项如下：
（1）先排空膀胱。
（2）饭后1小时内应避免进行此运动。
（3）尽量避免双腿、腹部与臀部的肌肉协同收缩。
（4）如有阴道或泌尿道感染的情形应暂停练习。
（5）进行运动训练时，如出现头晕、胸闷、心悸或呼吸急促的症状应立即停止练习。
（6）每次训练须重视运动的质量。

4）自我按摩：教会老年患者每日早晚进行自我按摩，用手掌揉小腹20~30次，可增加腹肌紧张度，刺激盆腔肌肉和膀胱肌肉的收缩，加强排尿的自控能力。

（4）其他治疗护理

1）外部引流装置护理：男性患者用阴茎套，女性患者用能紧贴外阴的乳胶制品连接集尿袋，接取尿液，每天定时取下，清洗会阴部，保持局部干燥、清洁。注意这种方法不宜长时间使用。

2）留置导尿管护理：适用于老年患者全身状态不佳或已出现压疮者。注意整个过程需在严格的无菌条件下进行操作；保证尿管通畅；保持尿道口清洁，并用消毒棉球擦拭外阴及尿道口，1~2次/天；每隔4小时放尿一次，每周更换导尿管，并进行尿道的清洁与消毒，防止逆行感染；密切观察排尿情况，注意尿液的颜色、性状、有无浑浊；定时进行尿常规检测，如有异常及时报告医生并协助处理。

2. 心理护理

（1）老年患者多因长期尿失禁而自卑，对治疗信心不足。护理人员应给予充分的理解，尊重患者的人格和尊严，注意保护其隐私。做好家属工作，使其与医护人员共同配合，做到耐心、和蔼、不厌其烦，用良好的语言和行为激起患者对康复的信心。

（2）全面评估老年患者的现状，及时发现造成尿失禁的原因，向老年患者及家属详细解释尿失禁的相关知识，使其充分了解该病的治疗及护理要点，同时共同制订护理计划，减轻老年患者的窘迫感和自卑感，使其更好地配合治疗与护理。

（3）在日常护理工作中，护理人员应与患者建立良好的护患关系和正性的情感支持，与患者主动进行语言交流，认真倾听他们的心理感受，适时地表示同情、关心、安慰、鼓励患者，通过点头、手势等一些形体语言达到心理支持的目的。

（4）维护患者的自尊，尽量满足患者的合理要求，为患者翻身、更换尿布和衣物等操作前要先做好解释工作，用屏风遮挡患者，注重保护患者的个人隐私，以取得其信赖，并使患者获得安全感。

（五）健康教育

1. **强调老年尿失禁预防的重要性**　向老年患者及家属介绍可能引起尿失禁的生理和心理因素，积极控制相关疾病。

2. **指导老年患者建立良好的生活习惯**　嘱老年患者穿柔软、宽松、舒适且易穿脱的衣裤；夜间增加房间照明；合理安排饮水，忌食刺激性食物（如咖啡、茶、碳酸饮料）。

（六）护理评价

在预防、治疗和护理干预全过程中，判断老年患者尿失禁的症状得到改善和控制、皮肤保持完整、能说出尿失禁的相关知识、能够积极参加室外的社会交往活动、焦虑情绪明显减轻或消失等护理目标是否达成，并及时调整护理措施。

三、良性前列腺增生

案例 6-8

患者，男，66 岁，尿急、尿频、尿痛、尿线变细、夜尿次数增多 3 年，肉眼血尿 1 天。体检：前列腺 I 度增大、中等硬度、活动较好。B 超提示：前列腺大小约 4.5 cm×3.2 cm×3.5 cm，前列腺被膜光滑，连续性好，回声略增强。前列腺液常规检查提示：白细胞计数 10～15/HP，卵磷脂（+++）。门诊以良性前列腺增生、慢性前列腺炎收其入院。患者既往有性欲减退、阳痿病史 1 年；曾有 1 次尿潴留病史。

问题与思考：

（1）目前认为前列腺增生与哪种激素水平失调有关？

（2）此时该患者存在哪些主要护理诊断及医护合作问题？依据是什么？

（3）对该患者应采取哪些护理措施？

良性前列腺增生（benign prostatic hyperplasia，BPH）简称前列腺增生，又称前列腺肥大，是老年男性的常见病之一。组织学上前列腺增生是指前列腺上皮和基质细胞增生，始发于尿道周区。随着年龄的增大，前列腺长出多个增生性小结节，相互融合，正常组织受压被推向外。一般男性 35 岁以后均有不同程度的前列腺增生，多在 50 岁以后出现症状。我国 40～49 岁、50～59 岁、60～69 岁、70～79 岁和 80 岁以上男性前列腺增生的发生率分别为 2.9%、29.0%、44.7%、58.1% 和 69.2%。

前列腺增生的发病机制尚未完全阐明，目前认为可能与老年性激素平衡失调有关。从病理学来看，发生肥大的部分主要是围绕后尿道的腺体而非前列腺本身，增大的腺体使尿道弯曲、伸长、受压而发生机械性梗阻。最早期以尿频为主要症状，进行性排尿困难是前列腺增生最重要的症状，梗阻严重时发生慢性尿潴留，不仅使老年人排尿痛苦，还使其精神压力增加，严重影响了老年人的生活质量。

（一）护理评估

1. 健康史及相关因素

（1）健康史：详细询问老年患者有无尿频、夜尿增多、进行性排尿困难等表现，以及其诊治经过和用药效果；询问老年患者有无反复发作下尿路感染、膀胱结石或肾功能不全等疾病，考虑有无前列腺增生的可能；注意询问老年患者有无便秘、饮酒、寒冷、劳累、憋尿等因素诱发急性尿潴留的病史，有无合并高血压、冠心病、肺气肿等疾病。

（2）病因：前列腺增生的病因至今仍未阐明。前列腺增生必须具备"有功能的睾丸"及"年龄增长"两个重要条件。在青春期前行睾丸切除的人不发生前列腺增生，40岁以前切除睾丸者也极少发生前列腺增生。多数学者认为前列腺增生与体内性激素平衡失调等因素有关。

1）性激素平衡失调：老年人体内性激素平衡失调是引起前列腺增生的重要原因。随着年龄的增长，前列腺腺泡内双氢睾酮含量增加，不断刺激前列腺腺体，导致其增生。

2）不良饮食习惯：长期饮酒、饮咖啡、喝浓茶、喜食辛辣等刺激性食物，以及高脂肪、高胆固醇饮食等可引起前列腺充血、增生。

3）性生活过度：过度的性生活可导致前列腺组织长期处于充血状态，到40岁以后前列腺逐渐增生。

4）慢性炎症：尿道炎、睾丸炎等形成的有害物质和病菌长期刺激前列腺可引起其增生。

5）其他因素：劳累、便秘、局部受凉、久坐及活动减少可诱发或加重前列腺增生。

（3）发病机制

1）生化改变：目前双氢睾酮与前列腺增生的关系已得到普遍认可，来自睾丸、肾上腺的雄激素经血液进入前列腺，在前列腺5α-还原酶的作用下，睾酮转变为双氢睾酮，并与其受体结合后转入细胞核，影响DNA合成、蛋白质合成和细胞数目的增加。双氢睾酮水平在增生的前列腺组织中比在正常前列腺组织中高3～4倍，5α-还原酶活性也明显升高。

2）病理：前列腺腺体主要由三部分组成，最大的部分为外周带，其次为中央带，两者占腺体的95%，其余5%为腺体移行带（前列腺内带）。前列腺增生主要发生在移行带（图6-4）。病变组织表现为腺管扩大、增生和平滑肌增生，并将外层正常的前列腺腺体挤压成假包膜，临床上称其为外科包膜。

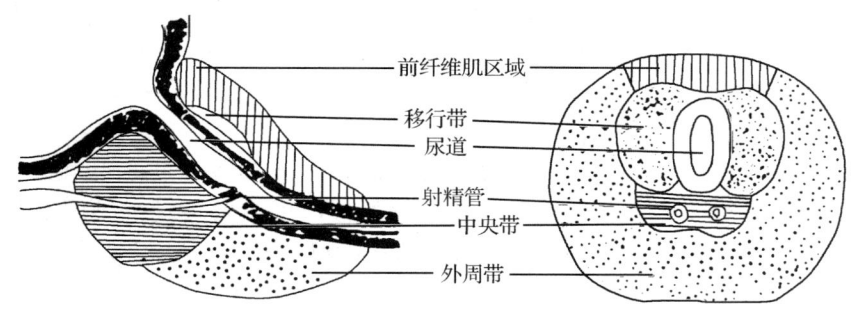

图6-4 前列腺的组织结构

3）病理机制：前列腺增生引起排尿梗阻有以下三方面原因。①平滑肌：前列腺内尤其是围绕膀胱颈的含有丰富的α受体的平滑肌在膀胱逼尿肌收缩时并不松弛，从而造成梗阻。增生的平滑肌在膀胱颈形成环状结构。前列腺可不增大。②腺瘤：主要起源于移行带，即前列腺内带。前列腺腺瘤增大会堵塞尿道，增大的腺体向两侧和膀胱内突出，有时仅突入膀胱如指头状，造成膀胱出口堵塞。前列腺段尿道弯曲、伸长，尿道受压变窄，其精阜也随增生的腺体向下移至接近外括约肌处（图6-5）。③逼尿肌：在膀胱出口有梗阻时，逼尿肌为增强其收缩能力，平滑肌纤维体积和收缩力量增加，成为粗糙的网状结构即小梁，尿路上皮通过小梁间空隙突出成囊状，严重时形成假性憩室。逼尿肌代偿性肥大，发生不稳定的逼尿肌收缩，产生膀胱内高压，有时出现尿失禁。这种逼尿肌的不稳定在去除梗阻原因后可以消失。当尿路梗阻不能去除、膀胱收缩能力失代偿时，残余尿量逐渐增加，并有充溢性尿失禁。长期排尿困难使膀胱高度扩张，可导致输尿管末端丧失其活瓣作用，进而发生膀胱、输尿管逆流，可导致肾积水及肾功能损害，也容易继发尿路感染和结石。

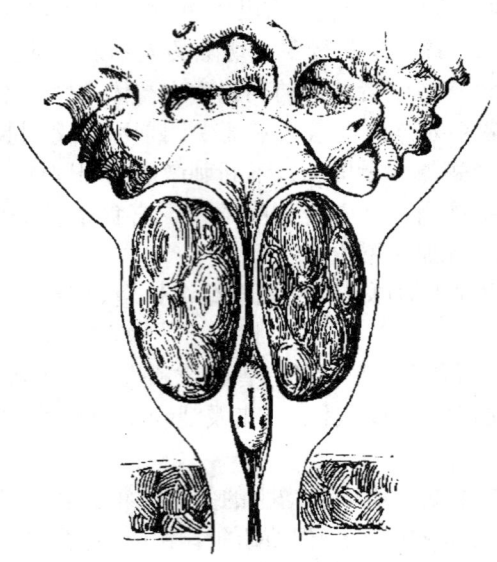

图 6-5　前列腺增生（后尿道延长，精阜下移）

2. 身体状况

（1）临床表现：前列腺增生患者一般在 50 岁以后出现症状。症状严重程度取决于梗阻的程度、病变发展的速度，以及是否合并感染和结石，而不在于前列腺本身的增生程度。症状可以时轻时重。增生未引起梗阻或轻度梗阻时可全无症状，对健康也无影响。

1）尿频、尿急：常是前列腺增生患者最初出现症状，也是患者最常见的症状，尤其是夜间排尿次数增多。初期表现为夜间尿频，而每次的尿量不多，主要是前列腺充血增大造成后尿道和膀胱颈受到压迫，残余尿量增加而膀胱有效容量减少所致。以后随着尿道梗阻的加重，膀胱残余尿量逐渐增多，尿频加重，以致白天也会出现尿频。

2）进行性排尿困难：是前列腺增生最主要的症状。其发展常很缓慢，有时被认为是老年人的自然现象而容易被患者忽视。轻度梗阻时的排尿困难常表现为排尿等待（排尿起始延迟断续）、排尿时间延长、尿线变细而无力、尿流射程变短及排尿不尽感等。病情缓慢发展，进行性加重。严重梗阻时排尿费力、尿流射程短、尿线细而分叉、排尿中断或呈尿滴沥状。

尿路梗阻的病因包括静力性因素和动力性因素两种。静力性因素是指前列腺增大造成尿道横切面积下降和尿道延长。动力性因素是指前列腺尿道、前列腺组织和前列腺包膜的张力增高。增生的前列腺组织中，平滑肌组织也明显增生，α 受体是影响这种张力的主要因素。引起尿路梗阻的因素如持续存在，可导致老年患者长期出现排尿困难，进而引起腹压增高，可诱发或导致腹股沟疝、脱肛等并发症。

3）尿潴留：随着梗阻程度的加重，残余尿量的增多，长期如此可导致膀胱肌收缩无力，容易并发尿潴留，尤其在某些诱因作用下，如劳累、憋尿、气候变冷、久坐、受凉、饮酒、服用阿托品等药物，可导致患者突然发生尿潴留，即急性尿潴留。急性尿潴留一般是由于前列腺及膀胱颈部突然充血、水肿，造成急性梗阻而不能自行排尿，此时患者坐卧不宁、膀胱胀满、下腹疼痛难忍，常需到医院急诊。

4）尿失禁：尿路梗阻加重达到一定程度后，可使膀胱内残余尿量不断增加，梗阻程度越重，残余尿量越多，从而引起慢性尿潴留。当膀胱始终处于过度膨胀状态时，常导致少量尿液不自主地溢出，称为充溢性尿失禁（假性尿失禁）。

5）血尿：肉眼血尿在前列腺增生患者中不常见，有少数病例由于膀胱颈部梗阻，静脉回流受阻，在膀胱内产生静脉曲张，以致形成"膀胱痔"，有时出现血管破裂，产生大量出血而导致血尿；或伴有结石、膀胱颈黏膜充血时可有血尿发生。

（2）并发症：前列腺增生是慢性过程，患者后期常因尿路梗阻而引发多种并发症，造成严重的后果。

1）感染：尿路梗阻是引起感染的先决条件。由于尿流不畅，膀胱内残余尿量增加，尿路上皮细胞抗菌能力下降，使细菌易于上行、滋生繁殖而发生尿路感染，如膀胱炎、肾盂肾炎、前列腺炎。患者可出现发热、尿频、尿急、尿痛等尿路刺激症状。

2）膀胱结石：尿路梗阻导致膀胱内残余尿量增加，使尿盐结晶沉淀于膀胱而发生结石；继发感染尤其是尿素分解细菌的感染，可使尿液pH升高，促使尿磷酸钙、铵和镁盐沉淀而形成膀胱结石。患者主要表现为疼痛和血尿，常伴有排尿困难和尿路感染的症状。

3）肾积水：前列腺增生较重、时间较长后，由于膀胱和上尿路代偿功能不全，尿液从肾盂排出受阻，造成肾内压力升高、肾盂肾盏扩张、肾实质萎缩，最终出现输尿管和肾盂积水。患者可表现为肾区胀痛或绞痛、恶心、呕吐、尿量减少等症状。

4）肾功能不全：由于肾积水、肾实质受压，最终导致肾功能逐渐衰退。患者可表现为容易疲劳、乏力、贫血及消化道症状（如食欲减退、恶心、呕吐）等。

5）痔疮、脱肛：排尿困难导致腹压长期增加，直肠静脉发生血液回流障碍，静脉淤血扩张而形成痔疮，患者主要表现为便血、疼痛、瘙痒等症状；或腹压升高后，推动肛管、直肠和乙状结肠向下移位、脱出肛门外而出现"肛管直肠脱垂"，即脱肛。患者常自觉有肿物自肛门脱出，还可引发便秘、便血等症状。

6）腹股沟疝：由于老年人腹肌退行性改变、萎缩，腹壁尤其是腹股沟区异常薄弱，前列腺增生导致的排尿困难致使腹压升高，为腹股沟疝的形成提供了动力。

（3）临床分期：临床上将前列腺增生分为以下三期。

1）第一期：患者出现轻度尿路梗阻的症状，如尿频、夜尿增加、排尿无力，但是膀胱内没有残余尿。患者的最大尿流率及均匀尿流率减低不明显，尿流率曲线多在正常范围内。

2）第二期：指膀胱逼尿肌的功能开始出现代偿不全，不能将尿液完全排出而出现残余尿量，常常继发慢性细菌性膀胱炎。患者的最大尿流率及均匀尿流率均明显降低，排尿时间明显延长，尿流率曲线呈多波型曲线。

3）第三期：又称晚期，指由于长期排尿困难，引起膀胱排空功能减退，膀胱收缩无力，进而引发尿潴留、肾功能不全。患者的最大尿流率进一步降低，排尿时间更加延长，尿流率曲线大多为低平曲线。

总之，前列腺增生主要表现为令人不适的下尿路症状，一方面是膀胱出口机械性梗阻症状，另一方面是膀胱逼尿肌不稳定而引起的充盈症状。但这些症状的轻重与前列腺大小、梗阻程度和逼尿肌的不稳定相关性不大，其发生机制应该更为复杂。国际前列腺症状评分（International Prostate Sympotom Score，IPSS）用7个问题来对前列腺增生的下尿路症状进行数量化评估，将这些症状分为三度：0～7分为轻度症状，8～19分为中度症状，20～35分为重度症状（表6-7）。

表 6-7 国际前列腺症状评分（IPSS）和生活质量指数

症状	无	少于1/5	少于1/2	约1/2	多于1/2	几乎总是
1. 过去1个月排尿不尽感	0	1	2	3	4	5
2. 过去1个月排尿后2小时内又要排尿	0	1	2	3	4	5
3. 过去1个月排尿时中断和开始多次	0	1	2	3	4	5
4. 过去1个月排尿不能等待	0	1	2	3	4	5
5. 过去1个月感觉尿线变细	0	1	2	3	4	5
6. 过去1个月感觉排尿费力	0	1	2	3	4	5
7. 过去1个月夜间睡觉时起床排尿次数	无	1次	2次	3次	4次	5次或5次以上

注：IPSS 总分 =35

3. 心理和社会支持状况

（1）心理方面：长期排尿困难或反复出现尿潴留，影响老年人睡眠、休息等正常生活活动，严重时影响社交活动，增加老年患者的心理负担。因此，要评估患者是否存在紧张、焦虑、恐惧、悲观等情绪及诱发因素，了解患者的夜间睡眠情况，注意是否存在急躁、易怒的不良情绪。准备手术治疗的老年患者，常担心出现危险而容易产生恐惧心理，因此护理人员需注意安抚、劝慰患者。

（2）社会方面：向患者及家属详细解释疾病过程、治疗方法、治疗效果、可能发生的并发症及预防措施。同时评估患者的家庭经济状况，以及可利用的社会支持系统对老年人的关心、支持程度，并做好家属的工作，使患者树立信心并很好地配合治疗和护理。

4. 辅助检查

（1）直肠指检：是诊断前列腺增生简单而重要的检查方法，应在膀胱排空后进行。检查时可触及增大的前列腺，注意前列腺的解剖界限、大小、质地。前列腺增生时，腺体可在长度或宽度上增大，或两者均有增大，表面光滑，边缘清楚，质地为中等硬度而有弹性，中央沟变浅或消失。

（2）残余尿量测定：正常人排尿后膀胱内无或有很少量的残留尿，一般在5 ml以下，前列腺增生患者残余尿量进行性增加，如果达到50 ml以上，提示膀胱逼尿肌已处于失代偿状态。如用腹部超声测残余尿量，患者痛苦小，但不够准确；用排尿后导尿的方法测量膀胱残尿量较准确。

（3）超声波检查：可观察前列腺的形态、结构和大小，从排尿期声波图形判断尿道的变形及移位。经直肠超声扫描更为精准，可了解下尿路梗阻的动态变化。经腹部超声检测还可测得膀胱残余尿量。

（4）尿动力学检查：包括尿流率测定、膀胱压及尿道压测定等检查，可用于判断逼尿肌功能及损害程度，能对排尿功能做出客观评价，有助于选择治疗方案。

（5）血清特异性前列腺抗原（PSA）测定：30%～50%前列腺增生的患者可有PSA中度升高。前列腺体积较大、有结节或质地较硬时，测定PSA可排除合并前列腺癌的可能性。

（6）膀胱镜检查：下尿路梗阻而其他检查提示前列腺病变不明确时，或有肉眼血尿时，膀胱镜检查甚为必要。

（二）常见护理诊断及医护合作问题

1. 排尿形态异常　排尿困难、尿潴留，与前列腺增生引起尿路梗阻有关。
2. 睡眠型态紊乱　与夜尿、尿路梗阻、遗尿和感觉自尊受损有关。

3. 有感染的危险　与尿潴留有关。

4. 焦虑　与排尿困难或尿潴留影响睡眠及担心手术预后有关。

5. 知识缺乏　缺乏信息和正确指导，对疾病过程不熟悉，对信息理解有误。

6. 潜在并发症　出血、感染，与膀胱内压力增高、尿潴留、手术创伤有关。

（三）护理目标

患者排尿困难、尿潴留缓解或解除，排尿通畅；睡眠好转，睡眠质量有所提高；无尿路感染的发生；焦虑、紧张等心理消除，情绪稳定，对治疗有信心；对前列腺增生的相关知识有所了解，能采取合适的饮食、饮水方式；无感染、结石等并发症发生。

（四）护理措施

1. 一般护理

（1）日常生活护理

1）环境：为患者提供舒适、整洁的环境，保证温、湿度适宜。嘱患者注意气候变化，随时增减衣物，避免受凉。夜间尿频者应尽量在床旁放置便器或床尽量靠近洗手间，保证居室过道通畅，照明装置合理，光线充足，必要时在适宜的位置安装扶手，防止老年人出现跌倒等意外的发生。

2）休息与睡眠：指导老年患者养成良好的生活方式，生活起居要有规律；开展适当的体育锻炼，增强体质；出现血尿、感染等症状时，要注意休息，避免劳累；睡前避免饮水过多，建立良好的睡眠习惯，如睡前保持安静、热水泡脚，促进睡眠质量的提高。

（2）排泄护理：叮嘱老年患者，有尿意时不要憋尿，应马上排尿，训练排尿功能。对于排尿困难的患者，帮助其采取适当的体位，同时指导其做深呼吸的动作，使其轻松排尿。对于尿频、夜尿增多的患者，可为其在床旁准备便器。指导患者保持排便通畅，防止腹泻，以免便秘或腹泻刺激会阴部，加重前列腺充血、腺体增大。

（3）饮食护理：指导患者加强营养，选择清淡易消化的高蛋白质、高维生素、高纤维素、低脂肪饮食；避免辛辣刺激性食物，禁忌饮酒或有利尿作用的咖啡、浓茶等饮料，以免增加膀胱胀满不适或引起尿潴留，增加老年人的痛苦。鼓励老年患者多饮水，不能因尿频、排尿困难而减少饮水量。告知患者多饮水可稀释尿液，防止引起尿路感染及膀胱结石的形成，但需注意不要在短时间内大量饮水，以免导致膀胱急剧扩张而引起膀胱紧张度丧失或急性尿潴留。

2. 病情观察

（1）前列腺增生一般从50岁左右开始，但早期往往没有典型表现，明显症状多在60岁左右出现，所以应指导老年患者注意观察自身情况，尽早识别前列腺增生的临床症状，如尿频，尤其是夜尿增多及排尿费力等，并及时接受诊治。

（2）轻度的前列腺增生患者由于长期无明显症状或症状较轻，不影响生活、睡眠等，可不必采取任何治疗措施，但须观察随诊，尤其要告知老年患者随时注意病情的进展情况，如症状是否加重或是否出现了其他症状，如有变化须尽早就医。

（3）注意观察或评估老年患者有无不良因素的存在，如劳累、饮酒、便秘，并给予相应的指导，以避免急性尿潴留的发生。观察并记录患者每日排尿的情况，如排尿次数、尿量、尿液颜色及性质等，出现急性尿潴留时应及时导尿，以保护膀胱功能。

3. 对症护理

（1）等待性观察：前列腺增生患者治疗与否主要取决于症状严重程度，而非前列腺的大小。处于前列腺增生第一期的患者，由于症状在轻度范围内，很少会困扰患者到必须求治的地步。同样，单纯的前列腺增大也不是治疗的指征。在中、重度范围的患者，是否需要治疗，关键依据是症状对患者的困扰程度。对于困扰程度不重的患者，首先应告知其各种可选择的治疗方法及疗效，采取等待性观察的对策即很适宜，但应定时对患者情况进行评估。如选择等待性观察，则每年应进行一次基本检查，以了解患者在过去一年中症状的发展情况，并酌情调整治疗方案，同时注意避免药物的不良反应。

（2）药物治疗护理：遵医嘱给予α受体阻断药、5α-还原酶抑制药和中药等抗前列腺增生药物，注意观察药物疗效及不良反应。对治疗效果不好者，应遵医嘱做好其他治疗准备。

1）α受体阻断药：此类药物对于有明显症状但无严重并发症的患者是有效、安全的。常用药物有特拉唑嗪、酚苄明、坦索罗新等。α受体阻断药的最大优点是能够迅速解除前列腺增生的动力性梗阻，对缓解排尿困难有较快的效果；最大的缺点是不能缩小前列腺的体积，不能去除前列腺增生的静力性梗阻。此类药物起效快，但不良反应较多，主要有头痛、心悸、鼻塞和体位性低血压等，合用抗高血压药时应密切观察血压变化，注意安全方面的护理。

2）5α-还原酶抑制药：可抑制前列腺增生，使前列腺缩小。此类药物无明显不良反应，不影响男性性功能。但服药的男性精液中存在5α-还原酶抑制药，可使孕妇的男性胚胎外生殖器异常。此类药物起效较慢，用药2~3个月后方能见效，故服药要坚持半年至1年；停药后前列腺可能恢复增生，因此需终身服药，故要向患者做好解释工作，鼓励患者坚持服药。常用药物有非那雄胺。

3）中药：如普乐安等可试用，使用时应告知患者症状的改善不一定使尿路梗阻得到缓解。

（3）尿潴留的护理：如患者发生急性尿潴留，应给予留置导尿术，必要时可行耻骨上膀胱造口术，以引流尿液、控制感染、预防发生尿毒症，待全身情况改善后再行手术。在留置导尿或耻骨上膀胱造口引流期间，要保持持续引流通畅，保持尿道口或膀胱造口的清洁与消毒。为预防感染，应每日冲洗膀胱1~2次，冲洗时应遵循少量、多次、微温、低压、无菌的原则。

（4）非手术治疗护理

1）理疗：如射频和微波治疗，有助于改善症状。

2）其他疗法：如激光治疗、经尿道气囊高压扩张术、经尿道高温治疗、前列腺尿道支架网等。

（5）手术治疗护理

1）手术治疗护理：膀胱残余尿量超过50 ml，或曾经出现过急性尿潴留者，有肾功能损害者，应及早采取手术治疗，切除前列腺增生部分。对于重度增生的患者特别是残余尿较多的患者，需手术干预才能解除梗阻。前列腺开放性手术的术式有耻骨上前列腺切除术、耻骨后前列腺切除术、保留尿道耻骨后前列腺切除术等。近年来开展的经尿道前列腺电切术具有创伤小等优点，适用于大多数老年患者，易于被老年患者接受。

2）术前护理：向患者介绍手术治疗的目的和方法、手术前后的注意事项，消除患者的恐惧心理，使其更好地配合手术。

做好术前常规准备：①判断有无合并感染的征象，积极治疗并发症，控制感染。②急性尿潴留者要给予导尿，以改善前列腺充血，恢复膀胱张力。③需留置尿管的患者，做好留置导尿的护理，如清洁、消毒、预防感染。④术前3~4天开始训练老年患者在床上排尿、排便并指导患者放置便器，避免术后因不习惯而在床上用力排便导致出血等并发症；⑤术前当日备皮，当晚常规不保留灌肠，同时测量生命体征，嘱患者禁食12小时、禁水5小时。

3）术后护理：①病情观察。协助患者取平卧位，3日后可改为半卧位。密切观察患者的意识状态、生命体征等变化，保持呼吸道通畅，注意伤口情况，以及是否出现膀胱痉挛或水、电解质失衡等情况。②引流管护理。注意保持膀胱引流管通畅，观察膀胱冲洗液的颜色、血尿程度、持续时间等；注意保暖，冲洗液要加热，温度保持在36℃左右。③饮食护理。术后患者腹胀消失、肛门排气后给予半流质饮食，嘱患者多饮水，尿量增多后可以起到内冲洗作用。

④排便护理。患者应保持排便通畅，可应用缓泻药，术后 5 日内不宜灌肠，嘱患者不要用力排便，以免引起创面出血；⑤外科学专科护理。

4. **心理护理**　向老年患者及家属介绍前列腺增生的病因、发病特征及治疗方法，稳定患者的情绪。护理人员要嘱咐患者保持心情舒畅，与患者及家属建立良好的信任关系，尤其要做好家属的心理工作，使其多关心、体贴患者；同时给予患者及家属详细的解释和耐心的指导，安慰、鼓励患者，使其能积极配合治疗和护理，树立战胜疾病的信心。

知识链接

经尿道前列腺电切术

经尿道前列腺电切术是一项将传统高频电刀外科技术与新型汽化电极相结合的腔内前列腺切除技术。该技术不需手术刀切开进行开放性手术，而是将膀胱电切镜从尿道内插入，直达前列腺部位，在直接观察下利用电流，通过汽化切割作用，使被切除组织迅速加热汽化，并使切除面产生深达 2～3 mm 的蛋白凝固层，从而有效地减少切割过程中的出血及液体的吸收。该手术具有出血少、无手术切口、创伤小、术后恢复快、治疗效果好等优点，为前列腺增生的首选手术方式，适用于大多数老年患者，尤其是身体条件较差、不能耐受开放手术的患者。患者术后一般 2 天可下床活动，4～5 天可拔除导尿管，自行排尿，5～6 天出院。

（五）健康教育

1. **注意防寒**　教育老年男性预防感冒和上呼吸道感染等；注意保暖，因为寒冷可加重病情；参加室外活动及体育锻炼，增强机体耐寒能力及抵抗力。

2. 日常生活指导

（1）饮食方面：嘱老年患者戒烟、戒酒，少食辛辣刺激性食物，多食新鲜水果、蔬菜、粗粮及大豆制品。告知患者适量饮水，因为饮水过少容易导致尿液浓缩而形成结石；白天应多饮水，而夜间适当减少饮水，以免入睡后膀胱过度充盈，影响夜间睡眠；饮水应以温开水为佳，少饮浓茶。

（2）排泄方面：嘱咐老年患者不可憋尿，以免造成膀胱内压力增高，使膀胱逼尿肌张力减弱，造成排尿困难，诱发急性尿潴留；进食含纤维多、易消化的食物，保持排便通畅。

（3）卫生方面：嘱患者用温水清洗会阴部，保持会阴部清洁、干燥；勤洗、勤换内衣裤。

（4）避免诱发因素：患者应避免引起急性尿潴留的诱发因素，如受凉、劳累、饮酒、便秘，尤其避免久坐，少骑自行车，否则会引起会阴部充血，导致排尿困难，又易加重痔疮、肾功能不全等并发症。

（5）其他方面：嘱患者经常参加文体活动及气功锻炼等，有助于减轻症状，但需注意不可过劳；保持心情舒畅，避免精神紧张；保持规律的性生活；应及时彻底治疗前列腺炎、膀胱炎及尿道结石等。

3. **疾病相关知识介绍**　教患者学会自我观察，告知老年人凡 50 岁以上男性有尿频及排尿困难症状时，都应考虑前列腺增生的可能。指导老年男性坚持每年进行直肠指检、前列腺 B 超检查，了解前列腺增生的情况。

4. **慎用药物**　有些药物可加重排尿困难，剂量大时可引起急性尿潴留，如阿托品、颠茄片、麻黄碱及异丙肾上腺素等。近年来又发现钙通道阻滞药如维拉帕米能促进泌乳素分泌，并可减弱膀胱逼尿肌的收缩力，加重排尿困难，故老年人宜慎用或最好不用此类药物。

5. **按摩腹部**　有利于膀胱功能的恢复。排尿后稍加压力按摩，可促进膀胱排空，以减少残余尿量。

(六)护理评价

在预防、治疗和护理干预全过程中,判断老年患者的尿路梗阻症状缓解或解除、自觉排尿通畅、焦虑情绪得到改善、没有并发症的发生等护理目标是否达成,并及时调整护理措施。

四、老年性阴道炎

案例 6-9

患者,女,65岁,反复发作外阴和阴道瘙痒、灼烧感、潮红1年有余,伴头晕、耳鸣、失眠、腰膝酸软。妇科检查:子宫双附件无器质性病变,阴道外阴萎缩,黏膜褶皱消失,上皮变薄,黏膜充血,分泌物较多,味臭,色黄。分泌物检查提示非特异性阴道炎。

问题与思考:

(1)老年性阴道炎发病与哪些因素有关?

(2)老年性阴道炎患者常有哪些心理问题?如何进行心理护理?

(3)此时患者存在哪些主要护理诊断及医护合作问题?依据是什么?

(4)对该患者应采取哪些护理措施?

老年性阴道炎(senile vaginitis)又称萎缩性阴道炎,是一种非特异性的阴道炎性疾病,多发生在绝经期后的中老年女性。由于中老年女性卵巢功能退化,雌激素水平降低,阴道壁萎缩,阴道内pH上升,局部抵抗力降低,使致病菌容易入侵、繁殖而引起阴道炎症。但是,双侧卵巢切除术后或雌激素缺乏的哺乳期妇女,由于阴道的组织结构随雌激素的下降而发生衰退性的变化,也可出现老年性阴道炎。

据统计,有30%~50%的中老年女性绝经后会发生老年性阴道炎,故老年性阴道炎是临床常见且复发率较高的中老年妇科疾病。老年性阴道炎大多属于细菌性炎症,可由多种细菌繁殖而导致感染的发生。有调查显示,老年性阴道炎的主要致病菌为革兰氏阳性(G^+)球菌,约占63%。97%的老年患者阴道分泌物中有细菌生长,多为需氧菌和厌氧菌混合感染,少数为单纯的需氧菌或单纯的厌氧菌感染。需氧菌多为凝固酶阴性葡萄球菌、金黄色葡萄球菌、白色葡萄球菌,厌氧菌多为拟杆菌。

老年女性反复下尿路感染与老年性阴道炎呈一定的相关性。很多人认为在老年阶段出现尿道炎或阴道炎的症状是自然现象,尤其是轻微症状没有影响工作和生活就不去重视,致使疾病反复发生,进而对机体造成很大影响。因此,护理人员熟悉老年性阴道炎的病因及临床特点,帮助老年患者及时进行检查、治疗与护理,有利于老年人的身心健康。

(一)护理评估

1. 健康史及相关因素

(1)健康史:评估老年患者有无外阴部位及阴道内瘙痒、烧灼感等症状,有无白带性状、量、气味异常及持续时间和程度,是否进行治疗及用药情况。了解老年患者的月经史、闭经时间,有无卵巢手术史或盆腔炎症病史。评估患者日常生活习惯、饮食习惯,有无不良的烟酒嗜好,了解患者的个人卫生情况。

(2)病因及发病机制

1)卵巢功能衰退:正常育龄妇女在内分泌激素的作用下,阴道上皮细胞增生,其表层细胞含有丰富的糖原,非常有利于厌氧乳酸杆菌的生长,这种细菌占阴道菌群的90%以上。这种乳酸杆菌大量存在可有效抑制其他致病菌的生长,在阴道形成一个正常的生态平衡。

衰老引起的卵巢退行性变化，导致其分泌功能下降，体内雌激素水平低下或缺乏，阴道上皮细胞内糖原减少，pH升高呈碱性或接近中性，不利于乳酸杆菌的生长，阴道的自净作用减弱，杀灭致病菌的能力降低；同时，卵巢退化、雌激素水平降低时阴道壁发生萎缩、阴道弹性降低（致使阴道口张开）、上皮变薄、血运不足，导致阴道抵抗力降低，使其他致病菌成为优势菌，便于致病菌入侵、繁殖而发生感染，进而引起炎性病变。

2）阴道内生态平衡失调：大量使用抗生素或用碱性液体过度冲洗阴道，可抑制乳酸杆菌的生长，打破阴道内正常的生态平衡；性交频繁（因精液pH为7.2～7.8）等可导致致病性厌氧菌和加特纳菌大量繁殖，也可引起阴道微生物生态平衡失调，乳酸杆菌减少。由于厌氧菌产生的脱羧酶可激发加特纳菌产生某种氨基酸，产生挥发性胺类，释放出难闻的鱼腥臭味；胺类使pH升高，又抑制乳酸杆菌繁殖，黏附有细菌的阴道表皮细胞脱落，使阴道分泌物增加。

3）个人卫生或习惯不良：女性的生理结构比较特殊，阴道部位本身就是一个比较潮湿的环境。如果患者平时不注意个人卫生或生活习惯不良，如不清洁外阴、不勤换内裤或长期久坐不动等，使阴道部位长期处于密闭不透气、湿润、闷热的状态，这就给致病菌提供了很好的繁殖条件，久而久之，引起阴道感染继而出现阴道炎症。

4）吸烟：吸烟会影响老年人的血液循环，导致阴道和其他组织供氧不足。吸烟还能加速卵巢衰退，减少体内自然产生的雌激素，使雌激素水平减低或缺乏。

5）其他：手术切除双侧卵巢、卵巢早衰、盆腔疾患（如宫颈癌）接受放射治疗、长期闭经、长期哺乳等均可导致阴道炎的发生。另外，营养缺乏，尤其是B族维生素缺乏等，可能与发病有关。

2. 身体状况

（1）临床表现：有调查显示，由于老年人反应迟钝和抗病能力下降，阴道炎的表现常不典型或在不知不觉中发病，在临床上很少有老年患者主动向医生提示病史，致使疾病反复发生而迁延不愈。老年性阴道炎常见的临床表现如下。

1）阴道分泌物增多：表现为白带增多，色淡黄，呈稀薄状或水状；严重者可呈脓血性白带，有臭味。

2）分泌物刺激：患者自觉外阴瘙痒及灼热感，部分患者可出现痛痒不适或干涩、隐痛及下腹部坠胀等感觉，排尿时症状加重。由于阴道黏膜萎缩，可伴有性交痛，使患病妇女的性生活质量下降。

3）泌尿系统症状：感染还可侵犯尿道而出现尿频、尿急、尿痛等泌尿系统的刺激症状，甚至可出现不同程度的尿失禁。

4）妇科检查：由于老年女性雌激素减少，外阴萎缩，阴道上皮也可有不同程度的萎缩。妇科检查时可见阴道黏膜呈萎缩性改变，如阴道皱襞消失，上皮变薄、变平滑和阴道壁弹性降低等，黏膜有充血、红肿，也可见黏膜有出血点或出血斑，以阴道穹后部及宫颈最明显。部分患者也可形成糜烂、溃疡，溃疡面可与对侧粘连，检查时可因粘连被分开而引起出血。粘连严重者可造成阴道狭窄甚至闭锁，炎性分泌物引流不畅可形成阴道积脓或宫腔积脓。

（2）并发症及危害

1）继发感染：外阴及阴道的瘙痒、灼痛，促使患者忍不住反复搔挠、冲洗、水烫，容易引起外阴局部红肿、破溃，可继发感染。

2）盆腔感染：阴道壁溃疡，导致阴道粘连，严重时可导致阴道狭窄甚至闭锁，增多的分泌物流出不畅，会造成阴道甚至子宫内脓液堆积，导致盆腔感染。

3）尿路感染：外阴及阴道内的细菌容易侵犯下泌尿道，引起尿路感染，出现尿频、尿痛、尿失禁的症状。

4）阴道出血：严重患者可出现血样白带甚至点滴阴道出血。出现这种情况应至医院排除宫颈癌及子宫内膜癌等恶性病变可能。

5）除了细菌感染，老年性阴道炎还可合并其他致病微生物如滴虫或念珠菌等的感染。多种病菌混合感染往往容易使病情反复发作，久治不愈。

6）老年性阴道炎长期反复发作可导致身体免疫力下降，产生对痒痛的心理作用，并且容易造成病菌的耐药性，形成恶性循环，导致老年性阴道炎缠绵难愈。

绝经后，40%～60%的中老年女性因雌激素减少而出现外生殖器、泌尿系统和性体验方面的各种症状。阴道萎缩不仅会使性交疼痛，还会导致泌尿系统疼痛。由于这种情况下阴道和泌尿系统症状的相互关联，所以将这种阴道萎缩及其伴随症状称为更年期泌尿生殖系统综合征（GSM）。GSM 的主要临床症状有：①阴道干涩、瘙痒、灼热、刺痛。②白带增多、性欲减低、润滑度减小或性交疼痛（性交困难）。③排尿困难、尿频或尿急及反复尿路感染等。因这些症状常令人难以启齿，绝大多数中老年女性并未寻求医治。

引起 GSM 的常见因素除了雌激素水平的减低或缺乏之外，还有以下两个方面：①疾病因素，如性传播感染、外阴硬化性苔藓、外阴上皮内瘤变、牛皮癣或湿疹。②皮肤刺激因素，如香水、除体臭剂、润滑剂、紧身衣物或残留异物。

3. 心理和社会支持状况

（1）心理方面：由于阴道疼痛、白带增多甚至出血，常导致老年患者心情不畅，但又不愿意诊治，久治不愈又可产生无助感。患者常因瘙痒、疼痛等症状而拒绝性生活，或担心癌变而出现焦虑、紧张甚至恐惧等不良情绪。

（2）社会方面：评估影响老年患者不愿就诊的因素，了解家庭支持系统的情况及以往应对问题的方式。评估患者及家属尤其是老伴对此病的了解程度，能否以平静的心态对待此病。了解家属对患者的关心情况，能否在心理上给予安慰或精神支持。

4. 辅助检查

（1）实验室检查

1）白带常规化验：如白细胞阳性，提示有妇科炎症。

2）分泌物涂片进行微生物学检查：可排除滴虫、念珠菌感染。

3）用试纸检测阴道酸碱度：如 pH > 4.5，提示阴道内酸碱平衡失调。

4）阴道上皮细胞检查：可检测卵巢功能。

（2）其他检查

1）通过宫颈分段诊刮、组织活检排除生殖道恶性肿瘤等。

2）宫腔镜检查有利于鉴别诊断。

（二）常见护理诊断及医护合作问题

1. 舒适改变　与分泌物增多引起的局部刺激有关。

2. 焦虑　与病程长、疗效不明显、炎症反复发作有关。

3. 组织完整性受损　与炎性分泌物刺激引起搔抓致皮肤破损有关。

4. 知识缺乏　缺乏更年期保健知识。

（三）护理目标

老年人接受治疗后，外阴瘙痒症状减轻，舒适程度改善；能说出对疾病的感受，主动咨询相关知识，积极配合治疗，精神状态改善；局部皮损修复；能正确复述预防及治疗疾病的有关知识。

(四)护理措施

1. 日常生活护理

(1)饮食护理

1)指导老年患者选择清淡易消化的富含营养的饮食,如牛奶、豆类、鱼类、蔬菜、水果;避免葱、姜、蒜、辣椒等辛辣刺激性食物,以免诱发阴道瘙痒。

2)补充维生素B:由于该病的发生与B族维生素的缺乏有关,因此可适当服用复合维生素B,蜂蜜、枸杞、核桃仁、紫菜等食物富含B族维生素,可以适当多吃。

3)蜂王浆和大豆都含有丰富的天然雌激素,可以建议老年女性坚持每天喝一杯鲜豆浆,或者吃一份豆制品。

4)忌甜腻食物:尽量少吃或不吃油腻食物(如猪油、肥猪肉、奶油、牛油、羊油)和高糖食物(如巧克力、糖果、甜点心、奶油蛋糕)等。

(2)指导自我护理

1)杜绝各种感染途径:保持外阴清洁、干燥,每晚用清水清洗会阴部,做到专人专盆。嘱老年女性患者避免搔抓会阴部皮肤,以免引起皮肤损伤而继发感染。治疗期间禁止性生活,否则会加重病情。

2)皮肤清洁:嘱老年女性清洗外阴时宜使用温水,禁用刺激性药物、肥皂擦洗或开水烫洗等。因为老年妇女的外阴皮肤干燥、萎缩,如果经常使用肥皂等刺激性强的清洁用品清洗,虽然能暂时缓解外阴瘙痒,但会使外阴皮肤的干燥、粗糙情况加重,进而引起更严重的瘙痒甚至损伤外阴皮肤。

3)其他:告知患者平时注意个人卫生及保持良好的行为习惯,勤换洗内裤,不穿紧身衣裤,选择质地宽松、柔软、透气的棉质内裤;自己的外洗盆具、毛巾不要与他人混用;避免久坐,加强运动锻炼等。

(3)消除诱因

1)合并糖尿病者:应积极治疗糖尿病,遵医嘱坚持服用降血糖药,保持血糖水平稳定。

2)长期应用广谱抗生素、雌激素者:应在医生的指导下逐渐停药,以消除念珠菌性阴道炎的诱发因素。

3)积极治疗阴道炎:避免宫颈长期浸泡在炎性白带中而引起炎症。

2. 病情观察及护理

(1)观察老年患者的病情变化:嘱患者避免过于劳累,做到劳逸结合,必要时协助患者卧床(常取半卧位)休息。注意有无并发症的表现,如尿路感染或盆腔感染等症状。

(2)注意观察老年患者的生命体征:尤其注意监测体温。发热患者在退热时一般出汗较多,要注意保持身体的干燥,出汗后立即更换衣裤,避免吹空调或直吹对流风。

(3)观察白带的量、性质、颜色及气味:如果白带量多、色黄质稠、有臭秽味,说明病情较重;如果白带由黄转白(或浅黄)、量由多变少、味趋于正常(微酸味),说明病情有所好转。

3. 对症护理

(1)一般治疗护理:老年性阴道炎的治疗原则为补充雌激素、增强阴道黏膜的抵抗力、抑制细菌生长繁殖。

1)增强阴道抵抗力:针对病因给予雌激素制剂,可局部用药,也可全身用药。①局部用药:0.5%的己烯雌酚软膏涂抹于阴道局部,每晚1次,每次0.125~0.25 mg,7天为一个疗程;或应用妊马雌酮软膏阴道局部涂抹,每日2次;或雌三醇乳膏,第1周内局部应用,每天使用1次,然后根据缓解情况逐渐减低至维持量(如每周用2次)。②全身用药:可口服尼尔雌醇，首次 4 mg，以后 2~4 周 1 次，每次 2 mg，维持 2~3 个月，服药后有时会引起撤退性子宫出血。注意乳腺癌或子宫内膜癌的患者禁用雌激素。

2）抑制细菌生长：改善阴道环境，增加阴道酸度，抑制细菌生长繁殖。① 1% 乳酸或 0.5% 醋酸液冲洗阴道，每日 1 次；每晚可用己烯雌酚片 0.25~0.5 mg，放入阴道，每日 1 次，共 7 天。②阴道冲洗后，局部应用抗菌药治疗，如使用甲硝唑 200 mg 或诺氟沙星 100 mg，每晚睡前置入阴道，7~10 天为一个疗程。必要时局部可涂抹抗菌药粉剂或软膏。

（2）用药护理

1）指导老年患者或家属阴道灌洗、上药的方法及注意事项。如操作前应洗净双手、器具必须消毒、阴道上药必须放入阴道深部等。

2）老年女性阴道壁弹性降低，进行阴道冲洗和阴道内放药时动作应轻柔、缓慢，以免损伤阴道黏膜，叮嘱患者深呼吸或放松身心，不要紧张，以减轻操作时可能引起的疼痛。

3）对卵巢切除、放疗患者指导其遵医嘱采用激素替代治疗。

4）不要乱用药物，老年性阴道炎多以大肠埃希菌和葡萄球菌感染为主，而育龄期的女性患阴道炎多为念珠菌和阴道滴虫感染引起，因此一定要等病因确定后，再对因治疗。

老年性阴道炎治愈后，预防性应用乳酸杆菌，可有效增加阴道内乳酸杆菌数量，维持阴道内微生态平衡，因此应在老年性阴道炎治疗中广泛应用。

4. 心理护理　根据老年患者的心理状况，做好安慰、解释工作。向患者及家属讲述疾病过程及防治措施，指导老年人合理安排饮食与休息，保持良好的稳定情绪，坚持治疗，促进康复。指导患者家属多关心、体贴患者，帮助其树立战胜疾病的信心。

（五）健康教育

1. 加强知识宣教　增强患者自我保健意识，养成良好的卫生习惯。如坚持每天用温开水清洗外阴；勤换内裤，勤洗、勤消毒和晾晒；不要与其他人混用清洗盆具、毛巾；避免使用公用马桶或盆浴等。

2. 重视妇科检查　无论有没有症状，都要定期进行检查。如已有症状，不必有悲观、害羞的心理，尽早接受检查能及时得到治疗。

知识链接

关于老年性阴道炎生活中的误区

1. 热水烫洗　热水烫洗外阴虽然能够暂时缓解瘙痒症状，但是会导致外阴皮肤的干燥，使得瘙痒更为明显。应采用适宜的温水清洗外阴。

2. 乱用药物　老年性阴道炎与育龄期妇女致病菌有所不同，乱用药物不但不能缓解症状，反而更加破坏阴道环境中的菌群平衡，适得其反。

3. 过度清洁　很多患者坚信"洗洗更健康"的道理，清洁过频及清洁范围过于深入，不仅破坏了阴道本身的自洁功能以及自我修复功能，症状得不到缓解，还会损伤阴道黏膜，造成阴道破损出血，严重者还可能损伤宫颈，引起子宫脱垂等后果。

4. 洗液　现在市面上有很多的药物、抗菌洗液，可能会导致一些人的过敏反应，而且频繁使用还会破坏皮肤表面的保护膜，使外阴皮肤油脂分泌过少，加重中老年妇女的会阴皮肤瘙痒。

5. 频繁使用护垫　长期使用护垫会造成会阴部潮湿，为病菌繁殖提供温床，大大增加了感染的风险

3. 性生活指导　由于老年妇女阴道黏膜菲薄，阴道内弹性组织减少，性生活有可能损伤阴

道黏膜及黏膜内血管,使细菌乘机侵入。可以指导患者阴道口涂少量油脂或使用一支抗菌凝胶,以润滑阴道,减小摩擦。

4. 增强机体抵抗力　指导老年女性坚持运动锻炼,保持愉快心情;注意合理膳食,多进食新鲜瓜果、蔬菜及优质蛋白质等,适当补充鱼肝油、维生素C和维生素E等有助于缓解外阴皮肤干涩,增强机体抵抗力。

(六)护理评价

判断老年患者的疾病症状减轻、舒适程度改善、建立健康的生活习惯、睡眠好转、情绪稳定、阴道和外阴皮肤黏膜完整等护理目标是否达成,并及时调整护理措施。

考点提示

老年尿失禁、良性前列腺增生、老年性阴道炎的护理评估与护理措施。

（王红艳）

第六节　老年人内分泌系统变化和常见疾病护理

一、老年人内分泌系统的解剖生理变化

内分泌系统由内分泌腺、内分泌组织和细胞所组成,其主要功能是在神经-体液的调控下分泌各种激素,对机体各个器官的功能进行调理整合,促进各种营养物质的消化、吸收、代谢与排泄,维持人体内环境的相对稳定,以保证机体正常的新陈代谢、生长发育、生殖与运动等。随着年龄的增长,老年人内分泌腺体的结构与功能会发生退行性变化,主要体现在腺体萎缩、结缔组织增生与纤维化。内分泌功能改变容易导致糖、蛋白、脂肪、水和电解质的代谢异常,使内环境失衡和脏器功能紊乱,这是各种老年期疾病发生与发展的病理基础,也是老年患者所呈现的临床表现不同于其他年龄组患者的病理生理基础。

随着年龄的增长,老年人内分泌代谢系统变化如下。

(一)各器官组织的解剖生理变化

1. 下丘脑　下丘脑是重要的神经-内分泌器官,对内分泌系统起着中枢调节作用。随着年龄的增长,老年人下丘脑的重量减轻,血液供应减少,结缔组织增加,其主要表现为单胺类含量和代谢紊乱,引起中枢调控失常,容易导致老年人各方面功能的衰退;另外,下丘脑产生的抗利尿激素减少,可使水钠丢失,因此,老年人在腹泻、呕吐、高热或者使用利尿药等情况时,更容易发生水和电解质紊乱。

2. 垂体　老年人垂体重量减轻,有些高龄老年人的垂体可减轻20%。垂体前叶的生长激素释放减少,易发生肌肉萎缩、脂肪增多、蛋白质合成减少和骨质疏松等。垂体分泌的抗利尿激素减少,易导致肾小管的重吸收减少和细胞内外水分重新分配,使老年人出现多尿、夜尿增多或尿潴留等表现。

3. 甲状腺　老年人甲状腺缩小,有纤维化、淋巴细胞浸润和结节化。甲状腺分泌减少,可引起蛋白质合成减少,使老年人基础代谢率降低,导致老年人对外界环境的适应能力和对应激的反应能力均明显下降。

4. 胰岛　老年人胰岛内的β细胞数量明显减少,α细胞比例相对增加,机体组织对内生胰岛素的敏感指数较年轻人降低约40%,细胞膜上胰岛素受体减少,机体对胰岛素的敏感性下

降，导致糖耐量下降，加上对糖的利用不充分、活动减少等因素，老年糖尿病尤其是2型糖尿病的发病率增高。

5. 卵巢　老年女性卵巢的重量随年龄增长而逐渐减轻，从成熟期的9～10 g降至60～70岁时的4 g；卵巢表面的膨隆消失，呈扁平萎缩，其表面无卵泡存在；卵巢性激素的周期性变化减退、激素水平低下，绝经后期分泌功能几近消失；血中雌激素水平降低，使蛋白质合成减少，骨吸收增加，骨基质减少，易引起骨质疏松及更年期综合征；雌激素水平降低也可引起萎缩性膀胱炎和多种尿道疾病。

6. 睾丸　随着年龄的增长，老年男性睾丸体积和重量均下降，生精上皮减少，精曲小管变窄，间质细胞聚积成丛状，精子数量明显减少，激素合成能力下降，血浆总睾酮及游离睾酮水平均显著低于青年期。

（二）能量消耗减少

老年人的能量代谢具有总能量消耗减少、利用率下降的特点，老年人全日总能量消耗主要包括基础代谢能量消耗（占60%～70%）、体力活动能量消耗（占10%～40%）及食物特殊动力作用能量消耗（<10%）。

1. 基础代谢能量消耗减少　基础代谢能量消耗是为维持生命和各器官进行最基本的生理活动所消耗的能量，为老年人能量消耗的主要部分。

2. 体力活动能量消耗减少　老年人体力活动的强度和频率都较年轻时有较大幅度的降低，能量消耗仅为青年人的30%左右，但个体差异较大。疾病状态的老年人，体力活动应量力而行，特别是对于患有高血压等心血管疾病的老年人；而健康状态的老年人，运动对于改善老年人普遍性的胰岛素抵抗、提高血胰岛素作用于血糖的敏感性起积极作用。适量的活动包括运动锻炼，有助于老年人增加能量消耗，增强老年骨骼肌，减少脂肪合成，改善胰岛素抵抗，降低血脂，减缓骨质疏松的进程，也有利于维持老年人良好的心理状态和较高的能量摄入。

3. 食物特殊动力作用能量消耗减少　食物在被消化、吸收、转运、代谢和储存过程中要消耗能量，能量消耗的多少与食物种类及身体处于安静或运动状态有关。老年人这部分能量消耗有所减少，但它只占总能量消耗的很小一部分。由于进食蛋白质的能量消耗比进食糖类、脂肪所耗能量大得多，产热持续时间也较长，故老年人冬季膳食中富含蛋白质有利于产热御寒。

（三）物质代谢改变

1. 热能　随着年龄的增长，老年人对热能的需要量逐渐减少，60岁以后应较年轻时期减少20%，70岁以上减少30%。为避免过剩的热能转变为脂肪储存在体内而引起超重或肥胖，老年人的热能摄入量与消耗量应以保持平衡并能维持正常体重为宜。

体重指数（body mass index，BMI）是国际、国内衡量人体营养状况的一种常用公式：BMI=体重（kg）/身高^2（m^2）。BMI正常值是18.5～22.9 kg/m^2。BMI≥23.0 kg/m^{2}为超重，提示热能摄入过量；23～24.9 kg/m^{2}为肥胖前期，25.0～29.9 kg/m^{2}为Ⅰ度肥胖，≥30 kg/m^{2}为Ⅱ度肥胖。BMI<18.5 kg/m^{2}为消瘦，提示热能摄入不足。

2. 蛋白质　蛋白质是老年人所需要的最基本的营养素。老年人机体对蛋白质的分解代谢逐渐增强，而合成代谢减弱，容易产生负氮平衡；老年人体内具有特殊功能的蛋白质（如免疫球蛋白、酶、血红蛋白）含量下降；老年人不能耐受过多的蛋白质，并且其消化能力减弱，肝、肾解毒和排毒能力下降，故老年人需摄入较为丰富和优质的蛋白质。

3. 糖类　老年人对糖类的代谢能力下降，糖耐量降低，易发生高血糖。老年人应限制糖类摄入总量，尤其是限制可直接引起血糖波动的单糖（如葡萄糖、果糖、半乳糖）和双糖（如蔗糖、麦芽糖、乳糖）的量，摄入的糖类以多糖为好。一般情况下，老年人每天最少需摄食可消化的糖类50～10 g，所提供的能量以占总热能的60%左右为宜。

4. **脂肪** 老年人脂酶活性下降,对脂肪的消化功能降低。应注意控制饱和脂肪酸的摄入量,增加不饱和脂肪酸的摄入量。脂肪摄入过多易致肥胖,并与心脑血管疾病及某些恶性肿瘤的发生有关;食物中脂肪含量过少则既影响食物味道,也不利于脂溶性维生素的吸收,还可导致体内缺少必需脂肪酸,降低机体免疫力。老年人每天胆固醇的摄入量最好低于 300 mg,一般认为食物中饱和脂肪酸:单不饱和脂肪酸:多不饱和脂肪酸=1:1:1 为宜,脂肪供能应占总热量的 20%~30%。

5. **膳食纤维** 膳食纤维不能被人体消化吸收,但在消化吸收过程中起着非常重要的作用。膳食纤维能使咀嚼食物的时间增加,胃肠蠕动增强,刺激唾液、胃酸及其他消化液的分泌,吸附胆汁酸排出体外,降低胆固醇,减慢小肠吸收,缩短食物残渣通过大肠的时间,可有效预防老年人功能性便秘。

6. **水和电解质** 老年人体内水分减少,约占老年人体重的 45%。水可保持肾对代谢产物的清除功能,维持足够的尿量,从而可除去泌尿道细菌,预防感染。老年人每天饮水量应为 1000~1500 ml。钠的摄入与高血压呈正相关,而钾与钠有拮抗作用,健康老年人每天钠盐的摄入量应不超过 6 g,有高血压、冠心病或慢性肾病患者应酌情控制在 5 g 以下。

7. **维生素和矿物质** 维生素作为辅酶或酶的激活剂参与物质和能量代谢,并对增强机体抵抗力、延缓衰老具有重要作用。有色蔬菜、动物肝脏或肾脏、乳类等富含维生素 A,动物肝脏、蛋黄、乳类、海鱼、酵母等维生素 D 含量较丰富,酵母、动物肝脏、细糠、麦麸等是 B 族维生素的良好来源,樱桃、番石榴等新鲜蔬果中富含维生素 C。

二、老年糖尿病

案例 6-10

患者,男,60 岁,身高 165 cm,体重 80 kg,近 2 个月来自觉口渴明显,饮水量大增,3 周前出现视物模糊,其余无不适,未予重视。2 天前患者体检时发现尿糖(+++),空腹血糖 12.3 mmol/L,尿酮体(-)。

问题与思考:

(1)该患者可能的诊断是什么?

(2)如何对该患者进行护理?

老年糖尿病(senile diabetes mellitus,DM)是指年龄≥60 岁的老年人由于体内胰岛素分泌不足、胰岛素作用障碍或两者同时存在缺陷,导致代谢紊乱,出现血糖、血脂、蛋白质、水与电解质等代谢紊乱和以长期高血糖为主要表现的疾病。

糖尿病已成为老年人的常见病、多发病,其患病率随年龄的增长而上升。我国老年人糖尿病的患病率约为 16%,占糖尿病患者总数的 40% 以上。慢性长期高血糖为老年人糖尿病的主要共同特征,长期高血糖可引起多个系统器官的慢性并发症,导致功能衰竭,是致残、病死的主要原因。老年糖尿病多属于 2 型糖尿病,少部分为 1 型糖尿病。老年糖尿病的发病除明显的遗传因素外,还包括老龄化、高热能饮食、体力活动减少、肥胖、糖耐量减低(IGT)和空腹血糖受损(IFG)等危险因素。

目前糖尿病尚无根治的方法,可通过饮食治疗、药物治疗及运动治疗等措施控制血糖,纠正代谢紊乱,减轻及延缓并发症的发生、发展。饮食治疗是所有糖尿病治疗的基础,可减轻胰岛负担,改善胰岛素的敏感性,控制和保持理想体重。药物治疗可应用口服降血糖药和胰岛素治疗,以控制血糖,消除症状,减少和延缓并发症的发生和发展。运动治疗有利于减轻体重,提高胰岛素的敏感性，改善糖和脂肪代谢状况，还可减轻患者的压力和紧张情绪，使患者心情舒畅，尤其适合肥胖的 2 型糖尿病患者。

（一）护理评估

1. 糖尿病分类及相关因素

（1）胰岛素依赖型糖尿病：又称 1 型糖尿病，因胰岛 β 细胞破坏引起胰岛素绝对缺乏，导致胰岛呈现病毒性炎症或发生自身免疫，可产生胰岛细胞抗体。此型的发生与遗传、环境、自身免疫等因素有关，多见于年轻患者，98% 的儿童期糖尿病属于此型，患者容易发生酮症酸中毒，需用胰岛素治疗。

（2）非胰岛素依赖型：又称 2 型糖尿病，其主要与遗传有关，有家族发病倾向，多见于 40 岁以上成年人。老年人糖尿病多属于 2 型糖尿病。

2. 病因 糖尿病病因尚未完全阐明，与其发病有关的因素如下。

（1）遗传易感性：遗传因素在 2 型糖尿病的发病中起到至关重要的作用。目前已经识别出 120 多种与 2 型糖尿病相关的易感基因，其中转录因子 7 类似物 2 基因与 2 型糖尿病显著相关。

（2）基础代谢率降低：老年人机体代谢葡萄糖的能力和周围组织对葡萄糖的利用明显降低。

（3）糖耐量降低：老年人糖耐量降低是多种因素综合作用的结果，如体力活动减少、肥胖、能量摄入减少等。

（4）胰岛素分泌功能异常：老年人胰岛 β 细胞功能缺陷，导致低生物活性的胰岛素原分泌增多，这被认为在老年糖尿病发生和发展过程中起驱动作用。同时，老年人外周组织细胞膜上的胰岛素受体数目减少，造成对胰岛素不敏感。

（5）胰岛素抵抗：主要是指机体对胰岛素的生物学效应低于预计正常水平，老年人普遍存在胰岛素抵抗。这可能是肥胖型老年人糖尿病的主要致病因素。

3. 病理生理 糖尿病的病理生理改变以胰岛素抵抗为主，伴胰岛素分泌不足或延迟，使葡萄糖在细胞内磷酸化减少，糖原合成减少、分解增多；又因肝糖原异生增加，可出现空腹及餐后高血糖；葡萄糖有氧氧化减弱，使能量供给不足。

蛋白质代谢方面的病理生理改变为蛋白质合成减少，分解代谢加速，导致负氮平衡，使患者乏力、消瘦、组织修复和抵抗力降低；同时还有胰高血糖素分泌增加，且不为高血糖所抑制。

脂代谢障碍有可能是糖尿病及其并发症的原发性病理生理变化。在胰岛素极度缺乏时，脂肪组织大量分解，产生大量酮体，若超过机体对酮体的氧化利用能力时，大量酮体堆积则形成酮症酸中毒。

老年糖尿病合并感染、饮食控制不良等可导致血糖异常升高，且肾动脉硬化导致肾排糖减少、呕吐、腹泻，使血液浓缩，血糖进一步升高；继发醛固酮分泌增多使血钠升高、血浆渗透压升高，脑细胞脱水，出现糖尿病非酮症高渗性昏迷。

2 型糖尿病的代谢紊乱程度一般较轻。有些患者的基础胰岛素分泌正常，故空腹血糖正常或轻度升高，但在进餐后出现高血糖；另一些患者进餐后胰岛素分泌高峰延迟，餐后 3～5 小时血浆胰岛素水平呈现不适当的升高，引起反应性低血糖，并可成为这些患者的首发症状。

4. 健康史

（1）家族史：询问老年人有无糖尿病家族史。

（2）既往史：评估老年人既往健康状况、是否曾患自身免疫病等。

（3）用药史：询问老年人有无长期服用某些药物，服用药物的原因、剂量、时间、出现的不良反应等。

（4）日常生活史：评估老年人每日的摄入量、排出量、饮食习惯、饮食结构，以及近期有无明显的体重变化。

5. 身体评估

（1）临床表现：糖尿病的典型表现为"三多一少"，即多饮、多食、多尿和体重减轻。老年人由于机体反应和防御功能下降，往往缺乏典型表现，症状轻微、隐匿，多数老年患者是在健康查体或因其他疾病就诊时被偶然发现的。

1）高血糖：胰岛素缺乏，葡萄糖通过细胞膜的速率降低，且糖原的合成大大减少，致使体内有过多的糖无法被利用和贮存，导致血糖升高。

2）糖尿：血液中葡萄糖浓度增高，当超出肾糖阈时，多余的葡萄糖随尿液排出体外，出现糖尿；肾在排出葡萄糖的同时由于渗透性利尿的作用，导致大量水分排出，从而产生多尿。因多尿而导致失水，患者常烦渴多饮。为了补充损失的糖分，维持机体正常活动，患者进食增加。

3）体重减轻：葡萄糖利用障碍致使供能不足，身体内贮存的脂肪、蛋白质被动员，转变为能量以供身体使用，使蛋白质、脂肪不断消耗，体重减轻。

（2）并发症：老年糖尿病患者常多病共存，使病情更加严重，也更易发生酮症酸中毒、高血糖高渗状态等急性并发症而危及生命。

1）慢性并发症：①感染。老年人极易并发各种感染，病情重而症状轻，常以感染为首发症状，皮肤和泌尿系统感染仍属多见。②血管病变。心、脑、肾等严重并发症是糖尿病患者的主要死亡原因。大血管病变主要为大、中动脉的粥样硬化，引起冠心病、脑血管意外、高血压等。微血管病变主要引起肾小球硬化和视网膜血管的病变，前者可出现蛋白尿、水肿、肾功能不全，后者可出现视网膜出血、水肿，甚至视网膜脱离而导致失明，视网膜病变是致盲的主要原因。③神经病变。神经病变以周围神经病变最为多见，主要表现为对称性肢端感觉异常，如袜套感、手套感、蚁行感、刺痛感、四肢麻木，可有感觉过敏或消失。④眼部病变。除视网膜血管病变外，青光眼、白内障也易发生，还可引起屈光改变。

2）急性并发症：糖尿病酮症酸中毒多见于1型糖尿病患者，2型糖尿病患者在某些诱因下也可发生。其常见诱因有胰岛素或口服降血糖药治疗中断或剂量不足、感染、应激（手术、分娩、妊娠）、饮食不当。临床表现包括：早期仅有多尿、烦渴多饮等原有症状加重的表现，当病情迅速恶化后，出现恶心、呕吐、食欲减退、头痛、嗜睡，伴深而大的呼吸，呼气有烂苹果味；后期患者严重脱水，出现皮肤干燥、弹性差、尿少、血压下降、眼球内陷、嗜睡甚至昏迷、休克等。

（3）辅助检查

1）血糖测定：空腹血糖 ≥ 7.0 mmol/L 和（或）餐后2小时血糖 ≥ 11.1 mmol/L，即可确诊为糖尿病。

2）尿糖测定：包括餐前尿糖定性、分段尿糖定性、24小时尿糖定量等检查，可根据需要选择。

3）口服葡萄糖耐量试验（OGTT）：对诊断有疑问者可进行该试验。

4）糖化血红蛋白（HbA1c）测定：糖化血红蛋白可反映取血前8～12周的血糖水平，是糖尿病患者病情监测的指标。血糖控制不好的患者该项指标较高。

5）血浆胰岛素和C肽测定：1型糖尿病患者此指标明显低于正常值，2型糖尿病患者此指标可正常或偏高。

6）其他：糖尿病患者胆固醇、甘油三酯、游离脂肪酸均增高；血尿酮体的测定可及时发现酮症。

> **知识链接**
>
> **口服葡萄糖耐量试验（OGTT）**
>
> 试验当日0时禁食，清晨先测空腹血糖一次，再按1.75 g/kg口服葡萄糖，最大量不超过75 g，每克加水2.5 ml，于3~5分钟服完，分别在服后60分钟、120分钟、180分钟分别采血测定血糖和胰岛素浓度。正常人空腹血糖＜6.2 mmol/L，口服葡萄糖后60分钟血糖＜7.8 mmol/L，糖尿病患者120分钟血糖≥11.1 mmol/L，且血清胰岛素峰值低下。

6. 心理社会状况评估　糖尿病是一种慢性代谢性疾病，需终生治疗，且需要严格控制饮食，使患者常感到失去生活乐趣而产生悲观情绪；但也有患者抱着无所谓的态度，不认真配合治疗，听之任之，易产生严重的并发症，甚至致残，从而又产生沮丧、恐惧的心理。

（二）常见护理诊断及医护合作问题

1. 营养失调　高于或低于机体需要量，与胰岛素相对或绝对不足导致的三大物质代谢紊乱有关。
2. 焦虑　与疾病的慢性过程，血糖控制不佳等有关。
3. 有感染的危险　与营养不良，机体抵抗力降低有关。
4. 知识缺乏　缺乏自我护理、病情监测、并发症防护、运动锻炼方式、胰岛素使用等方面的知识。
5. 有皮肤完整性受损的危险　与皮肤营养不良及感觉异常有关。
6. 潜在并发症　酮症酸中毒、低血糖昏迷、糖尿病非酮症高渗性昏迷。

（三）护理目标

患者焦虑情绪得到缓解；能说出饮食治疗的基本要求及其与控制血糖之间的关系，体重恢复正常范围；能识别高血糖和低血糖的症状，掌握简单的处理方法，学会血糖自我监测；能讲述降糖药的不良反应，掌握药物使用方法；能掌握皮肤护理、足部护理的要点，无严重并发症发生。

（四）护理措施

1. 合理饮食

（1）控制热量：控制总热量是糖尿病饮食治疗的首要原则，摄入的热量以能够维持正常体重或略低于理想体重为宜。肥胖者必须减少热量的摄入，消瘦者可适当增加热量。糖尿病患者摄入热量按每千克标准体重约104.5 kJ（25 kcal）计算，食物中三大营养物质比例如下：糖类50%~60%，蛋白质10%~15%，脂肪20%~25%（饱和脂肪酸＜10%）。

（2）平衡膳食

1）吃主食：放宽对主食类食物的限制，减少或禁忌单糖及双糖食物。患者主食应以米饭、面粉、土豆等多糖食物为主，因为多糖食物不会使血糖急剧增加，并且体积大，饱腹感强。

2）限脂肪：选择植物油（如菜籽油、花生油），每日用量最好控制在30 g以内，同时还要注意胆固醇的摄入量，特别是患有高胆固醇血症的患者（胆固醇只存在于动物性食物如脑、肝、肾、肺、蛋黄中），其胆固醇摄入量应小于总热量的30%。脂肪摄入过多可加重肥胖，既能增加胰岛素的不敏感性，又能导致高脂血症（心脑血管疾病）。

3）补蛋白：建议蛋白质的摄入量按1.2~1.5 g/（kg·d）（每天1~2个鸡蛋），动物类蛋白与植物类蛋白各50%。糖尿病患者由于蛋白质的合成减少、分解代谢增加，因此补充适量优质蛋白质尤为重要。

4）增纤维：膳食纤维是一组不被消化的多糖类物质，分为可溶性纤维和不溶性纤维两种。前者溶于水，存在于燕麦、荞麦、海藻（藻胶）及魔芋等食物与制品中；后者不溶于水，存在于水果的皮核、蔬菜的茎叶、玉米面等类型的食物中。可溶性纤维在胃肠内形成胶状，能裹住食物，延迟胃排空，减少饥饿感，减慢吸收速度，有助于稳定餐后血糖；不溶性纤维可在肠道内吸收水分，使粪便湿化而有利于排便。我国营养学会建议，健康成年人每日补充纤维素以 25～30 g 为宜。

5）讲营养：多食富含维生素的食物，尤其是 B 族维生素，可以改善由糖尿病引起的神经症状；维生素 C 有助于防治糖尿病患者的微血管病变。

（3）规律进食：糖尿病患者应少食多餐，目的是减少血糖的波动，减轻胰腺负担，有利于控制血糖。需要注意的是，应用胰岛素或口服降血糖药易发生低血糖者，应在三餐之外加餐，加餐不是额外增加食物，而是要从正餐中扣除，如遇吃饭不定时，应携带一些方便食品以及时补充。进餐量和时间要与使用胰岛素、口服降血糖药及运动时间相配合，使血糖不会波动太大。

（4）糖尿病患者应多饮水，限制饮酒。

（5）做到持之以恒，长期坚持合理饮食，根据血糖情况及有无并发症随时调整

2. 运动管理　运动能增强机体对胰岛素的敏感性，有利于机体对葡萄糖的利用，使血糖水平下降。

（1）运动管理

1）糖尿病患者运动的适应证：①2 型糖尿病，特别是肥胖者；②血糖＜14 mmol/L；③1 型糖尿病稳定期；④有轻度并发症者，可选小运动量的运动。

2）糖尿病患者运动的相对或绝对禁忌证：①血糖超过 16.7 mmol/L，尤其是尿酮体阳性；②明显低血糖或血糖波动大；③并发各种急性感染，尤其是发热时；④血压＞180/120 mmHg；⑤合并严重心功能不全；⑥严重糖尿病肾病；⑦严重视网膜病变或眼底出血；⑧合并新发血栓等。

（2）运动计划的制订

1）运动原则：循序渐进，量力而行，持之以恒。

2）科学选择运动方式。

3）科学选择运动时间：以早餐或晚餐后 90 分钟开始锻炼较为适宜。餐前锻炼易因未进食而出现低血糖或因未服药而出现高血糖。提倡晚餐后 90 分钟进行锻炼，因为我国多数人习惯吃丰盛的晚餐，而且饭后主要的活动是看报纸、看电视，这对控制血糖和减轻体重十分不利。

3. 用药护理

（1）口服降血糖药：常用磺酰脲类药、双胍类药和 α-葡萄糖苷酶抑制药。

1）磺酰脲类药：可刺激胰岛 β 细胞释放胰岛素。此类药应在饭前半小时服用。主要不良反应为低血糖反应和肝功能损害，也可出现皮疹、消化道症状、白细胞减少等，出现此类反应要停药观察，及时就诊。

2）双胍类药：可抑制肠道对葡萄糖的吸收，减少糖原异生，促进糖的无氧酵解，增加周围组织对葡萄糖的摄取和利用。此类药应在进餐时或进餐后服用。主要不良反应有口干发苦、口内有金属异味、恶心等消化道反应。苯乙双胍的消化道反应大，并可促进无氧酵解，产生乳酸，引起高乳酸血症、酮尿，故肝、肾功能不全者缺氧状态下禁用。

3）α-葡萄糖苷酶抑制药：如阿卡波糖，应与第一口饭同时嚼服。不良反应有腹痛、腹胀、便秘或腹泻。胃肠道炎症、溃疡病患者忌用此类药。

（2）胰岛素

1）保存：胰岛素宜放置在冰箱内冷藏保存，不可冰冻。注射前 1 小时取出升温后再使用。

过有效期的胰岛素不得使用。

2）抽取：必须采用 1 ml 注射器或胰岛素专用注射器抽取，避免振荡。

3）配制：两种胰岛素混合使用时，应先抽取普通胰岛素，再抽取鱼精蛋白锌胰岛素。

4）注射：应选择皮下脂肪较多、皮肤疏松的部位做皮下注射，并经常更换注射部位（两次注射部位应间隔 3 cm，同一部位使用需间隔 8 周），以防止皮下萎缩。注射时间和剂量应严格遵照医嘱执行。

5）不良反应：最常见的是低血糖反应，多为注射后未及时进食造成的，表现为强烈饥饿感、头晕、乏力、心悸、出汗、手抖，重者可出现昏迷，甚至死亡。患者一旦发生低血糖反应，要立即抽血送检，轻者可口服糖水，重者可给予 50% 葡萄糖 40～60 ml 静脉注射，患者清醒后再进食，防止再次昏迷。

4. 心理护理　护理人员应重视患者的情绪反应，向患者说明积极的生活态度对疾病康复的重要性；鼓励患者参加糖尿病教育活动；运用疏导、分散和转移等方法，帮助患者克服消极情绪，并积极配合治疗与护理。

（五）健康教育

指导老年患者进行饮食治疗，每周测量体重；根据个人情况选择适当运动方式，循序渐进，持之以恒。叮嘱老年患者做到生活规律，戒烟酒；保持清洁，预防感染。教会老年患者及家属测量尿糖、血糖的方法。指导患者严格遵照医嘱服用降血糖药，并教会老年患者及家属识别药物常见的不良反应及简单的应对方法。指导老年患者保持乐观情绪，积极配合治疗。教会老年患者几种简单的放松技术。告知老年患者外出应随身携带糖尿病治疗卡，写明病情及联系方式，以便发生意外时及处理；随身备有糖果，在突发低血糖反应时可及时自救。

> **思政园地**
>
> **贯彻落实党的二十大报告精神　南京市"网约护士"服务获好评**
>
> 　　党的二十大报告明确提出，要坚持预防为主，加强重大慢性病健康管理，提高基层防病治病和健康管理能力。这一精神在南京市得到生动实践。
>
> 　　南京市雨花台区的周先生享受到了"网约护士"提供的便捷上门医护服务。70岁的周先生患有糖尿病10余年，长期需要服药并定期进行血糖监测。以往，他需要亲自前往医院或诊所进行监测，这对于行动不便的他来说是个不小的负担。然而，自从周先生的儿子了解到南京市推出的"网约护士"服务后，一切都变得轻松起来。
>
> 　　通过"微护互联网+服务平台"，周先生的儿子为父亲下单了上门医护服务。平台医护专家组首先对周先生进行了综合健康评估，然后安排签约的三甲医院——南京脑科医院的专科护士携带血糖监测仪器上门为周先生进行血糖监测。
>
> 　　上门服务的专科护士不仅为周先生进行了专业的血糖监测，还详细询问了他的服药情况，并根据他的身体状况给出了服药和饮食健康指导。周先生对此表示非常满意："坐在家里就能享受到三甲医院专科护士的服务，十分便捷。这样的服务不仅减轻了我的负担，也让我感受到了党和政府对老年人的关怀。"
>
> 　　南京市"网约护士"服务的推出，是贯彻落实党的二十大报告精神的具体行动。通过"互联网+护理服务"模式，将优质医疗资源下沉到基层，为慢性病患者等人群提供了更加便捷、高效的健康管理服务。这一服务模式的创新，不仅提高了基层防病治病和健康管理能力，也增强了人民群众的获得感和幸福感。

（六）护理评价

在护理工作始终，持续判断患者焦虑情绪得到缓解、患者及家属能识别高血糖和低血糖的症状、患者学会血糖自我监测、患者体重恢复正常范围等护理目标是否达成，并及时调整护理措施。

三、骨质疏松症

案例 6-11

患者，女，68岁，近3年来经常出现无明显诱因的全身骨骼疼痛，以腰背部疼痛最为明显。患者今天上午在居室内行走时不慎摔倒，右髋部着地，当即感到右髋部疼痛，程度剧烈，难以忍受，局部肿胀感，呈进行性加重，不敢活动，其子女陪伴前来就诊。患者既往体健。

问题与思考：

（1）该患者出现了什么问题？

（2）护士对该患者可采取哪些护理措施？

骨质疏松症（osteoporosis，OP）是一种骨量降低、骨组织细微结构破坏、骨骼脆性增加、易发生骨折的代谢性疾病。骨质疏松症分为原发性和继发性两类。原发性骨质疏松症包括Ⅰ型、Ⅱ型、Ⅲ型三种类型。老年性骨质疏松症属于Ⅱ型原发性骨质疏松症，是机体在骨骼方面衰老的一种特殊表现，也是骨质脆性增加导致骨折危险性增大的一种常见病，临床上主要表现为骨痛、肌无力、身材缩短和骨折。凡可使骨吸收增加和（或）骨形成下降的因素都会促进骨质疏松症的发生。老年人发病率高，占发病总数的85%~90%，女性的发病率为男性的2倍以上。骨质疏松症的老年人极易发生股骨颈骨折、椎体压缩性骨折，尤其是老年女性患者，发生髋部骨折后1年内可有15%死亡，其余50%残疾，因此骨质疏松症是引起老年人卧床率和伤残率增高的主要因素。骨折是骨质疏松症常见的并发症，在骨质疏松症老年人群中的发生率约为6%，可致残、致死，严重危害老年人的生命和健康。随着我国老年人口的增加，骨质疏松症发病率处于上升趋势，应引起广泛的重视。

导致骨质疏松症的危险因素有年龄、性别、遗传、营养、生活方式、疾病及药物等。其中年龄是骨质疏松症的一个重要危险因素，在骨质达到最大密度以后（一般在30岁时），骨质就开始随着年龄的增长而逐渐下降。性别也影响骨质疏松症的发生，由于生理因素的影响，女性的骨峰值明显低于男性；同时，女性随增龄出现的骨质丢失速度及骨质疏松症的易患性均明显高于男性；同种族、同年龄的情况下，女性骨质疏松症的发生率明显高于男性。遗传因素在骨质疏松症的发病中也起着相当重要的作用，研究指出，骨密度与维生素D受体基因型的多态性密切相关。乙醇引起骨质疏松症的原因是多方面的，主要与抑制成骨细胞功能、影响性激素分泌、干扰维生素D代谢及甲状旁腺激素分泌等有关，适量饮酒可减少骨量的丢失，而过量饮酒则会增加骨量的丢失。营养物质缺乏也是影响骨质疏松症发生的因素之一，低钙饮食者易发生骨质疏松症，维生素D缺乏者可出现骨质软化，长期低蛋白质并同时伴有钙缺乏者可加快骨质疏松症的出现。某些疾病，如胃切除、性腺功能减退、肾上腺皮质功能亢进、甲状腺功能亢进、甲状旁腺功能亢进、肝病、钙代谢紊乱、骨软化症、某些肿瘤和肾病也会促进骨质丢失或干扰骨代谢，从而增加患骨质疏松症的危险。长期使用某些使骨吸收增加、骨生成减少的药物，如糖皮质激素、肝素、化疗药、甲状腺素、抗癫痫药和含铝的酸性药等，也可使骨中有机物和无机物比例降低，从而诱发骨质疏松症等。

骨质疏松症的治疗收效很慢，给患者生活带来极大的不便和痛苦，一旦发生骨折可危及生命，因此，治疗原则是以饮食治疗为主，运动治疗为辅，必要时给予抗骨吸收及促骨形成的药物。

（一）护理评估

1. 发生因素　老年人随着年龄的增长，骨代谢中骨重建处于负平衡状态。这是因为：一方面破骨细胞的吸收增加；另一方面成骨细胞的功能衰减。此外，老年骨质疏松症的发生还与以下多种因素有关。

（1）遗传因素：多种基因（如维生素 D 受体、雌激素受体、β_3-肾上腺素受体基因）的表达水平和基因多态性可影响骨代谢；另外，基质胶原和其他结构成分的遗传差异与骨质疏松性骨折的发生也有关。

（2）性激素：性激素在骨生成和维持骨量方面起着重要的作用。老年人随着年龄的增长，性激素功能减退，激素水平下降，骨的形成减慢，吸收加快，导致骨量下降。

（3）甲状旁腺素（PTH）和细胞因子：PTH 作用于成骨细胞，通过其分泌的细胞因子（如 IL-6）促进破骨细胞发挥作用。随着年龄的增长，血中 PTH 逐年增高，骨髓细胞的护骨素表达能力下降，导致骨质丢失加速。

（4）营养成分：钙是骨矿物质中最主要的成分，维生素 D 可促进骨细胞的活性作用，磷、蛋白质及微量元素可维持钙、磷比例，有利于钙的吸收。这些物质的缺乏都可使骨的形成减少。

（5）生活方式：体力活动是刺激骨形成的基本方式，故长期卧床及活动过少者易发生骨质疏松症。此外，吸烟、酗酒、高蛋白质高盐饮食、大量饮用咖啡、光照减少均是骨质疏松症的易发因素。

2. 健康史

（1）家族史：询问老年人有无脆性骨折家族史。

（2）既往史：了解老年人是否存在易导致骨质疏松症的危险因素。

（3）用药史：询问老年人既往的健康状况，有无长期服用某些药物。服用每一种药物的原因、剂量、时间，出现的不良反应，停经妇女询问是否在服用女性激素治疗骨质疏松症。

3. 身体评估

（1）临床表现：老年人骨质疏松症的症状表现不典型，大多数骨质疏松症患者是体检时进行骨密度检查而发现，或者骨折后到医院检查时才发现。骨质疏松症的常见症状如下。

1）疼痛：骨质疏松症起病和病程进展缓慢，早期多无明显表现。骨痛和肌无力是骨质疏松症出现较早的症状。较重者常诉腰背部或全身疼痛。骨痛通常为弥漫性、无固定部位，检查不能发现压痛点，于劳累或活动后加重，负重能力下降或不能负重。

2）脊柱变形：骨质疏松症严重时，可因椎体骨密度降低导致脊柱椎体压缩变形，背屈加剧，形成驼背。

3）骨折：此为退行性骨质疏松症最常见和最严重的并发症，常由轻微活动或创伤诱发。多发部位：在老年前期以桡骨远端最多见，老年期以后以腰椎和股骨上端骨折多见。椎体压缩性骨折可导致胸廓畸形，使肺活量、肺最大通气量下降，心血管功能障碍，引起胸闷、气短、呼吸困难，甚至发绀。

（2）辅助检查

1）生化检查：包括骨形成指标、骨吸收指标及血、尿骨矿物质成分检测。老年人出现的改变主要见于：①骨钙素（BGP）是骨更新的敏感指标，可有轻度升高；②尿羟赖氨酸糖苷（HOLG）是骨吸收的敏感指标，可升高；③血清镁、尿镁均有所下降。

2）X 线检查：当骨量丢失超过 30% 时才能在 X 线摄片上显示出骨质疏松，表现为皮质变薄、骨小梁减少变细、骨密度减低、透明度加大，晚期出现骨变形及骨折。其中锁骨皮质厚度下降至 3.5～4.0 mm 时易伴有椎体压缩性骨折。

3）骨密度检查：按照世界卫生组织 1994 年的诊断标准，采用单光子骨密度吸收仪（SPA）、双能 X 线吸收仪（DEXA）、定量 CT 检查，骨密度低于同性别峰值骨量的 2.5 SD 以上可诊断为骨质疏松症。

4. 心理社会状况评估　除了身体的不适，身体外形改变会进一步加重老年人的心理负担，严重挫伤老年人的自尊心。老年人可能因为外形改变而不愿进入公共场合，也会因身体活动不便或担心骨折而拒绝锻炼，不利于身体功能的改善。

（二）常见护理诊断及医护合作问题

1. 慢性疼痛　与骨质疏松、骨折及肌肉疲劳、痉挛有关。
2. 躯体活动障碍　与骨痛、骨折引起的活动受限有关。
3. 潜在并发症　骨折，与骨质疏松有关。
4. 情境性自尊低下　与椎体压缩性骨折引起的身长缩短或驼背等因素有关。
5. 知识缺乏　缺乏骨质疏松症的相关防治知识。

（三）护理目标

老年人能正确使用药物或非药物的方法减轻或解除疼痛，舒适感增加；在病情允许的情况，能坚持进行适宜的运动；无骨折等并发症的发生；能正视自我形象的改变；能说出骨质疏松症的主要防治方法。

（四）护理措施

骨质疏松症主要通过补充钙剂及使用钙调节剂进行药物治疗，同时结合光疗、高频电疗、运动及营养疗法可进一步提高治疗效果，对骨折老年人应积极进行手术治疗。

1. 休息与活动　运动能增加和保持骨量。根据每个人的身体状况，制订不同的活动计划。对因疼痛而活动受限的老年人，指导老年人维持关节的功能位，并每天进行关节的活动训练，同时进行肌肉的等长、等张收缩训练，以保持肌肉的张力；对因为骨折而实施固定或牵引的老年人，要求每小时尽可能活动身体数分钟，如上下甩动臂膀、扭动足趾、做足背屈伸等。

2. 营养与饮食　与骨营养有关的营养素的供应量如下：蛋白质 60～70 g，胆固醇 < 300 mg，蔬菜 350～500 g，维生素 A 800 μg，维生素 D 10 μg（400 IU），维生素 E 15 mg，维生素 C 60 mg，钙 800 mg（钙与磷的比例为 1∶1.5），食盐 < 5 g，铁 12 mg，锌 15 mg。特别要鼓励老年人多摄入含钙和维生素 D 丰富的食物。

3. 减轻或缓解疼痛　骨质疏松症引起疼痛的原因主要与腰背部肌肉紧张及椎体压缩性骨折有关，故通过卧床休息，使腰部软组织和脊柱肌群放松可显著减轻疼痛。休息时应卧于木板或硬棕床（加薄垫）上，仰卧时头不可过高，在腰下垫一薄枕。必要时可使用背架、紧身衣等限制脊柱的活动度，也可通过热水浴、按摩擦背促进肌肉放松，同时，音乐治疗、暗示疏导等方法对缓解疼痛也很有效。对疼痛严重者可遵医嘱使用镇痛药、肌肉松弛药等，对骨折者应通过牵引或手术的方法缓解疼痛。

> **知识链接**
>
> **喝茶可预防老年人骨折**
>
> 经常喝茶的老年人可增加骨质密度，防止骨质增生，减少骨折，特别是髋部骨折。剑桥大学医学院凯特·克霍博士及其同事对 1200 名 65～76 岁妇女的饮茶习惯和骨密度进行了调查，结果显示，在去除吸烟、喝咖啡和激素替代疗法等因素后，饮茶妇女的腰椎、髋骨密度比不饮茶的人要高。但饮茶对股骨颈和股骨上端的骨密度影响不大，而该处的骨折发生率最高。

4. 预防并发症　尽量避免弯腰、负重等行为，同时为老年人提供安全的生活环境或装束，防止跌倒和损伤。对已发生骨折的老年人，应每 2 小时翻身一次，保护和按摩受压部位。指导老年人进行呼吸和咳嗽训练，做被动和主动的关节活动训练，定期检查，防止身长缩短或驼背等并发症的出现。

5. 用药护理

（1）钙制剂：如碳酸钙、葡糖酸钙，注意不可与绿叶蔬菜一起服用，防止因钙螯合物形成而降低钙的吸收。使用过程中要增加饮水量，通过增加尿量减少泌尿系统结石形成的机会，并防止便秘。

（2）钙调节剂：钙调节剂包括降钙素、维生素 D 和雌激素。使用降钙素时要观察有无低钙和甲状腺功能亢进的表现。在服用维生素 D 的过程中要监测血清钙和肌酐的变化。对使用雌激素的老年女性患者，应详细了解家族中有关肿瘤和心血管疾病方面的病史，严密监测子宫内膜的变化，注意阴道出血情况，定期做乳房检查，防止肿瘤和心血管疾病的发生。

（3）二膦酸盐：如依替膦酸二钠、帕米膦酸二钠、阿仑膦酸钠等，此类药物的消化道反应较多见，故应晨起空腹服用，同时饮清水 200～300 ml，至少半小时内不能进食或喝饮料，也不能平卧，以减轻对消化道的刺激。静脉注射要注意血栓性疾病的发生，同时应监测血钙、磷和骨吸收生化标志物。

6. 心理调适　与老年人倾心交谈，鼓励其表达内心的感受，明确老年人忧虑的根源。指导老年人穿宽松的上衣以掩盖形体的改变，也可穿背部有条纹或其他修饰的衣服以改变人的视觉效果。强调老年人在资历、学识或人格方面的优势，使其认识到个人的力量，增强自信心，逐渐适应形象的改变。

（五）健康教育

1. 知识宣教　提供给老年人有关的书籍、图片和影像资料，讲解骨质疏松症发生的原因、表现、辅助检查结果及治疗方法。

2. 运动指导　指导老年人每日适当运动和进行户外日光照晒。在活动中防止跌倒，避免过度用力，也可通过辅助工具协助完成各种活动。

3. 饮食指导　提供老年人每天的饮食计划单，指导老年人学会各种营养素的合理搭配，尤其要多摄入含钙及维生素 D 丰富的食物。

4. 用药指导　指导老年人服用可咀嚼的片状钙剂，且应在饭前 1 小时及睡前用，钙剂应与维生素 D 同时服用。教会老年人观察各种药物的不良反应，明确不同药物的使用方法及疗程。

5. 康复指导　康复训练应尽早实施，在急性期应注意卧、坐、立姿势，卧位应平卧、低枕、背部尽量伸直、坚持睡硬板床；坐位或立位时应伸直腰背，收缩腰和臀肌，增加腹压。在慢性期应选择性地对骨质疏松症好发部位的相关肌群进行运动训练，如采取仰卧位抬腿动作做腹肌训练，采用膝手卧位做背肌训练；同时可配合有氧运动增强体质，通过翻身、起坐、单腿跪位等动作训练维持和增加老年人的功能水平。

（六）护理评价

在护理工作过程始终，观察并判断老年人关节疼痛减轻或解除、舒适感增加、坚持进行适宜运动、无骨折等并发症的发生、能说出骨质疏松症的主要防治方法等护理目标是否达成，并及时调整护理措施。

 考点提示

老年糖尿病、骨质疏松症的护理评估与护理措施。

（苏少丹）

第七节　老年人运动、感官系统变化和常见疾病护理

一、老年人运动、感官系统的解剖生理变化

（一）老年人运动系统的解剖生理变化

1. 骨骼　老年人骨骼中有机物含量减少、无机物含量增多，表现为骨皮质变薄、骨小梁减少变细，以致单位容积中的骨量（骨密度）降低，出现骨质疏松症，骨骼变脆，容易骨折；椎间盘萎缩变薄、脊柱变短、弯曲，易致驼背而出现身高降低；骨细胞和其他组织细胞老化，骨的修复与再生能力减退，骨折后愈合时间延长或不愈合比例增加。

2. 关节　老年人关节的退化是由于胶原细胞的形成减少，使关节的弹性和伸缩性降低；变化最多是关节软骨，关节软骨纤维化、弹性减低、滑囊僵硬，导致关节僵化；有的关节周围发生骨质增生，形成骨刺，增加摩擦力，产生疼痛，致使关节活动不灵敏，运动受限。

3. 肌肉　随着年龄的增加，老年人的肌纤维体积变小，数量减少。30岁男性肌肉占体重的43%，60岁以上男性肌肉仅占体重的25%，肌肉的灵活性和弹性也减弱。70岁以后，肌肉衰退速度更快，腰腿部的肌肉变化较明显，肌肉收缩功能降低，易产生疲劳，发生腰腿酸痛；面部、颈部和背部肌肉紧张度降低，背部肌肉明显萎缩；胸部肌肉及软骨弹性减弱，导致肺扩张的容积和储存量变小，使老年人易疲劳，患肺炎概率较高。引起老年人肌肉老化的原因很多，常与缺乏蛋白质、热量、维生素 B_{12} 等有关，也与钙、镁、锌的摄入不足有关。如果老年人卧床不起或限制在轮椅上等，使活动量减少，可进一步导致肌肉老化，形成恶性循环。

（二）老年人感官系统的解剖生理变化

1. 眼和视觉　视器（visual organ）即眼（eye），为视觉器官，包括眼球、视路和眼副器三个部分。眼球接受外界光线成像于视网膜，视路将信息传导至视皮质而产生视觉。与老年人视觉减退相关的组织结构有以下几个。

（1）角膜：略呈圆形，无色透明，中央薄，周边厚，曲度较大。随着老化，角膜表面的微绒毛显著减少，导致角膜上皮干燥和角膜透明度减低；角膜变平，导致曲率改变；角膜老化使边缘形成灰白色环状类脂质沉积，称为老年环。

（2）虹膜：弹性减退、变硬，导致瞳孔变小，对光反应不灵敏。

由于老年期瞳孔括约肌张力相对增强，使瞳孔始终处于缩小状态，对光线的利用率下降。而60岁后的视野明显缩小，因而进入眼内的光线减少，老年人可能主诉视物不太明亮，或从明亮环境转入暗处时，感觉视物有困难，还可出现中心视力损害甚至失明。

（3）晶状体：位于虹膜和玻璃体之间，形如双凸透镜，原为富有弹性的透明体。老年人晶状体弹性明显降低，晶状体调节和聚集功能逐渐减退，视近物或细小的物体发生困难，产生老视。晶状体中非水溶性蛋白质逐渐增多，致使晶状体的透光度减弱，部分老年人晶状体变混浊，发生白内障。晶状体悬韧带张力降低，晶体前移，使前房角狭窄者房角易关闭，影响房水的回流，导致眼压升高，引起青光眼。

（4）玻璃体：为无色透明胶质体，除了屈光作用外，主要是对视网膜和眼球起支撑作用。玻璃体的老化主要表现为液化和后脱离。随着年龄的增长，玻璃体内黏多糖解聚，可呈凝缩或液化状态，液化的玻璃体进入视网膜前，使视网膜与玻璃体分离，老年人会有飞蚊症、眼前闪烁感或视力减退；严重玻璃体液化会牵拉视网膜，造成视网膜裂孔或黄斑裂孔，导致视力严重下降甚至失明。

（5）视网膜：可出现眼底动脉硬化，脉络膜变厚，视网膜变薄，其外周出现萎缩。患高血

压、动脉硬化、糖尿病的老年人易出现出血或血管阻塞。

（6）结膜：由于血管硬化变脆，老年人容易发生结膜下出血。

（7）泪器：老年人泪腺萎缩，眼泪减少，眼睛发干。泪管周肌肉、皮肤弹性均减弱，收缩力差，不能将泪液很好地收入泪管，有不少老年人常有流泪现象，即溢泪症。

（8）色觉：老年人不能对所有的颜色有同样的色觉，对红色、橙色、黄色的色觉良好，对蓝色、绿色、紫色的分辨率差。此外，老年人分辨远近物体的相对距离（深度视觉）的能力下降，不能正确判断台阶的准确高度，上下楼梯时易摔倒。

2. 耳和听觉　听器（auditory organ）是听觉器官，按解剖部位可分为外耳、中耳和内耳三部分。①外耳：老年人耳郭表面皱襞松弛，收集声波和辨别声音方向的能力下降。②中耳：老年人中耳的任何部位都可能变硬和萎缩，老年人的听觉随着年龄增长而减退，严重时会造成传音性耳聋。③内耳：老年人骨膜和卵圆窗上的膜变厚、变硬，失去弹性，耳蜗管萎缩，内淋巴畸变，螺旋神经节萎缩，以致老年人对高频音的听力衰减，造成老年人与人沟通困难，而一些中、低频率的声音逐渐会受影响，导致听觉迟钝，称为老年性重听。

3. 味觉　50岁以后，舌表面变得光滑，味蕾逐步萎缩，数量减少，功能减退，使味蕾对食物的敏感性降低，老年人往往要在烹饪时增加食盐或糖的量进行调节；口腔黏膜细胞和唾液腺逐渐萎缩，唾液分泌减少，加之老年人活动量减少、机体代谢速度减慢，造成食欲减退。

4. 嗅觉　50岁以后，嗅神经细胞数量减少、萎缩和变性，嗅觉逐渐迟钝，对气味的分辨率下降，也可影响食欲。嗅觉障碍也会对一些有害气体（如煤气）、变质食物等的敏感度降低，致使老年人不太能辨别危险的处境。

5. 触觉　40岁以后触觉小体数量减少，60岁以后触觉小体和表皮的连结松懈，使触觉敏感性下降，阈值升高。由于神经细胞缺失，神经传导速度减慢，老年人对温觉、痛觉的敏感性降低，对烫伤、冻伤、刺伤、撞伤、内脏病变引起的疼痛反应迟钝，对一些危险环境（如热水、电热器）感知度降低，存在安全隐患；在行走中，由于触觉信息定位不准确，对路况及台阶的深浅不能做出精确判断，易造成跌伤。

二、颈椎病与腰椎病

案例 6-12

患者，女，63岁，颈部疼痛10年，加重1年。患者1年前颈部疼痛加重，伴头痛、头晕、胸闷、憋气、双上肢麻木、行走困难，于今日来我院门诊就诊。现患者颈部疼痛进一步加重，双手搓力减弱，前胸后背伴束带感，双下肢行走步态失稳，足底有踩棉花感。

体格检查：霍夫曼征阳性；C4—C7椎体两侧深压痛。

辅助检查：X线检查、MRI显示C3—C5椎体后关节错位，C3—C7椎体前后缘增生，C4—C7椎间盘突出合并椎管狭窄。

问题与思考：

（1）目前该患者主要存在哪些护理问题？依据是什么？

（2）对行颌枕带牵引治疗的患者应如何护理？

（3）护士应如何对该患者进行健康教育？

颈椎病与腰椎病是由于颈椎、腰椎椎间盘组织退行性改变、继发病理改变累及周围组织结构（神经根、脊髓、椎动脉、交感神经等）而引起的一系列临床综合征。发病年龄多在50岁以上，男性居多。

（一）护理评估

1. 健康史及相关因素

（1）健康史：了解患者饮食结构，是否长期低钙、高盐饮食，是否有偏食、吸烟、嗜酒、喝咖啡等情况。询问患者疼痛的性质、持续时间及诱因。了解患者运动和体力活动情况，是否经常参加运动、体力劳动等。了解患者既往是否有骨折史，发病前用药情况等。

（2）病因

1）椎间盘退行性改变：颈腰椎病最基本的病因是椎间盘的退行性改变。

2）慢性劳损：长期的局部肌肉、韧带、关节囊的损伤，可以引起局部出血、水肿，发生炎症改变，在病变的部位逐渐出现炎症机化，并形成骨质增生，影响局部的神经及血管。

3）外伤：在外伤前腰椎间盘已经有了不同程度的病变，外伤直接诱发症状发生。

4）不良的姿势：颈椎病的发生还与长时间低头工作、颈椎发育不良或缺陷等有关；腰椎病还与负重、体位骤变或用力不当有关。

（3）病理生理：早期为颈椎间盘退行性改变，髓核脱水致椎间盘狭窄，加之纤维环肿胀、变粗并出现破裂，髓核随软骨板向后方突出。椎间盘退行性改变后，其耐压性及耐牵引性降低，可以发生局限性或广泛性向四周隆突，使椎间盘间隙变窄，关节突重叠、错位，以及椎间孔的纵径变小。椎间盘退行性改变常会引起继发性的椎体不稳定，椎体间的活动度加大和使椎体有轻度滑脱，继而出现后方小关节、椎板的骨质增生，韧带组织变性，软骨化和骨化等改变。在椎体与突出的椎间盘及韧带组织之间形成的间隙由于有组织液积聚，再加上微细损伤所形成的出血，使这种血性液体发生机化，然后钙化、骨化，于是形成了骨赘；椎体前后韧带的松弛，又使椎体不稳定，更增加了受创伤的机会，使骨赘逐渐增大；骨赘连同膨出的纤维环、后纵韧带和由于创伤反应所引起的水肿或纤维瘢痕组织，在相当于椎间盘部位形成一个突向椎管内的混合物，对脊神经或脊髓产生压迫作用。椎关节的骨赘可从前向后突入椎间孔压迫神经根及椎动脉。脊髓及神经根受压后，开始时仅为功能上的改变，如不及时减轻压力，逐渐会产生不可逆的变化。

2. 身体状况

（1）临床表现

1）颈椎病：根据受压部位和临床表现不同，可将颈椎病分为六型。①颈型颈椎病：以局部软组织病变为主，多数患者因颈椎处于强迫姿势过久而发病。表现为颈部疼痛，放射到枕顶部或肩部，头颈活动时疼痛加剧，活动受限；颈肌痉挛紧张，一侧或双侧有压痛点。②神经根型颈椎病：为颈椎病最常见的类型，是由颈椎间盘退行性改变或骨质增生的刺激、压迫脊神经根所致。首先出现颈肩痛，颈部活动受限，短期内加重，并向上肢放射，放射范围根据受压神经根不同而表现在相应皮节，常伴手指麻木感；神经根压迫严重、病程较长者，还可出现肌张力减弱，手部肌肉萎缩；颈部肌肉痉挛，颈椎生理性前凸减小，沿痉挛肌肉棘突有压痛，上肢牵拉试验、压颈试验阳性。③脊髓型颈椎病：病变呈慢性进行性发展。多数患者出现步态不稳，步态蹒跚或痉挛步态，双上肢动作笨拙，不能做精细动作，四肢不自主发生肌肉痉挛（俗称"抽筋"）及麻木；部分患者有性功能减退及排尿不畅等表现。④椎动脉型颈椎病：出现椎基底动脉供血不足症状，如头痛、头晕、记忆力减退、耳鸣、眼花、视物不清或复视等，旋转头颈时出现眩晕是此型的主要特点。⑤交感神经型颈椎病：出现一系列交感神经功能紊乱症状，主要表现为头痛或偏头痛，有时伴恶心、呕吐，视物模糊、视力下降、瞳孔扩大或缩小、眼后部肿胀，心率加速、心律失常、血压升高，头颈及上肢异常出汗等。⑥食管压迫型颈椎病：临床较少见，是由颈椎前缘骨质增生压迫食管所致，主要表现为不同程度的吞咽困难、恶心、呕吐、声音嘶哑等。

2）腰椎病：多由腰椎受外力或腰椎退行性病变所致，主要表现如下。①腰痛：95%以上的腰椎病患者有此症状。患者自觉腰部持续性钝痛，平卧位减轻，站立时加剧，一般情况下尚可忍受，腰部可适度活动或慢步行走；还有患者表现为突发的腰部痉挛样剧痛，难以忍受，需卧床休息，严重影响生活和工作。②下肢放射痛：80%患者出现此症状，常在腰痛减轻或消失后出现。表现为由腰部至大腿及小腿后侧的放射性刺激或麻木感，直达足底部。重者可有腰部至足部的电击样剧痛，且多伴有麻木感。疼痛轻者可行走，呈跛行状态；重者需卧床休息，喜欢取屈腰、屈髋、屈膝位。③下肢麻木、冷感及间歇性跛行：下肢麻木多与疼痛伴发，少数患者可表现为单纯麻木，有少数患者自觉下肢发冷、发凉。这主要是因为椎管内的交感神经纤维受到刺激。间歇性跛行的产生机制及临床表现与腰椎管狭窄相似，主要是髓核突出的情况下可出现继发性腰椎管狭窄症的病理和生理学症状。④马尾神经症状：主要见于中央型髓核脱出症，临床上较少见。患者可出现会阴部麻木、刺痛，排尿、排便功能障碍，女性可出现尿失禁，男性可出现阳痿，严重者可出现排尿、排便失控及双下肢不全性瘫痪。

（2）辅助检查

1）X线正侧位检查：是颈椎病与腰椎病的常规检查，可显示椎间隙狭窄、椎体前后缘骨质增生等退行性改变。

2）CT和MRI检查：可显示椎间盘突出，椎管、神经根管狭窄和脊髓、脊神经受压状况。

3. 治疗原则　应根据患者的具体情况及患者对治疗的反应选择治疗方法，大部分颈椎病与腰椎病经非手术治疗都能取得良好效果，仅有一小部分患者经非手术治疗无效而需手术治疗。非手术治疗方法包括牵引疗法、按摩、理疗、药物治疗及中医治疗等。

4. 心理和社会支持状况　由于颈腰椎病病程较长，容易复发，患者常会失去治疗的信心，产生抑郁、易怒、悲观等情绪。故应了解患者及家属对疾病的认知程度；对拟行手术治疗者，应了解其对治疗方法、预后、并发症及康复知识的知晓程度，患者和家属可因对手术的担忧而出现矛盾、焦虑、恐惧等心理反应；还应了解患者家庭经济支付能力及社会对患者的支持程度。

（二）常见护理诊断及医护合作问题

1. 疼痛　与神经、血管受刺激或压迫有关。
2. 自理缺陷　与疼痛、活动障碍、肌肉无力等有关。
3. 有受伤的危险　与椎动脉供血不足所致的眩晕有关。
4. 知识缺乏　缺乏与功能锻炼有关和与疾病有关的知识。

（三）护理目标

患者疼痛减轻或消失，能说出减轻疼痛的方法；自理能力逐渐提高，对提供的生活照顾表示满意；住院期间未发生伤害；能说出有关疾病的相关知识。

（四）护理措施

1. 一般护理　颈椎病患者要加强颈部肌肉锻炼，经常变换姿势，避免长时间保持单一姿势。当出现腰椎间盘突出症症状时，应立即卧床休息，卧床3周后，带腰围起床活动，3个月内不做弯腰动作；腰椎病患者避免负重。

2. 病情观察　密切观察患者疼痛的部位、性质及持续时间，有无肢体麻木、无力，有无相关并发症。

3. 非手术治疗患者的护理

（1）牵引疗法：颈椎病患者多采用颌枕带牵引疗法。患者取端坐位或平卧位，头微屈，牵引重量为2～6 kg，每日1～2次，每次1小时。若患者无不适，也可持续牵引，每日6～8小时，2周为一疗程。腰椎病患者牵引时牵引重量一般不超过15 kg，抬高床尾形成反牵引力，疗程为 2 周；也可使用间断牵引法，每日 2 次，每次 20～30 分钟，但当患者下床后，在自身重量的压迫下，回纳的髓核易再次突出，故其疗效不佳。

（2）颈围与颈托：常用于颈椎病患者，但长期应用会使颈背部肌肉萎缩，关节僵硬，因此使用时间不可过久，在症状减轻后，应及时除去并加强肌肉锻炼。应协助患者选择合适的颈托和颈围，目前常用充气式颈托、记忆棉颈托，既有固定作用，也有一定的牵张作用。

（3）推拿与理疗：需注意禁忌证及推拿手法，在治疗过程中密切观察患者的反应。

4. 药物治疗　在该病治疗中，药物只是对症处理，不能祛除病因。在患者用药后，应注意观察并记录药物的不良反应。

5. 其他护理　做好皮肤、口腔、呼吸道、会阴部等的护理，以预防感染、压疮等并发症；还应做好生活护理和心理护理，满足患者的基本生活需求和心理需求，帮助其树立战胜疾病的信心，能以健康的心态接受治疗和康复。

（五）健康教育

1. 保健指导　教育患者学会自我保健，对长时间保持某一姿势的工作人员，如司机、计算机操作者、伏案工作者，要定时改变姿势，做颈部及上肢活动；睡眠时，宜卧硬板床，一般枕头与肩部同高为宜，避免头颈过伸或过屈。

2. 注意保暖　冷刺激会使肌肉血管收缩，加重症状。

3. 适度锻炼　嘱患者平时注意休息，根据自身情况做适当运动。

（六）护理评价

判断疼痛减轻或消失、自理能力提高等护理目标是否达成，并及时反馈、评估和调整护理措施。

三、骨关节炎

案例 6-13

患者，女，68 岁，行走后右膝关节疼痛 6 年，加重伴活动受限 4 个月，疼痛逐渐加重，受风寒后明显，能行走的距离逐渐缩短。患者曾出现右膝关节积液，为淡黄色清亮液体，现右膝关节活动受限，保守治疗效果欠佳。患者否认外伤史，无发热。

体格检查：右膝关节轻度肿胀，内翻畸形。右膝关节内侧轻压痛。右膝关节活动受限，活动范围：10°（伸）←→110°（屈）。髌骨上缘上 10 cm 周径：右侧 38 cm、左侧 40 cm。双下肢等长。右膝浮髌试验（-）、髌骨摩擦试验（+）、内外翻应力试验（-）、前后抽屉试验（-）、麦氏（McMurray）征（-）、研磨试验（-）。双下肢感觉、肌力、肌张力正常，腱反射正常，病理征（-）。双侧足背动脉搏动良好，足部皮温正常。

辅助检查：X 线检查显示右膝关节面凹凸不平，间隙变窄、囊性改变。

问题与思考：

（1）目前患者主要存在哪些护理诊断及医护合作问题？其依据是什么？

（2）护士应如何对该患者进行护理？

骨关节炎（osteoarthritis）又称退行性骨关节病、肥大性关节炎（degenerative osteoarthritis and hypertrophic arthritis），是一种常见的慢性关节疾病，主要特征是关节软骨发生退行性改变和继发性骨质增生，引起关节软骨的完整性被破坏及关节边缘软骨下骨板病变。此病多见于中老年人，女性多于男性，好发于负重较大的膝关节、髋关节、脊柱及手指关节等部位。

（一）护理评估

1. 健康史及相关因素

（1）病因：骨关节炎的发生是多种因素联合作用的结果，主要是由于软骨基质中黏多糖含量减少，纤维成分增加，软骨的弹性降低，软骨下骨板损害，使软骨失去缓冲作用，引起关节局灶性炎症。其他诱发性因素如下。

1）损伤和机械性磨损：软骨下骨板损伤使软骨及关节负重的耐受性降低，造成关节不稳，致使软骨面与关节囊、韧带的附着面发生骨质增生，导致骨关节炎。

2）年龄：随着年龄的增长，关节软骨的黏多糖含量减少，致使关节含水量和抗疲劳性均下降。

3）肥胖超重：中年以后，体重对膝关节骨关节炎的发生有着重要的影响，特别是症状出现以前的 8~12 年。因此，随着年龄的增长，应避免超重。减肥有助于预防骨关节炎的发生，体重减轻 5 kg，即可减低 50% 发展成为膝关节骨关节炎的概率。

4）关节外畸形：可引起关节面负重线不正，如佝偻病后遗症（膝内翻或膝外翻）、邻近关节骨折复位后对线欠佳引起的关节面歪斜。

5）医源性因素：如长期服用糖皮质激素或关节内注射激素，引起关节软骨剥脱病。

6）遗传因素：不同种族的人群关节受累情况各不相同，如髋关节、腕掌关节的骨关节炎在白种人中多见，但有色人种及我国人群中少见。性别对其也有影响，男性髋关节受累多于女性，手骨关节炎则以女性多见。

2. 病理生理　关节软骨的变形发生最早，具有特征性病变。软骨基质内糖蛋白丢失时，关节表层的软骨软化，在承受压力的部位出现断裂，使软骨表面出现细丝绒状物。以后软骨逐渐片状脱落而使软骨层变薄甚至消失。软骨下的骨质出现微小的骨折、坏死，关节面及周围的骨质增生构成 X 线检查表现出的骨硬化和骨赘及骨囊性变。关节滑膜可因软骨和骨质破坏，代谢物脱落入关节腔而呈轻度增生性改变，包括滑膜细胞的增生和淋巴细胞的浸润，但其程度远不如类风湿性关节炎明显。严重的骨关节炎的关节囊壁有纤维化，周围肌腱也有受损。

3. 身体状况　骨关节炎发病年龄多在 50 岁以上，女性较男性多见，最常受累的是膝、髋、手指、腰椎、颈椎等关节。

（1）关节疼痛：疼痛是骨关节炎的主要症状，初期表现为轻微钝痛，以后逐步加剧。活动多时疼痛加剧，休息后好转。疼痛有时与天气变化、潮湿、受凉等因素有关。患病关节活动时有各种不同的响声，如摩擦声。若增生的骨赘脱落形成游离体，有时可出现关节交锁。膝关节病变在上下楼梯时疼痛明显，久坐或下蹲后突然起身可导致关节剧痛；髋关节病变疼痛常自腹股沟传导至膝关节前内侧、臀部及股骨大转子处，也可向大腿后外侧放射。

（2）关节僵硬：由于关节囊纤维化、肌肉痉挛或游离体形成导致关节活动障碍，在早晨起床或久坐起身时出现关节僵硬，稍微活动后症状减轻，这种现象称为"晨僵"。但与类风湿性关节炎不同，骨关节炎晨僵时间比较短暂，一般不超过 30 分钟。另外，由于各关节软骨退化、周围肌肉痉挛及骨赘等，常导致患者活动受限，容易摔倒。

（3）关节畸形：指间关节最常受累，尤其是远端指间关节。特征性改变为在指关节背面的内外侧出现骨性增生而形成硬结节，只有少数患者最终会出现远指关节的屈曲或外斜畸形。

（4）关节肿胀：以膝关节肿胀多见，由局部骨性肥大或渗出性滑膜炎引起，严重者可见关节畸形、半脱位等。

（5）功能受限：各关节因软骨退行性改变、关节周围肌肉痉挛及关节破坏而导致活动受限。此外，颈椎骨关节炎导致脊髓受压时，可引起肢体无力或麻痹，椎动脉受压时可导致眩晕、耳鸣，严重者可发生定位能力丧失或突然跌倒；腰椎骨关节炎导致腰椎管狭窄时，可引起下肢间歇性跛行。

4. 心理和社会支持状况　关节酸痛致使患者活动受限，社会交往减少。关节畸形、功能障碍引起患者自我形象紊乱。应鼓励患者坚持锻炼，保持关节功能，增强其治疗信心。

5. 辅助检查

（1）X线检查：早期可见关节间隙变窄，软骨下骨硬化，关节面邻近的骨端松质骨内可有囊性变，关节边缘尖锐，并有骨赘形成；晚期关节面凹凸不平，骨端变形，有时可见游离体；有轻度骨质疏松和软组织肿胀。

（2）MRI检查：可显示早期关节软骨病变，包括软骨退变、滑囊病变、关节腔积液及半月板、韧带的结构异常等，对诊断和治疗具有指导意义。

（3）关节镜检查：可见滑膜绒毛明显增生、肿胀、充血，多呈细长羽毛状，绒毛端分支紊乱；关节软骨发黄、粗糙、糜烂；骨赘形成；半月板可见不同程度破坏。

（4）血清学检查：临床应用较为广泛的C反应蛋白是监测病情活动的良好指标。

（二）常见护理诊断及医护合作问题

1. 疼痛　与关节软骨磨损及骨板病变有关。
2. 活动无耐力　与关节肿胀、活动受限有关。
3. 行走障碍　与软组织损伤、关节畸形有关。

（三）护理目标

患者疼痛减轻、舒适度增加；活动耐力增强；能够做到缓步行走。

（四）护理措施

1. 一般护理

（1）控制体重：对于超重的老年人，因下肢承重多，关节负重大，易加快关节的退行性改变，故应减少高脂、高糖食物的摄入，增加富含蛋白质、维生素、膳食纤维、钙质的食品，坚持锻炼，以达到控制体重的目的。

（2）体育锻炼：体育锻炼可增强肌肉力量、维持关节稳定性，从而延缓病情的进展。症状缓解期可选择适当的方式进行锻炼，如直腿抬高运动、股四头肌等长收缩运动。急性发作期应限制关节活动，以不负重活动为主，如游泳、体操、太极拳。注意保护关节，避免做抗力性运动。

2. 疼痛护理　对患髋关节炎的老年人来说，减轻关节负重和适当休息是缓解疼痛的重要措施，可使用手杖、拐杖、助行器站立或行走；疼痛严重时，可采用卧床牵引限制关节活动。膝关节炎的老年人除适当休息外，可通过上下楼梯时抓扶手、坐位站起时手支撑扶手的方法减轻关节软骨承受的压力；膝关节积水严重时，应卧床休息。另外，可辅以按摩、热疗减轻疼痛，必要时予以药物止痛。

3. 用药护理　如关节经常肿胀，不能长时间活动或者长距离行走，可在物理疗法的基础上加药物治疗，注意观察药物的疗效和副作用。

（1）非甾体抗炎药：主要起镇痛的作用。建议使用副作用小、能对软骨代谢和蛋白聚糖合成具有促进作用的药物，如双氯芬酸；尽量避免使用副作用大、对关节软骨有损害的药物，如阿司匹林。

（2）透明质酸：通过关节腔内注射，可较长时间缓解症状和改善关节功能，主要用于膝关节，尤其适用于X线表现轻至中度的病例。

（3）葡萄糖胺：能修复损伤软骨，减轻疼痛，如硫酸葡萄糖胺。

4. 手术护理　对症状严重，关节畸形明显的骨关节炎晚期的老年人，多行人工关节置换术。术后护理，因不同部位的关节而有所不同。髋关节置换术后，患肢应保持有效皮牵引，同时保证老年人在牵引状态下关节处于功能位,并保持舒适;膝关节置换术后,应做好患肢的石膏固定及护理。

5. 心理护理　为老年人安排有利于交流的环境,如房间距离老年人活动中心较近,增加其与外界环境互动的机会。主动提供一些能使老年人体会到成功的活动,并对其成就给予诚恳的鼓励和奖赏,增强其自信心。协助老年人使用有效的应对技巧,鼓励其学会自我控制不良情绪。

(五) 健康教育

1. 保护关节　指导老年人正确的活动姿势,应避免剧烈运动,以散步、打太极拳等和缓运动为主,当关节疼痛、僵硬、肿胀时,应减量甚至停止运动,关节病变较重的老年人应扶手杖行走,以减轻关节负担;保持合适体重,同时应注意保暖,防止关节受凉、受寒,尽量应有大关节而少用小关节,关节部位的热敷可缓解疼痛;避免从事可诱发疼痛的工作或活动,如长时间站立等,减少爬山、骑车等剧烈活动,少做下蹲动作。

2. 合理饮食　多食含硫的食物,如芦笋、鸡蛋、大蒜、洋葱,因为骨骼、软骨和结缔组织的修补与重建都要以硫为原料,同时硫也有助于钙的吸收。

3. 增强自理　对肢体活动受限的老年人,应根据其自身条件及受限程度,运用辅助器具或特殊设计以保证或提高老年人的自理能力。如居室设计方面应加宽门及过道的宽度以使轮椅等辅助器械能够通过;室内地板应防滑,避免有高度落差。

4. 康复训练　骨关节炎患者应进行各个关节的康复训练,通过主动或被动的功能锻炼,可以保持病变关节活动,防止关节粘连或功能障碍。各关节的锻炼根据其功能不同而有所不同。

(六) 护理评价

判断疼痛减轻、舒适度增加、活动耐力增强、学会缓步行走等护理目标是否达成,并及时调整护理措施。

四、老年性白内障

案例 6-14

患者,男,58 岁,自述 5 年前右眼开始出现渐进性视力减退,无明显眼痛、眼胀,无头痛,现仅能看清眼前手指晃动。

眼科检查:右眼视力为手动 30 cm,眼球无充血,角膜透明,前房深浅正常,瞳孔直径 3 mm,对光反射正常,散瞳后裂隙灯检查见晶状体灰白色混浊,眼底无法窥入,眼压 18 mmHg。

问题与思考:

(1) 目前患者主要存在哪些护理诊断及医护合作问题? 其依据是什么?

(2) 若患者要行手术治疗,术前、术后的主要护理措施有哪些?

老年性白内障 (senile cataract) 是指中年以后因晶状体变性混浊引起的视功能障碍,多发生于 50 岁以上的人群,随着年龄的增加发病率增加,在 50~60 岁的老年人中发病率为 60%~70%,在 70 岁以上的老年人中发病率为 80% 以上。世界卫生组织宣布,白内障致盲率居各种眼病的首位,全球白内障盲人 1700 万,我国现有白内障盲人 400 万,其中绝大部分是老年人。

（一）护理评估

1. 健康史及相关因素

（1）健康史

1）询问患者有无视物模糊或视力减弱；视物时是否有复视、多视、飞蚊症的现象；当注视灯光时，有无虹视现象等。

2）询问患者工作性质、生活习惯、饮食情况及健康状况；是否有脂质代谢异常、动脉硬化、糖尿病、高血压、甲状腺功能减退、中毒等病史；是否嗜好烟酒；是否经常在阳光下看书、工作、学习、看电影或看电视；是否经常食用富含维生素C、维生素E、维生素B_2的食物。

（2）病因

1）晶状体老化：随着年龄的增大，晶状体逐渐变硬、混浊，由于晶状体营养代谢障碍，内分泌紊乱而引起晶状体蛋白质变性。

2）物理因素：日光中的紫外线辐射可对晶状体造成损伤，老年性白内障的发病与紫外线的长期慢性损害密切相关。晶状体较其他眼组织更易吸收长波紫外线（300～400 nm），产生光化学作用，导致晶状体和房水中产生活性氧，损害晶状体，使蛋白质变性凝固，导致黄色或棕色核性白内障或黑色核性白内障的发生。

3）维生素及微量元素缺乏：老年人晶状体内维生素B_2、维生素C、维生素E及微量元素硒、锌缺乏，以及谷胱甘肽等营养物质含量不足，均可导致晶状体内氧自由基含量增加。

4）其他：老年性白内障还与遗传、全身疾病（如糖尿病、甲状腺功能减退、严重脱水、中毒）等有关。

（3）病理生理：老年性白内障患者或伴有维生素及微量元素缺乏患者的晶状体代谢能力下降，囊膜通透性增加，晶状体皮质吸收过多水分后出现蛋白变性、混浊；部分患者生活于高原、沿海及阳光辐射较多地区，由于晶状体长期接受紫外线过度照射，影响晶状体的氧化-还原过程，可加速白内障的进展。

2. 身体状况　多为两眼发病，但两眼可有先后，其症状为进行性视力下降而无其他不适。在早期，常有固定（不飘动）的眼前黑点或黑影，也可有单眼复视或多视，有的还有虹视表现。部分患者可出现轻度近视或近视加重。由于光线通过部分混浊的晶状体时产生散射，干扰视网膜成像过程，可引起畏光或眩光等症状。

老年性白内障按混浊部位不同可分为三种类型，即皮质性、核性和后囊下性白内障，但这些类型在一眼中可以单独出现，也可以两种类型同时出现。皮质性白内障是最常见的一种，约占50%以上。

（1）皮质性白内障：按其发展过程可分为以下四期。

第一期（初发期）：表现为晶状体周边皮质部混浊，然后逐渐向中心发展。此时在小瞳孔下不易察觉，散瞳后可见灰白色的车轮状混浊，视力一般不受影响。

第二期（未成熟期或膨胀期）：晶状体混浊逐渐加重，晶状体大部分混浊，但仍有透明区，瞳孔区出现灰白色。手电光斜照时，可见虹膜阴影落在晶状体较深的混浊上，呈现一新月形阴影，此时视力明显下降。由于晶状体膨胀，前房变浅，有时可诱发青光眼的发作。

第三期（成熟期）：晶状体完全混浊至乳白色，肿胀消退，前房深度恢复正常，视力明显下降，只能辨别手动，或仅存光感。

第四期（过熟期）：晶状体内水分持续丢失，晶状体皮质溶解液化，呈乳白色，核下沉。由于囊膜脆弱，通透性增加，晶状体皮质可漏出进入前房和玻璃体腔，从而引起葡萄膜炎和晶体溶解性青光眼等并发症。

（2）核性白内障：核性白内障发病较早，一般40岁左右开始，进程缓慢，以核混浊为主，呈黄褐色或棕黑色。早期表现为近视加重；远视力下降，后期表现为视力极度减退。此型多见于有近视的患者。

（3）后囊下性白内障：可单独发生，也可与其他类型白内障合并存在。因为后囊下性白内障混浊部位位于后囊下，接近眼球的结点，所以早期即出现明显视力障碍；后期合并皮质和核性混浊，可发展至完全性白内障。

3. 心理和社会支持状况 患者视力严重减退时，影响正常生活、学习、工作及社交活动，易产生焦虑、烦躁情绪；需手术者会表现出对手术的恐惧、担忧等。

4. 辅助检查

（1）裂隙灯显微镜检查：可清楚观察到前房深度、房角宽窄、虹膜震颤、晶状体混浊部位及混浊程度等；还可以将混浊做准确定位，确定晶状体混浊程度。

（2）眼底镜检查：白内障初发期可较清楚看清眼底；膨胀期眼底可部分窥入，但较模糊；成熟期眼底无法看到。以此可判断晶状体混浊程度。

（3）色觉和光定位检查：可大致判断视网膜功能是否正常。

（4）眼压检查：可了解白内障术前、术后眼压变化。

（5）眼科A超和B超检查：可测量眼轴长度，计算植入人工晶体屈光度，发现晶状体位置有无异常及混浊等。

（二）常见护理诊断及医护合作问题

1. 视觉感知紊乱 与角膜水肿、晶状体混浊、视网膜及视神经萎缩有关。
2. 穿着和修饰自理缺陷 与视觉障碍有关。
3. 社交障碍 与视觉障碍导致不能正常进行社交活动有关。
4. 有受伤的危险 与视觉障碍有关。
5. 知识缺乏 与缺乏健康信息及正确指导有关。
6. 恐惧、焦虑 与担心失明有关。
7. 潜在并发症 继发性急性闭角型青光眼、晶状体过敏性葡萄膜炎、术后出血、人工晶体移位。

（三）护理目标

患者视力减退过程变缓，术后视力恢复或提高；日常生活能够自理，可选择搭配服饰；无社交困难、无受伤；未出现严重并发症；焦虑、烦躁、不安情绪减轻，恐惧消失；了解老年性白内障的表现、用药常识、手术前后注意事项。

（四）护理措施

1. 一般护理

（1）日常生活护理：评估患者视力障碍的程度，根据患者视力状况，帮助患者制订生活计划。给患者提供一个安全、有序的活动场所，室内照明应采用柔和的光线，应避免直接的灯光及刺眼的强光。老年人生活环境中的物品位置相对固定，眼镜、放大镜、台灯等常用物品应放在他们易于拿取的地方。老年人生活要有规律，保持精神愉快，避免过度疲劳、情绪激动、用眼过度，戒除烟酒等不良的嗜好。为老年人提供的印刷刊物字体易大且避免用蓝、绿、紫色背景。室内装修应避免色彩反差过大。对于自理缺陷的患者给予生活护理。

（2）饮食护理：患者应适当补充维生素B_2、维生素C、维生素E，多吃新鲜蔬菜水果，如西红柿、菠菜、白菜、洋葱、苹果、橘子；增添芝麻油、玉米油、鸡蛋等品种，以摄取脂溶性维生素；补充硒、锌等微量元素，饮食中适当增添一些瘦肉、沙丁鱼、动物内脏、核桃等含硒、锌等微量元素较多的食品；多食含钙元素较多的食物。

2. 老年白内障患者手术前后的护理

（1）手术前的护理

1）向患者详细介绍病区周围环境、病床周围布置、医护工作地点、洗漱间方位等，双眼视力严重减退的患者应留陪护一名。

2）教会患者床头传呼器的使用方法，以便紧急情况下迅速呼叫医护人员。

3）向患者详细介绍手术的必要性、安全性，手术过程及术前、术中、术后注意配合的事项，减轻患者不必要的担忧和恐惧。

4）指导患者进行床上起、坐、翻身等练习，以避免术后单眼包扎致跌落；伴有呼吸道疾病者应教会其抑制咳嗽的方法以防止眼压升高；术前3天用抗菌滴眼液或眼膏点眼，控制局部感染病灶；保持排便通畅，必要时服缓泻药或行肥皂灌肠，防止术后因便秘引起眼内出血；术前1天用抗菌滴眼液冲洗结膜囊、冲洗泪道；术前30分钟行散瞳、降眼压处理。

（2）手术后的护理

1）指导患者术后卧于健侧，避免对患侧施压，当眼睛闭上时，避免眼部摩擦和施压，以免伤害正在愈合的组织。

2）用温开水湿润消毒棉签后清洁眼睛。

3）指导患者术后戴眼罩。

4）近期内避免致眼压升高的动作，如咳嗽、举重物、用力屏气、下蹲，要保持排便通畅。

5）保持机体水盐代谢平衡，及时纠正失水状态，以有利保持于晶状体蛋白质代谢稳定。

（五）健康教育

1. 宣传吸烟、嗜酒的危害　吸烟者白内障的发病率是不吸烟者的2.16倍，酒的辛热刺激可加重病情，因此要指导老年人主动戒烟、限酒。

2. 避免强光　为预防日光中紫外线对眼睛的伤害，在室外阳光下活动时一定要戴有帽檐的帽子或使用遮阳伞；在高原、雪地、海洋、沙漠等地区附近必须戴有色眼镜。有色眼镜可使眼睛受到的紫外线照射明显减少，塑料眼镜可使其减少50%，普通眼镜可使其减少80%，60岁以上的老年人如戴黄褐色太阳镜就可预防视力进一步减退和预防白内障的发生。

3. 出院用药指导　详细向患者介绍出院时所带的各种药物的使用方法。教会患者正确使用滴眼液的方法：用示指和拇指分开眼睑，患者眼睛向上看，将滴眼液滴在下穹窿内；闭眼后，再用示指和拇指提起上眼睑，使滴眼液均匀地分布在整个结膜腔内。滴药时注意滴管不可触及角膜。每种滴眼液在使用前均要了解其性能、维持时间、适应证和禁忌证，检查有无浑浊、沉淀，是否过有效期。平时应多备一瓶滴眼液以便常用滴眼液遗失后使用。

（六）护理评价

判断患者视力减退过程变缓、术后视力恢复或提高、焦虑等不安情绪消失、了解老年白内障健康知识等护理目标是否达成，并及时调整护理措施。

五、老年性聋

案例 6-15

患者，男，68岁，自述2年前出现双侧听力下降，偶有高调性耳鸣。2年来患者听力下降进行性加重，耳鸣频繁，谈话时听得到对方声音但听不清内容，在嘈杂的环境里语言理解力明显下降。患者既往有高血压10年、糖尿病5年；每天吸烟20支，饮酒约500 g。

问题与思考：

（1）为明确该患者的情况，还需进一步询问哪些情况？采取哪些辅助检查？

（2）对该患者的主要护理措施有哪些？
（3）护士应如何对该患者进行健康教育？

老年性聋（presbycusis）是指随着年龄的增长，老年人听觉器官发生退行性改变，出现双耳对称性、缓慢进行性听力减退。这种现象属于生理范畴。老年性聋发病年龄常在60岁左右，性别差异不明显。主要表现为听力减退逐渐发生，进行性加重，大约60%的患者有高频性耳鸣，出现频率随年龄的增长而逐渐增加，60~70岁达顶峰，少数患者可以有眩晕。退行性改变可以发生在螺旋器的毛细胞神经节、听神经、神经核、传导路径和大脑皮质听区。动脉硬化、噪声等可促使听觉器官退变。老年性聋影响老年人与他人沟通，更妨碍老年人对外界信息的接收。

（一）护理评估

1. 健康史及相关因素

（1）健康史

1）向老年人及家属了解老年人近期状况。①有无听力下降：表现为说话习惯改变，倾向于大声说话或希望别人大声说话；经常要求交谈对象重复讲过的话；置身于人群中说话减少或不参与说话，显得忽视周围发生的一切；对别人告诉的事常常表示怀疑。②有无沟通困难：询问老年人最近有无误解语言含义的情况；有无因说话内容猜测错误导致交谈失误。③有无耳鸣、眩晕等不适。

2）询问工作性质、生活习惯、饮食情况及健康状况；是否有脂质代谢异常、动脉硬化、糖尿病、高血压、甲状腺功能低下、中毒等病史；有无居住环境噪声大、严重精神压力等；是否用过耳毒性药物等。

（2）病因：老年性聋的病因尚不十分清楚。目前认为遗传、环境噪声、血管反应、代谢异常、饮食营养、生活条件、劳动强度、气候变化及精神紧张等因素均可能促进或加速老年性聋的发生。

1）听觉器官的退化：这是老年性聋的主要病因。

2）环境噪声：有关资料提示老年性聋的城市人口高于农村人口。因城市居民常遭噪声刺激，老年人随着年龄的增长对噪声损害的敏感性增加。

3）疾病：患高血压、动脉硬化及高脂血症的老年人听力减退的发生率明显高于无上述疾病的老年人，因高脂血症致脂质代谢障碍，脂质沉积，血小板聚集且功能亢进，使内耳微循环血流减少甚至停滞，引起内耳缺血、缺氧，造成血管纹萎缩和毛细胞损伤。

4）耳毒性药物：由于药动学及药效学的变化，老年人对耳毒性药物的敏感性增高，耐受性降低。

5）吸烟：有关资料提示，烟草中的尼古丁会刺激神经系统，引起血管痉挛，使内耳供血不足，引起感觉神经细胞的蜕变和萎缩。

（3）病理生理：中耳和内耳的听力结构均随年龄增长而发生相应老化。中耳表现为鼓膜增厚，弹力减退，听骨韧带松弛，听骨关节发生纤维化、钙化及僵硬。内耳的病理损伤基础是螺旋器感觉系统细胞变性，支持细胞萎缩，基膜增厚、钙沉积、僵硬度增加，血管纹萎缩变薄，细胞变性，蜗血管减少，血管纹部更明显。毛细血管壁增厚、玻璃样变性甚至闭塞。螺旋神经节细胞和神经纤维数减少，自底回向顶回发展，并有细胞皱缩和空泡变性。根据病变的不同，将老年性聋分为以下四型。

1）感音性老年性聋：耳蜗底回末端螺旋器感觉上皮渐进性退变，产生陡降性高频听力减退。

2）神经性老年性聋：螺旋神经节和蜗神经萎缩，显著的特征是语言识辨率下降，听力曲线平坦下降，以高频明显。

3）血管纹性老年性聋：又称代谢性老年性聋。耳蜗中回、顶回血管纹萎缩，表现为平坦型听力曲线，语言识辨率尚好。60～70岁也不会发生高度耳聋，最适合佩戴助听器。

4）耳蜗传导性老年性聋：又称机械性老年性聋。其特征是基膜增厚，弹性减低，呈现斜坡缓降型高频减退明显的听力曲线。此型常始于中年，发展缓慢。

2. 身体状况

（1）听力下降：60岁以上老年人出现原因不明的双侧对称性听力下降，以高频听力下降为主。老年人首先对门铃声、电话铃声、鸟叫声等高频声响不敏感，逐渐对所有声音敏感性都降低。

（2）语言分辨率低：有些老年人表现为语言分辨率低，主要症状是虽然听得见声音，但分辨很困难，许多老年人常出现"打岔"现象。在公共场所有很多人同时谈话时，因症状逐渐加重引起与他人交谈困难，老年人逐渐不愿讲话，出现孤独现象。

（3）重振现象：部分老年人在听觉上可出现重振现象，即在对方小声讲话时听不见，而在对方高声讲话时又感觉声音刺耳难受。老年人对声源的判断力下降，有时会用视觉进行补偿，在他人讲话时特别注意对方面部表情和唇形。

（4）常伴有耳鸣：开始为间歇性，渐渐发展而呈持续性。耳鸣多为高调性，开始时仅在夜深人静时出现，常影响老年人的睡眠，以后逐渐加重，持续终日。

3. 心理和社会支持状况　随着听力逐渐下降，老年人与外界的沟通和联系产生障碍，从而造成生理性隔离，应评估老年人是否产生焦虑，孤独、抑郁、社交障碍等一系列心理问题。

4. 辅助检查

（1）外耳及中耳检查：通过外耳道检查，排除因耵聍阻塞耳道引起的听力下降。检查鼓膜外观是否完好，大多数老年性聋老年人的鼓膜外观正常但混浊者多见，也可有内陷和萎缩。

（2）语音试验：询问老年人两侧听觉是否一致，如有差异则先对听力较好的一侧耳朵进行测试。测试者用耳塞塞住老年人听力差的一侧耳朵，站在离老年人50 cm处，对另一侧耳朵小声发出两音节的数字，让老年人复述，声音从小声到大声逐渐增强。语音试验可以直观、粗略地判断听力情况。

（3）音叉试验：可以初步判断耳聋的性质和程度。

（4）纯音听力试验：老年性聋患者有不同程度的听阈提高，以高频为主，双耳听力损失程度常相等，阈上功能测试半数以上患者重振阳性。双耳听力呈对称性下降，无气-骨导间距。

按照我国的标准，听力小于25 dB为正常；26～40 dB为二级重听；41～55 dB为一级重听；56～70 dB为二级聋；71～90 dB为一级聋。如果双侧听力均在56～70 dB，沟通就会有明显的障碍。

（二）常见护理诊断及医护合作问题

1. 听觉感知紊乱　与耳部供血减少、退行性改变有关。
2. 社交障碍　与听觉障碍、不能正常进行社交活动有关。
3. 有受伤的危险　与听觉下降、丧失有关。
4. 知识缺乏　与缺乏信息、缺乏正确指导有关。
5. 焦虑　与担心听力继续下降有关。

（三）护理目标

患者听力提高或维持现有听力；能进行正常的社交活动；无受伤发生；了解所患疾病的病因、治疗等相关知识，正确对待疾病；焦虑减轻，情绪稳定。

(四)护理措施

1. 一般护理

(1) 创造有助于交流的环境：与老年人在安静的环境中进行交流，交流前正面进入老年人的视线，引起老年人的注意；对老年人说话要清楚且慢，声音洪亮，尽量使用短语表达意思；可辅助使用书面交谈或者手势等沟通技巧进行交谈；帮助老年人把需要解释的事记录下来；指导照顾者尽可能多地与老年人进行交流。

(2) 适当运动：运动能够促进全身血液循环，使内耳血液供应得到改善。锻炼项目可以根据老年人的身体状况和条件来选择，如散步、慢跑、太极拳、八段锦。

(3) 建立良好的生活方式：指导老年人少食高盐、高脂、高糖食物，多食富含蛋白质、维生素及微量元素的食品，生活规律，避免劳累，戒烟酒。一些中药和食物，如葛根、黄精、核桃仁、山药、芝麻、黑豆，对延缓耳聋的发生也有一定的作用。

2. 病情观察及护理　指导老年人定期监测听力并在发现听力障碍短期内加重时及时检查和治疗。

3. 用药护理　注意避免使用具有耳毒性的药物，必须服用时尽量选择耳毒性低的药物，同时嘱咐老年人及家属严格遵照医嘱执行，药物剂量不可过大，时间不可过长，加强观察药物不良反应。

4. 心理护理　听力障碍的老年人可能会产生自卑、烦躁等负性情绪，故除了帮助老年人树立克服听力障碍所带来的困难的信心外，还应鼓励老年人使用正性调节的方法，如从家人、朋友处得到良好的情感支持。

(五)健康教育

1. 指导老年人定期进行听力检查　目前尚无有效的手段治疗老年性聋，但可以通过各种方法减缓老年性聋的进展，减轻其对日常生活的影响。指导老年人定期监测听力，尽早发现和治疗老年性聋。

2. 安全指导　向老年人及其家属讲解生活安全措施，如报警器可以设置成声音和光线同时刺激的装置，家中的门铃可与室内灯相连接，还可以给家中电话增加扩音装置等，以利于老年人日常生活。

3. 佩戴合适的助听器　经专业人员测试后，根据老年人的要求和经济状况选戴助听器。护理人员可为老年人提供合适的建议。

4. 延缓听力下降的方法

(1) 运动：鼓励老年人参与适当的体育锻炼，如散步、打太极拳，以促进血液循环，改善听力。

(2) 保健按摩：教会老年人用手掌和手指按压耳朵的方法，环揉耳屏，每日3~4次，以增加耳膜活动，促进局部血液循环，防止听力下降。

(3) 其他：积极治疗慢性疾病，如高血压、冠心病、高脂血症、糖尿病，减缓耳部血管的损伤。

(六)护理评价

判断患者听力提高或维持现有听力、焦虑减轻、情绪稳定、能进行正常的社交活动等护理目标是否达成，并及时调整护理措施。

 考点提示

老年颈腰椎病、骨关节炎的护理评估与护理措施。

（李　玲　卢佳璐）

第八节　老年人神经系统变化和常见疾病护理

一、老年人神经系统的解剖生理变化

神经系统是人体主要的调节系统，各器官、系统的功能都直接或间接处于神经系统的调节控制之下。随着年龄的增长，老年人的神经系统（特别是脑）在组织形态学和功能学方面发生一系列变化，这些变化必然伴随着神经系统乃至全身功能的降低；而且，越来越多的证据表明，脑老化与临床神经系统退行性疾病（如老年认知障碍和帕金森病）具有相互重叠的临床和神经病理特征，以及相似的病因和发病机制。

（一）脑

1. 形态学改变

（1）大体解剖：40岁以后，人脑的体积逐渐缩小，重量逐渐减轻，60岁后变化明显并开始出现脑萎缩，65岁以上老年人的脑重量较正常成人可减少5%～20%，认知障碍患者的脑重量减轻更加明显。脑的增龄性萎缩发生率为80%，表现为脑回变窄，脑沟加宽，脑室体积扩大。萎缩主要发生于大脑皮质，以额、颞和顶叶萎缩明显，基底节和丘脑的体积也有减小。蛛网膜有轻度的增厚，以脑底部明显。

（2）组织病理：随着年龄的增长，老年人的神经元数量减少，而神经胶质细胞数量增加，这是脑老化的基础。细胞学变化出现于40岁以后，老年期更为明显。脑重量的减轻主要因为脑运动神经元的数量减少，老年人每天大约丢失100个神经元，至70岁以后某些脑区皮质神经元可丧失30%～50%，运动皮质与黑质的运动神经元数量减少20%～50%，小脑浦肯野细胞数量下降25%。神经元形态结构同时发生一定改变，包括突触总数减少、突触密度减低、树突分支小棘脱失、神经细胞体进行性肿胀、胶质细胞增生等。脑组织病理学尚有其他退行性改变，包括脂褐素沉积、神经原纤维缠结、老年斑和淀粉样物沉积等。脂褐素沉积是由细胞器内多种不饱和脂肪酸的氧化与蛋白质和不饱和肽类聚合而成，可能与神经细胞的退化有关。神经原纤维缠结是神经原纤维发生融合、增粗、断裂或形成特征性缠结的结果。老年斑为大量变性的神经突起形成的嗜银性斑块，是神经原纤维缠结发展到晚期的产物，由τ蛋白过磷酸化及轴浆运输障碍导致递质及一些神经元成分聚集在受累的神经细胞内，使神经功能减低、丧失，甚至细胞破坏。在正常老年人脑组织中，海马CA1区的细胞最易发生神经原纤维缠结，其次为蓝斑和黑质，大脑皮质和基底节老年斑密度也随增龄而逐渐增多。

2. 机能学改变

（1）生化改变：①蛋白质和脂类方面，神经元特异蛋白随增龄而减少，其中脑桥、丘脑、尾状核和枕叶最明显，许多酶的活性也随增龄而降低，但神经原纤维缠结和老年斑内的异常蛋白质、细胞外的淀粉样蛋白质却逐渐增加。50岁以后总脂含量开始下降，不同脂类下降的速度不同，以鞘糖脂、半乳糖脑苷脂和硫酸酯丧失最多，60岁后髓鞘磷脂以一种相当恒定的速率下降。②分子遗传方面，神经元核内的DNA随增龄而递减，部分线粒体DNA缺损，RNA/DNA随增龄而升高，同时DNA结构和转录机制受损，导致神经元萎缩。③神经递质方面，递质随增龄而改变，表现为胆碱酯酶、胆碱受体、γ-氨基丁酸、5-羟色胺（5-HT）和儿茶酚胺水平降低，胆碱能神经纤维和纹状体系统多巴胺能神经纤维普遍退化。由于老年人脑合成多种神经递质的能力有所下降、递质间出现的不平衡，引起神经系统的衰老。脑内的多巴胺主要由黑质产生，沿黑质-纹状体投射系统分布，在纹状体贮存，其中以尾状核含量最多。黑质-纹状体多巴胺递质系统与震颤麻痹相关性很大，老年人脑的黑质-纹状体多巴胺减少，可导致肌肉运动障碍，表现为动作缓慢与震颤麻痹等。乙酰胆碱与记忆相关，其合成、释放减少可使突触后膜对钠、钾离子的通透性降低，引起记忆力减退。老年人因脑内蓝斑核合成和释放儿茶酚胺量的减少，导致睡眠不佳，精神淡漠，情绪抑郁，随增龄出现脑内 5-HT 含量减少，使老年人夜间睡眠时间缩短。

（2）代谢改变：正常老年人脑血流量逐渐下降可达 10%～30%，在发生动脉硬化和脑梗死等血管性疾病时下降更明显。脑代谢水平也相应降低，降低幅度与血流量下降相当。大脑血流速度变化一般不大。

（3）功能改变：神经元减少及神经递质变化导致老年人出现学习记忆功能下降、智能障碍、失眠、抑郁、躁狂、动作缓慢和震颤等功能改变症状。记忆衰退以短程记忆为主，长程记忆也需要较长的时间才可以回顾。老年人睡眠障碍常表现为早睡、不易入睡、熟睡期减少、早醒、白天嗜睡、易有睡眠呼吸暂停等。

（二）周围神经

1. 感觉系统　老年人感觉器官发生退行性改变，同时周围神经传导速度减慢，因而无论在特殊感觉还是一般感觉功能方面均有不同程度的降低。老年人视力和听力随增龄呈不同程度的下降，味觉和嗅觉功能也降低，50 岁以后逐渐明显，但 85 岁以上可相对稳定。随年龄增长，各种皮肤感受器逐渐丢失，皮肤感觉神经纤维分布减少，触觉、痛觉功能减退，但由于皮肤同时变薄，70 岁以后老年人的触觉相对较好。

2. 运动系统　老年人脊髓前角的 α 运动神经元减少，周围神经束结缔组织增生，神经纤维变性，对兴奋的传导速度减慢，同时对肌肉的营养减少，使肌肉变硬、失去弹性，静止性、运动性肌力均减弱且易疲劳。在运动中肌肉的耗氧量也减少，神经 - 肌肉的不应性增加。这些改变使老年人身体各部的运动受限，影响老年人总的工作、生活及对外界环境的适应能力。

3. 自主神经系统　老年人自主神经系统也发生增龄性变化，其中以温度调节和减压反射功能降低更为显著。由于体温调节功能降低，老年人对高温和低温的耐受性均较差，易出现中暑或低温损害。老年人压力感受器功能减退，易出现体位性低血压，由此导致晕厥的发生率增高。

二、脑卒中

案例 6-16

患者，男，70 岁，高血压病史 10 年，长期吸烟。患者 2 天前早晨起床时发现肢体活动无力，伴口角歪斜及语言不流畅，不伴意识障碍，当时前往当地医院就诊，行颅脑 CT 检查未见明显异常，医生怀疑"脑梗死"，给予抗血小板、降压等治疗，但患者肢体无力进行性加重。现查体：BP 180/100 mmHg，不全布罗卡（Broca）失语，右中枢性面舌瘫，右侧上下肢肌力 2 级，右巴宾斯基（Babinski）征阳性。

问题与思考：

（1）请分析患者在初步治疗后肢体无力进行性加重的可能原因。

（2）该患者的主要护理措施有哪些？

脑卒中（stroke）是指急性起病的由脑局部血液循环障碍所导致的神经功能缺损综合征，症状持续时间至少 24 小时，包括脑梗死（cerebral infarction，CI）、脑出血（intracerebral hemorrhage，ICH）、蛛网膜下腔出血（subarachnoid hemorrhage，SAH）等。脑卒中是脑血管病中最常见的类型，其中脑梗死和脑出血多见于老年人，而 SAH 在中青年人群中的发生率较高，为人类三大致死疾病之一。根据发病机制不同可将脑卒中分为出血性卒中和缺血性卒中两大类。脑卒中的发病率、致残率及死亡率均极高。近年来我国的流行病学资料表明，脑血管病分别列于城市和农村人口死因顺序的第一、二位，发病率和死亡率明显高于心血管病。

（一）护理评估

1. 健康史及相关因素

（1）健康史：了解老年人有无颈动脉狭窄、高血压、糖尿病、高脂血症、短暂性脑缺血发作（TIA）及脑卒中病史，有无脑血管病家族史，有无长期高盐、高脂饮食和烟酒嗜好，是否进行体育锻炼及性格如何。详细询问老年人是否遵医嘱正确服用抗高血压、降血糖、调血脂、抗凝血及抗血小板聚集药物，治疗效果和目前用药情况。了解老年人发病的时间、缓急及发病时的环境和所处的状态，有无头晕、肢体麻木等前驱症状，是否有肢体瘫痪、失语等局灶定位症状和体征，有无颅内压增高的症状。

（2）危险因素：脑卒中的危险因素分为可干预因素和不可干预因素两类，针对可干预因素采取措施，可减少脑血管病的发生。

1）不可干预因素：包括年龄、性别、性格、种族、遗传等。55岁以上人群发病率明显增加，年龄每增加10岁，发病率约增加1倍；男性发病率高于女性；父母双方有脑卒中史者脑卒中风险增加。

2）可干预因素：包括高血压、高脂血症、心脏病、糖尿病、高同型半胱氨酸血症、吸烟、酗酒、体力活动减少、高盐饮食、超重、感染等。其中高血压是脑卒中最重要的、独立的危险因素，收缩压、舒张压和平均血压增高都与脑卒中的发病呈正相关。糖尿病、吸烟、酗酒均为重要的危险因素。控制可干预因素是脑卒中一级预防的主要手段，也是脑卒中健康教育的重点。

（3）病因和发病机制　总的来说，老年人脑卒中的病因可分为血管壁病变、血液流变学及血液成分异常、心脏病和血流动力学异常等几类，但不同类型的脑卒中发病机制略有不同。

1）脑血栓形成：脑动脉粥样硬化为脑血栓形成最常见和基本的病因，常伴高血压。在脑动脉粥样硬化致血管狭窄的基础上，斑块内血管破裂形成血肿，或斑块纤维帽破裂形成栓子，或斑块脱落、动脉内膜炎致血管内皮损伤，均可引起血小板黏附、聚集，从而形成血栓及动脉管腔闭塞。脑血流中断后，其相应供血区的脑组织发生缺血、水肿、坏死、软化，3~4周后形成胶质瘢痕或中风囊。

2）脑栓塞：心源性的栓子为老年脑栓塞最常见病因。常见的心脏疾病有心房颤动、心脏瓣膜病、感染性心内膜炎、心肌梗死等。动脉粥样硬化斑块脱落也是其常见原因，栓子随血流进入颅内引起栓塞。

3）脑出血：最常见病因为高血压合并细、小动脉硬化。长期高血压可致脑细小动脉发生玻璃样变性、纤维素性坏死和管壁弹性减弱，在血流的冲击下形成微小动脉瘤，血压剧烈波动时微小动脉瘤破裂而导致出血。其他如血液病、血管畸形、脑淀粉样血管病也是脑出血的常见原因。脑出血后形成的血肿和周围脑组织水肿引起颅内压增高，脑组织受压移位而形成脑疝，这常是脑出血及其他脑卒中老年人死亡的直接原因。

4）蛛网膜下腔出血：主要由高血压引起的动脉硬化和动脉瘤所致，血液进入蛛网膜下隙，刺激脑膜，可引起脑血管痉挛和脑梗死。

2. 身体状况

（1）临床表现

1）起病情况：静态或动态发病，亚急性或急性进展性病程。脑血栓形成一般在安静状态下发病，起病缓慢，症状在10小时至1~2天达到高峰；脑出血常动态发病，数分钟至数小时达到高峰；脑栓塞发病最急，发病时间可以秒计算。

2）神经系统局灶定位症状和体征：包括肢体运动感觉障碍、失语、偏盲、共济失调等。脑梗死的局灶症状和体征符合脑血管供血区分布，脑出血取决于出血的部位和量；SAH 无定位体征或出现"假性"定位体征。①大脑中动脉主干闭塞：可出现意识障碍；对侧偏瘫、偏身感觉障碍；对侧同向性偏盲，可伴有双眼向病灶侧凝视；优势半球受累出现失语，非优势半球受累出现体像障碍；脑疝的出现可导致老年人死亡。②大脑前动脉主干闭塞：由于前交通支代偿，可无症状；可出现对侧偏瘫，下肢重于上肢，轻度感觉障碍，可伴有尿失禁、对侧强握反射、精神障碍等。③大脑后动脉主干闭塞：可出现对侧偏盲；同侧动眼神经麻痹、对侧中枢性面舌瘫及肢体瘫痪；对侧偏身深感觉障碍、自发性疼痛、感觉过度、轻偏瘫、共济失调、舞蹈-手足徐动、记忆及认知障碍等，优势半球受累可伴失语。④内囊、基底节部位的出血：典型症状为三偏体征（病灶对侧偏瘫、偏身感觉缺失和偏盲等），大量出血可出现意识障碍。

3）全脑症状：包括头痛、恶心、呕吐和意识障碍等，取决于病变的性质、部位和严重程度。SAH 患者一般头痛剧烈，脑膜刺激征阳性，但意识障碍相对较轻；脑出血患者意识障碍和头痛的程度相称；脑血栓形成患者头痛不明显，意识障碍较轻且出现较晚，但大面积或脑干梗死时例外；脑栓塞患者多会有一过性或持续意识障碍。

4）高血压：多数脑卒中患者会有不同程度的血压升高。其中脑出血患者常有明显的血压升高；脑血栓形成患者有不同程度的血压升高；脑栓塞和蛛网膜下腔出血由于病因不同，患者血压可升高或不升高。

四种脑卒中主要临床表现及鉴别见表 6-8。

表 6-8 四种脑卒中主要临床表现及鉴别

鉴别要点	脑血栓形成	脑栓塞	脑出血	蛛网膜下腔出血
发病人群	老年多见	青壮年多见	中老年多见	各年龄组，青壮年多见
常见病因	动脉粥样硬化	各种心脏病	高血压及动脉硬化	动脉瘤
TIA 史	较多见	少见	少见	无
起病状态	多在静态时	不定，由静态转动态时多见	多在动态时	多在动态时
起病缓急	较缓（以时、日计）	最急（以秒、分计）	急（以分、时计）	急骤（以分计）
意识障碍	无或轻度	少见、短暂	多见、持续	少见、短暂
头痛	多无	少有	多有	剧烈
呕吐	少见	少见	多见	最多见
血压	正常或增高	正常	明显增高	正常或增高
瞳孔	多正常	多正常	患侧有时增大	多正常
偏瘫	多见	多见	多见	无
脑膜刺激征	无	无	可有	明显

（2）并发症

1）脑疝：各类脑卒中导致脑水肿和颅内压增高，压迫脑组织并使其移位，形成脑疝。脑疝常是脑卒中死亡的直接原因。

2）急性胃黏膜病变：又称应激性溃疡。重症颅脑疾病老年人在应激状态下促肾上腺皮质激素（ACTH）、肾上腺皮质激素大量释放，胃酸分泌显著增多，同时交感神经兴奋使黏膜血管痉挛，胃黏膜缺血、缺氧，导致胃黏膜糜烂，形成溃疡，严重时出现消化道出血甚至穿孔。

3）其他并发症：脑卒中老年人长期卧床易出现肺部感染、压疮、泌尿系统感染、下肢静脉血栓形成等；因脑卒中而导致功能障碍的老年人易出现抑郁、焦虑等情绪障碍和心理问题。

（3）辅助检查

1）颅脑CT检查：最常用，为脑出血和SAH的首选检查，前者为边界清楚的高密度影，破或不破入脑室，后者为蛛网膜下腔内高密度影（图6-6）。脑梗死24小时内不显影，24小时后呈低密度影，早期检查有利于与出血相鉴别，但脑干、小脑梗死和小灶梗死难以检出。

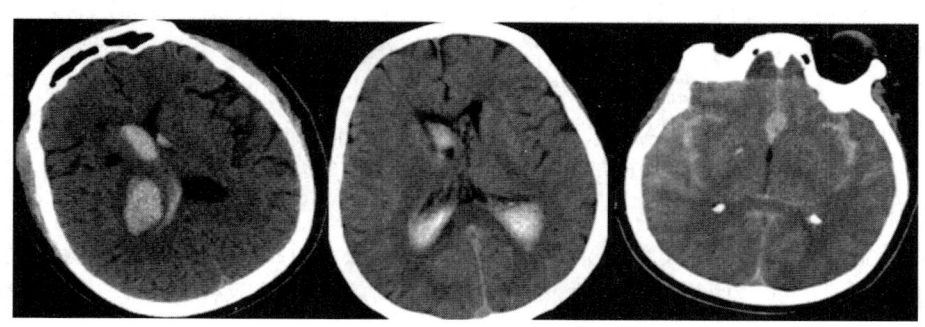

图6-6 脑卒中患者颅脑CT检查

丘脑出血破入脑室、脑室出血和蛛网膜下腔出血CT影像
分别呈现丘脑、脑室、蛛网膜下腔高密度影（自左向右）

2）MRI检查：对脑梗死的敏感性和特异性均很高，效果优于CT检查，对超早期病灶及脑干和小脑的病灶也可检出，但对急性出血的敏感性不如CT检查。

3）血管造影检查：数字减影血管造影（DSA）和磁共振血管造影（MRA）检查可以发现血管狭窄、闭塞、动脉炎、动脉瘤、动静脉畸形等血管病变，有利于明确出血的原因和部位，对SAH最具诊断价值。但要注意选择做DSA的时机（一般认为应在出血3天内或3周后）。

4）其他检查：脑多普勒超声（TCD）、心脏超声、脑脊液等检查根据病情均可选择应用。

3. 治疗原则　脑卒中老年人应收入卒中单元。缺血性脑卒中的治疗应遵循超早期、个体化和整体化的原则；出血性脑卒中的治疗原则为脱水降颅内压、防止继续出血、减轻血肿所致继发性损害、促进神经功能恢复和防治并发症。

（1）一般治疗

1）卧床休息：脑出血老年人应绝对卧床2～3周，保持环境安静，减少探视；SAH绝对卧床4～6周；脑梗死老年人急性期也应避免剧烈活动，特别是脑栓塞的老年人，卧床休息可降低新栓子脱落的概率。

2）调整血压：脑卒中急性期应维持老年人血压于较平时稍高的水平，以保证脑灌注。一般来说脑梗死老年人收缩压＞220 mmHg或舒张压＞120 mmHg或平均动脉压＞130 mmHg时才给予降压治疗；对于出血性脑卒中，当血压≥200/110 mmHg时应采取降压治疗，使血压维持在略高于发病前水平或180/105 mmHg左右；血压过低时可进行扩容或应用多巴胺、间羟胺等升压药。

3）吸氧和监护：对于病情较重及意识不清者行心电综合监护并给予吸氧。对于血氧降低、舌根后坠、通气障碍、呼吸困难者必要时可行气管插管、气管切开及机械通气。

4）其他治疗：调整血糖、维持水和电解质平衡、防治肺部感染及急性胃黏膜病变等并发症。

（2）药物治疗

1）抗凝血药和溶栓药：适用于缺血性脑卒中患者。抗凝血药对防止梗死的复发、阻止病情恶化和改善预后有作用,同时可预防肺栓塞和下肢深静脉血栓形成,常用药物有阿司匹林、氯吡格雷、低分子肝素、华法林等。溶栓药仅适用于脑梗死超早期(发病<6小时),可挽救缺血半暗带,常用药物有阿替普酶(rt-PA)、尿激酶等,注意药物选择的适应证和应用的禁忌证。

2)脱水药:可减轻脑水肿。当患者有明显的头痛、呕吐、意识障碍等颅内压增高的征象时,可应用20%甘露醇125~250 ml快速静脉滴注,每6~8小时1次。心、肾功能不全者也可改用或合并应用呋塞米。10%复方甘油、清蛋白也可应用。

3)降低脑损伤药:脑保护药胞磷胆碱、钙通道阻滞药尼莫地平、自由基清除药依达拉奉、脑蛋白水解物等均可能降低脑损伤。SAH患者应用尼莫地平可防止脑血管痉挛,可于急性期持续静脉应用。

4)止血药:抗纤维蛋白溶解药6-氨基己酸、氨甲苯酸可抑制纤溶酶形成,防止动脉瘤周围血块溶解而再出血,可用于SAH患者,但对于高血压所致脑出血无效。

5)其他药物:某些中药制剂可能对改善脑供血、减轻脑损伤或增强脑功能有一定的效果,可选择性应用。

(3)亚低温治疗:局部亚低温是治疗脑卒中的新方法,可减轻脑水肿,降低脑代谢,减少自由基的生成,促进神经功能恢复,改善脑卒中患者预后,无明显不良反应,在脑出血和脑梗死早期应用效果更好。

(4)外科或介入治疗:各类脑卒中,如病情较重内科保守治疗无效,或通过血管造影明确责任血管及病变性质后,均可根据情况选择外科手术或介入的方式治疗,以达到降低死亡率、减少复发和改善预后的目的。

4. 心理和社会支持状况 患者因突然发生肢体残疾或瘫痪卧床,生活需要依赖他人,易产生焦虑、恐惧、绝望等心理问题,进而影响疾病的康复和生活质量。患者及家属对疾病的病因、诱因、治疗与护理经过、防治知识及预后的认知程度不足可影响治疗。患者经济状况及家属对患者的关心支持不足可加重患者的不良情绪。

(二)常见护理诊断及医护合作问题

1. 躯体活动障碍 与运动中枢损害致肢体瘫痪有关。
2. 语言沟通障碍 与语言中枢损害有关。
3. 吞咽障碍 与意识障碍或延髓麻痹有关。
4. 潜在并发症 脑疝、急性胃黏膜病变、肺部感染、压疮等。

(三)护理目标

患者能掌握肢体功能锻炼的方法,并主动配合进行肢体功能的康复训练,躯体活动能力逐步增强;能采取有效的沟通方式表达自己的需求,能掌握语言训练的方法并能主动配合康复活动,语言表达能力逐步增强;能掌握恰当的进食方法,并主动配合进行吞咽功能训练,营养需求得到满足,吞咽功能逐渐恢复;配合药物治疗和护理,避免并发症的发生。

(四)护理措施

1. 一般护理

(1)休息与安全:患者在脑梗死急性期应限制活动,并在照顾者的帮助下进行。脑出血绝对卧床2~3周,SAH绝对卧床4~6周,并且保持环境安静,减少探视,杜绝一切不必要的活动,避免各种引起颅内压增高的因素,如剧烈咳嗽、打喷嚏、用力排便。昏迷患者取平卧位头偏向一侧或侧卧位,及时清除口腔和鼻腔内分泌物,注意偏瘫肢体功能位的摆放,并每1~2小时翻身一次。

(2)饮食护理:出血性脑卒中和吞咽困难者应进食高蛋白、高维生素、清淡、易消化、营养丰富的流质或半流质饮食,补充足够的水分和热量。进食时注意采取适当的体位和吞咽方法。对于昏迷或有吞咽障碍者，发病第 2～3 天给予鼻饲饮食。食物应无刺激性，温度适宜，少量多餐。

2. 病情观察及护理　部分老年人在脑卒中发生前有前期症状，如头晕、肢体麻木，应仔细询问并及早发现前期症状，与医生配合做出及时处理。注意检查和询问老年人脑卒中典型的症状和体征，如偏瘫、失语、口角歪斜，以及意识障碍、剧烈头痛、喷射状呕吐和脑膜刺激征等全脑症状。观察老人生命体征是否稳定，以及有无肺内感染、压疮、急性胃黏膜病变、脑疝、水和电解质紊乱等并发症。与医生配合，正确选择、应用并分析辅助检查的结果，明确诊断，及时发现并发症并正确治疗。注意观察脱水药、抗凝血药等的应用情况及不良反应。

3. 心理护理　及时发现老年患者可能存在的心理问题，关心、尊重患者，鼓励其表达自己的感受，避免任何刺激和伤害患者的言行，多与患者和家属沟通，耐心解答患者和家属提出的问题，解除其思想顾虑。鼓励患者和家属主动参与治疗和护理活动。

4. 康复护理　康复功能训练主要包括语言功能训练、运动功能训练及协调能力训练。

（1）语言功能训练：在帮助老年患者进行语言功能训练时，护理人员应仔细倾听，善于猜测询问，为患者提供述说熟悉的人或事的机会，并鼓励家属多与患者交流。在进行感觉性语言功能障碍的训练时，可运用视觉逻辑和手势提示，例如，教患者说"吃饭"，训练者拿筷子以吃饭的动作多次示范，患者很快会理解"吃饭"的意思；对于运动性失语的训练要像教小孩说话一样从学发音开始，由简单到复杂，如先训练喉部发"啊、喔"等音，再说常用的单字如"吃、喝"，再到"吃饭、喝水"等词语。

（2）运动功能训练：应循序渐进，对肢体瘫痪的老年患者在康复早期即开始做关节的被动运动，病情稳定后，可进行床上翻身、抬臀、坐立等训练，以后应尽早在协助下开始下床活动，先借助平行杠练习站立、转身，后逐渐借助拐杖或助行器练习行走。

（3）协调能力训练：主要是训练肢体活动的协调性，先集中训练近端肌肉的控制力，后训练远端肌肉的控制力，训练时要注意保证患者的安全。

（五）健康教育

1. 疾病预防指导　对有脑卒中危险因素者，鼓励营养均衡的低盐、低脂的清淡饮食，戒烟、限酒；规律用药，控制血压、血糖、血脂于合理水平；改变不良生活方式，适度体育锻炼，避免剧烈活动；有 TIA 发作史者应坚持服用抗血小板药，避免突然转动颈部。

2. 疾病知识指导　告知患者和家属疾病的基本病因、主要危险因素、早期症状、主要症状和体征、防治原则、病情发展变化和可能的并发症，指导患者正确用药，定期复查。

3. 康复指导　教会患者和家属自我护理的方法和康复训练技巧，帮助其分析和消除不利于康复的因素，落实康复计划，并与康复师保持联系，以根据康复情况及时调整康复训练计划。

（六）护理评价

判断患者掌握肢体功能锻炼的方法、通过非语言沟通表达自己的需求、主动进行语言表达能力康复训练等护理目标是否达成，并及时调整护理措施。

三、老年认知障碍

案例 6-17

患者，女，81 岁，中专学历，记忆力减退 3 年，有高血压、糖尿病史。3 年前患者出现精神不振，不愿意说话，记忆力减退，对新近发生的事容易遗忘，如记不起刚刚吃的什么饭，逐渐发展为出门后不认路，曾多次走失，常常自己不知如何穿衣服，计算不能，常走动不停。医生给患者进行了 MMSE 量表测试，结果为 17 分；MRI 检查显示脑皮质萎缩明显，特别是海马及内侧颞叶。根据患者的症状及检查结果，医生初步诊断为阿尔茨海默病。

患者生活不能自理，随时需要人照料，这限制了其子女的活动；子女与患者沟通困难，给子女带来了巨大的压力，严重影响了子女的生活和工作。患者子女表示希望能带患者参加康复训练。

问题与思考：
（1）该患者的护理问题有哪些？
（2）综合考虑应给予该患者怎样的护理？

老年认知障碍（elderly cognitive impairment）是指发生在老年期，由大脑退行性改变、脑血管病变、脑外伤等各种病因所致的以认知和记忆障碍为主要临床表现的一组疾病，主要包括阿尔茨海默病（Alzheimer disease，AD）、血管性认知障碍（vascular dementia，VD）、混合性认知障碍和其他类型认知障碍。其中以 AD 和 VD 常见，前者约占全部认知障碍的 50%，后者占 15%～20%。老年认知障碍是老年人群中危害甚大的疾病之一，在美国，AD 已成为仅次于心脏病、恶性肿瘤和脑卒中的第四大导致死亡的疾病。我国流行病学调查表明，老年认知障碍的患病率在 65 岁以上人群中平均为 6.6%。AD 患病率每 5 年约增长 1 倍，如 70～75 岁患病率约为 5.3%，75～80 岁为 11%，80 岁以上高达 22%。我国目前正面临着人口史上最大规模的老年人口增长，最新研究显示，我国 60 岁及 60 岁以上老年人中约有 1500 万人患有老年认知障碍，其中 AD 患者已达 1000 万人，2040 年达 2250 万人。老年认知障碍给老年人及家庭带来痛苦和不幸，极大地增加了社会负担，已引起广泛关注，特别是 AD 和 VD 已成为目前研究的热点。

知识链接

认 知 障 碍

认知障碍是指与学习、记忆及思维判断有关的大脑高级智能加工过程出现异常。日本将老年认知障碍称为认知症。2015 年 1 月 7 日，日本政府公开"认知症国家战略"，其目标是"让认知症患者受到尊重，能在已经习惯的环境中独立生活"。具体措施有：在学校教育中添加课程，加强年轻人对认知症患者的认识；在全国范围内开展活动，帮助认知症患者掌握自我表达能力。同时，政府将制定重视认知症患者及家属意愿的相关政策。

阿尔茨海默病（Alzheimer disease，AD），即狭义上的老年认知障碍，是一种原发性、进行性发展的致死性神经退行性疾病，临床表现为认知和记忆功能不断恶化，日常生活活动能力逐渐下降，并有各种神经精神症状和行为障碍。目前，AD 的具体病因尚未明确。AD 发病多在老年期，且随年龄增长其发病率逐渐增高。在神经细胞之间形成大量以沉积的 β 淀粉样蛋白（amyloid β-protein，Aβ）为核心的老年斑（senile plaques，SP）和神经细胞内存在神经原纤维缠结（neurofibrillary tangles，NFT）是 AD 最显著的组织病理学特征。

血管性认知障碍（vascular dementia，VD）是指由各种脑血管病导致脑循环障碍后引发的脑功能降低所致的认知障碍，多在 70 岁以后发病，男性、高血压和（或）糖尿病患者、大量吸烟及饮酒者发病率更高，常有急性脑卒中反复发作史。有效控制脑卒中的危险因素并预防其急性发作可减慢认知障碍发展的速度。

（一）护理评估
1. 健康史及相关因素
（1）健康史
1）询问患者有无脑外伤、冠心病、糖尿病、高血压及脑卒中病史。

2）询问患者有无吸烟、饮酒等不良嗜好和文化程度。

3）询问患者有无家族性阿尔茨海默病（familial Alzheimer disease，FAD）病史，特别是早发FAD病史。

（2）病因及发病机制：老年认知障碍根据病因可分为以下四类。

1）阿尔茨海默病：发病因素复杂，病因尚不明确，可能的致病因素如下。①遗传：部分AD呈家族性分布，已有证据表明某些基因或基因突变与AD相关，如65%～75%散发AD及晚发家族性AD（FAD）与第19号染色体ApoEε4（载脂蛋白Eε4）基因有关，而早发FAD与第1、第14、第21号染色体存在基因异常有关。②中枢胆碱能损伤：胆碱能神经递质是脑组织中重要的化学物质。发生AD时基底前脑区的胆碱能神经元减少，导致乙酰胆碱（ACh）合成、储存和释放减少，进而引起记忆和识别功能障碍为主的一系列临床表现。这一改变已被组织学所证实，但缺乏特异性。③兴奋性氨基酸毒性学说：谷氨酸及其受体参与了神经元的兴奋性突触传递，调节多种形式的学习和记忆过程。兴奋性氨基酸尤其是谷氨酸的兴奋性神经毒性作用可通过一系列的过程导致神经元死亡，在AD发生中的作用越来越受到关注。④炎症及免疫机制：在老年斑的淀粉样蛋白原纤维中发现有免疫球蛋白存在，其引起的炎症反应可能是AD的发病机制之一。⑤其他可能的因素：有慢性病毒感染、铝的蓄积、高龄、文化程度低等。

2）血管性认知障碍：在高血压、糖尿病、高脂血症、吸烟、高龄等基础疾病和危险因素的基础上出现脑血管病变，脑高级功能受损。

3）混合性认知障碍：为上述两种认知障碍的混合表现。

4）其他类型认知障碍：如大脑炎症、血管病、肿瘤、内分泌、外伤等原因引起的认知障碍。

（3）组织病理：由不同原因引起的认知障碍其脑组织病理学改变不同，其中AD的主要改变如下。

1）肉眼观察：AD脑标本肉眼观察变异很大，可呈弥漫性或局限性、对称性或非对称性、明显或不明显的大脑萎缩，以额叶和颞叶更为明显，表现为脑回变小、脑沟变宽、侧脑室及第三脑室对称性扩大。

2）组织病理：AD的神经组织学病变为复合性表现，镜下可见皮质神经元广泛脱失，以基底节和海马最明显，残存神经元树突减少，胶质细胞增生及继发性脱髓鞘。发生在额叶、颞叶、海马、杏仁核的老年斑和神经原纤维缠结被认为是AD的金指标。其特征性的病理改变为：①老年斑，散在于大脑皮质的病变部位，以神经轴突纤维围绕着淀粉样蛋白为核心所组成，其数目与认知障碍的程度呈正比。②神经原纤维缠结，可见于病变部位的神经元细胞质内，为粗的索状银染色物质，呈环状、盘状和缠结状，电镜下可见其由双股盘绕的细丝组成。③神经元颗粒空泡变性，在大脑两侧对称性分布，常见于海马锥体细胞层。④血管淀粉样变性，部分患者可见用刚果红染色的血管壁有淀粉样蛋白沉积（图6-7）。

2. 身体状况　AD根据病情演变，一般分为以下三期。

第一期（遗忘期，早期）：①首发症状为记忆减退，尤其是近期记忆减退，不能学习和保留新信息。②语言能力下降，找不出合适的词汇表达思维内容，甚至出现孤立性失语。③空间定向不良，易于迷路。④抽象思维和恰当判断能力受损；⑤情绪不稳，情感可较幼稚，或呈儿童样欣快，情绪易激惹，出现偏执、急躁、缺乏耐心、易怒等；⑥人格改变，如主动性减少、活动减少、孤僻、自私、对周围环境兴趣减少、对人缺乏热情、敏感多疑。该期病程可持续1～3年。

第二期（混乱期，中期）：①完全不能学习和回忆新信息，远事记忆力受损但未完全丧失。②注意力不集中。③定向力进一步丧失，常去向不明或迷路，并出现失语、失用、失认、失

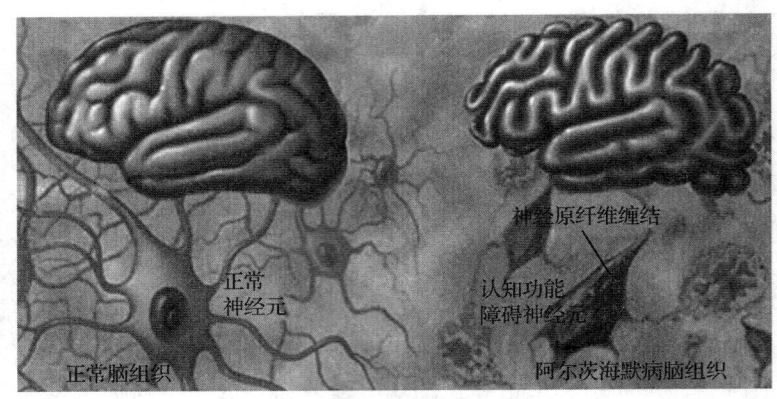

图 6-7　正常脑组织与阿尔茨海默病脑组织模式图

写、失计算。④日常生活活动能力下降，如洗漱、梳头、进食、穿衣、排尿、排便等需别人协助；⑤人格进一步改变，如兴趣更加狭窄，对人冷漠，甚至对亲人漠不关心，言语粗俗，无故打骂家人，缺乏羞耻感和伦理感，行为不顾社会规范，不修边幅，不知整洁，将他人之物据为己有，争吃抢喝类似孩童，随地排尿、排便，甚至出现本能活动亢进，当众裸体；⑥行为紊乱，如精神恍惚，无目的翻箱倒柜，爱藏废物并将其视作珍宝、怕被盗窃，无目的徘徊，出现攻击行为等，也有动作日渐减少、端坐一隅、呆若木鸡者。本期是 AD 护理照管中最困难的时期，该期多在起病后的 2～10 年。

第三期（极度认知障碍期，晚期）：①生活完全不能自理，尿失禁、大便失禁。②智能趋于丧失。③无自主运动，缄默不语，成为植物人状态。患者常因吸入性肺炎等并发症而死亡。该期多在发病后的 8～12 年。

各种原因引起的老年认知障碍在临床上均有记忆障碍和精神症状的表现，但不同原因引起的认知障碍又各有自身的特点。VD 的临床表现除了记忆障碍及精神症状外，还有脑损害的局灶性神经精神症状，如偏瘫、感觉丧失、视野缺损，并且 VD 的这些临床表现与病损部位、大小及发作次数关系密切。AD 与 VD 的区别见表 6-9。

表 6-9　阿尔茨海默病（AD）与血管性认知障碍（VD）的区别

内容	阿尔茨海默病	血管性认知障碍
起病	隐渐	较急，发作性的，患者有高血压史
病程	进行性缓慢发展	波动或阶梯式恶化
早期症状	近记忆障碍	脑衰弱综合征
认知功能	可出现全面障碍	有一定的自知力
人格	常有改变	保持良好
精神症状	情感淡漠或欣快	情感脆弱
神经系统症状和体征	早期多无局限性体征	存在局限性症状和体征
脑影像学	弥漫性脑皮质萎缩	多发梗死、腔隙或软化灶

3. 心理和社会支持状况

（1）心理方面：老年认知障碍患者大多数时间被限制在家里，常感到孤独、寂寞、羞愧、抑郁，甚至有自杀行为。

（2）社会方面：认知障碍患者患病时间长，有自理缺陷、人格障碍，需家属付出大量时间和精力进行照顾，常给家属带来很大的烦恼，也给社会增添了负担，尤其是付出与效果不成正比时，有些家属会失去信心，甚至冷落、嫌弃患者。

4. 辅助检查

（1）CT和MRI检查：对于AD患者，CT或MRI显示有脑萎缩，且进行性加重，MRI更清晰、更敏感，且能测量整个颞叶或海马、杏仁核等结构的体积，对AD的早期诊断有意义。对于VD患者，CT或MRI检查发现有多发性脑梗死，或多发性腔隙性脑梗死，多位于丘脑及额颞叶，或有皮质下动脉硬化性脑病表现。

（2）核医学检查：单光子发射计算机断层显像（SPECT）和正电子发射断层显像（PET）可检测脑血流灌注量和葡萄糖利用率，对诊断神经细胞坏死、变性有较大的价值，可用于认知障碍的诊断。

（3）脑电图检查：患者脑电图可表现正常或呈非特异性的弥漫性慢波，α波节律变慢、波幅降低，严重时甚至消失。其变化的程度与患者智能的损害程度之间具有相关关系。

（4）量表测验：MMSE、长谷川认知障碍量表可用于筛查认知障碍；韦氏记忆量表和临床记忆量表可测查记忆；韦氏成人智力量表可进行智力测查。利用Hachinski缺血量表（表6-10）可对AD和VD进行鉴别。

表6-10 Hachinski缺血量表

临床表现	分数	临床表现	分数
1. 突然起病	2	8. 情感脆弱	1
2. 病情逐步恶化	1	9. 高血压病史	1
3. 病程有波动	2	10. 卒中发作史	2
4. 夜间意识模糊明显	1	11. 合并动脉硬化	2
5. 人格相对保存完整	1	12. 神经系统局限性症状	2
6. 情绪低落	1	13. 神经系统局限性体征	2
7. 躯体性不适的主诉	1		

评定标准：满分为18分，≤4分为AD，≥7分为VD

（二）常见护理诊断及医护合作问题

1. 记忆受损　与记忆进行性减退有关。
2. 自理缺陷　与认知行为障碍有关。
3. 语言沟通障碍　与思维障碍有关。
4. 照顾者角色紧张　与患者病情严重和病程的不可预测及照顾者照料知识欠缺、身心疲惫有关。

（三）护理目标

患者能最大限度地保持记忆力；日常生活自理能力提高，能较好地发挥残存功能，生活质量得以提高；能用简短文字或其他方式有效地表达基本需要，保持沟通能力；家庭能应对照顾认知障碍老人。

（四）护理措施

1. 一般护理

（1）日常生活护理

1）穿着：衣服应简单实用，便于穿着，内衣宽松，充分考虑患者的自理能力。

2）睡眠：患者要养成良好的睡眠习惯，避免白天睡得过多，照顾者的轻声安慰、适当陪伴有助患者入睡。

3）自我照顾能力训练：对于轻、中度认知障碍患者，应尽可能给予自我照顾的机会，并进行生活技能训练，鼓励并赞扬其尽量自理的行为。

4）专人护理：患者完全不能自理时应有专人护理。注意协助患者定时翻身和给予患者营养补充，防止感染等并发症的发生。

（2）饮食护理

1）定时进食，最好是与他人一起进食。

2）如果患者不停地想吃东西，可以把用过的餐具放入洗涤盆，以提醒患者在不久前才进餐完毕。

3）如果患者偏食，注意是否有足够的营养。

4）允许患者用手拿取食物，进餐前协助清洁双手，也可使用一些特别设计的碗筷，以减低患者使用的困难。

5）给患者逐一解释进食的步骤，并做示范，必要时予以喂食。

6）食物要简单、软滑，最好切成小块。

7）将固体和液体食物分开，以免患者进食时不加咀嚼就把食物吞下而可能导致窒息。

8）义齿必须安装正确并每天清洗。

9）每天安排数次喝水时间，并注意水不可过热。

（3）安全护理

1）居家护理：提供较为固定的生活环境，尽可能避免搬家。应将患者的日常生活用品放在其看得见或找得着的地方，减少室内物品位置的变动。地面应防滑，以防患者跌伤骨折。患者洗澡、喝水时注意水温不能太高，热水瓶应放在不易碰撞之处，以防烫伤患者。不要让患者单独承担家务，以免发生煤气中毒，或因缺乏应急能力而导致烧伤、火灾等意外。有毒、有害物品应放入加锁的柜中，以免患者误服或误伤患者。

2）外出管理：患者外出时最好有人陪同或佩戴写有患者姓名和电话的卡片或手镯，以助于迷路时被人送回。尽量减少患者的单独行动，当患者要到一个新地方时，最好能有他人陪同，直至患者熟悉了新的环境和路途。

2. 病情观察及护理　老年认知障碍早期表现特征性不强，注意询问或观察早期常出现的不典型症状，如轻度记忆减退、偶尔的迷路、情绪和人格的改变，从而早发现、早治疗。老年认知障碍的治疗常常用到一些药物，并以口服为主，照料老年认知障碍患者服药时应注意以下几点：患者常忘记吃药、吃错药、重复吃药或拒绝吃药，所以患者服药时必须有人在旁陪伴，耐心解释说服患者，帮助患者将药全部服下；采用适当的方式服药，如对于吞咽困难的患者，最好将药物研碎后溶于水中服用，昏迷的患者由胃管注入药物；要细心观察患者有何不良反应，及时报告医生，调整给药方案；对伴有抑郁症、幻觉和自杀倾向的认知障碍患者应做好药品管理。

3. 对症护理　重在预防，早期发现，早期诊治，积极治疗已知的血管病变和防止卒中危险因素，防止并发症。

（1）一般治疗

1）积极控制老年认知障碍的危险因素，预防和治疗脑卒中，包括戒烟控酒、严格控制血压和血糖，以及进行适度的体育锻炼等。

2）摄入富含卵磷脂、维生素 A、维生素 E、锌、硒等的食物，限制铝的摄入。

（2）药物治疗　AD 药物治疗原则是治疗行为异常，控制基本症状，缓解认知障碍进展速度,延缓 AD 的发生。

1)与神经递质有关的药物:①拟胆碱药。在中枢神经系统内,乙酰胆碱是促进学习记忆的神经递质,胆碱酯酶抑制药可阻断乙酰胆碱的降解,间接提高乙酰胆碱的浓度,改善记忆力,是此类药物中应用最多的药物,常用的有他克林、多奈哌齐、石杉碱甲、加兰他敏等。② N- 甲基 -D- 天冬氨酸(NMDA)受体阻断药。AD 的发生与 NMDA 受体的激活有关,美金刚是一种中度亲和性、非竞争性 NMDA 受体阻断药,具有抗谷氨酸诱导的神经毒性作用。

2)脑细胞代谢激活药:该类药物可通过增强神经传导、调节离子流、影响载体介导的离子转运等机制改善脑细胞的代谢,增强其功能。常用的药物有吡拉西坦、脑蛋白水解物等。

3)脑血液循环促进药:VD 由脑血液循环障碍引起,AD 的发生与发展与脑血液循环障碍相关,此类药物通过减少血流阻力、提高血氧浓度等方式发挥作用,常用的有麦角碱类和阿米三嗪等。

4)其他药物:钙通道阻滞药、神经营养因子、抗氧化剂、雌激素、某些中药等也可能对此病有一定的作用。

(3)其他治疗

1)3R 智力激发

1R:往事回忆——用过去事件和相关物体通过回忆激发记忆。

2R:实物定位——患者对于与其有关的时间、地点、人物、环境的记忆。

3R:再激发——通过讨论、思考和推论激发患者的智力和认知能力。

2)球体涂色法:将直径 20 cm 的圆球用曲线划成 6 个区,涂红、黄、蓝三种颜色,不能将相邻的两个或几个区均涂成一种颜色,不限时间。

3)血管弱激光照射法:He-Ne 激光(λ=632.8 nm)输出 ≤ 5 mV,通常 1.0~2.5 mV,照射治疗后可改善由衰老所致的多系统失调,使神经递质、生物胺类及受体功能得以恢复。

> **知识链接**
>
> **老年认知障碍的人性化护理模式**
>
> 绿色照料农场的理念继承于 20 世纪 80 年代以来对现代医疗建筑环境的反思,是人本主义色彩下疗愈景观的拓展和延续。截至 2015 年,以日间服务为主的照料农场在欧洲迅速发展。荷兰在该领域的研究实践领先于其他国家,有 250 家照料农场专为老年认知障碍患者提供服务,已成为传统护理院体系的重要替代与补充。
>
> 与传统护理院、小型养老设施相比,绿色照料农场从丰富环境属性、生活质量提升与人性尊严维护等方面对认知障碍老年人的户外环境设计进行精细化思考。绿色照料农场的特殊优势,如家庭化组织、熟悉环境、健康饮食、自然活动、自主激发与剩余能力发挥,无论对我国养老机构还是适老化社区环境改造与提升均具有借鉴意义。

4. 心理护理

(1)关心、开导老年人:鼓励家人多陪伴、关心、安慰、支持老年人,给予老年人各方面有必要的帮助,多陪老年人外出散步或参加一些学习和力所能及的社会、家庭活动,使之去除孤独、寂寞感,感到家庭的温馨和生活的快乐。

(2)维护老年人的自尊:注意尊重老年人的人格,使用简单、直接、形象的语言,多鼓励、赞赏、肯定老年人在自理和适应方面做出的任何努力。要有足够的耐心,态度温和,周到体贴,不厌其烦,积极主动地去关心照顾老年人,以实际行动温暖老年人的心灵。

(3)照顾者的支持指导 注意教会照顾者和家属自我放松方法,合理休息,学会寻找社会资源的支持，减轻自身压力。

> **知识链接**
>
> **阿尔茨海默病预防与干预核心信息**
>
> 1. 形成健康生活方式　培养运动习惯和兴趣爱好，健康饮食，戒烟限酒，多学习，多用脑，多参加社交活动，保持乐观的心态，避免与社会隔离。
>
> 2. 降低患病风险　中年肥胖、高血压、糖尿病、脑卒中、抑郁症、听力损失、有认知障碍症家族史者，更应当控制体重，矫正听力，保持健康血压、胆固醇和血糖水平。
>
> 3. 知晓阿尔茨海默病早期迹象　包括很快忘掉刚刚发生的事情，完成原本熟悉的事务变得困难，对所处的时间、地点判断混乱，说话、书写困难，变得不爱社交，对原来的爱好失去兴趣，性格或行为出现变化等。
>
> 4. 及时就医　老年人若出现阿尔茨海默病早期迹象，家人应当及时陪同到综合医院的老年病科、神经内科、精神科、心理科、记忆门诊或精神卫生专科医院就诊。
>
> 5. 积极治疗　药物治疗和非药物治疗可以帮助患者改善认知功能，减少并发症，提高生活质量，减轻照护人员负担。可在专业人员指导下，开展感官刺激、身体和智能锻炼、音乐疗法、环境疗法等非药物治疗。
>
> 6. 做好家庭照护　家人掌握沟通技巧、照护技能及不良情绪的调适方法，在日常生活中协助而不包办，有助于维持患者现有功能。应当为患者提供安全的生活环境，佩戴防走失设备，预防伤害，防止走失。
>
> 7. 维护患者的尊严与基本权利　注重情感支持，不伤其自尊心，沟通时态度和蔼，不轻易否定其要求。尊重患者，在保障安全的前提下，尽可能给予患者自主自由。
>
> 8. 关爱照护人员　患者的照护人员身心压力大，要向照护人员提供专业照护培训和支持服务，维护照护人员身心健康。
>
> 9. 营造友善的社会氛围　加强社会宣传，减少对患者的歧视，关爱患者及其家庭，建设友好的社会环境。

（五）健康教育

1. **大力开展科普宣传**　普及有关老年认知障碍的预防知识和早期症状即轻度认知障碍和记忆障碍知识，让公众掌握对早期认知障碍症状的识别，重视对认知障碍前期的及时发现。

2. **普及健康用脑知识**　预防老年认知障碍要从中年开始做起，合理用脑、劳逸结合，培养广泛的兴趣爱好；多吃富含锌、锰、硒、锗类的健脑食物，如海产品、贝壳类、鱼类、乳类、豆类、坚果类，适当补充维生素E，戒烟限酒，尽量不用铝制炊具；积极防治高血压、脑血管病、糖尿病等慢性病。

3. **采用综合措施**　让患者家属明白AD是一种慢性进展性疾病，现有的治疗措施均不能逆转其发展，只有坚持应用药物及综合护理治疗措施，才能达到最佳效果。

（六）护理评价

在经过预防、治疗和护理干预过程始终，观察判断老年人的认知能力有所提高、能最大限度地保持社交能力和日常生活自理能力、生活质量有所提高等护理目标是否达成，并及时调整护理措施。

四、帕金森病

案例 6-18

患者，男，70 岁，6 年前出现右上肢震颤，呈静止性，逐渐出现右下肢、左下肢震颤。2 年前患者出现行动迟缓，行走时小碎步，诊断为帕金森病，口服多巴丝肼治疗，近 3 个月日服 2 次，每次 250 mg，每次服药后症状减轻，但一天内症状反复，特别是下次服药前不适明显。

问题与思考：
（1）该老年患者主要的护理问题是什么？依据是什么？
（2）请列出针对该老年患者的护理方案。

帕金森病（Parkinson disease，PD）又称震颤麻痹，是一种老年人常见的神经系统变性疾病。主要表现为静止性震颤、运动迟缓、肌强直和姿势、步态异常。帕金森病的起病年龄平均为 55 岁，随年龄增长其发病率增高。国内资料显示 65 岁以上人群帕金森病患病率为 1700/10 万，其中 40%～70% 未诊断，患病人群中男性略多于女性。帕金森病的典型病理特点是黑质和蓝斑核含黑色素多巴胺（DA）能神经元进行性大量丧失（50%～70%），残留的黑质 DA 能神经元细胞质内出现嗜酸性包涵体（路易体，Lewy body）。在纹状体系统内多巴胺是抑制性神经递质（图 6-8），而乙酰胆碱是兴奋性递质，正常情况下二者之间保持着动态平衡，当多巴胺减少时，乙酰胆碱兴奋性相对增加，导致机体出现帕金森病症状。

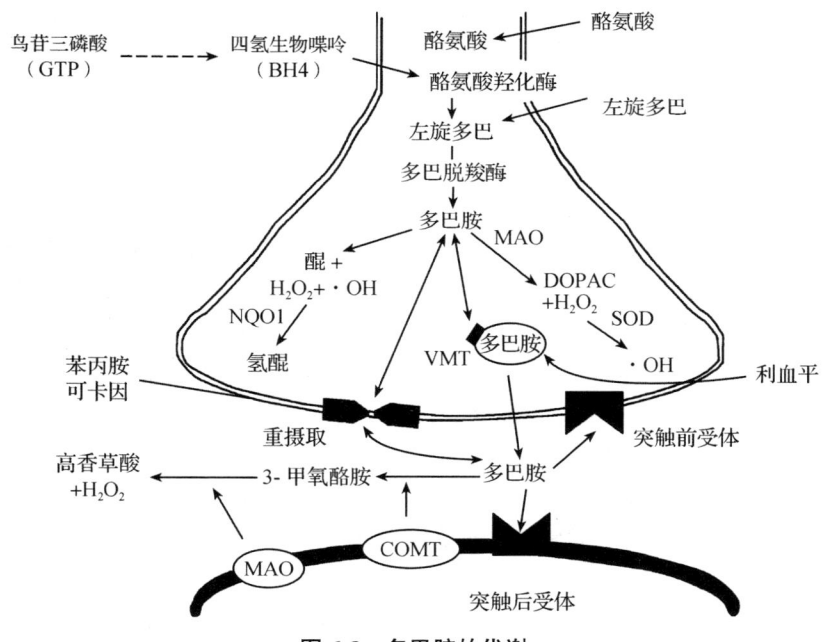

图 6-8 多巴胺的代谢

MAO：单胺氧化酶；COMT：儿茶酚胺-O-甲基转移酶；SOD：超氧化物歧化酶；DOPAC：3,4-二羟基苯乙酸；NQO1：醌氧化还原酶；VMT：囊泡单胺转运体

（一）护理评估

1. 高危因素

（1）年龄：30 岁后，随年龄增长，黑质多巴胺能神经元减少，纹状体多巴胺递质水平下降；同时，帕金森病在中老年时才出现，并随年龄增长发病率增高，提示年龄与帕金森病相

关。但年龄增长并非帕金森病发生的唯一原因，在 80～90 岁年龄组人群中发病率反而有所降低。

（2）环境：流行病学调查显示，长期接触杀虫剂、除草剂、某些工业化学品等可能与帕金森病的发生相关。有研究者用嗜神经毒 1-甲基-4-苯基-1,2,3,6-四氢吡啶（MPTP）给猴注射后可制成猴帕金森病模型。MPTP 在脑内经 B 型单胺氧化酶的作用转化为甲基-苯基-吡啶离子（MPP^+）后，通过影响细胞能量代谢导致多巴胺能神经元死亡。所以环境中与 MPTP 分子结构类似的工农业毒素可能是帕金森病的病因之一。

（3）遗传因素：大约 10% 的帕金森病患者有家族史，与常染色体显性或隐性遗传有关。部分学者发现，几种基因的突变与震颤麻痹的发病有关。

2. 临床表现

（1）静止性震颤：见于 90% 患者。震颤多从一侧手的远端开始，逐渐扩展到同侧上肢、同侧下肢，对侧上肢和下肢，严重时可影响到下颌、口唇、舌、头及全身各部位。

（2）肌强直：肌强直可以是帕金森病的早期表现。其特征为主动肌和拮抗肌张力增加，被动运动关节时阻力始终存在，称为"铅管样强直"；如合并有震颤，被动运动时，阻力出现断续性停顿，类似齿轮转动，称为"齿轮样肌强直"。肌强直可累及全身。

（3）运动迟缓：指随意运动减少且缓慢。表现为动作启动和终止均困难和缓慢。在面部表现为面部表情肌活动减少呈"面具面容"；手指精细动作困难、僵硬，书写时字越写越小，称为"小写征"。

（4）姿势、步态异常：躯干屈肌作用强，呈特征性前倾姿势；行走时起步困难，一旦开步，身体前倾，步伐小且越走越快，不能及时停步，即"慌张步态"，行进中，患侧上肢的协同摆动减少以至消失；转身困难，以致要用连续数个小碎步才可。

（5）其他症状：自主神经症状较常见，如流涎、便秘、出汗异常、脂溢性皮炎、体位性低血压；半数患者有抑郁、睡眠障碍等精神症状；部分患者晚期逐渐出现认知障碍。

3. 并发症　如不经治疗，帕金森病多在起病后 10 年左右伴发严重肌强直和继发关节强硬，导致不能进食及行动，易出现吸入性肺炎、跌伤、褥疮等并发症。

在进行护理评估时，要询问患者有无脑外伤、冠心病、糖尿病、高血压及脑卒中病史，有无杀虫剂、除草剂及工业毒物的接触史，有无吸烟、饮酒等不良嗜好和文化程度；评估始发症状、震颤、肌强直、步态改变等症状，以及认知功能、日常生活功能、精神行为、现症的诊疗及用药情况等；评估患者是否有孤独、寂寞、羞愧、抑郁，甚至有自杀行为等心理状态；评估是否有照顾者丧失信心，甚至冷落、嫌弃老人。

（二）常见护理诊断及医护合作问题

1. 躯体活动障碍　与黑质病变、锥体外系功能障碍有关。
2. 自尊心低下　与震颤、流涎、面肌强直等身体形象改变和言语障碍、生活依赖他人有关。
3. 营养失调　与吞咽困难、饮食减少、肌强直和震颤所致机体消耗增加等有关。
4. 知识缺乏　缺乏与疾病相关的知识和药物治疗知识。

（三）护理目标

患者关节强直和肢体挛缩的出现推迟，能维持身体的灵活性，增强自我照顾能力；心理压力减轻，能够接受和适应目前的状态并能设法改善；了解帕金森病的临床表现、病程进展和主要并发症，掌握自我护理知识；了解用药原则，常用药物种类与名称、剂型、用法、服药注意事项、疗效及不良反应的观察和处理；能够合理选择饮食和正确进食。

(四)护理措施

1. 一般护理

(1) 休息与活动:帕金森病早期主要表现为震颤,指导患者维持和增加业余爱好,鼓励患者参与居家活动和社交活动,坚持适当运动锻炼;疾病中期已出现某些功能障碍,此时应有目的、有计划地进行锻炼,提示患者知难而退或家人包办只会加速其功能衰退;疾病晚期出现显著的功能障碍而卧床不起,应帮助患者采取舒适体位,被动活动关节,按摩四肢肌肉,注意动作轻柔,避免造成患者疼痛和骨折。

(2) 饮食护理:患者应摄入高热量、高维生素、高纤维、低盐、低脂、适量优质蛋白质的易消化饮食,并根据病情变化及时调整和补充各种营养素,戒烟、酒;主食以谷类为主,多食新鲜蔬菜、水果,饮水充足,摄入适当的肉类和奶制品;避免食用槟榔等可降低抗胆碱药疗效的食物和药物;进食时抬高床头,保持坐位或半坐位,选择合适的进食方法,并注意营养状态的监测。

2. 病情观察及护理 帕金森病起病隐匿,早期症状、体征常不易被发现,护理人员应仔细询问和观察患者出现的震颤、运动减少、姿势和步态异常的改变,与医生合作,早期做出诊断,选择最佳治疗时机和用药方案,并观察药物治疗效果及可能的不良反应。如苯海索或东莨菪碱,可使患者出现头晕、口干、视物模糊、便秘、幻觉、记忆力下降等;多巴丝肼、复方左旋多巴等应空腹服用,在服此类药物期间应禁用维生素 B_6,因其可导致出现幻觉、错觉等精神症状,以及胃肠道症状、体位性低血压等;金刚烷胺可有肝、肾功能损害,双下肢可出现网状青斑、水肿等。应及时对药物的类型和剂量做出调整。

3. 对症护理

(1) 药物治疗及护理:当症状影响日常活动和工作时需进行治疗,目前对震颤麻痹最有效的疗法是药物治疗。药物治疗原则:小剂量开始,缓慢递增,以最小剂量达到最佳疗效,强调治疗方案个体化,不要求症状完全缓解。其中多巴胺替代性药品如复方左旋多巴、多巴胺受体激动药等效果较好,但不能抑制疾病的进行,且均存在不良反应多和长期应用后药效衰减的缺点。

1) 抗胆碱药:可以协助维持纹状体内神经递质平衡,对震颤和强直可有部分改善作用,适用于早期患者。常用药物有苯海索(安坦),1~2 mg,po,tid;其他抗胆碱药有丙环定、苯扎托品、东莨菪碱等。

2) 金刚烷胺:可促进神经末梢释放多巴胺,并阻止其再吸收,对震颤、强直、少动均有效,但疗效难以持久,常与其他药物合用。常用量为每日 50~100 mg,分 2~3 次口服。

3) 多巴胺替代疗法:由于多巴胺不能通过血脑屏障,因此选用易于通过血脑屏障的药物左旋多巴替代治疗,为减少不良反应,常与周围左旋多巴脱羧酶抑制药组成复合制剂。其他药物包括多巴丝肼和复方左旋多巴等。其中多巴丝肼口服自 62.5 mg 开始,每日 2~3 次,根据治疗反应,逐渐增加至不超过 250 mg,每日 3~4 次。

常见不良反应:①运动障碍,多在服药后数月至数年出现,表现为口唇、下颌咀嚼样运动,头颈前后、左右摇动或不规则扭动,以及皱眉、吐舌、舞蹈样肢体运动等。②剂末现象,表现为每次服药后,有效时间逐渐缩短,一般在下一次用药前 1~2 小时症状加重,服药后可缓解,减少单次服药剂量并增加服药次数可减轻。③开关现象,表现为每日多次突然波动于症状加重和症状缓解,可伴有异动症,也是症状波动的一种,一旦出现,应停药或改换其他治疗。④"冻僵足"状态,表现为走路迈第一步、饮食夹第一筷、说第一句话时均产生困难,宛如冻僵样,应用去甲肾上腺素前体药有效。其他不良反应有恶心、呕吐、肝功能改变、体位性低血压、心律失常、排尿困难、尿失禁、失眠、妄想、幻觉等。

禁用药物：维生素 B_6、吩噻嗪类药物、利血平等。

4）单胺氧化酶抑制药：B 型单胺氧化酶抑制药可以减少多巴胺的分解，对帕金森病有一定治疗作用。常用药物为司来吉兰。

5）多巴胺受体激动药：主要通过激活 D_2 受体而起作用。常用药物有普拉克索和吡贝地尔。

（2）其他治疗方法

1）外科治疗：药物治疗效果不佳或无效，震颤、强直和运动障碍明显在一侧，年龄较轻，无明显内脏系统严重功能障碍者可选用外科治疗。目前外科治疗的方法有立体定向术、脑深部电刺激术、脑组织移植、伽马刀治疗等。

2）康复护理：肢体运动、语言、进食等的康复训练和指导在一定程度上能改善患者的生活质量，减少并发症，可作为其他治疗的基础。①放松和呼吸锻炼：身体尽可能舒服地仰卧，闭上眼睛，深而缓慢地呼吸，并放松全身肌肉。②面部动作锻炼：皱眉、微笑、大笑、露齿而笑、撅嘴、吹口哨、鼓腮等。③手部锻炼：患者应该经常伸直掌指关节，展平手掌，可以用一只手抓住另一只手的手指向手背方向压，防止掌指关节畸形。④下肢锻炼：双腿稍分开站立，双膝微屈，向下弯腰，双手尽量触地。左手扶墙，右手抓住右脚向后拉，维持数秒钟，然后换对侧下肢重复。⑤步态锻炼：步态锻炼时要求患者双眼直视前方，身体直立，起步时足尖要尽量抬高，先足跟着地再足尖着地，跨步要尽量慢而大，两上肢尽量在行走时做前后摆动。其关键是要抬高脚和跨步要大。患者在起步和行进中，常常会出现"僵冻现象"，脚步迈不开，就像粘在地上了一样。遇到这种情况时，首先将足跟着地，全身直立站好，在获得平衡之后，再开始步行，必须切记行走时先以足跟着地，足趾背屈，然后足尖着地。在脚的前方每一步的位置摆放一块高 10～15 cm 的障碍物，做脚跨越障碍物的行走锻炼，但这种方法比较麻烦，在家里不可能摆放一堆障碍物，因此借助"L"形拐杖是一个很好的方法。⑥语言障碍的训练：与患者多进行语言交流，避免患者和亲属情感上的交流障碍和隔阂。

3）中医护理：针灸、推拿等对于帕金森病的治疗具有很好的辅助作用。

4. 心理护理　帕金森病患者易出现心理问题。护理人员应细心观察患者的心理反应，鼓励患者表达并注意倾听他们的心理感受，与患者讨论身体健康状况所造成的影响、不利于应对的因素，及时给予正确的信息和引导，使他们能够接受和适应自己目前的状态并能设法改善。鼓励患者尽量维持既往的兴趣与爱好，多与他人交往；指导家属关心体贴患者，为患者创造良好的亲情氛围，减轻他们的心理压力；同时对患者进行自我修饰指导。

（五）健康教育

指导患者保持良好的心态，规律生活，克服不良生活习惯和嗜好；积极进行康复锻炼，保证充足的睡眠，预防感冒、受凉，做好安全措施，以提高生活质量；定期门诊复查，了解血压、肝肾功能、心脏功能、智能的变化，如出现发热、疗效减退、运动障碍等时，应及时到医院就诊，切忌自行盲目用药。

（六）护理评价

从患者自我照顾能力、心理压力改善、自我护理、用药、合理饮食知识握情况进行评价，帕金森病是一种无法根治的疾病，病程长，常进行性加重，需长期服药，要注意可能出现的药物疗效减退或不良反应，同时鼓励患者多做主动运动，并最大限度地保持社交能力和日常生活自理能力，使其生活质量有所提高。

 考点提示

脑卒中、帕金森病、老年认知障碍的护理评估与护理措施。

自 测 题

一、选择题

1. 下列不属于糖尿病慢性并发症的是
   A. 神经病变　　　　　B. 冠心病　　　　　C. 视网膜病变
   D. 贫血　　　　　　　E. 肾病
2. 患有骨质疏松症的老年人最常见的临床表现是
   A. 腰背痛　　　　　　B. 身长缩短　　　　C. 驼背
   D. 骨折　　　　　　　E. 疲劳感
3. 皮质性白内障诱发青光眼发作的时期是
   A. 第一期，初发期　　B. 第二期，未成熟期　　C. 第三期，成熟期
   D. 第四期，过熟期　　E. 任何时期
4. 颈椎病与腰椎病最基本的病因是
   A. 慢性劳损　　　　　　　　　　　　B. 外伤
   C. 椎间盘的退行性改变　　　　　　　D. 颈椎、腰椎发育不良
   E. 负重、体位骤变或用力不当
5. 老年人骨关节炎关节畸形常见于
   A. 膝关节　　　　　　B. 髋关节　　　　　　C. 腰椎关节
   D. 颈椎关节　　　　　E. 指尖关节
6. 老年男性前列腺增生最重要的症状是
   A. 尿急　　　　　　　B. 尿频　　　　　　　C. 尿失禁
   D. 进行性排尿困难　　E. 少尿
7. 导致老年性阴道炎发生的根本病因是
   A. 卫生不良　　　　　B. 老年慢性病　　　　C. 卵巢衰退
   D. 药物影响　　　　　E. 缺乏维生素
8. 重振现象不包括
   A. 小声讲话听不见
   B. 高声讲话感觉刺耳
   C. 对声源的判断力下降
   D. 在他人讲话时特别注意对方面部表情和唇形
   E. 耳鸣
9. 帕金森病的临床表现特点不包括
   A. 慌张步态　　　　　B. 折刀样强直　　　　C. 面具脸
   D. 小写症　　　　　　E. 静止性震颤
10. 脑血栓形成最常见的病因为
    A. 脑血管意外　　　　B. 高血压　　　　　　C. 脑动脉炎
    D. 高脂血症　　　　　E. 脑动脉粥样硬化
11. 老年人脑出血最常见的病因是
    A. 颅脑外伤　　　　　B. 颅脑肿瘤　　　　　C. 高血压
    D. 动脉硬化　　　　　E. 脑血管畸形

12. 阿尔茨海默病的首发症状是
    A. 记忆障碍　　　　B. 人格障碍　　　　C. 睡眠障碍
    D. 思维障碍　　　　E. 情感障碍
13. 钱奶奶，69岁，右手抖动、动作缓慢2年，考虑为帕金森病。体检时下列最不可能出现的体征是
    A. 面部表情减少　　　　　　B. 行走时步幅变小
    C. 右侧巴宾斯基征阳性　　　D. 右上肢肌张力增高
    E. 行走时右上肢联带动作消失
14. 慢性阻塞性肺疾病的标志性症状是
    A. 咳嗽、咳痰　　　　B. 胸闷气促　　　　C. 喘息
    D. 呼吸困难　　　　　E. 缺氧症状

（15～16题共用题干）

患者，女，70岁，近2年无诱因出现口腔干燥，说话不畅，进食干性食物时出现吞咽困难，诊断为老年口腔干燥综合征。
15. 该病的病因包括
    A. 唾液腺异常　　　　B. 药物因素　　　　C. 糖尿病
    D. 精神神经因素　　　E. 以上都是
16. 容易导致唾液减少的药物是
    A. 阿托品类药　　　　B. 某些镇静药　　　C. 利尿药
    D. 抗肿瘤类药　　　　E. 以上都是

（17～18题共用题干）

患者，女，62岁，近2年出现咳嗽、负重后尿液不自主流出，量少，常感尿道口刺痛及外阴瘙痒，最近症状加重，量较以前明显增多。
17. 该患者尿失禁的类型是
    A. 压力性　　　　B. 急迫性　　　　C. 充盈性
    D. 急性　　　　　E. 神经性
18. 该患者主要的护理问题不包括
    A. 焦虑　　　　　　　　　B. 自理缺陷
    C. 压力性尿失禁　　　　　D. 有皮肤完整性受损的危险
    E. 潜在并发症：尿路感染

二、简答题

1. 简述老年高血压的特点。
2. 简述老年心肌梗死的临床特点。
3. 老年糖尿病患者如何预防低血糖的发生？
4. 简述脑卒中的常见护理问题及护理措施。
5. 简述阿尔茨海默病的预防措施。

三、案例分析

1. 李先生，60岁，突然寒战、高热2天，咳嗽、气短和右侧胸痛1天，伴咳血丝痰。李先

生前天曾在野外劳动，穿衣单薄，淋过雨。护理体检：体温39.0℃，脉搏112次/分，呼吸38次/分，血压140/90 mmHg，急性病容，面色潮红，呼吸急迫，鼻翼扇动，口唇发绀。右上胸呼吸运动减弱，语音震颤增强，叩诊音较浊，可听到支气管呼吸音及湿啰音，语音传导增强。心律齐，腹平软，肝、脾未触及。

请回答：

（1）该患者目前存在的主要护理问题有哪些？

（2）请列出护理措施。

2. 患者，男，60岁，既往有冠心病史5年，2小时前因情绪激动而突然出现胸骨后压榨样疼痛，伴有烦躁不安、出冷汗，患者极度紧张，有濒死感，诊断为急性心肌梗死，收住监护室。

请回答：

（1）请向该患者解释进行心电监护的主要目的。

（2）请对该患者进行防治便秘的健康教育。

（周　雪）

第七章 老年保健与照护

学习目标

1. 解释老年保健、老年自我保健、老年照护、居家养老、机构养老的概念。
2. 简述社区居家养老的服务内容、老年养护机构的基本功能。
3. 说出老年保健的重点人群、老年保健的原则。
4. 理解联合国老年政策原则、老年照护的工作模式特点。

第一节 老年保健

一、老年保健的概念及特点

（一）老年保健的概念

老年保健是指在平等享用卫生资源的基础上，充分利用现有的人力、物力资源，使老年人得到基本的医疗、护理、康复、保健等服务。

老年保健事业以维持和促进老年人健康为目的，为老年人提供疾病的预防、治疗、功能训练等综合性服务，同时促进老年保健和老年福利发展。例如，为老年人建立健康档案，开展健康咨询、健康教育、健康体检、功能训练，社区健康设施建设等都属于老年保健范畴。老年保健主要在医院、中间机构、社区及临终关怀等老年医疗保健福利体系中进行，须重视社会资源的充分利用，重视长期保健护理体系的建立，把"老有所养，老有所医"的要求落在实处。

> **知识链接**
>
> **积极老龄化**
>
> 积极老龄化是世界卫生组织1999年在健康老龄化基础上提出的一个新观点、新理论，2002年在联合国第二届世界老龄大会上被接受，并定义为"人到老年时，为了提高生活质量，使健康、参与和保障的机会尽可能发挥最大效益的过程"。积极老龄化的目的是使所有年龄组的人，包括那些体弱者、残疾和需要照料者，延长健康期望寿命和提高生活质量。

（二）老年保健的特点

1. 老年保健的人群

（1）高龄老年人：高龄老年人是身心脆弱的人群，高龄老年人约占老年人口总数的三分之一，他们的生理功能随年龄的增长不断退化，老年退行性疾病导致其活动受限甚至残疾率升高，精神障碍性疾病、老年认知障碍症等疾病发病率增加，对老年人健康危害较大，使老年保健护理的难度增加。

（2）独居老年人：社会文明程度的提高使家庭已趋向小型化，再加上过去30年较为严格的计划生育政策的影响，使老年空巢家庭越来越多。独居老年人外出困难，使其对社区的医疗保健服务需求增加，因此，家庭医生上门服务如定期巡诊、送医送药、提供健康咨询或开展社区保健服务尤为重要。

（3）丧偶老年人：丧偶老年人的数量随年龄的增长而增加，他们的心理问题发生率均高于有配偶者。丧偶使多年的夫妻生活所形成的互相关爱、互相支持的平衡状态突然被打破，原来的某些生活方式和规律被破坏，使他们常感到生活无望、乏味，甚至积郁成疾，尤其是近期丧偶者，常可导致原有疾病的复发或患病率增加，对丧偶老年人进行心理保健显得尤为重要。

（4）新近出院的老年人：新近出院的老年人因疾病未完全恢复，身体状况差，常需要继续治疗和及时调整治疗方案，如遇到经济困难等不利因素，疾病极易复发甚至导致死亡。因此，社区医疗保健人员应掌握本区域内新近出院老年人的病情，定期随访。

（5）精神障碍的老年人：老年人中的精神障碍者主要是认知障碍症患者，认知障碍使老年人生活失去规律、不能自理，常伴有营养障碍，从而加重原有的躯体疾病，尤其是重度认知障碍老年人生活不能自理，应引起重视，妥善安置。

2. 老年保健对象的特点

（1）老年人对医疗服务需求的特点：老年人往往患有多种慢性疾病，就诊率和住院率高，住院时间长，医疗费用高。据美国一项调查表明，住院患者中31%为老年人，占住院总天数的42%，老年人医疗费用是一般人群的3倍，高昂的治疗费成为老年人医疗费上涨的主要因素。因此，随着老龄化的加剧，医疗费用成本也会随之进一步扩大，对医疗保险的需求会进一步增加。

（2）老年人对保健服务需求的特点：社区和家庭是实施老年保健最主要的场所和方式。由于老年人常患有不同的疾病，需要长期的医疗、预防、保健、康复等服务，且多数老年人愿意留在家中，不愿意住进老年保健机构。所以，以社区为依托的家庭保健成为老年保健的重要形式。

（3）老年人对福利服务需求的特点：老年人社会交往减少、活动能力下降、收入减少、社会地位降低、情感孤独与空虚、身体状况的变化对住房和环境产生新的需求等都希望通过社会福利尽可能地弥补，让自己在家庭、社团或其他环境中有所作为，自我实现，解脱身体和精神上的困境。

 考点提示

老年保健的人群及特点。

二、老年保健的原则、任务及策略

（一）老年保健的原则

1. 全面性原则　老年保健是多维度、多层次的综合性工作，应遵循全面性原则。全面性原则包括：①涵盖老年人的躯体、心理及社会适应能力和生活质量等方面的问题。②包括疾病和功能障碍的治疗、预防、康复、护理及健康促进等各方面工作。因此，建立一个统一的、全面的老年保健计划是非常有益的。近20年来各发达国家更加重视以支持家庭护理为特色的家庭保健计划，这一计划中的医护人员或其他服务人员可以为居家的老年人提供从医疗咨询、诊疗服务、功能锻炼、心理咨询一直到社会服务的一系列支持性服务，受到老年人的欢迎。

2. 区域化原则　以一定区域为单位的保健，也就是以社区为基础提供的老年保健，具有方便、快捷、易于组织的特点。社区老年保健的工作重点是针对老年人独特的需要，确保在要求的时间、地点，为真正需要服务的老年人提供社会援助。

3. **费用分担原则** 由于日益增长的老年保健需求和紧缺的财政支持，老年保健的费用应采取多渠道筹集社会保障基金的办法，即政府承担一部分、保险公司的保险金补偿一部分、老年人自付一部分。这种"风险共担"的原则越来越为大多数人所接受。

4. **功能分化原则** 老年人的保健需求是多方面的，有受过不同的专门训练的人员是非常重要的。疾病的早期预防、早期发现和早期治疗，营养问题、意外事故、安全和环境问题及精神障碍的识别，全部有赖于医生、护士、社会工作者、健康教育工作者、保健计划设计者所受到的老年学和老年医学方面多专业的训练，另外，还需要有老年病学和精神病学专家在制订必要的老年人保健计划和服务方面给予全面指导。所以，老年保健的功能分化是随着老年保健的需求而增加，在对老年保健的多层次性有充分认识的基础上，对老年保健的各个层面有足够的重视，在老年保健的计划、组织和实施及评价方面有所体现。例如，由于老年人的疾病有其特征和特殊的发展规律，老年护理院和老年医院的建立就成了功能的最初分化；再如，老年人可能会存在特殊的生理、心理和社会问题，因此，不仅要有从事老年医学研究的医护人员，还应当有精神病学家、心理学家和社会工作者参与老年保健，在老年保健的人力配备上也显示出明确的功能分化。

5. **联合国老年政策原则**

（1）独立性原则：老年人应当借助收入、家庭和社区支持及自我储备去获得足够的食物、住宅及庇护场所；老年人应当有机会继续参加工作或其他有收入的事业；老年人应当能够参与决定何时及采取何种方式从劳动力队伍中退休；老年人应当有机会获得适宜的教育和培训；老年人应当能够生活在安全的、与个人爱好和能力变化相适应的及丰富多彩的环境中；老年人应当能够尽可能长地生活在家中。

（2）参与性原则：老年人应当保持融入社会，积极参与制定和实施与其健康直接相关的政策，并与年轻人分享他们的知识和技能；老年人应当能够寻找和创造为社区服务的机会，在适合他们兴趣和能力的位置上做志愿者服务；老年人应当能够形成自己的协会或组织。

（3）照顾原则：老年人应得到家庭和社区给予的照顾和保护；老年人应该得到各种社会和法律服务，以提高其自主能力，并使他们得到更好的保护和照顾；老年人在住宿、疗养或治疗时，应享有人权和基本自由，包括充分尊重他们的人格、信仰、需要和隐私，并尊重他们对得到照顾的方式和生活质量做出决定的权利。

（4）自我实现：老年人应寻求机会来充分发挥自己的潜力，应能获得社会所提供的教育、文化、精神和文娱资源。

（5）尊严性原则：老年人应享有尊严和有保障的生活，不受剥削和虐待，应受到公正对待，而不以其经济上的贡献来加以评价。

（二）老年保健的任务

开展老年保健工作的目的是要运用老年医学知识开展老年病的防治工作，加强老年病的监测，控制慢性病和伤残的发生；开展老年人群健康教育，指导老年人的日常生活和健身锻炼，提高健康意识和自我保健能力，延长老年人的健康期望寿命；提高老年人的生活质量，为老年人提供满意的医疗保健服务。因此，需要在老年病房、中间机构、社区及临终关怀设施内，充分利用社会资源，做好老年保健工作。

1. **老年病房中的保健护理** 医院内医护人员应掌握老年患者的临床特征，运用老年医学和护理知识配合医生有针对性地做好住院老年患者的治疗、护理和健康教育工作。

2. **中间机构中的保健护理** 介于医院和社区家庭的中间老年服务保健机构，如老年护理院、老年疗养院、日间老年护理站，养（敬）老院、老年公寓等，可指导老年人每日按时服药、康复训练，帮助老年人满足生活需要，增进老年人对所面临健康问题的了解和调节能力。

3. 社区家庭中的医疗保健护理　社区家庭医疗保健服务是老年保健的重要内容之一，是方便老年人的主要医疗服务形式，可以减低社会医疗负担，有利于满足老年人不脱离社区、家庭环境的心理需求，并能解决老年人基本的医疗、护理、健康保健、康复服务等需求。

（三）老年保健的策略

由于文化背景和各国社会经济条件的差异，不同国家老年保健制度和体系也不尽相同。我国在现有的经济和法律基础上，建立符合我国国情的老年保健制度和体系是老年保健事业的关键。我国老年保健的总体战略部署：贯彻全国老龄工作会议精神，构建更加完善的多渠道、多层次、全方位的，即包括政府、社区、家庭和个人共同参与的老年保障体系，进一步形成老年人口寿命延长、生活质量提高、人际关系和谐、社会保障有力的健康老龄化社会的老年服务保健网络。根据老年保健目标，针对老年人的特点和权益，可将我国的老年保健策略归纳为"老有所医""老有所养""老有所乐""老有所学""老有所为"和"老有所教"。

考点提示

老年保健的任务及原则。

三、老年人自我保健和健康行为促进

（一）自我保健的概念和内涵

1. 自我保健的概念　老年人自我保健（self health care in elderly）是指健康或罹患某些疾病的老年人，利用自己所掌握的医学知识和科学的养生保健方法、简单易行的康复治疗手段，依靠自己和家庭或周围的力量对身体进行自我观察、诊断、预防、治疗和护理等活动，通过不断地调适和恢复生理和心理的平衡，逐步养成良好的生活习惯，建立起一套适合自身健康状况的养身方法，达到增进健康、防病治病、提高生活质量、推迟衰老和延年益寿的目标。

自我保健活动应包括两部分：一是个体不断地获得自我保健知识，并形成某种机体内在的自我保健机制，这是人体自我防卫的本能之一；二是利用学习和掌握的保健知识，根据自己的健康保健需求自觉地、主动地进行自我保健活动。

2. 自我保健的内涵

（1）对环境的适应：环境包括自然环境和社会环境，老年人不但要适应自然环境，也必须适应社会环境。自我保健强调老年人在健康维护中的主导作用，在不断变化的环境中，发挥能动作用，采取积极措施，保护有利于健康的环境因素，改造不利于健康的环境因素，使自我与环境相适应。

（2）健康知识学习是自我保健的重要环节：老年人对于疾病的认识存在着差异，不良的卫生习惯、行为和卫生知识水平都阻碍着自我保健的实施。

（3）保持和增进健康的行为：习惯的健康行为是指个体和群体表现出的在客观上有利于自身和他人健康的行为，主要表现在日常的行为规范上，如情绪乐观、不吸烟、平衡膳食、合理营养、坚持锻炼、生活规律。健康的行为习惯能使老年人在身体、心理和社会交往诸方面均处于良好的状态。

（4）提高自我预防、诊断、治疗的能力：老年人应在疾病发生前，能运用各种措施增强自身体质，保持和改善健康状况；对自身疾病有一定的判断能力，能做定期健康检查以便早期发现疾病；疾病发生后，能运用各种有效的措施来配合医生治疗，提高疗效，以阻止疾病发展，促进康复；掌握常用药的使用方法，对常见病、多发病、小病小伤能自行用药与治疗。

（5）参与社区保健活动：每个老年人都应积极参加社区的各种预防保健活动，如健康教育、健康检查、预防接种、改善环境卫生等活动，从而不断提高自我保健意识和能力，增进机体健康。

（二）老年人健康行为促进

1. 健康行为促进的具体措施

（1）自我观察：自我观察就是通过"看、听、嗅、摸"的方法观察自己的健康状况，目的在于了解自己的身体健康状况，及时发现异常或危险信号，以便早期发现疾病并及时治疗。同时，每天观察自己的健康状况，就能掌握自己身体的薄弱环节，多加注意，以便进行有针对性的自我调理。

（2）自我判断：根据自我观察所记录的症状和体征，并结合化验单等资料，对自己的疾病能够做出初步的判断，以利于及早就医，不会耽误诊断和治疗。

（3）自我治疗：自我治疗主要是指治疗小病小伤。有时病情比较单纯、症状轻微或小的外伤，能够自行处理，就不需要到医院就诊，利用家庭中所能提供的药品、器械，以及采用饮食、运动锻炼或生活调理等手段自我治疗。

（4）自我护理：自我护理是增强自理能力，进行自我保护的一种方法。根据自己的病情，运用护理知识，做到自我保护、自我照顾、自我调节和自我参与。

（5）自我预防：自我预防是要求老年人建立健康的生活方式，养成良好的卫生习惯，保持最佳的心理状态，建立合理的膳食结构，保持全面均衡的营养；另外，还应适度运动，持之以恒。其中保持最佳的心理状态是延缓衰老的重要措施。

（6）自我急救：在某些危急的情况下，老年患者及周围的人应具有一定的急救常识，才能最大限度地提高治疗效果，挽救患者生命。

（7）自我监护及自我检测：自我监护及自我检测应从以下几方面入手。①将过去看病的病历、各种摄片报告、生化检验报告等医疗文件保存好，建立一个家庭病历档案，有助于动态观察各项身体功能指标的变化，了解疾病发展程度，以便早期诊断和治疗；②监护及检测项目包括体重测量、血压测量、尿液检查、心电图检查、眼底检查、胸部X线检查、甲胎蛋白检测、粪便隐血试验、肛门指检、血液生化检查、腹腔盆腔器官B超检查等，并做好健康记录；③定期体检，已患疾病的老年人定期复诊，预防复发，预防新疾病的发生。

2. 健康行为促进应注意的问题

（1）自我保健方法的选择：老年人要根据自我保健的目的、身体情况选择适当的方法。常用的自我保健方法有精神心理卫生保健、膳食营养保健、运动保健、生活方式调理保健、传统医学保健、物理疗法保健、药物疗法保健等。

（2）非药物疗法和药物疗法相结合：老年人如患有急性传染病、慢性病的发病期或感染性疾病等，应以药物疗法为主；而老年人的一些慢性病应以生活调理、营养、运动、物理、心理等非药物治疗为主，效果不明显时再采用药物疗法进行治疗。

（3）综合性保健措施：体弱多病的老年人，要采取综合性保健措施，分清主次，合理调配，几种措施相互协同，提高保健效果。

（4）遵医嘱用药：老年人要慎重使用药物，应根据自身的健康状况、个体的耐受性及肝肾功能情况合理使用非处方药。如需用处方药物治疗，应遵医嘱并注意掌握适应证、禁忌证、剂量、用法和疗程，以免产生不良反应。

 考点提示

老年自我保健措施。

第二节 老年照护

一、老年照护的概念及特点

老年照护（aged care）主要由医疗保健（health care）、生活照料、精神慰藉和家庭劳务服务构成，即"照护"含盖了"医疗保健"，而"医疗保健"是"照护"的一个组成部分。老年照护的工作模式具有如下特点。

1. 全面性　老年人的健康需求包括身体、心理、社会等多个层面，因此，对老年人的照护也是多层面的：①不仅重视疾病的治疗，而且重视疾病的预防、功能的康复和自理能力的保持。②不仅重视身体的健康，而且重视心理卫生、精神健康、社会适应和生活质量。③老年照护服务面向全体老年人，包括健康的、患病的、失能的、认知障碍的、衰弱的高龄老年人。④老年照护的场所包括家庭、社区、养护机构、医院等。

2. 长期性、连续性　老年人的功能减退是逐渐加重的，一旦开始有了照护服务的需求，对照护服务的依赖性也会越来越强，往往会成为长期、连续性的照护服务对象，这也常常是老年照护服务之所以成为家庭及照护者不堪重负的原因所在。

3. 综合性与功能分化　老年人照护涉及医疗卫生服务、生活照料、家务劳动、社会交往等内容，需要医护人员、养老护理员、家政服务员、社会工作者、心理咨询师、志愿者及其他的辅助人员共同参与，只有参与人员组成团队，加强合作，才能保证这种综合性服务的协调性和整体性。老年养护机构分为老年病医院、养老院、老年公寓、日间照料中心、临终关怀院等，为不同健康状况的老年人提供照护服务；社区卫生服务站、老年活动中心、老年学校等机构也承担了为老年人提供不同服务的功能。

二、老年照护体系的建设

2016年《国民经济和社会发展第十三个五年规划纲要》提出建立"以居家为基础、社区为依托、机构为补充的多层次养老服务体系"。但医疗和照料资源分割、老年人照护的系统性和连续性不足一直是困扰我国养老服务发展的"瓶颈"问题，因而"医养结合"成为我国整合各方资源、满足老年人医疗与养老服务需求的基本政策举措。2019年党的十九届四中全会提出，实施积极应对人口老龄化国家战略把构建"医养康养相结合的养老服务体系"作为重要内容。2021年《"十四五"国家老龄事业发展和养老服务体系规划》进一步把"深入推进医养结合"作为这一时期完善老年健康支撑体系的重要内容，明确提出从丰富医养结合服务模式、增加医养结合服务供给、提升医养结合服务质量三大领域来全面推进医养结合。构建居家社区机构相协调、医养康养相结合的养老服务体系已成为老龄国家战略的重要内容。从"医养结合"到"医养康养相结合"是针对日趋严峻的老年人照护压力，着眼生命全程，对整合医疗、养老、康复护理等资源提出的现实要求。

（一）居家养老

居家养老是指以家庭为核心、以社区为依托，对居住在家中的老年人提供支持性专业化服务的老年照护模式。居家养老可以充分利用家庭各项生活设施，不仅节省开支，而且有利于提高老年人的生活质量。但也有学者认为要为居住分散的老年人提供各种服务，各类工作人员花费在交通往返的时间成本更高，而且维持一个家的费用也较集中照护更为昂贵。因此，是否选择居家养老的方式，应综合考虑各种因素，包括老年人本人的意愿、健康状况，能否提供老年人需要的服务内容和服务质量，以及社会经济条件等具体情况。

在美国，居家养老者占老年人总数的95%，在我国则占了98%以上，根据各国实践的经验，也根据我国国情和传统文化，居家养老应是我国老年人主要的照护模式。

1. 居家养老服务内容与形式　居家养老服务包括生活照料、家政服务、康复护理、医疗保健、精神慰藉等，以上门服务为主要形式。对身体状况较好、生活基本能自理的老年人，提供家庭服务、老年食堂、法律服务等；对生活不能自理的高龄、独居、失能等老年人提供家务劳动、身体及心理综合护理、家庭保健、辅具配置、助餐、助浴、助洁、无障碍改造、紧急呼叫和安全援助等服务；随着智慧家居技术的推广应用，远程监控、远程医疗等服务也成为居家照护的服务形式。

一个理想的居家养老安排，应能使老年人得到持续而周到细致的生活照顾、健康管理和精神、心理上全方位的关心，能使老年人最大程度地提高和保持生活自理能力，延长独立生活的年限。

2. 居家养老的主要特点

（1）优点

1）延续家庭生活方式：多数老年人愿意留在家中养老，满足老年人独处、自立和维护自己的隐私的愿望，亲人之间相依相伴的家庭氛围得以延续，利于同事、邻居等社会关系的保持，也避免了为适应机构养老生活方式的各种调适性改变。

2）有利于老年人的安全：自然而熟悉的环境更有利于老年人能力的维持。已有大量文献报道，老年人因居所搬迁而使意外事故发生率增高、日常生活活动能力不可逆的下降归因于老年人特别是高龄或认知能力受损的老年人对陌生环境的适应能力减退。

（2）缺点

1）对家庭的依赖性强：老年人居住在家，子女是老年人精神与生活的主要依赖对象，如果老年人日常生活活动能力受损严重，将会极大地限制子女的工作与生活。

2）对居家社区支持性服务资源的占用率高：对高龄、病残的失能、认知障碍老年人来说，分散居住的居家养老模式的支持性服务资源的占用率要明显高于机构养老的集中照顾模式。随着社会发展，我国居家社区支持性服务资源会越来越丰富，线上线下服务更加融合，精准化、精细化、智能化服务水平将持续提升，居家老年人的获得感、幸福感、安全感将不断增强。

知识链接

《居家养老上门服务基本规范》简介

《居家养老上门服务基本规范》（GB/T 43153—2023）是中国首个针对居家养老上门服务的国家标准，于2023年9月7日开始实施。其中居家养老上门服务的主要内容如下。

1. 老年人能力评估　按照《老年人能力评估规范》（GB/T 42195—2023）进行。

2. 照护措施

（1）生活照料：包括助餐、浴、洁、行、医、急。

（2）基础照护：①生活（协助穿脱衣、饮食、睡眠）；②排泄（排尿、便、气护理）；③护理协助（为老年人保暖、降温、翻身、拍背、预防压疮等）；④用药照护（服药提醒、指导、不良反应观察）；⑤康复护理（康复评估、计划、训练指导、辅具使用）。

（3）健康管理服务：①信息采集（既往史、体检信息等）；②健康检测（体重、生命体征、血糖等）；③健康咨询（防跌倒、疾病预防、膳食营养、康复保健指导）；④健康干预（制定服务方案，提供生活起居、慢病调理等干预服务）。

（4）探访关爱服务：①上门探访（健康、精神、安全、卫生、环境状况及需求等）；②应急处理（接收与协助老年人呼叫求助）。

（5）精神慰藉服务：①陪伴（协助外出、活动等）；②情绪疏导（谈心、交流、倾听等）；③心理慰藉（健康教育、干预调整老年人心态）。

（6）委托代办服务：①购（用品、车票、预约车辆等）；②办（寄送信、物，申请法律援助等）；③缴（水、电、气、通讯等费用）。

（7）适老化改造：①环境评估（生活环境和改造需求）；②基础改造（防滑、摔、走失等）；③专项改造（健康监测、远程控制、智能家居等）。

3. 评价与改进

（1）服务评价包括服务组织自我评价、服务对象评价和第三方评价。

（2）评价内容包括服务协议和方案的签订情况、服务满意度、服务履行情况、服务记录等。

（3）服务组织应评价结果和服务中的问题进行分析，提出整改措施，及时改进并反馈服务对象或第三方，不断提高服务质量。

3. 家庭养老　家庭养老是反哺式养老，是由老年人的家庭成员来提供养老的经济保障和精神保障的一种养老方式，是我国传统的养老模式。现代社会家庭趋向于小型化，使家庭养老的功能弱化，但长期以来形成了家庭养老的传统理念，赡养老年人仍然是每个人责无旁贷的责任。

 考点提示

老年居家养老的特点。

（二）社区养老

社区养老是以家庭养老为主、社区机构养老为辅，在为居家老年人照料服务方面又以上门服务为主、托老所服务为辅的整合社会各方力量的老年照护模式。

1. 社区养老的两个基本含义

（1）老年人不脱离他所生活和熟悉的社区，在本社区内接受服务。

（2）动员社会资源，运用社会人际关系资源开展服务。

2. 社区养老服务的功能　社区养老服务是居家养老服务的重要支撑，具有社区日间照料和居家养老支持两类功能，主要为家庭日间暂时无人或者无力照护的社区老年人提供服务。

（1）社区日间照料：在城市，一般在社区服务设施基础上，增建养老设施，增强社区养老服务能力，打造居家养老服务平台；社区志愿服务活动及老年人互助服务也是城市社区养老服务的形式之一。在农村，以乡镇敬老院为基础，建设日间照料和短期托养的养老床位，扩建或改建为乡镇老年公寓、护理院或养老服务中心，为区域内老年人提供日间照料、短期托养、配餐等服务；以建制村和较大自然村为基点，依托村民自治和集体经济，探索农村互助养老新模式。

（2）居家养老支持

1）功能状况与服务需求的评估：对老年人健康与功能状况进行综合性评估，以确定老年人所需的服务项目。

2）医疗与护理服务：提供治疗与护理等服务，对老年人和家属进行保健和护理指导。

3）康复治疗与护理服务：促进老年人日常生活活动能力的保持。①提供辅助性工具：助行器、沐浴椅、坐厕椅等。②调整与改进居家环境：根据老年人的活动与生活起居能力调整和改进家居环境，以利于老年人保持日常生活活动能力，如扶手、防滑地板、烟火探测装置、急症呼救系统的铺设与安装等。③康复护理。

4）老年人生活照顾与提供家务劳动：协助自理功能障碍的老年人完成日常生活活动，提供购物、供餐、家居清洁、维修等服务，提高其独立居住的能力。

5）对照顾者的支持：对长期照顾生活不能自理的老年人的家属，给予心理上、技术上、经济上的支持；必要时，安排老年人短期入住养护机构，以使其主要照顾者得到一定的休息。

（三）机构养老

1. **机构养老模式** 机构养老是指将老年人安置在家居以外的专门养护场所，由机构专业人员提供带有医疗、保健和相应护理照料及日常生活起居照顾的老年照护方式。机构养老主要适用于因身体或精神上的残障而不能独立生活的老年人。

医养康养相结合的养老服务是现阶段我国主要的养老服务模式，是通过医疗资源与养老资源密切结合，以医疗为保障，以康复为支撑，边医边养、边养边医，实现社会资源利用的最大化，满足老年人健康养老需求的社会化养老服务模式。医养结合是医疗体制改革创新中的重点康复工程，是一种切实可行的医疗改革新模式。据调查，高龄、丧偶、日常生活自理困难是老年人选择机构养老的重要因素，提示是否选择机构养老取决于老年人机体的功能水平而非医疗诊断。

截至2018年底，有超过1.8亿老年人患有慢性疾病，随着我国人口老龄化进程加快，失能、认知障碍老年人规模不断扩大，预计到2050年，我国失能老年人口将增至1643万，认知障碍老年人口将超过4000万，另外高龄、空巢老年人所占比例也将增加，对机构养老的需求会更为突出。截至2023年第三季度，全国各类养老机构和设施总数达40万个、床位820.6万张。机构养老越来越容易被我国老年人所接受。

2. **老年养护机构**

（1）老年养护机构的概念：老年养护机构主要是指老年公寓、养老院、护理院、临时托老所、临终关怀院等。据美国的统计，25%～40%的老年人会"在某个时间段"入住老年养护机构，居住在养护机构中的老年人约为老年人口总数的5%，其平均年龄已达85岁。养护机构有别于以治疗功能为主的医院，虽然养护机构中的护理工作是从医院护理工作发展而来，但两种机构的性质不同，其管理模式和工作方法也有区别。养护机构的环境条件和管理运作应尽量淡化"机构"的色彩，应尽可能地接近家居条件，让老年人有"在家里"的感觉，以利于保持老年人的生活自理和社会参与能力。入住养护机构的老年人可以是暂时性居住，也可以在功能改善、生活自理能力恢复后回家。据统计，在入住养护机构的老年人中，约有一半是长期的，将在此度过余生。

（2）老年养护机构的类型：根据投资主体的不同，可分为公办公营、民办民营和公办民营三种类型；根据服务内容的不同，可分为疗养院、护理院、养老院（敬老院）、老年公寓、养护院、安宁疗护院等不同类型。随着我国医养结合、健康老化等政策的逐步推进，随着长期照护保险制度的试点与推广，集生活照料、医疗护理、功能康复、心理护理、健康管理等功能于一体的医养结合机构正逐步成为我国老年养护机构的主要形式。

（3）老年养护机构的基本功能：老年养护机构为老年人提供集中居住、生活照料、基础护理、康复护理、精神慰藉、文化娱乐等服务，其主要服务对象是失能、认知障碍老年人，也有因缓解家庭照护压力或家庭内部矛盾而入住老年养护机构的老年人。

（4）医养结合机构的概念：医养结合机构是指拥有卫生健康委（局）颁发的医疗机构执业

许可证的医院，与拥有民政部（局）颁发的养老机构设立许可证的养老机构位于相同或相邻地址，并拥有同一个法定代表人或属同一集团的机构。目前我国医养结合机构主要有三种类型：①养老机构开设医疗机构；②医疗机构开设养老机构；③医疗机构与养老机构合作签约。2022年7月国家卫生健康委等部门印发的《关于进一步推进医养结合发展的指导意见》提出，支持医疗资源丰富地区的二级及以下医疗卫生机构转型，开展康复、护理及医养结合服务，推动养老机构改造增加护理型床位和设施。

 考点提示

老年机构养老的特点。

思政园地

推动养老服务高质量发展

习近平总书记指出："一个社会幸福不幸福，很重要的是看老年人幸福不幸福。"党的二十大报告提出："实施积极应对人口老龄化国家战略，发展养老事业和养老产业，优化孤寡老人服务，推动实现全体老年人享有基本养老服务。"这为新时代推动养老服务高质量发展指明了前进方向、提供了根本遵循。

自 测 题

一、选择题

1. 关于老年自我保健的内涵，正确的说法是
   A. "自我"单指老年人个体
   B. 自我保健活动包括学习知识和形成行为机制
   C. 健康要自我负责，与别人无关
   D. 健康以保健为主，与康复、护理、治疗无关
   E. 根据自己的意愿决定开展什么样的保健活动
2. 有关老年保健的重点人群的描述正确的是
   A. 高龄、独居、精神障碍、丧偶、新近出院的老年人
   B. 高龄、住院、精神障碍、残疾、认知障碍的老年人
   C. 高龄、住院、精神障碍、丧偶、新近出院的老年人
   D. 高龄、独居、精神障碍、残疾、认知障碍的老年人
   E. 高龄、独居、精神障碍、残疾、新近出院的老年人
3. 居家养老的主要服务形式是
   A. 上门服务　　　　　　B. 老年食堂　　　　　　C. 法律服务
   D. 家庭保健　　　　　　E. 无障碍改造
4. 现阶段我国主要的养老服务模式是
   A. 医养康养相结合的养老服务　　　　B. 居家养老服务
   C. 社区养老服务　　　　　　　　　　D. 机构养老服务
   E. 家庭养老服务

5. 社区养老对居家养老的支持包括
   A. 功能状况与服务需求的评估   B. 医疗与护理服务
   C. 康复治疗与护理服务   D. 老年人生活照顾与提供家务劳动
   E. 对照顾者的支持

6. 田太太，68岁，2年前丧偶，膝下有一女儿在国外定居，因无人照顾田太太入住养老院。目前田太太主要的照护问题是
   A. 生活照料   B. 精神慰藉   C. 健康管理
   D. 文化娱乐   E. 以上都是

(7~8题共用题干)

李太太，65岁，丧偶，儿女均在国外，现独居于家，近日因跌倒致股骨骨折术后卧床休养，有孤独感，特别思念儿女，有自怜和无助的表述。

7. 李太太最主要的照护问题是
   A. 生活无法自理   B. 孤独   C. 疼痛
   D. 抑郁   E. 思念儿女

8. 对李太太正确的护理方法是
   A. 社工上门主动关心老年人，满足其需要
   B. 鼓励老年人利用现代沟通工具与子女沟通
   C. 左邻右舍、亲朋好友多探视老年人
   D. 协商让老年人入住养老机构或雇用24小时保姆
   E. 儿女回国照顾老年人

二、案例分析

1. 患者，女，68岁，慢性腰痛7年，今晨洗漱时在卫生间不慎跌倒，跌倒后出现剧烈疼痛。家人将其送往医院，X线显示第四腰椎压缩性骨折。经治疗患者情况好转，准备出院，但家人及患者还在犹豫应该回家居住还是住进养老院。

   请为该患者及家人介绍居家养老与机构养老模式各自的特点。

2. 患者，女，76岁，糖尿病、高血压病史10年，晨起发现右侧肢体瘫痪，当时意识清楚，被家人发现急送医院，5天后病情稳定出院回家。

   为帮助该患者更快康复，请为该患者及其家属介绍健康居家上门服务。

（李 玲 李丹丹）

第八章 临终老年人护理

学习目标

1. 说出临终关怀的现状和影响意义。
2. 简述临终关怀原则。
3. 解释临终关怀、临终护理。
4. 能帮助临终老年人减轻或解除躯体上的痛苦，缓解心理上的恐惧。

第一节 老年人的生命教育

一、生死观

（一）中国传统生死观

人类自古以来就一直在探索生与死的奥秘，在中国，儒、释、道思想的潜移默化，使得生死观念呈现出多元的色彩。

儒家认为生命的本原在于天命，正如孔子所说："生死有命，富贵在天。"孔子、孟子等儒家先师并没有对死亡问题有过太多深入的探讨。孔子说："未知生，焉知死。"《系辞传》中提到："乐天知命，故不忧。"他们更注重的是有限生命的现实作为。孟子说："生，我所欲也，义，亦我所欲也；二者不可得兼，舍生而取义者也。"儒家这种"舍生取义"的思想始终主宰着中国人的生死观念，古往今来，有多少仁人志士，为了国家、民族的利益和人格的尊严，甘洒热血，前仆后继，谱写出中华民族伟大的历史诗篇。

佛家认为"生命无本原"，世界万物都是因缘和合而成，缘聚则生，缘散则灭，故无生，也无死。佛教力图超越生死，认为只有超越生死，才能臻至涅槃之境，获得无上的大自在。事实上，有历任高僧参悟淡然面对死，以超然的精神面对死亡。他们在死亡来临前的淡定、不惧生死的释然，启迪世人内心的平和、善良和智慧，洋溢出生命的慈悲、恢弘之美。

道家关于"生命"的义理极为丰富，有"精气神三义论""本原元气论""生道合一论""道法自然论"等。李向平在《老子哲学中的生死观》中说，《道德经》是老子对于人生存在的生死问题体悟与思考的结果，也是老子企图探索人类生死行为本质和规律的产物。

《道德经》第五十章提到："出生入死，生之徒，十有三；死之徒，十有三；人之生，动之于死地，亦十有三。夫何故？"李向平解释："出生入死"指人作为一个生命体从出生到死亡所经历的必然过程。老子根据他对生命现象的观察，认为生命的存在或终止，取决于三种因素，即生存的因素、死亡的因素与摄生（养生）的因素，前两者是非人为的自然的因素，后者则是人为的因素，这三种因素的作用各占"三分之一"。在老子看来，人从出生来到世上，就获得了生命，即具有生存的因素；但与此同时，也倚伏着死亡的因素，直至生命的结束；人所具有的生存因素与死亡因素处于均等的状态，而"摄生"（养生）之善与不善的因素，就处于举足轻重的地位了。

（二）现代医学死亡概念

1. 现代医学传统的死亡概念　死亡被认为是生命活动不可逆终止。美国布拉克法律辞典将其定义为"生命的永息，生存的灭失，血液循环的停止，呼吸、脉搏等机体重要生命活动的终止"，死亡是一个逐渐进展的过程，主要分为以下三个阶段。

（1）濒死期：又称临终状态，主要特点是脑干以上的神经中枢功能深度抑制或丧失，机体各系统的功能发生严重障碍，导致意识、血压、脉搏、呼吸和代谢等方面的紊乱。此期生命处于紊乱阶段，若能得到有效的抢救，生命可复苏，反之进入临床死亡期。

（2）临床死亡期：又称个体死亡或躯体死亡，主要特点是中枢神经系统的抑制过程已经由大脑皮质扩散到皮质下部位，延髓处于极度抑制和功能丧失阶段。临床死亡期一般持续 5～6 分钟，如果超过此时间，大脑将发生不可逆的变化。但在低温条件下，尤其头部降温时，此期可延长至 1 小时或更长。因为这一时期机体重要器官的代谢尚未停止，所以如果采取有效积极的措施，患者仍有复苏可能，否则就进入生物学死亡期。

（3）生物学死亡期：又称全脑死亡、细胞死亡或分子死亡，主要特点是整个中枢神经系统及机体各器官组织的代谢活动相继终止，并出现不可逆的变化，是死亡的最后阶段。此期相继会出现早期尸体现象（尸冷、尸斑、尸僵）和晚期尸体现象（尸体腐败）。

2. 脑死亡概念　随着医学科学技术的发展，人们逐渐发现，在人的心搏停止时，大脑、肾、肝并没有死亡，因此，医学界人士提出新的死亡判断标准，即脑死亡。脑死亡又称全脑死亡，包括大脑、中脑、小脑和脑干的不可逆死亡。1968 年美国哈佛医学院在世界第 22 次医学大会上提出脑死亡的标准：①对刺激无感受性和反应性。②无运动、无呼吸。③无反射。④脑电波平坦。上述标准 24 小时内反复复查无改变，并排除体温过低及中枢神经系统抑制药的影响。20 世纪 90 年代中华医学会认为脑死亡一般是指枕骨大孔以上全脑的死亡，应该符合以下标准：①自主呼吸停止，需要不停地进行人工呼吸。②不可逆深昏迷。③脑干神经反射消失。④脑电图成平直线；⑤脑血液循环完全停止；⑥脑死亡的诊断标准必须持续 12 小时以上。

（三）老年人面对死亡的心理

老年人对待死亡的态度受到许多因素的影响，如文化程度、社会地位、宗教信仰、心理成熟程度、年龄、性格、身体状态、经济情况和身边重要人物的态度等。

1. 理智型　老年人当意识到死亡即将来临时，能从容地面对死亡，并在临终前安排好工作、家庭事务和后事。这类老年人一般文化程度和心理成熟程度比较高，能够比较镇定地对待死亡，能意识到死亡对配偶、子女和朋友是最大的生活事件，总是避免自己的死亡给亲朋好友带来太多的痛苦和影响。

2. 积极应对型　老年人有强烈的生存意识，用顽强的意志与病魔做斗争，能忍受疼痛的折磨和诊疗带来的痛苦，寻找各种治疗方法以赢得生机。这大多是低龄老年人，有很强的斗志和毅力。

3. 接受型　这类老年人分为两种表现：一种是无可奈何地接受死亡事实，如在农村，有些老年人到了 60 岁，子女就开始为其准备后事，做寿衣、棺木、修坟墓等。另一种是把此事看得很正常，他们多数信仰某种宗教，认为死亡是到天国去，是去另一个世界看看，因此自己要亲自过问后事，担心别人办不好。

4. 恐惧型　这类老年人极度害怕死亡，十分留恋人生。他们一般有较高的社会地位，经济条件较好，儿女成家立业、兴旺发达。表现为不惜代价，寻找起死回生的药方，喜欢服滋补品和保健品，千方百计延长生命。

5. 解脱型　此类老年人有极大的生理和心理问题，可能与家庭贫苦、饥寒交迫、衣食无着、缺乏子女关爱，或者身患绝症、病魔缠身而极度痛苦有关。他们对生活毫无兴趣，觉得活着是一种痛苦,希望早些了结人生。

6. 无所谓型　有的老年人不理会死亡,对死亡持无所谓态度。

在护理实践操作中,既要关怀老年人的病理生理改变,维护与促进老年人身体健康,也要了解老年人面对死亡的常见心理,尊重老年人的人格与权利,维护生命尊严,同时也在护理事业中创造自己生命的价值。

二、老年人的死亡教育

死亡教育是引导人们科学、人道地认识死亡、对待死亡,以及利用医学死亡知识服务医疗实践和社会教育。如何面对死亡,虽然宗教有系统阐述,意味深长,而科学和人道地对待死亡众说纷纭,内容单薄,特别是对于绝症和临终者的照顾,灵魂的关怀仍在探索之中。著名的健康学教育专家黄敬亨教授认为,对老年人进行死亡教育的内容主要如下。

1. 克服怯懦思想　目前,在老年人中,因疾病迁延无法治愈或者生活质量低下而导致自杀是一个值得重视的问题。护士应该引导、教育老年人,自杀本身就是怯懦的表现,从一定意义上讲,生比死更有意义。

2. 正确对待疾病　疾病是人类的敌人,它危及人类的健康和生存。与疾病做斗争,某种意义上就是与死亡做斗争。医护人员对于临终患者应以支持患者、控制症状、姑息治疗与全面照护为主。

3. 帮助老年人发现生命中有价值的闪光点　医护人员要善于发现老年人生活中的事业、亲情、友情、爱情、人情的闪光点,寻找生命回顾中各种经历的意义,称赞老年人的善心善为,点明老年人已品尝了种种人生百味,告诉老年人能在死亡来临之际,没有遗憾,向亲朋好友告别,向人世间的烦恼告别,毫无恐惧,心安理得。

4. 做好跨文化死亡教育　有宗教信仰者在面临死亡时,内心能够拥有较多的安全感、毅力和稳定性。他们对待生命和死亡更为达观,可以平静而较少害怕死亡的来临。对有宗教信仰的临终患者可允许接受法师、牧师的指导,作为护士重要的是用一颗温暖的心来面对临终者,使之感到温暖和安全。

考点提示

生命伦理观念。

第二节　临终关怀

临终是个时间的概念,是指人即将离开人世的最后阶段,临床上一般是指患者或老年人去世前数周至 6 个月之内的这段时间。

关于临终的时间范围目前世界上尚无统一的界定标准,各个国家都有自己的看法。我国对于临终患者的标准为预期生命存活期不超过 3 个月。

临终关怀(hospice care)是一种特殊的卫生保健服务,指由多学科、多方面的专业人员组成的临终关怀团队,为临终患者及其家属提供全面的舒缓疗护,使临终患者症状得到控制,无痛苦、舒适、安宁地度过人生的最后旅程,维持较高的生存质量,生命得到尊重,并使其家属的身心健康得到维护。

一、临终关怀的现状

（一）国外临终关怀的现状

1967年英国西斯莉·桑德斯博士（Dr.Dame Cicely Saunders）在伦敦创办的世界上第一所临终关怀院——圣·克里斯多弗临终关怀病院，标志着现代临终关怀的开始。在其影响和带动下，临终关怀在世界范围内有了长足发展，自20世纪70年代起，英国、美国、日本、阿根廷、巴西、法国、德国、加拿大、澳大利亚等近60多个国家相继开展临终关怀服务，并进行了相关理论和实践研究。

在全球首先提出临终关怀理念并将它作为一种事业去兴办和实践的英国，是对老年人的临终关怀伦理学提出最早和实践最多的国家，它于2004年首次提出把2005年10月8日作为第一个世界临终关怀及舒缓治疗日，其临终关怀是以慈善为主。在美国，临终关怀已经走上制度化道路，它包含在多数私营卫生保险计划、联邦政府的老年医疗保险计划及多数国家贫困者卫生援助计划之中，多数临终关怀照料由医疗保险提供。在医疗保险计划中，临终关怀团队为医疗保险患者提供完全的个案处理，包括所有的服务、药物和设备。许多临终关怀也接受慈善和志愿者形式的捐助和社区支持。在挪威，临终关怀旨在满足临终者每个层面的需求，包括生理、心理、社会和精神上，他们拥有成功的工作模式，提供临终关怀照料的是一支多学科专业队伍，是一个由注册护士、内科医生、营养师、手工师、音乐家、社会工作者、牧师和法律顾问组成的跨学科合作小组，可以提供不同时间段的人性化的服务。

（二）国内临终关怀的现状

1988年7月，被誉为"中国临终关怀之父"的崔以泰教授在天津医学院成立第一个临终关怀研究中心，成为我国临终关怀的起点，同年10月，在上海成立了中国第一所临终关怀医院——南汇护理院。1993年5月，"中国心理卫生协会临终关怀专业委员会"在山东烟台成立，并于1996年创办《临终关怀杂志》。90年代以来，据不完全统计，我国各地建立的不同类型的临终关怀机构200余家，大约有近万名医护人员从事临终关怀工作，为临终关怀的学术研究和临床实践等工作的全面、持续发展奠定了坚实基础。2006年4月，由李家熙教授倡导的中国生命关怀协会正式成立，从此临终关怀有了一个全国性行业管理的社会团体，为我国临终关怀事业的发展提供了新的平台。

随着我国人口老龄化进程的加速，老年人的临终关怀问题也受到政府的高度重视。2005年，中国老龄事业发展基金会启动了关注老年人养老问题、建立和完善老年人临终关怀的服务机制。2006年，全国老龄工作委员会办公室在《关于加快发展养老服务业的意见》里明确提出支持发展老年护理、临终关怀服务业务，并给予政策扶持。

从我国第一个临终关怀研究中心的建立至今，30多年来，"以人为本，生命至上"的理念在我国临终关怀服务中得到充分体现。北京松堂关怀医院、南汇护理院等临终关怀机构均发展为集舒缓医疗、老年养护、康复治疗、临终关怀为一体的医养康养相结合的照护服务机构，并得到了世界关怀领域的专家和机构的广泛认可和赞誉。

二、老年人临终关怀的意义

（一）维护尊严，提高老年临终者生存质量

临终关怀是通过对老年人实施整体护理，用科学的心理关怀方法、高超精湛的临床护理手段，以及姑息、支持疗法，最大限度地帮助临终老年人减轻和解除躯体上的痛苦，缓解心理上的恐惧，提升生命最后阶段的生存质量，维护其尊严，使其无痛苦、从容、平静、安详、有尊严地走完人生的最后旅程。在老年人生命的最后一段日子里，过度的医疗技术、麻醉、药物或

各种侵入性治疗，会给老年人身心带来痛苦和无奈。

（二）安抚亲属，减轻临终老年人家属照料负担

社会化的老年人照顾，尤其是对临终老年人的照顾，不仅是老年人自身的需要，同时也是其家属和子女的需要。临终关怀将家庭成员的照护转移到社会，既可以使老年人得到专业化的照护，使其走得安详，还可以使临终老年人家属的重心从繁忙的照料中解脱出来，摆脱沉重的医疗负担，也可得到心理上的安慰。

（三）节约费用，有效利用和合理分配医疗资源

医学技术的发展使延长生命变为可能，不过这有时会增加临终患者的痛苦，加重患者家属的经济和生活负担，还会浪费一定的卫生资源。临终关怀不追求可能给患者增添痛苦的或无意义的治疗，而是要求医务人员以熟练的业务和良好的服务来控制患者的症状。对于那些身患不治之症且救治无效的患者，接受临终关怀服务，对家庭而言可以减少家庭财力支出；对于社会，则可以减少大量的甚至是巨额的医疗费用。如果将这些费用转移到其他有希望救助的患者身上，发挥的价值更大。

（四）转变观念，真正彰显人道主义精神

临终关怀更好地体现了人类文明，使人类在关注"优生"的同时，更关注高质量的死亡，体现了"优死"观念。给予临终患者全面的关怀与照顾，使之欣慰地走向生命的终点，这是医学人道主义精神的真正体现，也是伦理道德的高度体现。临终关怀改变了无法救治的患者被拒之门外或在医院延长痛苦的生命、得不到真正的关心照顾、被动等待冰冷的死亡、不去顾及患者家属的痛苦等医疗状态，而是使临终患者得到关爱，在舒适、和谐的环境中有尊严、安详地离开人间。不仅如此，还有专业的团体指导和帮助家属完成应尽的义务，使患者家属的心灵得到慰藉。这些不仅彰显了医学的人道主义精神，更体现了以人为本的精神。

三、临终关怀的组织形式

我国老年临终关怀组织形式主要有三种：①临终关怀专门机构，如北京松堂关怀医院。②附设的临终关怀机构，如综合医院内的专科病房或病区，如北京朝阳门医院的老年临终关怀病区。③家庭临终关怀病床，以社区为基础、以家庭为单位开展临终关怀服务，如香港新港临终关怀居家服务部。

> **知识链接**
>
> **舒 缓 治 疗**
>
> 舒缓治疗又称为姑息治疗。依据世界卫生组织（WHO）的定义，舒缓治疗是指为无治疗希望的末期患者提供积极的、人性化的服务，主要通过控制疼痛、缓解躯体上的其他不适症状和提供心理、社会和心灵上的支持，为患者和家属赢得尽可能好的生活质量。舒缓治疗体现了人类对生命的尊重与珍惜，让人生的最后一段旅程过得舒适、平静、有尊严、少痛苦。舒缓治疗的主要服务对象之一是恶性肿瘤晚期患者，服务的重点是改善患者的生活质量，减轻其躯体的痛苦与情绪的困扰。

四、临终关怀中的护士角色

（一）疼痛的干预者

临终关怀的患者一般都是恶性肿瘤晚期的患者，对于这部分患者，疼痛是非常普遍的，约70%以上的患者会遭受中至重度疼痛。令临终患者最痛苦的疼痛可以改变患者的情绪及心理状态，从而使患者产生对死亡的恐惧和绝望，甚至加重病情，因此，解决疼痛问题对于恶性肿瘤晚期患者的生活质量及临终关怀影响很大。作为护士，在目前全世界对恶性肿瘤未完全攻克的情况下，减轻患者疼痛、避免患者在疼痛中死亡显得至关重要。对于疼痛患者，可根据疼痛程度，合理采取三阶梯止痛法，也可给予音乐疗法或教会患者深呼吸放松法等。

（二）心理的支持者

临终患者如恶性肿瘤晚期患者往往表现为情绪消沉、抑郁、不思茶饭，有时还会乱发脾气，护士这时应成为患者和家属的心理支持者，主动深入病房，与患者交谈，鼓励、安慰患者，尽可能满足患者和家属的需求，态度和蔼、热心，注意讲话的方式、方法，不能在病房内嬉笑，用真诚换取患者信任；平时可以举一些乐观勇敢的患者实例，使患者的情绪变平稳；护士还应做有心人，细心观察患者的行为、表情、神态等非语言行为，鼓励患者与疾病做斗争，增强患者生活的信心；允许临终患者表达悲伤，尽力安抚和帮助他们，允许家属陪伴，多一些心理的支持者，并使患者了解死亡是人生中的客观规律，逐渐接受临终这一事实。

（三）生命的守护者

对于临终患者，应为其提供舒适、安静、整洁的病室环境，室内光线要适当，温、湿度适宜。护士在工作中，要密切观察患者的生命体征及病情变化，采取积极的态度对待患者，不能表现为护士首先对患者的放弃，不能有"反正肿瘤晚期，再怎么治疗也没有用"的想法；对患者的点滴病情变化应给予高度的重视，采取积极的治疗措施，以解除患者的焦虑和不安全感；同时采取积极的措施，防止并发症的发生，如维持舒适的体位，按时翻身、拍背，注意便后清洁局部皮肤，保持床褥干净平整等。

五、临终关怀的伦理道德要求

我国老年临终关怀的伦理道德要求有：①认识和理解临终患者，表现在同情和理解临终患者的心理和行为变化，在理解的基础上以最真诚、亲切、慈爱的态度对待患者；②保护临终者的权益，表现在尊重患者的利益和权利，保守患者的隐私、保留患者的生活习惯、尊重患者的遗愿等；③尊重并尽量满足患者的生活需求。④同情并关心临终患者的家属。

 考点提示

临终关怀的伦理道德要求。

第三节　老年人的临终护理

案例 8-1

患者，女，68岁，丧偶，有一儿一女。患者个性坚强，肺癌术后2年，目前已出现肝、脑、骨及肾上腺转移，再次入院，子女要求全力治疗，尽量延长母亲的生命。近几日，患者出现呼吸困难、胸闷、胸痛、咯血等症状，身体极度虚弱、痛苦不堪。作为护士经过与患者沟通了解到患者自知无好转的希望，想放弃治疗，回家度过自己最后的人生旅程。

问题与思考：

（1）该患者存在哪些护理问题？

（2）作为一名护理人员，应该如何为临终老人实施临终护理？

一、临终护理的概念

临终护理是对已失去治愈希望的患者在生命即将结束时所实施的一种积极的综合护理。临终护理的核心是"关心",对于临终老年人来说,生理疾患如恶性肿瘤或其他不治之症被治愈的可能性已经微乎其微,因此,老年人的临终护理是护理人员运用各种知识与技能对处于临终状态的老年人给予生理、心理及社会等方面的精心照护,要尽最大努力减轻临终老年人的疼痛和不适,稳定其情绪,缓解其面对死亡的恐惧与不安,维护其尊严,提高临终老年人的生命质量。

二、临终老年人的心理特征和护理

临终老年人的心理反应取决于他的人格特点、信仰、教育与有关的传统观念,也同他在疾病中所体验到的痛苦与不适程度、医护人员和家人对其关心程度及以前的生活状况、生活满意程度等有密切关系。

(一)临终老年人的心理特征

临终老年人大多要经历否认、愤怒、协议、忧郁、接受等复杂的心理变化过程,除有以上各种心理体验外,还具有特殊的心理特征。

1. 心理障碍加重　临终老年人会出现各种心理障碍,如暴躁、孤僻抑郁、意志薄弱、依赖性增强、自我调节和控制能力差等。他们在心情好时愿意和人交谈,在心情不好时则沉默不语;遇到一些不顺心的小事就大发脾气,事后又后悔莫及,再三道歉;甚至有的老年人固执己见,不能很好地配合治疗护理,擅自拔掉输液管和监护仪。当进入临终期时,老年人身心日益衰竭,精神和肉体上忍受着双重折磨,感到求生不得,求死不能,这时心理特点以忧郁、绝望为主要特征。

2. 思虑后事,留恋亲人　大多数老年人倾向于个人思考死亡问题,比较关心死后的遗体处理方式(土葬还是火葬,是否被用于尸解和器官捐献移植);还会考虑财产的分配问题;会留恋亲人,有的会担心配偶的生活,以及子女、儿孙的工作、学业等。

(二)临终老年人的心理护理

心理护理是临终老年人护理的重点。要使临终老年人处于舒适、安宁的状态,必须采取良好的措施,充分理解老年人和表达对老年人的关爱,给予老年人心理支持和精神慰藉。

1. 轻轻触摸,减轻恐惧　触摸护理是大部分临终患者愿意接受的一种方法。护士在护理过程中,针对不同情况,可以轻轻抚摸临终老年人的手、胳膊、额头及胸、腹、背部,抚摸时动作要轻柔,手部的温度要适宜。通过对老年人的触摸能获得他们的信赖,减轻其孤独和恐惧感,使他们有安全感和亲切温暖感。

2. 耐心倾听,满足需求　认真、仔细地听老年人诉说,使其感到支持和理解。对虚弱而无力进行语言交流的老年人通过表情、眼神、手势表达理解和爱,并以熟练的护理技术操作取得老年人的信赖和配合。通过交谈,及时了解老年人真实的想法和临终前的心愿,尽量照顾老年人的自尊心,尊重他们的权利,尊重老人的信仰,尽可能满足他们的各种需求和心里的愿望,减轻他们的焦虑、抑郁和恐惧,使其没有遗憾地离开人世。充满关爱的倾听和交谈是护理人员陪护临终老年人工作的最重要的内容。

3. 允许家属陪护,减轻孤独感　家属是老年人的亲人,也是老年人的精神支柱。临终老年人最难割舍与家人的亲情,最难忍受离开亲人的孤独感。因此允许家属陪护、参与临终护理是老年人和家属最需要的。这是一种有效的心理支持和感情交流,可使老年人获得安慰,减轻孤独感,增强安全感,有利于稳定老年人的情绪。老年人也容易接受、依赖自己亲人的照顾。

4. 亲朋好友多探视，保持社会联系　鼓励老年人的亲朋好友、单位同事等社会成员多探视老年人，不要将他们隔离开来，以体现老年人的生存价值，减少老年人的孤独和悲哀感。

5. 适当宣传优死的意义，正确面对死亡　根据老年人不同的职业、心理反应、性格、社会文化背景、民族习惯和宗教信仰，在适当时机，谨言慎语地与老年人、家属共同探讨生与死的意义，有针对性地进行精神安慰和心理疏导，帮助老年人正确认识、对待生命和疾病，从对死亡的恐惧与不安中解脱出来，以平静的心情面对即将到来的死亡。

6. 重视与弥留之际老年人的心灵沟通　美国学者卡顿堡顿对临终老年人精神生活的研究结果表明，接近死亡的人，其精神和智力状态并不都是混乱的，49%的老年人直到死亡前一直是很清醒的，22%有一定意识，20%处于清醒与混乱之间，仅3%的人一直处于混乱状态。因此不断对临终或昏迷老年人讲话是很重要而有意义的，护理人员应始终表达积极的、温馨的尊重和关怀之情，协助老年人完成未尽事宜，使其在安详中离去。

总之，临终老年人的心理变化各个过程无明显界限，但每个过程都包含了"求生"的希望。他们真正需要的是脱离痛苦和恐惧，以及精神上的舒适和放松。因此，及时了解临终老年患者的心理状态，满足其身心需求，使他们在安静舒适的环境中以平静的心情告别人生，这是临终老年人心理护理的关键。

 考点提示

老年人临终心理特征和护理。

三、临终老年人的生理变化和护理

（一）疼痛和护理

疼痛是临终患者备受折磨的严重的症状之一，是最痛苦的感受，尤其是恶性肿瘤晚期患者。在生命的最后几天，超过一半的人会有新的疼痛产生。

1. 原因及表现　绝大多数恶性肿瘤晚期的临终患者常因肿瘤浸润压迫、破坏神经或抗肿瘤治疗等引起难以忍受的疼痛，是使临终老年人备受折磨的最严重的症状，不仅影响活动、食欲、睡眠而且会在精神上打垮老年人而使其丧失希望。

2. 护理要点

（1）根据疼痛的部位协助患者采取舒适的体位。

（2）给予患者安静、舒适的环境。

（3）遵医嘱给予镇痛药，以阿片类药物最常用，镇痛药使用后，要注意预防药物的不良反应，及时调整药物剂量；结合病情给予必要的其他药物和（或）非药物治疗，确保临床安全及镇痛效果；同时要避免突然中断阿片类药物引发的戒断症状。

（4）有针对性地开展多种形式的疼痛教育，鼓励患者主动讲述疼痛，教会患者疼痛自评方法，告知患者及家属疼痛的原因或诱因及减轻和避免疼痛的其他方法，包括音乐疗法、注意力分散法、自我暗示法等放松技巧。

3. 注意事项　镇痛治疗是安宁疗护治疗的重要部分，患者应在医务人员指导下进行镇痛治疗，规律用药，不宜自行调整剂量和方案。

（二）呼吸系统的变化和护理

1. 原因及表现　临终老年人因呼吸功能减退、感染、痰液堵塞等引起呼吸困难、咳嗽、咳痰等症状，出现呼吸深度与频率的改变、叹气样呼吸、张口呼吸、鼾声呼吸、潮式呼吸等。

2. 护理要点

（1）环境：保证室内空气清新，保持适宜的温度与湿度，定时开窗通风。张口呼吸的老年人可用湿纱布盖于口唇，减少水分丧失。

（2）纠正缺氧：根据老年人缺氧程度给予氧气吸入，观察氧疗效果。

（3）体位：清醒老年人若病情允许，可采取半坐卧位或抬高头肩部的方法，以利于呼吸。

（4）保持呼吸道通畅：昏迷老年人采取侧卧或仰卧位，头偏向一侧，以利于呼吸道分泌物引流，必要时吸痰；若痰液黏稠不易吸出，可配合拍背、雾化吸入、排痰仪等措施协助排痰。

（三）循环系统的变化和护理

1. 原因及表现　临终老年人因循环功能减退，常有血压降低、脉搏快弱、皮肤苍白湿冷等表现。

2. 护理要点

（1）严密监测老年人生命体征，观察皮肤的颜色与温度，发现异常及时汇报处理。

（2）若老年人四肢冰冷，可采取提高室温、用热水袋等保暖措施，此时老年人感觉功能减退，应注意防止烫伤。

（四）消化系统的变化和护理

1. 原因及表现　临终老年人由于肌张力减退、胃肠蠕动减慢等，常伴有吞咽困难、食欲缺乏、腹胀、恶心、呕吐等表现，营养摄入不能满足身体代谢的需求。

2. 护理要点

（1）注意观察老年人的进食情况、营养状况和有无腹胀、恶心、呕吐等消化道症状。

（2）保证充足的水分和营养的摄入：食物应营养丰富，改善烹调方法，注意色、香、味，以刺激食欲；以流质或半流质饮食为主，便于吞咽；饮食宜清淡无刺激，以减少恶心、呕吐症状，必要时遵医嘱应用药物止吐。

（3）少量多餐、减少产气食物的摄入、加强翻身、进行腹部环形按摩等方法可减轻腹胀，必要时做胃肠减压和肛管排气处理。

（4）不能口服进食的老年人可采用鼻饲或完全肠外营养途径，以保证营养的供给。

（五）排泄方面的变化和护理

1. 原因及表现　临终老年人可因饮食结构不当、活动减少而引起便秘；或因肌张力减退、中枢神经系统受疾病影响等引起尿潴留、尿失禁和大便失禁现象，导致老年人舒适度的改变和皮肤的相关问题。

2. 护理要点

（1）食物中应有适量的蔬菜、水果，以预防便秘。如老年人出现便秘，除给予适量的高纤维素食物外，还应注意加强翻身，协助按摩腹部，促进胃肠蠕动，必要时遵医嘱给予缓泻药等方法协助排便，保持排便通畅。

（2）尿潴留：可采取轻柔按摩膀胱、诱导排尿等方法（如热敷会阴部、听流水声），在上述措施无效时给予留置导尿，以解除老年人痛苦。

（3）尿失禁和大便失禁：重点是保持会阴部、肛门皮肤清洁干燥；保持衣服、被褥清洁平整；及时去除异味，维护老年人的自尊。

（六）感知觉的变化和护理

1. 原因及表现　临终老年人的视觉功能逐渐减退，由逐渐模糊至视力完全消失，使老年人产生心理上的恐惧；眼睛分泌物增多，眼睑干燥，部分老年人可出现双眼半睁半闭的状态；听觉是最后消失的感觉。

2. 护理要点

（1）最好为临终老年人提供单间病房，环境安静并有适宜的光照，以减轻视觉模糊产生的恐惧心理。

（2）及时为老年人用湿纱布擦拭眼睛分泌物。如老年人眼睑不能闭合，可定时涂眼药膏，并用凡士林纱布覆盖，以保护角膜，防止发生溃疡或结膜炎。

（3）当老年人视力完全丧失时，恐惧心理尤其强烈，应用语言和触觉与其保持联系。

（4）因听力最后消失，医务人员和家属不要在老人床旁窃窃私语、讨论病情、讨论后事、失声痛哭，避免对老年人产生不良刺激。

（七）神经系统的变化和护理

1. 原因及表现　部分老年人临终前伴有意识模糊、昏睡、躁动、谵妄等神经系统的症状，可能会出现坠床甚至自杀等意外事件。

2. 护理要点　注意观察老年人的意识状态，找出原因进行对症处理，必要时采用合适的约束措施和药物镇静，以保证安全。

（八）大出血和护理

1. 原因及表现　大出血常由应激性溃疡、肿瘤组织侵蚀血管等引起，表现为急性呕血、便血、阴道出血等，可直接危及老年人的生命。

2. 护理要点

（1）加强观察，一旦出现大出血立即配合医生进行抢救。

（2）安慰老年人，避免老年人因恐惧而加重出血；做好家属安抚工作，以免其情绪激动影响抢救。

（3）迅速建立静脉通道，遵医嘱使用药物止血，同时配合镇痛、镇静等药物，减少出血，必要时做交叉配血试验，做好输血准备。

（4）呕血患者易引起窒息，立即取平卧位，头偏向一侧，以利于血液排出。

（5）胃肠道出血的患者，应暂禁食24～48小时，并采取适当的方法减少出血。

（6）及时清除血液，采用深色毛巾擦拭血迹，减少对老人和家属的视觉上的恶性刺激。

（7）抢救的同时严密观察老年人的生命体征，做好抢救记录。

 考点提示

临终老年人的生理变化特点及护理。

四、对临终老年人家属及丧亲者的关怀

丧偶是人生中极具冲击性的事件，尤其对老年人来说更是沉重的打击。一旦遭遇配偶亡故，常会悲痛欲绝、不知所措，持续下去就会引发包括抑郁症在内的各种精神疾患，加重原有的躯体疾病，甚至导致死亡。有资料报道，在近期内失去配偶的老年人因心理失衡而导致死亡的人数是一般老年人死亡的7倍。

（一）丧偶老年人的心理状态

老年人丧偶后，心理反应一般要经过以下四个阶段。

1. 麻木　很多老年人在得知配偶亡故的消息后，都会表现得麻木不仁，呆若木鸡。这种麻木不仁并不意味情感淡漠，而是情感休克的表现。麻木不仁可以看作是对噩耗的排斥，也是对自己无力驾驭的强烈情感的制服。这个阶段可能持续数小时至1周。

2. 内疚　在接受了配偶亡故的消息后，很多老年人会出现内疚、自责的现象。总觉得对不

起逝者，甚至认为对方的死自己要负主要责任。内疚在所有丧偶的老年人中或多或少都存在，只要不太强烈，这一阶段最终会度过的。

3. 怀念　丧偶的老年人在强烈的悲哀之情稍稍平息后，又会产生对死者的深深怀念。这时，在他们的头脑中会反复出现配偶的身影，时而感到失去他（她）之后自己是多么孤独。这种状态可能持续数周甚至数年。

4. 恢复　当丧偶的老年人逐渐认识到"人的生、老、病、死是无法抗拒的自然规律，对配偶最好的寄托和思念是保重身体、更好地生活下去"时，理智战胜了感情，身心也就能逐渐恢复常态。

（二）对丧偶老年人的关怀

1. 安慰与支持　在刚刚得知配偶去世的消息后，老年人可能会出现情感休克。护士要理解老年人丧亲后的正常行为和异常行为，掌握交流技巧，及时提供帮助。在安慰与关心的同时，应陪伴在老年人身旁，如轻轻握住他（她）的手，或搂搂他（她）。由于承受了巨大的打击，丧偶的老年人往往难以对关心和安慰做出适当的反应或表示感激，甚至拒绝他人的好意，这是因为丧偶者往往把悲哀的时间和强度等同于对死者的感情。这时，千万不要放弃对老年人的安慰，应该让老年人明白，痛苦和悲哀不是衡量某种关系价值的指标，正常的悲哀反应会随着时间的推移逐渐淡化，悲哀的正常淡化并不意味着对死者的背叛。坚持安慰，可以使老年人感到并非独自面对不幸，进而增强战胜孤独的信心。

此外，应及时帮助老年人料理家务、处理后事，提醒老年人的饮食起居，保证充分的休息。

2. 诱导发泄　允许并鼓励丧偶的老年人痛哭、诉说和回忆，或鼓励老年人用写日记的形式寄托自己的哀思。有些老年人强忍悲伤，从不失声痛哭，只能更加压抑或消沉。应该告诉老年人，人在痛苦时哭泣是一种很自然的情感表现，不是软弱，而是一种很好的纾解内心忧伤情绪的方法，诱导老年人把悲哀宣泄出来。同时，鼓励老年人说出自己的内疚感和引起内疚感的想法、事件等，并帮助他（她）分析，学会原谅自己，避免自责。但也应注意，尽管宣泄对于维护身心健康有益，但无休止的悲哀必然造成人为的精神消耗。

3. 转移注意力　老年人易睹物思人，可让老年人把已故的配偶的遗物暂时收藏起来，这样可以减轻精神上的痛苦。建议老年人多参与外界交往，多与子孙交谈，或到亲戚朋友家小住一段时间，或到外面走一走，以转移注意力，悲哀的情绪也会随之减轻。鼓励老年人培养一些业余爱好，如书法、绘画、垂钓，或做一些有利于他人的力所能及的事。

心理学家认为，利他行为可以有效地减轻丧偶者的悲哀，从而缓解紧张、焦虑的情绪，使自己尽早摆脱孤独和抑郁，增进健康。因此，可以建议老年人适当地为有需要帮助的人提供一些力所能及的不求回报的帮助，从而减轻内心的紧张和不安。

4. 建立新的生活方式　配偶过世后，老年人原有的某些生活方式和规律几乎全部破坏了。应该帮助老年人调整生活方式，使之与子女、亲友重新建立和谐的依恋关系，使老年人感受到虽然失去了一个亲人，但家庭成员间的温暖与关怀依旧，感到生活的连续性，也有安全感，从而使他们尽快走出丧偶的阴影，投入新的生活。

5. 支持丧偶老年人再婚　心理学的研究表明，老年人最怕的就是孤独。丧偶后，老年人需要在家庭生活中寻找一种新的依恋关系，这种依恋关系可补偿丧偶后的心理失落感。同时，再婚老年人可以相互照应、相互依托，也会让儿女们在繁忙中多一些放心。大量的事实证明，做好老年人的再婚工作，对社会、对家庭、对老年人的健康长寿均是有益的，应当从法律上予以保护，从道义上给予支持，应该让其子女懂得更多地关心老年人的生活，支持老年人正当的要求和需要。当然，老年人是否再婚是他们自己的权利。

6. 提供持续的支持 一年内丧偶老年人在生理和心理上都极度虚弱，极易患病。应定期对丧偶老年人进行家庭访视或电话随访，了解老年人的身心状况，认真倾听，及时做好心理疏导，并尽力提供健康指导及照护，动员子女或志愿者共同帮助丧偶老年人顺利度过悲伤期。

丧偶老年人的悲伤具有个体化的特征，护理人员要充分了解丧偶老年人的心理状态，对他们进行有效的心理干预，使他们尽快摆脱和缩短丧偶后因过度悲伤而引起的心理失衡，这对维护丧偶老年人的身心健康十分重要。

临终护理是一门新学科，对护理人员来说是护理观念和护理方式上的新的变革和发展。因此，护理人员必须更新观念，不断学习、掌握与临终关怀工作密切相关的知识与技术，善始善终地做好对"生命的守候"。

 考点提示

临终老年人家属的支持。

思政园地

以人为本　生命至上

谭美青，女，1951年7月出生于青岛，原是青岛四方区医院的副院长，四方区医院分院的院长。长年的社区卫生服务工作让她亲眼目睹了很多老年人临终前的凄苦。2003年8月，在四方区政府的大力支持下，她创办了岛城第一家临终关怀机构——青岛市四方区红十字老年护理院，她带领爱心团队先后照料了2000多位生命垂危的老年人，让500多位老年人病情好转回归家庭或者转入老年公寓，陪伴1000多位老年人安详地走完人生最后的旅程。她以共产党员的博大胸襟、至善至纯的真情温暖着广大老年人和老年人的家属，先后荣获"全国红十字会员之星""全国孝亲敬老之星""山东省优秀共产党员""感动青岛十佳人物"等多项荣誉称号。

老年人在青岛市四方区红十字老年护理院既可以得到专业的医疗救护，又能感受到家的温暖。有的老年人转危为安，回归家庭或社区，再享寿命长久与美好；有的老年人安详地闭上双眼，保持生命的静美和尊严，走得没有遗憾。这是对"生命至上""崇尚生命长久"等我国传统生命观的最好诠释。

自 测 题

一、选择题

1. 以下选项不属于老年人临终关怀的意义的是
   A. 维护临终老年人尊严，提高生存质量　　B. 减轻临终老年人家属负担
   C. 节约费用，优化利用医疗资源　　D. 缩短老年人死亡时间
   E. 转变观念，真正体现人道主义精神
2. 以下不属于我国老年临终关怀组织形式的是
   A. 北京松堂关怀医院　　B. 北京朝阳门医院的老年临终关怀病区
   C. 香港新港临终关怀居家服务部　　D. 养老院
   E. 普通病房

第八章 临终老年人护理

3. 以下不属于老年人面对死亡时的心理的是
   A. 理智型　　　　　B. 接受型　　　　　C. 焦虑型
   D. 积极应对型　　　E. 烦躁型
4. 丧亲者居丧期恢复大约需要的时间是
   A. 1个月　　　　　B. 6个月　　　　　C. 10个月
   D. 1～2年　　　　E. 3个月
5. 使恶性肿瘤晚期的临终老年人备受折磨的最严重症状是
   A. 呼吸困难　　　　B. 血压下降　　　　C. 发热
   D. 疼痛　　　　　　E. 心率增快
6. 老年人临终关怀的内容不包括
   A. 控制疼痛　　　　　　　　　　B. 家属心理指导
   C. 满足老年人的生理需求　　　　D. 尊重关怀老年人
   E. 竭尽全力抢救、挽救生命
7. 下列用于恶性肿瘤晚期患者第三阶段的镇痛药是
   A. 阿司匹林　　　　B. 曲马多　　　　　C. 布洛芬
   D. 吗啡　　　　　　E. 可待因
8. 我国界定为临终老年人的条件是存活时间为
   A. 不足1年　　　　B. 2～3个月　　　　C. 6个月以内
   D. 1～2个月　　　E. 1个月以内
9. 临终老年人最后消失的感觉为
   A. 视觉　　　　　　B. 触觉　　　　　　C. 嗅觉
   D. 听觉　　　　　　E. 味觉
10. 老年人临终关怀的意义不包括
    A. 提高生命质量，维护生命的尊严
    B. 解决临终老年人家庭照料困难
    C. 延长老年人的生命
    D. 优化医疗资源
    E. 缓解老龄化带来的社会压力
11. 不符合协议期临终老年人的表现的是
    A. 患者的愤怒逐渐消退
    B. 患者认为做善事可以避免死亡
    C. 患者认为是误诊，四处求医
    D. 患者变得合作、友善
    E. 患者接受了自己患了不治之症的事实

二、案例分析

1. 患者，女，75岁，脑血栓后偏瘫4年，生活不能自理，2年前老伴去世，由保姆照顾。患者近日出现呼吸困难、端坐呼吸、咳嗽、咯血、胸闷、胸痛、出冷汗等症状，入院诊断为"肺癌晚期"。患者觉得活着很痛苦，整日愁眉不展，多次向儿女表示想放弃治疗，想回到家中度过自己最后的人生旅程。

请回答：
（1）该患者对待死亡属于哪种心理类型？

（2）护理人员应如何做好该患者的心理护理？

（3）临终患者出现呼吸困难时，护理人员应如何帮助患者减轻症状？

2. 患者，男，75岁，右肺上叶癌已发生多处转移。患者胸闷、憋气、无食欲、失眠。患者自己感觉异常痛苦，一方面，希望早点结束生命，了却痛苦；另一方面，又期待生命奇迹的出现，能多活几年。

请回答：

请护士对该患者做些心理疏导工作。

（周凡蓉　李　玲）

附 录

量表 1　Barthel 指数记分法

	填表说明	项目	评分			
			0	5	10	15
1	指 1 周内情况；偶尔 = 1 次 / 周	排便	失禁	偶尔失禁	能控制	
2	指 24～48 小时情况	排尿	失禁	偶尔失禁（指＜1 次 / 天）	能控制（插尿管的患者完全独立管理也可）	
3	指 24～48 小时情况；由看护者提供工具也给 5 分	修饰	需帮助	独立完成		
4	患者应能自己到厕所及离开	如厕	依赖别人	需部分帮助	自理	
5	应能吃任何正常饮食，食物可由他人做或端来	吃饭	依赖	需部分帮助	全面自理	
6	指从床到椅子然后回来	移动	完全依赖，不能坐	需大量（2 人）帮助，能坐	需少量（1 人）帮助或指导	自理
7	指在院内、屋内活动，可以借助辅助工具	活动（步行）	不能移动	在轮椅上独立活动	需 1 人帮助（体力或语言指导）步行	独自步行（可用辅助工具）
8	应能穿任何衣服	穿衣	依赖	需部分帮助（系扣、拉拉链等）	自理	
9	独立上楼，可借助工具	上楼梯	不能	需部分帮助（体力或语言指导）	自理	
10	不需帮助或监督，独立完成	洗澡	依赖	自理		

注：根据 Barthel 指数记分，将日常生活活动能力分为良、中、差三级。＞60 分为良，有轻度功能障碍，能独立完成部分日常生活活动，需要部分帮助；60～41 分为中，需要极大的帮助方能完成日常生活活动；＜40 分为差，有重度功能障碍，大部分日常生活活动不能完成或需他人帮助。得分越高者独立性越好

量表 2　Lawton 日常生活活动能力（ADL）量表

	项目	评分			
		完全自理	有些困难	需要帮助	完全不能
1	定时上厕所	1	2	3	4
2	穿衣	1	2	3	4

续表

项目		评分			
		完全自理	有些困难	需要帮助	完全不能
3	行走	1	2	3	4
4	梳头、刷牙等	1	2	3	4
5	洗澡	1	2	3	4
6	吃饭	1	2	3	4
7	做饭菜	1	2	3	4
8	做家务	1	2	3	4
9	洗衣	1	2	3	4
10	服药	1	2	3	4
11	购物	1	2	3	4
12	使用公共车辆	1	2	3	4
13	打电话	1	2	3	4
14	处理自己的钱财	1	2	3	4

注：评定结果可按总分和单项分进行分析。总分低于16分为完全正常，大于16分为有不同程度的功能下降，最高64分。单项分1分为正常，2~4分为功能下降。凡有2项或2项以上≥3分，或总分≥22分，为功能有明显障碍

量表3 中文版简易智力状态检查（MMSE）

项目	正确	错误
1. 今年是哪一年？	1	5
2. 现在是什么季节？	1	5
3. 今天是几号？	1	5
4. 今天是星期几？	1	5
5. 现在是几月份？	1	5
6. 你能告诉我现在我们在哪里吗？	1	5
7. 你住在什么区（县）？	1	5
8. 你住在什么街道？	1	5
9. 我们现在在几楼？	1	5
10. 这里是什么地方？	1	5

11. 现在我要说三种物品的名称，在我讲完之后，请你复述一遍（请仔细说清楚，每一种物品用时1秒）："皮球""国旗""树木"。请你把这三种物品说一遍（以第一次答案计分）

	正确	错误	拒绝回答
皮球	1	5	9
国旗	1	5	9
树木	1	5	9

续表

12. 现在请你从100减去7，然后将所得的数目再减去7，如此一直计算，把每个答案告诉我，直到我说"停止"为止（若错了，但下一个答案是对的，只记一次错误）

	正确	错误	说不会做	其他原因
93	1	5	7	9
96	1	5	7	9
79	1	5	7	9
72	1	5	7	9
65	1	5	7	9
停止				

13. 现在请你告诉我，刚才我让你记住的三种物品是什么？

	正确	错误	说不会做	拒绝回答
皮球	1	5	7	9
国旗	1	5	7	9
树木	1	5	7	9

14. 请问这是什么？（评估者手指手表）

	正确	错误	拒绝回答
手表	1	5	9

请问这是什么？（评估者手指铅笔）

	正确	错误	拒绝回答
铅笔	1	5	9

15. 现在我说句话，请你清楚地复述一遍："四十四只石狮子。"（只说一遍，咬字清楚记1分）

	正确	错误	说不会做	拒绝回答
四十四只石狮子	1	5	7	9

16. 请按照卡片上的要求做（评估者把写有"闭上您的眼睛"的卡片交给被评估者）

	正确	错误	说不会做	拒绝回答	文盲
闭眼睛	1	5	7	9	8

17. 请右手拿纸，再用双手把纸对折，然后把纸放在大腿上

	正确	错误	说不会做	拒绝回答
用右手拿纸	1	5	7	9
用双手把纸对折	1	5	7	9
把纸放在大腿上	1	5	7	9

18. 请你说一句完整的有意义的句子（句子必须有主语、动词）

记录所述句子的全文

句子合乎标准	1
句子不合乎标准	5
不会做	7
拒绝	9

续表

19. 照这张图把它画出来（对：两个五边形的图案，交叉处形成一个小四边形）	
正确	1
错误	5
说不会做	7
拒绝	9

量表4　状态-特质焦虑问卷

指导语：下面列出的是一些人们常常用来描述他们自己的陈述，请阅读每一个陈述，然后在右边适当的圈上打勾，来表示你现在最恰当的感觉，也就是你此时此刻最恰当的感觉。没有对或错的回答，不要对任何一个陈述花太多的时间去实践，但所给的回答应该是你现在最恰当的感觉。

	完全没有	有些	中等程度	非常明显
*1. 我感到心情平静	①	②	③	④
*2. 我感到安全	①	②	③	④
3. 我是紧张的	①	②	③	④
4. 我感到紧张束缚	①	②	③	④
*5. 我感到安逸	①	②	③	④
6. 我感到烦乱	①	②	③	④
7. 我现在正烦恼，感到这种烦恼超过了可能的不幸	①	②	③	④
*8. 我感到满意	①	②	③	④
9. 我感到害怕	①	②	③	④
*10. 我感到舒适	①	②	③	④
*11. 我有自信	①	②	③	④
12. 我觉得神经过敏	①	②	③	④
13. 我极度紧张不安	①	②	③	④
14. 我优柔寡断	①	②	③	④
*15. 我是轻松的	①	②	③	④
*16. 我感到心满意足	①	②	③	④
17. 我是烦恼的	①	②	③	④
18. 我感到慌乱	①	②	③	④
*19. 我感觉镇定	①	②	③	④
*20. 我感到愉快	①	②	③	④

注："*"表示该项为反序计分

指导语：下面列出的是一些人们常常用来描述他们自己的陈述，请阅读每一个陈述，然后在右边适当的圈上打勾，来表示你经常的感觉。没有对或错的回答，不要对任何一个陈述花太多的时间去考虑，但所给的回答应该是你平常所感觉到的。

	几乎没有	有些	经常	几乎总是如此
*21. 我感到愉快	①	②	③	④
22. 我感到神经过敏和不安	①	②	③	④
*23. 我感到自我满足	①	②	③	④
*24. 我希望能像别人那样高兴	①	②	③	④
25. 我感到我像衰竭一样	①	②	③	④
*26. 我感到很宁静	①	②	③	④
*27. 我是平静的、冷静的和泰然自若的	①	②	③	④
28. 我感到困难——堆积起来，因此无法克服	①	②	③	④
29. 我过分忧虑一些事，实际这些事无关紧要	①	②	③	④
*30. 我是高兴的	①	②	③	④
31. 我的思想处于混乱状态	①	②	③	④
32. 我缺乏自信心	①	②	③	④
*33. 我感到安全	①	②	③	④
*34. 我容易做出决断	①	②	③	④
35. 我感到不合适	①	②	③	④
*36. 我是满足的	①	②	③	④
37. 一些不重要的思想总缠绕着我，并打扰我	①	②	③	④
38. 我产生的沮丧是如此强烈，以致我不能从思想中排除它们	①	②	③	④
*39. 我是一个镇定的人	①	②	③	④
40. 当我考虑我目前的事情和利益时，我就陷入紧张状态	①	②	③	④

注："*"表示该项为反序计分

量表 5　老年抑郁量表

指导语：请选择最切合您最近 1 周来的感受的答案。

项目	回答	
	是	否
1. 你对生活基本满意吗	0	1
2. 你是否已放弃了许多活动和兴趣	1	0
3. 你是否觉得生活空虚	1	0
4. 你是否常感到厌倦	1	0
5. 你觉得未来有希望吗	0	1
6. 你是否因为脑子里一些想法摆脱不掉而烦恼	1	0
7. 你是否大部分时间精力充沛	0	1
8. 你是否害怕会有不幸的事落到你头上	1	0

续表

项目	回答	
	是	否
9. 你是否大部分时间感到幸福	0	1
10. 你是否常感到孤立无援	1	0
11. 你是否经常坐立不安、心烦意乱	1	0
12. 你是否希望待在家里而不愿去做些新鲜事	1	0
13. 你是否常常担心将来	1	0
14. 你是否觉得记忆力比以前差	1	0
15. 你觉得现在活得很惬意吗	0	1
16. 你是否常感到心情沉重、郁闷	1	0
17. 你是否觉得像现在这样活着毫无意义	1	0
18. 你是否总为过去的事忧愁	1	0
19. 你觉得生活很令人兴奋吗	0	1
20. 你开始一件新的工作很困难吗	1	0
21. 你觉得生活充满活力吗	0	1
22. 你是否觉得你的处境已毫无希望	1	0
23. 你是否觉得大多数人比你强得多	1	0
24. 你是否常为一些小事伤心	1	0
25. 你是否常觉得想哭	1	0
26. 你集中精力有困难吗	1	0
27. 你早晨起来很快活吗	0	1
28. 你希望避开聚会吗	1	0
29. 你做决定很容易吗	0	1
30. 你的头脑像往常一样清晰吗	0	0

注：各项评分相加为总分。0～10分可视为正常范围，即无抑郁；11～20分提示轻度抑郁；21～30分提示中重度抑郁

量表6 艾森克人格问卷（EPQ）（成人）

请回答下列问题。回答"是"时，就在"是"上打"√"；回答"否"时就在"否"上打"√"。每个答案无所谓正确与错误。这里没有对你不利的题目。请尽快回答，不要在每道题目上有太多思索。回答时不要考虑应该怎样，只回答你平时是怎样的。每题都要回答。

项目	是	否
1. 你是否有许多不同的业余爱好？		
2. 你是否在做任何事情以前都要停下来仔细思考？		
3. 你的心境是否常有起伏？		
4. 你曾有过明知是别人的功劳而你去接受奖励的事吗？		
5. 你是否健谈？		
6. 欠债会使你不安吗？		

续表

项目	是	否
7. 你曾无缘无故觉得"真是难受"吗？		
8. 你曾贪图过身外之物吗？		
9. 你是否在晚上小心翼翼地关好门窗？		
10. 你是否比较活跃？		
11. 你在见到一小孩或一动物受折磨时是否会感到非常难过？		
12. 你是否常常为自己不该做而做了的事、不该说而说了的话而紧张？		
13. 你喜欢跳降落伞吗？		
14. 通常你能在热闹的联欢会中尽情地玩吗？		
15. 你容易激动吗？		
16. 你曾经将自己的过错推给别人吗？		
17. 你喜欢会见陌生人吗？		
18. 你是否相信保险制度是一种好办法？		
19. 你是一个容易伤感情的人吗？		
20. 你所有的习惯都是好的吗？		
21. 在社交场合你是否总不愿露头角？		
22. 你会服用奇异或危险作用的药物吗？		
23. 你常有"厌倦"之感吗？		
24. 你曾拿过别人的东西吗（哪怕一针一线）？		
25. 你是否常爱外出？		
26. 你是否以伤害你所宠爱的人而感到乐趣？		
27. 你常为有罪恶之感而苦恼吗？		
28. 你在谈论中是否有时不懂装懂？		
29. 你是否宁愿去看书也不愿去多见人？		
30. 你有要伤害你的仇人吗？		
31. 你觉得自己是一个神经过敏的人吗？		
32. 对人有所失礼时你是否经常要表示歉意？		
33. 你有许多朋友吗？		
34. 你是否喜爱讲些有时确能伤害人的笑话？		
35. 你是一个多忧多虑的人吗？		
36. 你在童年是否按照盼咐要做什么便做什么，毫无怨言？		
37. 你认为你是一个乐天派吗？		
38. 你很讲究礼貌和整洁吗？		
39. 你是否总在担心会发生可怕的事情？		
40. 你曾损坏或遗失过别人的东西吗？		
41. 交新朋友时一般是你采取主动吗？		
42. 当别人向你诉苦时，你是否容易理解他们的苦哀？		

续表

项目	是	否
43. 你认为自己很紧张，如同"拉紧的弦"一样吗？		
44. 在没有废纸篓时，你是否将废纸扔在地板上？		
45. 当你与别人在一起时，你是否言语很少？		
46. 你是否认为结婚制度过时了，应该废止？		
47. 你是否有时感到自己可怜？		
48. 你是否有时有点自夸？		
49. 你是否很容易将一个沉寂的集会搞得活跃起来？		
50. 你是否讨厌那种小心翼翼地开车的人？		
51. 你为你的健康担忧吗？		
52. 你曾讲过什么人的坏话吗？		
53. 你是否喜欢对朋友讲笑话和有趣的故事？		
54. 你小时候曾对父母粗暴无礼吗？		
55. 你是否喜欢与人混在一起？		
56. 你如知道自己工作有错误，这会使你感到难过吗？		
57. 你患失眠吗？		
58. 你吃饭前必定洗手吗？		
59. 你常无缘无故感到无精打采和倦怠吗？		
60. 和别人玩游戏时，你有过欺骗行为吗？		
61. 你是否喜欢从事一些动作迅速的工作？		
62. 你的母亲是一位善良的妇人吗？		
63. 你是否常常觉得人生非常无味？		
64. 你曾利用过某人为自己取得好处吗？		
65. 你是否常常参加许多活动，超过你的时间所允许？		
66. 是否有几个人总在躲避你？		
67. 你是否为你的容貌而非常烦恼？		
68. 你是否觉得人们为了未来有保障而办理储蓄和保险所花的时间太多？		
69. 你曾有过不如死了好的愿望吗？		
70. 如果有把握永远不会被别人发现，你会逃税吗？		
71. 你能使一个集会顺利进行吗？		
72. 你能克制自己不对人无礼吗？		
73. 遇到一次难堪的经历后，你是否在一段很长的时间内还感到难受？		
74. 你患有"神经过敏"吗？		
75. 你曾经故意说些什么来伤害别人的感情吗？		
76. 你与别人的友谊是否容易破裂，虽然不是你的过错？		
77. 你常感到孤单吗？		
78. 当人家寻你的差错，找你工作中的缺点时，你是否容易在精神上受挫伤？		

项目	是	否
79. 你赴约会或上班曾迟到过吗？		
80. 你喜欢忙忙碌碌地过日子吗？		
81. 你愿意别人怕你吗？		
82. 你是否觉得有时浑身是劲，而有时又是懒洋洋的？		
83. 你有时把今天应做的事拖到明天去做吗？		
84. 别人认为你是生气勃勃？		
85. 别人是否对你说了许多谎话？		
86. 你是否容易对某些事物冒火？		
87. 当你犯了错误时，你是否常常愿意承认它？		
88. 你会为一动物落入圈套被捉拿而感到很难过吗？		

量表解释：艾森克人格问卷包括精神质（P）、内外向（E）、神经质（N）和说谎（L）四个分量表，记分方式如下。

分量表	题号
P（23）	-2, -6, -9, -11, -18, 22, 26, 30, 34, -38, -42, 46, 50, -56, -62, 66, 68, -72, 75, 76, 81, 85, -88
E（21）	1, 5, 10, 13, 14, 17, -21, 25, -29, 33, 37, 41, -45, 49, 53, 55, 61, 65, 71, 80, 84,
N（24）	3, 7, 12, 15, 19, 23, 27, 31, 35, 39, 43, 47, 51, 57, 59, 63, 67, 69, 73, 74, 77, 78, 82, 86
L（20）	-4, -8, -16, 20, -24, -28, 32, 36, -40, -44, -48, -52, -54, 58, -60, -64, -70, -79, -83, 87

注："是"得1分，"否"得0分；负号题相反。把被测者的答案与评分标准对照进行记分；算出各量表原始分；根据常模换算出标准T分，平均分为50，标准差为10。T分43.3～56.7为中间型；38.5～43.3或56.7～61.5为倾向型；38.5以下或61.5以上为典型型

量表7 纽芬兰纪念大学幸福度量表（MUNSH）

指导语：我们想问一些关于你的日子过得怎样的问题。如果符合你的情况，请回答"是"；如果不符合你的情况，请回答"否"。最近几个月里，你感到：

项目	是	否	不知道	备注
1. 你满意到极点吗？				PA
2. 你情绪很好吗？				PA
3. 你对你的生活特别满意吗？				PA
4. 你很幸运吗？				PA
5. 你烦恼吗				NA
6. 你非常孤独或与人疏远吗？				NA
7. 你忧虑或非常不愉快吗？				NA
8. 你担心，因为不知道将来会发生什么情况吗？				NA

续表

项目	是	否	不知道	备注
9. 你感到你的生活处境变得艰苦吗？				NA
10. 一般说来，生活处境变得使你感到满意吗？				PA
11. 这是你一生中最难受的时期吗？				NE
12. 你像年轻时一样高兴吗？				PE
13. 你所做的大多数事情都令人厌烦或单调吗？				NE
14. 你所做的事像以前一样使你感兴趣吗？				PE
15. 当你回顾你的一生时，你感到相当满意吗？				PE
16. 随着年龄的增加，一切事情更加糟糕吗？				NE
17. 你感到很孤独吗？				NE
18. 今年一些事情使你烦恼吗？				NE
19. 如果你能到你想住的地方去，你愿意到那儿去住吗？				PE
20. 有时你感到活着没意思吗？				NE
21. 你现在像你年轻时一样高兴吗？				PE
22. 大多数时候你感到生活是艰苦的吗？				NE
23. 你对你当前的生活满意吗？				PE
24. 你的健康情况和你的同龄人比与他们相同甚至还好些吗？				PE

注：PA 指正性情感；NA 指负性情感；PE 指一般正性体验；NE 指一般负性体验。回答"是"记 2 分，"不知道"记 1 分，"否"记 0 分。第 19 项答"现在住地"记 2 分，"别的住地"记 0 分。第 23 项答"满意"记 2 分，"不满意"记 0 分。总分 =PA–NA+PE–NE，得分范围 –24～+24。为便于计算，各项评分相加为总分，总分 30～33 为良，22～29 为中，11～21 为差

主要参考文献

[1] 李玲. 老年护理学. 2版. 北京：北京大学医学出版社，2019.

[2] 罗悦性. 老年护理学. 北京：人民卫生出版社，2015.

[3] 葛均波，徐永健. 内科学. 北京：人民卫生出版社，2013.

[4] 尤黎明. 内科护理学. 北京：人民卫生出版社，2001.

[5] 尤黎明. 老年护理学. 北京：北京大学医学出版社，2007.

[6] 陈可冀，曾尔亢，于普林，等. 中华老年医学. 南京：江苏凤凰科学技术出版社，2016.

[7] 芦桂芝. 外科护理学. 北京：人民卫生出版社，2013.

[8] 张瑞丽，章稼. 老年护理. 北京：高等教育出版社，2011.

[9] 陈长香. 老年护理学. 北京：人民卫生出版社，2011.

[10] 张立力，尹安春. 老年护理学. 2版. 北京：人民军医出版社，2012.

[11] 苏海茜. 护理解剖学. 北京：北京大学医学出版社，2005.

[12] 宋岳涛，刘运湖. 临终关怀与舒缓治疗. 北京：中国协和医科大学出版社，2014.

[13] 化前珍. 老年护理学. 3版. 北京：人民卫生出版社，2015.

[14] 李玉明，郝静. 老年护理. 北京：人民卫生出版社，2016.

[15] 郭宏. 老年护理学. 北京：中国医药科技出版社，2018.

[16] 化前珍，胡秀英. 老年护理学. 5版. 北京：人民卫生出版社，2022.

[17] 郭桂芳，黄金. 老年护理学（双语）. 2版. 北京：人民卫生出版社，2022.

[18] 李延玲，王春先. 老年护理. 北京：人民卫生出版社，2019.

[19] 中国营养学会. 中国居民膳食指南（2022）. 北京：人民卫生出版社，2022.

[20] 孙红梅，朱晓菊. 老年照护技术. 北京：北京理工大学出版社，2021.

[21] 柳金玲. 老年人糖尿病的临床特点. 中国医药指南，2014，12（26）：136.

[22] 赵宗权，吴贻红，汤振源，等. 老年骨质疏松症流行病学调查及预防措施研究. 中国骨质疏松杂志，2019，25（7）：994-997.

[23] 王小舟，胡雪萍，陆海君. 老年原发性骨质疏松症危险因素及预防措施探讨. 中国农村卫生事业管理，2018，38（6）：846-847.

中英文专业词汇索引

A
阿尔茨海默病（Alzheimer disease，AD） 182

B
便秘（constipation） 56

C
长寿水平（longevity level） 7

D
大便失禁（fecal incontinence） 58

F
抚养比（dependency ratio） 7

G
高级日常生活活动（advanced activity of daily living，AADL） 18
高血压（hypertension） 108
工具性日常生活活动（instrumental activity of daily living，IADL） 18
骨质疏松症（osteoporosis，OP） 157
冠状动脉粥样硬化性心脏病（coronary atherosclerotic heart disease） 112

H
汉密尔顿焦虑量表（Hamilton Anxiety Scale，HAMA） 22
汉密尔顿抑郁量表（Hamilton Depression Scale，HAMD） 24

J
基本日常生活活动（basic activity of daily living，BADL） 18
急性心肌梗死（acute myocardial infarction） 115
简易操作智力状态问卷（Short Portable Mental Status Questionnaire，SPMSQ） 21
简易智力状态检查量表（Mini-Mental State Examination，MMSE） 21
晶态智力（crystallized intelligence） 66
角色（role） 31

K
口腔干燥症（xerostomia） 121

L
老年斑（senile plaques，SP） 182
老年肺炎（senile pneumonia） 93
老年护理学（gerontological nursing） 8
老年糖尿病（senile diabetes mellitus，DM） 151
老年性白内障（senile cataract） 168
老年性聋（presbycusis） 172
老年性阴道炎（senile vaginitis） 144
老年学（gerontology） 8
老年医学（geriatrics） 8
老年抑郁量表（Geriatric Depression Scale，GDS） 24
老年照护（aged care） 201
老少比（aged-child ratio） 6
良性前列腺增生（benign prostatic hyperplasia，BPH） 136

M
慢性支气管炎（chronic bronchitis） 100
慢性阻塞性肺疾病（chronic obstructive pulmonary disease，COPD） 100

N
脑卒中（stroke） 176
年龄中位数（median of age） 7

尿失禁（urinary incontinence） 129
纽芬兰纪念大学幸福度量表（Memorial University of Newfoundland Scale of Happiness，MUNSH） 38

P

帕金森病（Parkinson disease，PD） 189
平均期望寿命（average life expectancy） 6

R

人格（personality） 26
人口老龄化（aging of population） 6
人类自然寿命（human natural life span） 5
认知（cognition） 20
日常生活活动（activity of daily living，ADL） 18

S

神经原纤维缠结（neurofibrillary tangles，NFT） 182
生活质量（quality of life，QOL） 37
生活质量综合评定问卷 -74（Generic Quality of Life Inventory-74） 38
衰老（senescence） 1

W

胃食管反流病（gastroesophageal reflux disease，GERD） 123

X

心绞痛（angina pectoris） 113
性别比（sex ratio） 7
选择（selection） 3

Y

药物代谢动力学（pharmacokinetics） 80
药物效应动力学（pharmacodynamics） 80
液态智力（fluid intelligence） 66
医疗保健（health care） 201
优化（optimization） 3

Z

状态 - 特质焦虑问卷（State-Trait Anxiety Inventory，STAI） 22
最高寿命（maximum life span） 5